田文 著

道德经讲堂

田文自署

中国社会科学出版社

图书在版编目（CIP）数据

道德经讲堂/田文著.—北京：中国社会科学出版社，2018.7

ISBN 978-7-5203-3876-9

Ⅰ.①道⋯　Ⅱ.①田⋯　Ⅲ.①道家②《道德经》—研究　Ⅳ.①B223.15

中国版本图书馆 CIP 数据核字（2018）第 287479 号

出 版 人	赵剑英
责任编辑	徐沐熙
责任校对	肖　波
责任印制	戴　宽

出　　版	中国社会科学出版社
社　　址	北京鼓楼西大街甲 158 号
邮　　编	100720
网　　址	http://www.csspw.cn
发 行 部	010-84083685
门 市 部	010-84029450
经　　销	新华书店及其他书店

印刷装订	北京君升印刷有限公司
版　　次	2018 年 7 月第 1 版
印　　次	2018 年 7 月第 1 次印刷

开　　本	710×1000　1/16
印　　张	27.25
字　　数	415 千字
定　　价	69.00 元

凡购买中国社会科学出版社图书，如有质量问题请与本社营销中心联系调换
电话：010-84083683
版权所有　侵权必究

《道德经·帛本〈甲〉》残片

《道德经·帛本〈乙〉》残片

《道德经·简本》残片

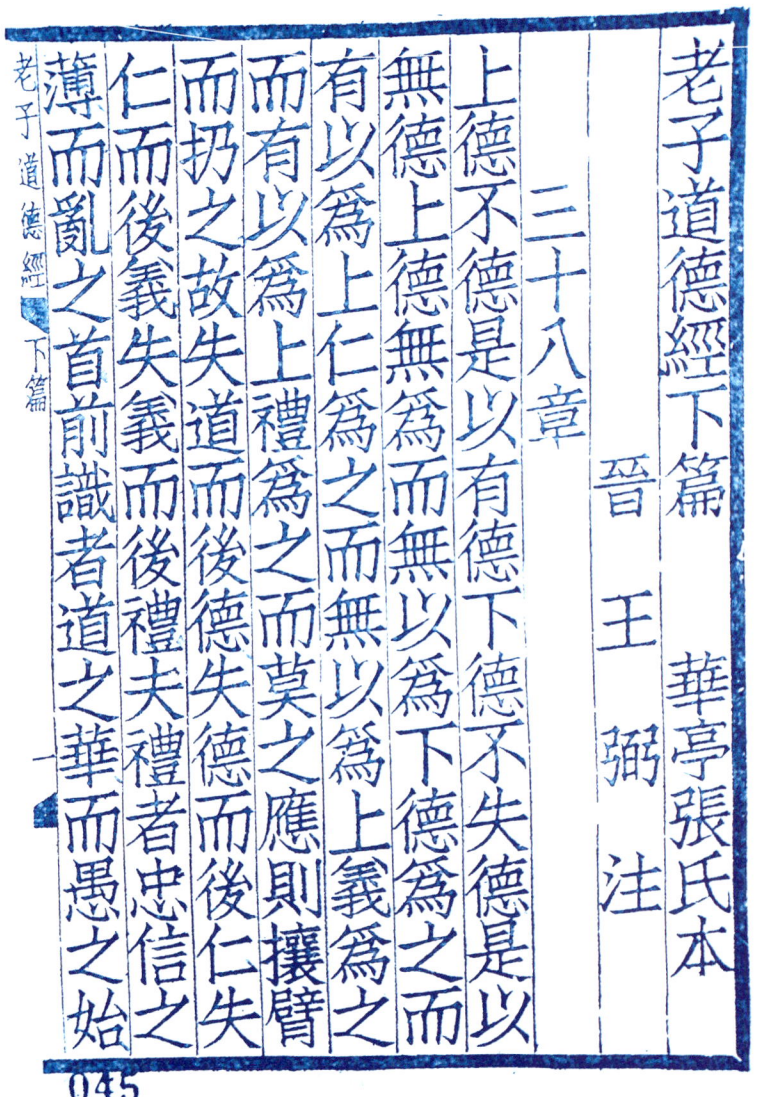

老子道德經下篇　華亭張氏本

晉　王弼　注

三十八章

上德不德是以有德下德不失德是以無德上德無爲而無以爲下德爲之而有以爲上仁爲之而無以爲上義爲之而有以爲上禮爲之而莫之應則攘臂而扔之故失道而後德失德而後仁失仁而後義失義而後禮夫禮者忠信之薄而亂之首前識者道之華而愚之始

《道德经·传本》散页

内容提要

本书以《道德经》帛本（甲）内容作底本，参照《道德经》帛本（乙）和《道德经》简本以及《道德经》传本内容作补充，依《道德经》传本作章次，用马克思主义"客观"理论做指导，结合陇西方言并依据许慎的《说文解字》为主要工具，将《道德经》作了全新解读。本书适宜于广大青少年、教育工作者、行政公务员以及爱好创新发明者等人群阅读，对于树立创新的世界观、人生观具有引导意义。

目 录

前　言／1

上篇　道经

第一章／3
第二章／16
第三章／27
第四章／32
第五章／37
第六章／43
第七章／46
第八章／49
第九章／54
第十章／59
第十一章／66
第十二章／70
第十三章／75

第十四章／79
第十五章／87
第十六章／95
第十七章／102
第十八章／106
第十九章／111
第二十章／116
第二十一章／127
第二十二章／133
第二十三章／141
第二十四章／145
第二十五章／152

第二十六章／161
第二十七章／165
第二十八章／170
第二十九章／177
第三十章／181
第三十一章／187
第三十二章／192
第三十三章／202
第三十四章／205
第三十五章／210
第三十六章／214
第三十七章／219

下篇　德经

第三十八章/ 225	第五十三章/ 303	第六十八章/ 374
第三十九章/ 231	第五十四章/ 307	第六十九章/ 377
第四十章/ 236	第五十五章/ 311	第七十章/ 381
第四十一章/ 239	第五十六章/ 317	第七十一章/ 384
第四十二章/ 250	第五十七章/ 320	第七十二章/ 387
第四十三章/ 258	第五十八章/ 325	第七十三章/ 391
第四十四章/ 262	第五十九章/ 331	第七十四章/ 394
第四十五章/ 265	第六十章/ 337	第七十五章/ 397
第四十六章/ 269	第六十一章/ 340	第七十六章/ 400
第四十七章/ 274	第六十二章/ 343	第七十七章/ 402
第四十八章/ 279	第六十三章/ 347	第七十八章/ 408
第四十九章/ 283	第六十四章/ 351	第七十九章/ 412
第五十章/ 286	第六十五章/ 359	第八十章/ 415
第五十一章/ 290	第六十六章/ 362	第八十一章/ 420
第五十二章/ 296	第六十七章/ 368	

后　序/ 425

前 言

《道德经》被公认为中国历史文化的瑰宝，也是世界哲学史上的奇葩之一，中华民族一直将其视为自己的根文化，陇西民间称"天书"，道观道士称"经芯"。

在20世纪80年代前的将近二千年中，人们研读的《道德经》底本是河上公（汉朝，生卒年不详）所著的《道德经章句》、王弼（226—249年）所著的《老子注》等，学术界简称"传本"。1973年在马王堆汉墓中挖掘出原本《道德经》的帛书（甲、乙）本，震惊世界，学术界称其为《道德经》帛本（甲）、《道德经》帛本（乙）。1993年在郭店一号战国墓清理挖掘出了抄写部分《道德经》内容的三组竹简（甲、乙、丙），学术界称其为《道德经》简本。

自从《道德经》"帛本"和"简本"被文字专家翻译订正并公开出版后，学者将其与"传本"对照发现，其内容有大相径庭之处，因此近二十多年来重新解读《道德经》的学者纷纷涌现，但用马克思主义相关哲学理论对其进行全面解读的尚不多见。

2016年11月18日国防大学教授金一南先生在香港作了《百年沧桑——从东亚病夫到民族复兴》的讲座，其中讲道："我们中国人为什么相信马克思主义？我们从来不是为了马克思主义而马克思主义的，马克思主义是我们认识、分析问题的一种方法和工具，我们用这个主义认识分析中国的问题,找着解决中国问题的办法。"① 本书亦如此,以马克思主义哲学的"客观"理念为指导,将《道德经》中的"有""无""利""用""兹""检""静""结绳""强良""王""归""弗"等概念予以全新解读并用以指导教育教学工作。

贯穿《道德经》始终的是关于治国理政、为人处世以及革新客观事物的方法原理,由于其方法原理是科学的,并且涉及的内容十分广泛,不论从事什么工作的人,品读起来都可津津有味,终身受益。

本书作者生于老子"传道授业解惑"的圣地陇西,成长于大禹治水的渭河岸边远古陇西盛名的赤亭②(今陇西县首阳镇梁家营村),作者将四十年来在《政治》课教学实践中领悟到的老子讲的"道"论"自圆其说"为《道德经讲堂》,也算是作为一名默默无闻的德育教师为当前大力弘扬国学所尽的一点微薄之力。

"书不尽言,言不尽意。……圣人立象以尽意。"③ 在孔圣人的启发下,本书在个别抽象的章节内容中穿插一些图片可使字面上孤立的文本"立体化",使读者增强阅读理解的直观性。只因学疏才浅,战战兢兢地为尊敬的读者推出本书仅为抛砖引玉。是盼!

---

① 金一南:《百年沧桑——从东亚病夫到民族复兴》(http://www.71.cn/2017/0213/934389.shtml)。

② (清)杨恩篆修,纪元补辑:《巩昌府志校注》,中国文史出版社2014年6月第1版,第101、127页。

③ 孙振声:《白话易经》,星光出版社1981年版,第510页。

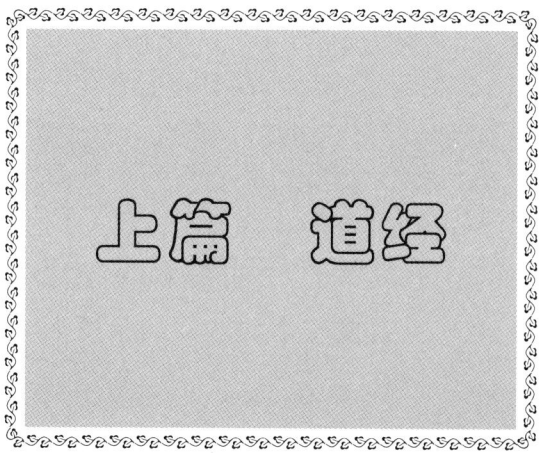

上篇　道经

第一章

【原文】

帛本（甲）①	帛本（乙）②	传本③
④·道可道也非恒道也名可名也非恒名也无名万物之始也有名万物之母也□恒无欲也以观其眇恒有欲也以观其所噭两者同出异名同胃玄之有玄众眇之□	道可道也□□□□□□□恒名也无名万物之始也有名万物之母也故恒无欲也□□□□恒又欲也以观亓所噭两者同出异名同胃玄之又玄众眇之门	道可道非常道名可名非常名無名天地之始有名萬物之母故常無欲以觀其妙常有欲以觀其徼此兩者同出而異名同謂之元元之又元眾妙之門

【点校】⑤

道，可道也，非恒道也。

---

① 参见马王堆汉墓帛书整理小组编《老子》，文物出版社1976年版，第82页。
② 同上。
③ 参见（魏）王弼注、（唐）陆德明音义《老子王弼注》，新兴书局1964年版，第3—4页。
④ "·"在帛本（甲）中有18个，将全文隔为19部分，本书分别在第1、46（2个）、51（2个）、52、53、57、63、64、69、72、73、75（2个）、76、80、81章中。
⑤ 【点校】是对【原文】的点校，文字是依据《老子》（马王堆汉墓帛书整理小组编，文物出版社1976年版，第65—94页【老子甲本】【老子乙本】）、《郭店楚墓竹简·老子甲》（荆门市博物馆编，文物出版社2002年版，第1—39页）、《郭店楚墓竹简·老子乙、丙》（荆门市博物馆编，文物出版社2002年版，第1—32页）和《老子王弼注》（魏·王弼注，台北：新兴书局，内版台业字第一九二号）书中的相关内容。

名，可名也，非恒名也。

无名，万物之始也；有名，万物之母也。

故恒无，欲也，以观其眇；恒有，欲也，以观其所噭。

两者同出，异名同谓。

玄之有玄，众眇之门。

【讲堂】

历史记载，老子骑青牛欲出宝鸡大散关西行于陇西，被大散关的关令尹喜（尹喜，字文公，号文始先生，又称文始真人，或称"关尹"。甘肃天水人。）拦住要求讲授治国之"道"。

据有关历史记载，老子在陇西渭河流域活动长达40年之久，临终飞升于临洮超然台。临洮县每年自农历三月二十八举办三天庙会，传说为老子的忌日。

2011年3月17日天水市民众祭拜老子文摘："伟哉老子，胸襟博大，品行高洁，爱国亲民，重德修能；皇皇巨著，举世钦敬；思虑玄远，有无辩证，穷通天地，和谐社会，民本思想，'无为'而治，处世之道，万代化用，先生大德，万世流芳。先生品德，宛如河岳，先生哲言，灿比日星，五千真言，永励来者，懿范常青。"

因地处在渭河源头而得名的渭源县，在这片神奇的沃土上有老君山、老君洞、老君庙。据历代人口口相传：老子坐骑青牛在渭源，首先到首阳山，拜谒了伯夷叔齐；在阳溪谷探访了白马峡（今渭源北寨），鸟鼠山西南端的牛头山相传是老子所化……

天水伯阳—陇西仁寿—渭源老君—临洮凤台等地的名称与人们一贯的文化活动无不印证着老子文化在渭河流域的根深蒂固。

道，可道也，非恒道也。

"道"在《说文解字注》中释义："所行道也。……道者人所行。故亦谓之行。道之引申为道理。亦为引道。"[①] "'道'为中国古代哲学家的通用语，它的意义是'道路'或'道理'，可作'法则'或'规律'

---

① 参见（汉）许慎撰、（清）段玉裁注《说文解字注》，上海古籍出版社1988年版，第75页。

解说。"①

如图1—1所示,"简本原'道'字结构解读"中,"道"字,是两个形体的"道"。

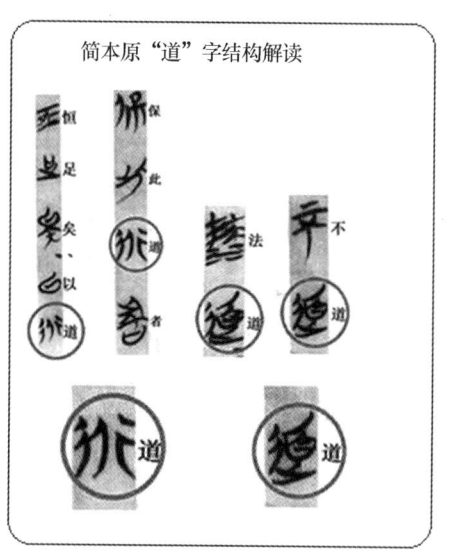

图1—1

其一,"行"的古体是个"十字路口",在"十字路口"站着一个"人",这显然是"人"在判断向什么方向走,朝着那个方向走决定着他将具有最大的"行动价值",即"道"。其二,"道"的一部分是个"辶",即意为"走",一部分是个"首"字,古代将人的头颅叫作"首级",因此,这显然说明人的"行走"需要"首"即"脑"的思索、判断才能具有最大的"行动价值",即"道"。因此,我们不妨采用发散思维把"道"综合解读为一个人行走的人生道路,时时刻刻具有千万条,时时刻刻需要头脑思考认真选择,选择的目的只有一个,就是让自己的"行"具有最大的"价值",由此,《道德经》在第二十五章前关于"道"的论述一般是指人的"行动价值"的论述。《黄帝四经·前

---

① 《毛泽东选集》第1卷,人民出版社1952年第1版,第311页。

道》："古之贤者，道是之行。"①

"可"在《说文解字注》中释义："肯也。肯者，骨间肉肯肯箸也。凡中其肯綮曰肯。"②"綮"［qìng］意为筋骨结合处，比喻事物的关键。庄子讲的："依乎天理，批大郤，导大窾，因其固然，技经肯綮之未尝，而况大軱乎！"③中的"肯"就指的是依附在骨头上的肉。"可道"，即一个人具体在一定时间可以做的事物或一定时间做出的最大的"行动价值"。

"恒"在《说文解字注》中释义："常也。常当作长。古长久字只作长。浅人稍稍分别。乃或借下帬［qún］之常为之。故至集韵乃有一日久也之训。而篇韵皆无之。此俗字之不可不正者也。"④

本段大意是：一个人在二十四小时的所有活动都是"行"，所"行"即具有"道"，如睡觉、吃饭、郊游、看书、开会、做木活、种田……，但是，这每一项"行"不可能不变，"睡觉""吃饭""郊游"等都是一定的、具体的、有时间的，这种"一定的、具体的、有时间的"即为"可道（行）"，一个人不可能一直在"睡觉"、不断地"吃饭"、永远做"郊游"。因此，我讲的"道"是一个人具体在一定时间可以做的事物，不是一个人在长时间中的同一行为活动。

名，可名也，非恒名也。

"名"在《说文解字注》中释义："自命也。祭统曰。夫鼎有铭。铭者、自名也。此许所本也。周礼小祝故书作铭。今书或作名。士丧礼古文作铭。今文皆为名。按死者之铭。以缁长半幅。赪末长终幅。广三寸。书名于末曰。某氏某之柩。此正所谓自名。其作器刻铭。亦谓称扬其先祖之德。着己名于下。皆只云名已足。不必加金字旁。故许君于金部不录铭字。从周官今书、礼今文也。许意凡经传铭字皆当作名矣。郑君注

---

① 参见谷斌，郑开注译《黄帝四经今译·道德经今译》，中国社会科学出版社1996年12月第1版，第99页。

② 参见（汉）许慎撰、（清）段玉裁注《说文解字注》，上海古籍出版社1988年版，第204页。

③ 参见里功编著《老子·庄子》，北京燕山出版社2009年版，第296页。

④ 参见（汉）许慎撰、（清）段玉裁注《说文解字注》，上海古籍出版社1988年版，第681页。

经乃释铭为刻。刘熙乃云。铭、名也。记名其功也。吕忱乃云。铭、题勒也。不用许说。从口夕。夕者冥也。冥不相见。冥、幽也。故曰口自名。故从夕口会意。"① 本章中指用"道"作出的事物的名。"可名"指"可道"的名，也就是具体的在一定时间的名。

本段大意是：这里我讲的"名"是具体在一定时间所做事物的名，不是一个人长时间所拥有的名。如数学教师给学生上了一节数学课，这一节数学课就是"可名"，而"数学老师"是"恒名。"

无名，万物之始也；有名，万物之母也。

"无"与"無"有区别。可从如下结构和读音两方面解读。

第一，"无"的结构：

本书作者在深入探究"无"中，深刻体会到自古以来，"无"与"無"的使用上就存在着混乱。例如，在1973年，从湖南长沙马王堆汉墓出土的帛书中有无無两个字体，马王堆汉墓帛书整理小组编的《马王堆汉墓帛书·老子》中翻译为同一字"无"；在1993年，从湖北荆门郭店楚墓出土的竹简中有亡無两个字体，荆门市博物馆编的《郭店楚墓竹简》中分别翻译为"亡""無"二字；在传统刻板印刷书中，董仲舒传中有："孔子曰：'亡为而治者，其舜摩！'"②句。《论语》中有："子曰。无为而治者。其舜也与。夫何为哉。恭己正南面而已矣。"③句。

本书中，无亡两个字具有同一意义，而无与無、亡与無根据《说文解字》释义以及《道德经》文义是有区别的。因此，本书【点校】中的"无""無"未完全按照"内容提要"中说的"以《道德经》帛本（甲）内容作底本"，而是从新甄别了《郭店楚墓竹简》残片中的亡無和《马王堆汉墓帛书》残片中的无無略有调整。主要出现在第五十七章、第六十四章、第六十九章中。

"无"字的间架结构在马王堆汉墓出土的帛书中是"土"字下边一个"人"字。如下图1—2所示。

---

① 参见（汉）许慎撰、（清）段玉裁注《说文解字注》，上海古籍出版社1988年版，第56页。
② （汉）班固撰、（唐）颜师古注《汉书》（全十二册）第八册，中华书局1962年版，第2518页。
③ 吴县吴氏仿宋本《四书集注·论语》上册，中华书局1957年版，第204页。

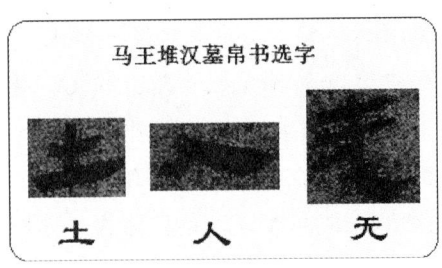

图1—2

陇西有俗言:"把夜明珠在土地下(ha)埋着呢!"意思是人才被埋隐未能充分发挥其应有的才能。《道德经》是老子讲给尹喜之类官员们如何治理国家的,是围绕"治人""治物"两方面展开论述的,而对于统治者来说挖掘人才、发现人才是治国的前提和根本,因此治国中的"无为"手段可是培养"未来"人才,也可是在民间挖掘"潜在"人才,亦可是将所需的"抽象"人才通过努力(引进、招揽)成为现实人才。如此解读古人书写的无字,也是讲得通的。

"无"在《黄帝四经·称》中阐释为"未来"①。

"无"在黑格尔著述的《黑格尔的小逻辑·本质论》章节中阐释为"潜在"②

"无"在卡·马克思和弗·恩格斯著述的《德意志意识形态·圣麦克斯》一文中阐释为"创造"③

"无",列宁在他的《黑格尔"逻辑学"》一书摘要和《黑格尔"哲学史讲演录"》一书摘要两篇文中一致阐释为"抽象"④。

本书作者在创新发明课堂中依据《说文解字》关于"无"的释义至少从如下两方面阐述的:其一,《说文解字》中说"无"是"奇字无。通于元者。"⑤"元,始也"⑥就是说人们在"无"中"为"出的"第一

---

① 参见马王堆汉墓帛书整理小组编《经法》,文物出版社1976年版,第89页。
② 黑格尔著、贺麟译《黑格尔的小逻辑》,商务印书馆1953年版,第211页。
③ 《马克思恩格斯全集》第3卷,人民出版社1960年版,第119页。
④ 《列宁全集》第38卷,人民出版社1959年版,第105~138、356页。
⑤ 参见(汉)许慎撰、(宋)徐铉等校《说文解字》,上海古籍出版社2007年版,第639页。
⑥ 同上书,第1页。

个事物"即"元"。其二，《说文解字》中说"亡也。"①"亡"是"逃"的意思，如果人们不去"为""第一个事物（新有）"，这"第一个事物（新有）"永远就在"逃"即形成"未来""潜在""抽象"。例如，构成当今"火车""飞机""计算机"等的物质材料在老子时代就"存在"，但是人们不去"为"，所以"火车""飞机""计算机"等一直在"逃"，即形成当时的"未来""潜在""抽象"。也就是说，"有"中存在的"新有"即是"无"又是"亡"，在"逃"即为"亡"，直到今天"火车""飞机""计算机"等才得以"为"出来。参见本书第二十一章、第二十五章、第四十章等相关内容。

第二，"无"的读音：

"无"字的读音可参照佛教中"南无 nāmó"② 中"无 mó"的读音。据历史记载，佛教中如《大品般若经》《法华经》《维摩诘经》《阿弥陀经》《金刚经》等好多重要经典是后秦文桓帝姚兴（366年~416年）亲临组织学者翻译所得，"兴如赵遥园，引诸沙门于澄玄堂听鸠摩罗什演说佛经。罗什通辩夏言，寻览旧经，多有乘谬，不与胡本相应。兴与罗什及沙门僧略、僧迁、道树、僧睿、道坦、僧肇、昙顺等八百余人，更出大品，罗什持胡本，兴执旧经，以相考校，其新文异旧者皆会于理义。续出诸经并诸论三百余卷。今之新经皆罗什所译。兴既托意于佛道，公卿已下莫不钦附，沙门自远而至者五千余人。起浮屠于永贵里，立般若台于中宫，沙门坐禅者恒有千数。州郡化之，事佛者十室而九矣。"③ 而姚兴祖籍"赤亭"④ 就是今陇西县首阳镇梁家营村，姚兴素以精通典籍声闻遐迩，政务之暇，经常在内宫召见学者，和他们一起"讲论道艺，错综名理。"⑤ 可以想象，当时他们将梵语 namas 译为"南无 nāmó"，这与老子在陇西渭河一带传授《道德经》大讲"无为"不无千丝万缕的联系。

---

① 参见（汉）许慎撰、（宋）徐铉等校《说文解字》，上海古籍出版社2007年版，第639页。
② 《现代汉语词典》，商务印书馆1983年版，第811页。
③ （唐）房玄龄等撰《晋书》第十册，中华书局1974年版，第2984~2985页。
④ （清·康熙）杨恩篆修、纪元补辑《巩昌府志校注》，中国文史出版社，2014年版，第127页。
⑤ （唐）房玄龄等撰《晋书》第十册，中华书局1974年版，第2979页。

"无，莫胡切音模虞韵。南無。一作南无。见［释典］。"① "南无（nāmó）意为'归敬''归命''敬礼'。"②《道德经》中"归"字出现过十多处，如"复归于'无'物""如'无'所归""才、诚，金归之""万物归焉"等句不同程度地具有"'归敬''归命''敬礼'"之含义。"归"在《说文解字注》中释义："女嫁也。公羊传、毛传皆云。妇人谓嫁归。此非妇人假归名。乃凡还家者假妇嫁之名也。"③ 陇西地区将女子出嫁时称谓新人。创新发明就是将原"有"进行的一种革新活动。本书中将"归"最终释义为创新发明的出现，也就是"有"中的"无"（潜在、未来、抽象）出现（新现）。

本书中的"无"的释义是围绕"未来""潜在""创造""抽象"等展开解读的。马克思主义哲学中的"意识""思维""观念""可能性"等概念与老子《道德经》中的"无"概念可联系在一起理解。

"有"在《说文解字》中释义："不宜有也。《春秋传》曰：'日月有食之。'"④ "宜"在《说文解字》中释义："所安也。"⑤ "安"在《说文解字》中释义："静也。"⑥

"有"的古体字是㞢，由"月"和人"手"构成。"月"有塑、望，如下图 1—3 所示。

"月"的这种自然现象，引入造字学上，可理解为所有人造"事物"，皆具有"出现——兴盛——衰亡"的程式，而这一程式如同"月"的塑——望——塑的程式，因此，"月"＋"手"＝"有"就可解读为"有"指地球上的人造"事物"。

地球上最早没有"有"（人造"事物"），只有有了人，"有"（人造"事物"）才不断出现。

老子在《道德经》中关于"有"的通篇是以人做出（"可道"）

---

① 《中华大字典》，中华书局 1978 年版，第 808 页。
② 辞海编辑委员会《辞海》，上海辞书出版社 2000 年版，第 159 页。
③ 同上书，第 68 页。
④ 参见（汉）许慎撰、（宋）徐铉等校《说文解字》，上海古籍出版社 2007 年版，第 331 页。
⑤ 同上书，第 356 页。
⑥ 同上书，第 355 页。

图 1—3

"事"或人创造("字之曰:道")"物"两方面论述的(上述思路体系图中概括为"治人""治物")。本书作者以创新发明为主的人创造"物"展开解读的篇幅比较多。

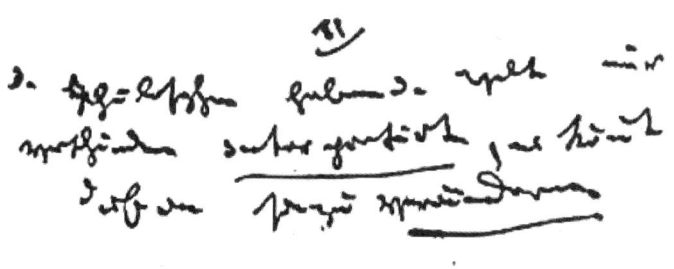

图 1—4

上图 1—4 是马克思关于费尔巴哈的提纲第十一条的亲手笔记,中文翻译为:"哲学家们只是用不同的方式解释世界,问题在于改变世界。"[①]这里马克思讲的"改变世界",就是要靠人"手"一点一滴不断地去做。人"手""改变"的"世界"是"有"。因此,马克思的"改变世界"与老子的"有"字的构字意义具有一致性。

"有"在《道德经》中出现过八十多次,如"有物昆成",本书作者解读为"地球上人制造出的东西起先同地球上尚未制造出来的东西共同在一起,过往的发明人在天地之间的不同时间里创造出了它们。"

---

① 《马克思恩格斯全集》第 3 卷,人民出版社 1960 年版,第 8~9 页。

每当人类发明创造出的人造物"有"不会安静得一成不变的，它总是随着人的愿望不断改进的，但是任何一个人造物"有"在达到"最佳"程度时又会随着时代的变迁而衰退，即如同"月"由"望"到"塑"。"有"的这种过程可理解为《说文解字》中"不宜有也。"的"不宜"和"日月有食之。"释义。

荀况："有治人；无治法。"① 中的"有""无"与老子《道德经》中的"有""无"也是一致的，其意为客观存在"争""盗""乱"等现象就要惩治发动"争""盗""乱"等现象的人；在未出现"争""盗""乱"等现象的时候就要建立法律制度（规矩）。

马克思主义哲学中的"世界""物质""客观""存在"等概念与老子《道德经》中的"有"概念可联系在一起理解。

马克思主义哲学中关于"物质"的概念列宁总结为"不依赖于人的意识并能为人的意识所反映的客观实在"②。依《道德经》全文中的"有"，老子主要指的是通过人的智慧生产出来的"东西"。即"人造物"。人用"道"才能得到"有"，非"道"不能得到"有"，即"不宜有也。"所以，人用"道"是为了实现"有"。

关于"有名"与"无名"的解读：

人在做某一事的开始之前一般都要"谋划"，"谋划"该事所涉及的人力、物力、财力以及后果等，把这种"谋划"称作"无名"。"谋划"中所涉及的人力、物力、财力以及后果等称作"万物"。"无名"是"万物"的原"始"。

把人做出的"某一具体事情"称作"有名"。"某一具体事情"对所涉及的人力、物力、财力以及后果同样称作"万物"。由此事物尚未形成彼事物为"无名"，由此事物形成彼事物为"有名"。

本段大意是可这样解读：把一种"谋划"中的"潜在事物"称作"'无'名"，把"谋划"中所涉及的人力、物力、财力以及后果等称作"万物"。"'无'名"这种"潜在事物"是"万物"的原"始"。把人作出的"现实事物"称作"'有'名"。这种"现实事物"一旦产生，即可

---

① 梁启雄著《荀子简释》，古籍出版社1956年版，第158页。
② 《列宁选集》第2卷，人民出版社1972年版，第128页。

产生人力、物力、财力等"万物"。如手机的产生，出现了维修手机、购买手机、使用手机、运输手机、存放手机、投资手机，等等。现代经济学中讲的产业链，哲学上讲是一种事物之间的直接联系或客观规律。产业链的本质是用于描述一个具有某种内在联系的企业群结构。而老子的"'无'名，万物之始也；'有'名，万物之母也。"可视为中国最早有记录的"产业链"观。

故恒无，欲也，以观其眇；恒有，欲也，以观其所噭。

"欲"在《说文解字注》中释义："贪欲也。欲者衍字。贝部贪下云。欲也。二篆为转注。今贪下作欲物也。亦是浅人增字。凡此书经后人妄窜。盖不可数计。独其义例精密。迄今将二千年。犹可推寻。以复其旧。是以叚目云后有达者、理而董之也。感于物而动。性之欲也。欲而当于理。则为天理。欲而不当于理。则为人欲。欲求适可斯已矣。非欲之外有理也。古有欲字、无慾字。后人分别之、制慾字。殊乖古义。论语伈枨之欲、克伐怨欲之欲。一从心、一不从心。可征改古者之未能画一矣。欲从欠者、取慕液之意。从谷者、取虚受之意。易曰。君子以征忿窒欲。陆德明曰。欲、孟作谷。晁说之曰。谷古文欲字。晁氏所据释文不误。今本改为孟作浴。非也。"[①]

"欲"在《道德经》第一章、第三章、第十九章、第二十章、第二十四章、第二十九章、第三十一章、第三十四章、第三十六章、第三十七章、第三十九章、第四十六章、第五十七章、第六十一章、第六十四章、第六十六章、第七十七章等共计17章中都分别出现过，其中在第二十章中讲："吾欲独异于人。"

依据上述《说文解字注》中"今贪下作欲物也。亦是浅人增字。凡此书经后人妄窜。盖不可数计。独其义例精密。迄今将二千年。犹可推寻。以复其旧。是以叚目云后有达者、理而董之也。感于物而动。性之欲也。欲而当于理。则为天理。欲而不当于理。则为人欲。欲求适可斯已矣。非欲之外有理也。"传递出的信息和《道德经》18个章次中"欲"的用义以及"吾欲独异于人"等传递出的信息，可以推出《道德经》中

---

① 参见（汉）许慎撰、（清）段玉裁注《说文解字注》，上海古籍出版社1988年版，第411页。

的"欲"可解读为官员具有的世界观;"眇"和"噭"可解读为官员具有的方法论。

"眇"在《说文解字注》中释义:"小目也。各本作一目小也。误。今依易释文正。履六三。眇能视。虞翻曰。离目不正。兖为小。故眇而视。方言曰。眇、小也。淮南说山训。小马大目不可谓大马。大马之目眇谓之眇马。物有似然而似不然者。按眇训小目。引申为凡小之偁。又引申为微妙之义。说文无妙字。眇即妙也。史记。尸说以眇论。即妙论也。周易。眇万物而为言。陆机赋。眇众虑而为言。皆今之妙字也。从目少。错曰会意。按物少则小。故从少。"①

"噭[jiào]"在《说文解字》中释义:"吼也。从口,敫声。一曰:噭,呼也。"②

"噭"在《说文解字注》中释义:"口也。口俗本讹吼。今正。史、汉货殖传皆云。马蹄噭千。徐广曰。噭、马八髎也。小颜云。噭、口也。蹄与口共千则为马二百也。按以口释噭。此必本说文。说文以口建首。下噭噣喙吻字皆与口字转注相接。此全书之例也。通俗文、埤仓皆曰。尻骨谓之八髎。惟史记噭字从口。故徐以八髎释之。尻亦得谓之口也。各本史记作噈。乃误字耳。噭与窍音义相同。俗本说文作吼者、盖或识孔字于口字之旁。因误併为一字。从口。敫声。徐广苦吊反。小颜江吊口钓二反。唐韵古吊切。二部。一曰噭、呼也。此别一义。呼当作嘑。字之误也。嘑、号也。曲礼。母噭应。郑曰。噭、号呼之声也。呼亦当作嘑。俗写通用耳。昭廿五年公羊传曰。昭公于是噭然而哭。注。噭然、哭声貌。"③

"噭"在本段中可解读为老百姓对某一"东西"不满意的呼声、意见、建议等。

本段大意是:社会中任何事物具有多个潜在的可发展情形,事物中的这种"潜在"为"无","发展情形"为"眇(可道)",创新发

---

① 参见(汉)许慎撰、(清)段玉裁注《说文解字注》,上海古籍出版社1988年版,第135页。

② 参见(汉)许慎撰、(宋)徐铉等校《说文解字》,上海古籍出版社2007年版,第55页。

③ 参见(汉)许慎撰、(清)段玉裁注《说文解字注》,上海古籍出版社1988年版,第54页。

明就是观察这"无"中的"眇（可道）"；社会中已经存在的事物为"有"，老百姓对"有"在使用中产生的呼声、意见、建议等为"噭（可名）"，创新发明就是克服"噭（可名）"。

两者同出，异名同谓。

"两者"指"无名"与"有名"。

本段大意是"无名"与"有名"同出于一事物，虽然一个叫"无名"，一个叫"有名"，名称各异，但所涉及的事物都是同一事物，称呼都一样。

玄之有玄，众眇之门。

"玄"在《说文解字注》中释义："幽远也。……黑而有赤色者为玄。此别一义也。凡染。一入谓之縓〔quán 浅红色〕。再入谓之赪〔chēng 红色〕。三入谓之纁〔xūn 绛色〕。五入谓之緅〔zōu 黑中带红的颜色〕。七入为缁〔zī 黑色〕。而朱与玄周礼、尔雅无明文。郑注仪礼曰：朱则四入与。注周礼曰。玄色者在緅缁之间。其六入者与。按纁染以黑则为緅。緅、汉时今文礼作爵。言如爵头色也。许书作才。才既微黑。又染则更黑。而赤尚隐隐可见也。故曰黑而有赤色。至七入则赤不见矣。缁与玄通称。故礼家谓缁布衣为玄端。"①

本段大意是人的某一事物的成就，如同"玄色者在緅缁之间，其六入者与"一样，产生于众多方面专业特长的不断积累。其实不论大事小事，都是无数个"众眇"促成的结果。

---

① 参见（汉）许慎撰、（清）段玉裁注《说文解字注》，上海古籍出版社1988年版，第159页。

第二章

【原文】

帛本（甲）①	帛本（乙）②	简本【甲】③	传本④
天下皆知美为美恶已皆知善訾不善矣有无之相生也难易之相成也长短之相刑也高下之相盈也意声之相和也先后之相隋恒也是以声人居无为之事行□□□□□□□□□也为而弗志也成功而弗居也夫唯居是以弗去	天下皆知美之为美亚已皆知善斯不善矣□□□□生也难易之相成也长短之相刑也高下之相盈也音声之相和也先后之相隋恒也是以耵人居无为之事行不言之教万物昔而弗始为而弗侍也成功而弗居也夫唯弗居是以弗去	天下皆智散之为散也亞已皆智善此其不善已又亡之相生也戁惕之相成也长耑之相型也高下之相涅也音聖之相和也先後之相墮也是以聖人居亡為之事行不言之羍萬勿俓成而弗志也天唯弗居是以弗去也	天下皆知美之為美斯惡已皆知善之為善斯不善已故有無相生難易相成長短相較高下相傾音聲相和前後相隨是以聖人處無為之事行不言之教萬物作焉而不辭生而不有為而不恃功成而弗居夫唯弗居是以不去

---

① 参见马王堆汉墓帛书整理小组编《老子》，文物出版社 1976 年版，第 82 页。
② 同上。
③ 参见荆门市博物馆编《郭店楚墓竹简·老子甲》，文物出版社 2002 年版，第 15 页。
④ 参见（魏）王弼注、（唐）陆德明音义《老子王弼注》，新兴书局 1964 年版，第 4—5 页。

【点校】

天下皆知美之为美，恶已！皆知善，訾不善矣！

有无之相生也。

难易之相成也。

长短之相刑也。

高下之相盈也。

意声之相和也。

先后之相隋，恒也。

是以，声人居"无为"之事，行"不言"之教。

万物，昔而弗始。为而弗志也，成功而弗居也。

夫唯弗居，是以弗去。

【讲堂】

天下皆知美之为美，恶已！皆知善，訾不善矣！

"知"在《说文解字》中释义："词也。"①

"美"在《说文解字注》中释义："甘也。甘部曰。美也。甘者、五味之一。而五味之美皆曰甘。引申之凡好皆谓之美。"②

"为"的古体是𤔲，释义："古文为。像两母猴相对形。左传。仲子生有文在其手曰为鲁夫人。……容或相似也。"③

"为"在《说文解字》中是𤓸，释义："母猴也。其为禽好爪，爪，母猴象也。下腹为母猴形。王育曰：爪，象形也。𤔲，古文为，像两母猴相对形。"④

"为"在《说文解字注》中是𤓸，释义："母猴也。左传鲁昭公子公为亦称公叔务人。檀弓作公叔禺人。甶部曰。禺、母猴属也。然则名为字禺、所谓名字相应也。假借为作为之字。凡有所变化曰为。其为禽好爪。

---

① 参见（汉）许慎撰、（宋）徐铉等校《说文解字》，上海古籍出版社 2007 年版，第 254 页。

② 参见（汉）许慎撰、（清）段玉裁注《说文解字注》，上海古籍出版社 1988 年版，第 146 页。

③ 百度：新华字典 911：《为》（https://zidian.911cha.com/zi4e3a.html）。

④ 参见（汉）许慎撰、（宋）徐铉等校《说文解字》，上海古籍出版社 2007 年版，第 135—136 页。

内部曰。禽者、走兽惣名。好爪故其字从爪也。此下各本有爪母猴象也五字。衍文。下腹为母猴形。腹当作复。上既从爪矣。其下又全象母猴头目身足之形也。王育曰。爪象形也。此博异说。爪衍文。王说全字像母猴形也。"①

"为"的本义可解读是：人通过自己的"主观意识"实现"客观现实"，也就是说，人要做出什么东西，先要在大脑中有这个东西，因此，"大脑中的东西"和做出的"现实的东西"一模一样，既就是古体字𤓰的造字思想，即"容或相似也"。这里的"容"我们不妨理解为"主观"之"容"和"客观"之"容"。古人的这一𤓰造字思想，也符合当今我们在马克思主义哲学中倡导的"主观"与"客观"相一致的"做事"方法。人在干事创业中，只有"主观"与"客观"相一致，才能干成事，才能干好事。即"为"。见此，𤓰"像两母猴相对形。"的释义亦可理解为：上代母体繁衍的下代母体之间的"相似性"，"上代母体"可理解成人的"主观意识"，"下代母体"可理解成人制作的"客观现实"。在此再说明一个问题，就是𤓰是"猴"而不是其他动物的问题，很可能古人就有"猴"是人的祖先的观点，并且认识到只有"人类"才能够具有将"主观意识"转化到"客观现实"的能力。

"恶"在《说文解字注》中释义："恶。过也。人有过曰恶。有过而人憎之亦曰恶。"②

"訾"在《说文解字》中释义："不思称意也。诗曰：翕翕訿訿。"③

"訾"在《说文解字注》中释义："訾訾、逗。二字今补。不思称意也。释训云。翕翕訿訿、莫供职也。毛传云。潝潝然患其上。訿訿然不思称其上。不思称其上者、谓不思报称其上之恩也。大雅传云。訿訿、

---

① 参见（汉）许慎撰、（清）段玉裁注《说文解字注》，上海古籍出版社1988年版，第113页。
② 同上书，第511页。
③ 参见（汉）许慎撰、（宋）徐铉等校《说文解字》，上海古籍出版社2007年版，第115页。

窳不供事也。二传辞异义同。意者、意内言外之意。"①

本段大意是天下的人都说在自己思想中"美"的东西就是"美"的，这种主观认识是有过错的！都在说自己喜欢"善"，而根本不去分析思考哪些是"不善"的原因呀！

有无之相生也。

本段大意是在目前客观存在的物质基础上通过一定条件可产生出另一种客观物质。

社会层面上的"有无之相生"实践意义：比如某地方没有（无）——"争""盗""乱"现象，但在一定条件下可能会导致（有）——"争""盗""乱"现象的出现。

难易之相成也。

本段大意是通过努力"难"事能变成"易"事。但懈怠就会由"易"事变成"难"事。

社会中出现的"争""盗""乱"起初"易"治理，但如果"争""盗""乱"扩大了态势就"难"治理了。

长短之相刑也。

"刑"在《说文解字注》中释义："到也。按刑者、五刑也。凡刑罚、典刑、仪刑皆用之。刑者、到颈也。"② "到""刑也。耳部曰。小罪聅。中罪刖。大罪到。到谓断头也。左传。越勾践使罪人三行。属剑于颈而辞曰。臣不敢逃刑。敢归死。遂自到也。吴师属之目。到、经典释文宋刻作颈。非也。按许意到谓断颈。刑之至重者也。"③ 本段指"长"与"短"可能互为"刑"。如人有先进和后进之分，若先进为长、后进为短，则要后进赶先进，即"刑"后进。盖房子买来的椽有长短之分，但盖房子需要等长的椽，只有将长椽截成与短椽一样长，才能使用，即"刑"长椽。

本段大意是在不同的条件下"长"与"短"互为"刑"。

高下之相盈也。

---

① 参见（汉）许慎撰、（清）段玉裁注《说文解字注》，上海古籍出版社1988年版，第98页。
② 同上书，第182页。
③ 同上。

"盈"是充满的意思。

本段大意是高处的水往低处流,低处的水达到一定的高度,即"盈",又往更低处流,更低处的水达到一定的高度,即"盈",又往更低低处流……

老子比喻上下级关系相得益彰,才能做好事业。

意声之相和也。

"意"在《说文解字》中释义:"志也。从心察言而知意也。"①

本段大意是一个人心中想的和语言所表达的一致才是可信赖的人。

先后之相隋,恒也。

"后"在《说文解字》中释文:"继体君也。"②

"隋[duò]"在《说文解字》中释义:"裂肉也。"③ "裂""缯余也。"④ "缯""帛也。"⑤

本段大意是某工作岗位只用一个人,但是当前同等条件竞争的却有两个人,那么就要把不用的"后"人用"帛"一般的待遇安置好。这种情况永远是这样的。

是以,声人居"无为"之事,行"不言"之教。

"声"通"圣",但"聖"与"圣"有区别:

帛本(甲)中的"道经"部分关于"圣人"的"聖"字一般用"声"字,帛本(甲)中的"德经"部分关于"圣人"的"圣"字一般用"圣"字。

"聖"在《说文解字注》中释义:"通也。邶风:母氏聖善。传云:聖,叡也。小雅:或聖或不。传云:人有通聖者,有不能者。周礼:六德教万民,智仁聖义忠和。注云:聖通而先识。洪范曰:睿作聖。凡一事精通、亦得谓之聖。从耳。聖从耳者,谓其耳顺。风俗通曰:聖者,声也。言闻声知情。按声聖字古相叚借。呈声。"⑥

---

① 参见(汉)许慎撰、(宋)徐铉等校《说文解字》,上海古籍出版社2007年版,第519页。
② 同上书,第443页。
③ 同上书,第200页。
④ 同上书,第410页。
⑤ 同上书,第653页。
⑥ 参见(汉)许慎撰、(清)段玉裁注《说文解字注》,上海古籍出版社1988年版,第592页。

"圣"在《说文解字注》中释义:"汝颍之闲谓致力于地曰圣。此方俗殊语也。致力必以手。故其字从又土会意。从又土。"①

"无为"意思是从"无"中做事。如社会上没有"争""盗""乱"的时候就要设身处地的预防治理、一个家庭在没有矛盾时就要处理好和谐关系、一个学生在没有干过坏事时就要教育不能干坏事的道理等等,这样的一些法则简称"无为"。自古以来,好多人将老子的"无为"当作消极观,这是对老子的极大冤枉,犹如列宁所说的"半世纪以来,没有一个马克思主义者是理解马克思的!"② 一样,其实"无为"就是求"道"。"无为"是老子的智慧,"无为"是老子科学的哲学,其涵盖的范围不仅仅是人类社会学中的"可道",更大的亮点是自然科学中的"字之曰:道"(科学技术、创新发明),如在第二十五章讲"有物昆成,先天地生。绣呵,缪呵,独立而不亥,可以为天地母。吾未,知其名,字之曰:道"。这也是本书作者二十多年来在创新发明③教学活动中的理论源泉。

从"无"中做事,可从两方面理解:

其一,人类社会上"潜在"的好事出现,坏事不要出现。比如说在社会上没有"争""盗""乱"的时候就是"无",执政者就要设身处地的作为,如订立规矩(法)、可做些广泛宣传、正面教育等的预防治理工作,使得社会上永远不产生"争""盗""乱"等负面的反社会行为的事情。

其二,供人使用的"潜在"新物不断出现。老百姓在田地除草需要一把铲子,但社会上尚未发明、制造出来,即"无",如可想办法发明、制作一把铲子供老百姓使用。使铲子不断改进。

前者是"无"中为"无",如"争""盗""乱"永远"无"下去。后者是"无"中为"有",如发明一把铲子立即产生"有"。简言之:"无为"就是使"坏事"永远在"无"中"无"下去,使"好事"立即在"无"中"有"出来。《论语》中讲:"无为而治者。其舜也与。"④ 意

---

① 参见(汉)许慎撰、(清)段玉裁注《说文解字注》,上海古籍出版社1988年版,第689页。
② 《列宁全集》第38卷,人民出版社1959年版,第191页。
③ 本书中关于"创新"、"发明"的概念一般是指人对客观事物的革新、改造、变化等。
④ 吴县吴氏仿宋本《四书集注·论语》上册,中华书局1957年版,第204页。

思是能够用"无为"方法治理国家的只有舜帝做得到啊!《鬼谷子》中讲:"然而'无为'而贵智矣!"① 意思是说:"无为"需要智慧。《金刚经》中讲:"一切圣贤皆以'无为'法而有差别。"② 意思是所有的圣贤做事,都是在事情没有发生之前就把法规制度制定好了并予以落实,所以圣贤做出来的事情与一般人做出来的事情不同。《左传》中讲:"人无衅焉,妖不自作。"③ "衅,血祭也。象祭灶也。"④ 陇西民间至今有杀鸡、羊、猪等祭祀"灶爷"等神仙的活动,其目的都是为使愿望来年家庭成员清吉平安,风调雨顺,生活安康。还流传着"宁可信其'无',不可信其'有'"的教条。

"无为"的哲学思想之所以盛行于西汉初期,主要是由于当时明白《道德经》和《黄帝四经》中"有""无""用"等的真实原意,因而一度出现了"黄老之术"的治国政治风气。《黄帝四经》在释义"无为"的"无"是:"其未来也,无之;其已来,如之。"⑤ 我们在日常生活学习中经常讲的"圣人不治已病,治未病,不治已乱,治未乱。""凡事豫立而不劳。""勿临渴而掘井,宜未雨而绸缪。""未晚先投宿,鸡鸣早看天。""天晴改水路,无事早为人。""早先不烧香,急了趴着供桌上。""今天的事今天要做,明天的事今天要想。""未雨绸缪"等无一不是对"无为"的最好诠释。

《易·系辞上传》:"是以君子将有为也,将有行也,问焉而以言,其受命也如响。无有远近幽深,遂知来物。非天下之至精,其孰能与于此。参伍以变,错综其数。通其变,遂成天下之文;极其数,遂定天下之象。非天下之至变,其孰能与于此。《易》无思也,无为也,寂然不动,感而遂通天下之故。非天下之至神,其孰能与于此。"⑥

老子讲的"无为"与马克思讲的:"哲学家们只是用不同的方式解释

---

① 杨炘主编《鬼谷子的谋略》,线装书局2008年版,第206页。
② 邓宇英《金刚经·坛经》,广州出版社2004年版,第13页。
③ 李梦生撰《左传译注》,上海古籍出版社2004年版,第129页。
④ 参见(汉)许慎撰、(宋)徐铉等校《说文解字》,上海古籍出版社2007年版,第128页。
⑤ 参见马王堆汉墓帛书整理小组编《经法》,文物出版社1976年版,第89页。
⑥ 孙振声《白话易经》,星光出版社1981年版,第503页。

世界，问题在于改变世界。"① "作为认识的基础的实践，是主体（人）和客体（物质对象）的相互作用，而这种相互作用的直接结果就是客体的改变。"② "一个真正的共产主义者的任务却在于推翻这种现存的东西。"③ 等包含的内容是基本一致的概念。

"教"在《说文解字注》中释义："上所施、下所效也。教效叠韵。从攴孝。孝见子部。效也。上施故从攴。下效故从孝。……羑古文教。右从古文言。敩亦古文教。从攴从爻。"④

"'不言'之教"：主要从如下两方面理解：

第一，采用古今人物的先进事迹使民众效仿达到教化民众的目的。"身教胜于言教""榜样的力量是无穷的"。孟子，名柯。战国时期鲁国人（现在的山东省境内）。三岁时父亲去世，由母亲一手抚养长大。孟子小时候很贪玩，模仿性很强。他家原来住在坟地附近，他常常玩筑坟墓或学别人哭拜的游戏。母亲认为这样不好，就把家搬到集市附近，孟子又模仿别人做生意和杀猪的游戏。孟母认为这个环境也不好，就把家搬到学堂旁边。孟子就跟着学生们学习礼节和知识。孟母认为这才是孩子应该学习的，心里很高兴，就不再搬家了。这就是历史上著名的"孟母三迁"的故事。陇西民间在教育孩子时有俗语：跟好人学好人，跟坏人学坏人，跟上司諓子调［tiáo］家神（司諓子：方言，指巫师。调家神：巫师捉弄"鬼"的迷信活动。）的俗语。过世的人留下的德行，陇西地区称："阴德"。老子在《道德经》中称"静"（参见第八章、第十六章、第五十七章等关于"静"的解读）。鬼谷子讲："阴道而阳取之……圣人之道阴，愚人之道阳。"⑤ 这里鬼谷子讲的"阴道"可同"阴德""静"等同理解，都是指教化民众有效的材料。

第二，执政者用自己"诚洁勤敏，躬行实践"⑥的具体业绩使民众效

---

① 《马克思恩格斯全集》第3卷，人民出版社1960年版，第8~9页。
② 同上书，第364页。
③ 《马克思恩格斯选集》第1卷，人民出版社1972年版，第47页。
④ 参见（汉）许慎撰、（清）段玉裁注《说文解字注》，上海古籍出版社1988年版，第127页。
⑤ 杨炘主编：《鬼谷子的谋略》，线装书局2008年版，第206页。
⑥ 陇西师范校训。

仿达到教化民众的目的。从《道德经》第四章"坐其阅，解其纷；和其光，同其尘"和第五十六章"塞其闷，闭其门；和其光，同其尘；坐其阅，解其纷。"两次出现的相似内容分析，老子非常注重执政者"走下去"，亲自与民众打成一片，根据自己的调查研究讲话写文章，以君主或官员的实际亲民行动教化民众。陇西民间有"要干着指挥，不要站着指挥"要求官员的俗语。从《道德经》全文内容分析，老子主要是以第二方面教给尹喜的。

本段大意是：确切地讲，明智人做事都是采用预先考虑的"无为"手段实现，比如社会上没有"争""盗""乱"的时候就设身处地的预防治理使其始终不予出现；民众缺乏生产工具就想办法通过创新发明予以实现。管理民众工作采用已做出业绩的"不言"手段效仿教化，比如采用古今人物的先进事迹使民众效仿达到教化民众的目的；执政者用自己"诚洁勤敏，躬行实践"的具体业绩使民众效仿达到教化民众的目的。

万物，昔而弗始。为而弗志也，成功而弗居也。

"昔"在《说文解字》中释义："乾肉也。从残肉，日以晞之。"[①]

"而"的古体是而。"而"在《说文解字》中释义："颊毛也。"[②] "而"在《说文解字注》中释义："须也。象形。各本作颊毛也、像毛之形。今正。颊毛者、须部所谓䰅须之类耳。礼运正义引说文曰。而、须也。须谓颐下之毛。象形字也。知唐初本须篆下颐毛也。而篆下云须也。二篆相为转注。其象形、则首画象鼻端。次象人中。次象口上之𩒹。次象承浆及颐下者。盖而为口上口下之总名。分之则口上为𩒹。口下为须。须本颐下之专称。𩒹与承浆与颊䰅皆得偁须。是以而之训曰须也象形。引伸假借之为语词。或在发端。或在句中。或在句末。或可释为然。或可释为如。或可释为汝。或释为能者、古音能与而同。段而为能。亦段耐为能。"[③] 本段中可释义为"能"。

---

① 参见（汉）许慎撰、（宋）徐铉等校《说文解字》，上海古籍出版社2007年版，第325页。

② 同上书，第468页。

③ 参见（汉）许慎撰、（清）段玉裁注《说文解字注》，上海古籍出版社1988年版，第454页。

"弗"在《说文解字》中释义:"挢也。臣铉等曰:韦所以束枉戾也。"①

"弗"在《说文解字注》中释义:"矫也。矫各本作挢。今正。挢者、举手也。引申为高举之用。矫者、揉箭箝也。引申为矫拂之用。今人不能辨者久矣。弗之训矫也。今人矫、弗皆作拂。而用弗为不。其误葢亦久矣。"② 人做出的一件创新发明总是要经过无数次的改进、革新,因此本段中以"矫"释义比较符合文意。这就说任何一个东西刚刚发明制作出来总是要经过无数次的"矫",才能够不断完善、完美。如下图 2—1 所示。

图 2—1

"始"在《说文解字注》中释义:"女之初也。释诂曰。初、始也。此与为互训。初、裁皆衣之始也。"③

"志"在《说文解字注》中释义:"意也。……志古文识。葢古文有志无识。小篆乃有识字。保章注曰。志古文识。识、记也。哀公问注曰。志读为识。识、知也。……哀公问注云志读为识者、汉时志识已殊字也。许心部无志者、葢以其卽古文识而识下失载也。"④

---

① 参见(汉)许慎撰、(宋)徐铉等校《说文解字》,上海古籍出版社 2007 年版,第 633 页。
② 参见(汉)许慎撰、(清)段玉裁注《说文解字注》,上海古籍出版社 1988 年版,第 627 页。
③ 同上书,第 617 页。
④ 同上书,第 502 页。

"居"在《说文解字》中释义："蹲也。"①

本段大意是人们使用的诸多东西，经过一段时间都需要改造更新（矫）它的初始模样、功能、适用范围等。改造、更新（矫）的客观事物必须是自己认识、熟悉领域的东西，这样自己才有可能立于成功的舞台上。

夫唯弗居，是以弗去。

"去"在《说文解字注》中释义："人相违也。违、离也。"②

本段大意是：只有搞创新发明（矫）的人在历史上才能得住，因此，搞创新发明（矫）的人并不混同于一般碌碌无为的人。

---

① 参见（汉）许慎撰、（宋）徐铉等校《说文解字》，上海古籍出版社2007年版，第414页。
② 参见（汉）许慎撰、（清）段玉裁注《说文解字注》，上海古籍出版社1988年版，第213页。

第三章

【原文】

帛本（甲）①	帛本（乙）②	传本③
不上贤□□□□□□□□货民不为□不□□□□民不乱是以声人之□□□□□□□□□强其骨恒使民无知无欲也使□□□□□□□□□	不上贤使民不争不贵难得之货使民不为盗不见可欲使民不乱是以取人之治也虚亓心实亓腹弱亓志强亓骨恒使民无知无欲也使夫知不敢弗为而已则无不治矣	不尚賢使民不爭不貴難得之貨使民不為盜不見可欲使民心不亂是以聖人之治虛其心實其腹弱其志強其骨常使民無知無欲使夫智者不敢為也為無為則無不治

【点校】

不上贤，使民不争。

不贵难得之货，使民不为盗。

不见可欲，使民不乱。

是以，声人之治也：虚其心，实其腹，弱其志，强其骨，恒使民无知，无欲也，使夫知不敢，弗为而已，则无，不治矣。

---

① 参见马王堆汉墓帛书整理小组编《老子》，文物出版社1976年版，第82页。
② 同上。
③ 参见（魏）王弼注、（唐）陆德明音义《老子王弼注》，新兴书局1964年版，第5—6页。

【讲堂】

不上贤，使民不争。

"不"在《说文解字注》中释义："鸟飞上翔不下来也。……与弗字音义皆殊、音之殊、则弗在十五部也。义之殊则不轻弗重。如佳肴弗食、不知其旨、至道弗学、不知其善之类可见。……不同弗①"上"在《说文解字注》中释义："高也。"② 本段中指崇尚。

"贤"在《说文解字》中释义："多才也。"③

"贤"在《说文解字注》中释义："多财也。财各本作才、今正。贤本多财之称。引申之凡多皆曰贤。人称贤能因习其引申之义而废其本义矣。小雅。大夫不均我从事独贤。传曰。贤、劳也。谓事多而劳也。故孟子说之曰。我独贤劳。戴先生曰。投壶。某贤于某若干纯。贤多也。"④

"使"《说文解字注》中释义："令也。……令者、发号也。……古注使速疾之义也。"⑤

"争"在《说文解字注》中释义："引也。凡言争者、皆谓引之使归于己。"⑥

本段大意是如果社会不崇尚财物，民众就不会为财物而忙碌。

不贵难得之货，使民不为盗。

"贵"在《说文解字注》中释义："物不贱也。"⑦ "贱""贾少也。贾今之价也。"⑧

"难"在《说文解字注》中释义："難鸟也。今为难易字、而本义隐矣。"⑨

---

① 参见（汉）许慎撰、（清）段玉裁注《说文解字注》，上海古籍出版社1988年版，第584页。
② 同上书，第1页。
③ 参见（汉）许慎撰、（宋）徐铉等校《说文解字》，上海古籍出版社2007年版，第304页。
④ 参见（汉）许慎撰、（清）段玉裁注《说文解字注》，上海古籍出版社1988年版，第279页。
⑤ 同上书，第376页。
⑥ 同上书，第160页。
⑦ 同上书，第282页。
⑧ 同上。
⑨ 同上书，第151页。

"货"在《说文解字注》中释义:"财也。"①

本段大意是商人们隐藏好自己的财物、不暴露,民众在思想上就不会产生窃取的意念并在行为中具有"顺手牵羊"的现实情况。

陇西地区有"见财起意""见色而起意""眼不见心为净,耳不听心不烦"等俗语。《红楼梦》第二十九回"任凭你们两个冤家闹上天去,我'眼不见,心不烦'也就罢了"②。《水浒全传》第三十回"这厮原是远流配军,如何不做贼,一定是一时见财起意"③,等等。这些说的都是人性的弱点。

不见可欲,使民不乱。

"见"在《说文解字注》中释义:"视也。……视与见、闻与听一也。"④

"可"在《说文解字注》中释义:"可肯也。肯者、骨间肉肯肯箸也。凡中其肯綮(筋骨结合处;比喻事物的关键。)曰肯。"⑤

"欲"意指想得到某种东西或想达到某种目的的要求。俗话说:眼不见,心不烦。如果一个人不能随便看到那些容易得到的欲求,就会处之坦然,不会乱来。身为副省长的沈培平,花了5个月时间即可具备理学博士学位教授资格,在大讲"文凭"年代里,所有知道此途径的官员有可能垂涎三尺,蠢蠢欲动,仿效者大有人在。但有可能有的"仿效者"最终落得"图虚名,招实祸"的下场。

"乱"在《说文解字注》中释义:"不治也。"⑥

本段大意是社会上如果没有老百姓的奋斗都不容易得到,却被一部分别有用心的人通过歪门邪道轻易得到了的现象,在老百姓中就不会出现不治的事情。

是以,声人之治也:虚其心,实其腹,弱其志,强其骨,恒使民无

---

① 参见(汉)许慎撰、(清)段玉裁注《说文解字注》,上海古籍出版社1988年版,第279页。
② 曹雪芹、高鹗:《红楼梦》(共四册)第1册,人民文学出版社1964年版,第356页。
③ 施耐庵、罗贯中:《水浒全传》,岳麓书社出版发行1988年版,第240页。
④ 参见(汉)许慎撰、(清)段玉裁注《说文解字注》,上海古籍出版社1988年版,第407页。
⑤ 同上书,第204页。
⑥ 同上书,第740页。

知，无欲也，使夫知不敢，弗为而已，则无，不治矣。

"是以"即根据上述原理可知。"虚其心"指谦虚的一颗心。

"声"通"聖"，但"聖"与"圣"有区别。帛本（甲）中的"道经"部分关于"聖人"的"聖"字一般用"声"字，帛本（甲）中的"德经"部分关于"圣人"的"圣"字一般用"圣"字。"聖"在《说文解字注》中释义："通也。邶风。母氏聖善。传云。聖、叡也。小雅。或聖或不。传云。人有通聖者。有不能者。六德教万民。智仁聖义忠和。注云。聖通而先识。洪范曰。睿作聖。凡一事精通、亦得谓之聖。从耳。聖从耳者、谓其耳顺。风俗通曰。聖者、声也。言闻声知情。按声聖字古相叚借。呈声。"①"圣"在《说文解字注》中释义："汝颍之闲谓致力于地曰圣。此方俗殊语也。致力必以手。故其字从又土会意。从又土。"②

"腹"在《说文解字注》中释义："厚也。……以其厚大。释名曰。腹、複也。富也。文法同。……凡厚者皆可称腹。"③

"弱"在《说文解字注》中释义："桡［náo］也。桡者、曲木也。引申为凡曲之称。直者多强。曲者多弱。易曰。栋桡。本末弱也。"④

"强"在《说文解字》中释义："蚚［qí］也。"⑤ "蚚，强也。"⑥ "蚚"在《辞海》中释义："米谷中的小黑虫。也叫'强蛘［yáng］。'《尔雅·释虫》：'强。蚚。'郭璞注：'即强丑捋。'郝懿行义疏：'《说文》强、蚚互训。《玉篇》：强，米中蠹［dù］小虫。是强蚚即上蛄蠤，强蛘也。'广东人呼米牛，绍兴人呼米象，并因形以为名。"⑦ 陇西地区人将小麦中出现的类似于上述"米谷中的小黑虫"叫"麦牛儿"。人的"骨"在身体中，外表看不见，特别是"有力""无力"，他人更是看不见、摸不着。如同米中的"强"的"存在"，但是人们看不见、摸不着一

---

① 参见（汉）许慎撰、（清）段玉裁注《说文解字注》，上海古籍出版社1988年版，第592页。

② 同上书，第689页。

③ 同上书，第170页。

④ 同上书，第425页。

⑤ 参见（汉）许慎撰、（宋）徐铉等校《说文解字》，上海古籍出版社2007年版，第668页。

⑥ 同上。

⑦ 《辞海》（1999年版缩印本），上海辞书出版社2000年版，第2246页。

样道理。"无知无欲"的意思是不使老百姓知道能够引起"争""盗""乱"的事情,老百姓自然就没有欲望搞"争""盗""乱"的事情。

"夫"在《说文解字》中释义:"丈夫也。"① 本章中指有才智、胆大妄为的人。

"敢"在《说文解字》中释义:"进取也。"②

"已"在《中华大字典》中释义:"语终辞。[汉书梅福传]亦无及已。"③

本段大意是:根据上述原理可知,明智人治理国家是这样做的:对于自己有着谦虚的一颗心,是实实在在的厚德人,志向要曲折婉转不向敌方轻易暴露,经常保持自己精力充沛,身体健康有力;对于民众经常给民众灌输"无"的意义,使民众知道"无"的意义,在"无"中做事以谋求实现自己的欲望。一个国家的民众如果能够不断地处于改造客观事物中,作为君主"不治"则大治。

---

① 参见(汉)许慎撰、(宋)徐铉等校《说文解字》,上海古籍出版社2007年版,第516页。
② 同上书,第190页。
③ 《中华大字典》,中华书局1978年版,第308页。

第四章

【原文】

帛本（甲）①	帛本（乙）②	传本③
□□□□□□盈也潚呵始万物之宗銼亓解其纷和其光同□□□□或存吾不知□子也象帝之先	道沖而用之有弗盈也渊呵佁万物之宗銼亓兑解亓芬和亓光同亓䗲湛呵佁或存吾不知亓谁之子也象帝之先	道沖而用之或不盈淵兮似萬物之宗挫其銳解其紛和其光同其塵湛兮似或存吾不知誰之子象帝之先

【点校】

道沖，而用之，有弗盈也。

潚呵，始万物之宗。

坐其阅，解其纷；和其光，同其尘。

湛呵，佁或存。

吾不知谁子也，象帝之先。

【讲堂】

道沖，而用之，有弗盈也。

---

① 参见马王堆汉墓帛书整理小组编《老子》，文物出版社1976年版，第83页。
② 同上。
③ 参见（魏）王弼注、（唐）陆德明音义《老子王弼注》，新兴书局1964年版，第6—7页。

"冲"在《说文解字》中释义:"涌摇也。"① "涌摇"可解读为源源不断、汹涌澎湃。本段中比喻时时有"道"、事事有"道"。

"用"在《道德经》全文中是指:"有"是人造的,但人"用"的是"有"的"无"(空、虚)的方面。如人们住房子,"用"的是房子的"空""虚";结的渔网,打鱼人"用"的是渔网的"空""虚";人们拿杯喝水,"用"的是杯子的"空""虚",等等。房子的用途多种多样,渔网打鱼多种多样,杯子喝水多种多样。"用"可与马克思主义哲学中的"辩证法"联系起来理解。如杯子喝"白开水""咖啡""糖水""茶水"等,一个人饮"用"皆需要"辩证"。"用"参见第四章、第六章、第十一章、第三十一章、第四十章、第四十五章、第六十八章、第八十章等相关内容。

"而"在《说文解字》中释义:"颊毛也。"② "而"在《说文解字注》中释义:"须也。象形。各本作颊毛也、像毛之形。今正。颊毛者、须部所谓髯须之类耳。礼运正义引说文曰。而、须也。须谓颐下之毛。象形字也。"③

"有"泛指客观存在,本章指国家。

"弗"在《说文解字注》中释义:"矫也。矫各本作挢。今正。挢者、举手也。引申为高举之用。矫者、揉箭箝也。引申为矫拂之用。今人不能辩者久矣。弗之训矫也。今人矫、弗皆作拂。而用弗为不。其误盖亦久矣。"④

"盈"在《说文解字》中释义:"满器也。"⑤

本段大意是:事物多,改造每件事物的"道"也很多,但是要抓住过时的、老的事物加以革新,每件事物不断矫正既可不断完美。

老子的"而用之",就是要抓住主要矛盾或矛盾的主要方面去解决

---

① 参见(汉)许慎撰、(宋)徐铉等校《说文解字》,上海古籍出版社2007年版,第550页。

② 同上书,第468页。

③ 参见(汉)许慎撰、(清)段玉裁注《说文解字注》,上海古籍出版社1988年版,第454页。

④ 同上书,第627页。

⑤ 参见(汉)许慎撰、(宋)徐铉等校《说文解字》,上海古籍出版社2007年版,第239页。

问题。

潚呵，始万物之宗。

"潚［sù］"在《说文解字》中释义："深清也。"①

本段大意是做事之"道"深奥但非常明白清楚，做事必须用道，因为它是万事万物的开始。

坐其阅，解其纷；和其光，同其尘。

本段与相似内容的第五十六章相关内容相互结合组成。

"坐"在《说文解字》中释义："止也。"②

"阅"在《说文解字注》中释义："具数于门中也。具者、供置也。数者、计也。计者、会也、筭［suàn］也。"③"兑"在《说文解字注》中释义："说也。说者今之悦字。"④《易经·兑卦》："六三，来兑，凶。"⑤即"阅"是送上"门"的"兑"不是"吉"。（陇西俗语：逢人说好话，溜沟子不挨骂。）综上释义，"坐其阅"可解读为统治者要止住一些百姓不情愿缴纳而被迫缴纳的物资费用。

"解"在《说文解字》中释义："判也。"⑥"判，分也。"⑦

"纷"在《说文解字注》中释义："马尾韬也。韬、剑衣也，引申为凡衣之称。释名曰。纷、放也。防其放驰以拘之也。"⑧1977年，一部名叫《决裂》的电影中，有一位姓孙的教授，在农村的课堂上起劲地给学员们讲解"马尾巴的功能"。后来很长一段时间内，"马尾巴的功能"便成了嘲讽学究的流行语。根据有关资料报道，马尾巴的功能的确很大，例如能保持奔跑的平衡、夏季可驱赶蚊蝇、消暑降温等，如果将其束缚

---

① 参见（汉）许慎撰、（宋）徐铉等校《说文解字》，上海古籍出版社2007年版，第549页。

② 同上书，第687页。

③ 参见（汉）许慎撰、（清）段玉裁注《说文解字注》，上海古籍出版社1988年版，第590页。

④ 同上书，第405页。

⑤ 孙振声：《白话易经》，星光出版社1981年版，第433页。

⑥ 参见（汉）许慎撰、（宋）徐铉等校《说文解字》，上海古籍出版社2007年版，第213页。

⑦ 同上书，第206页。

⑧ 参见（汉）许慎撰、（清）段玉裁注《说文解字注》，上海古籍出版社1988年版，第658页。

住，这些功能就发挥不了，老子以此暗喻执政者要剔除一些制约百姓、不利于百姓生产发展的法规。

"和"在《说文解字注》中释义："相应也。"①

"尘"的繁体字为"塵"，在《说文解字注》中释义："鹿行扬土也。"② 鹿性机警，晨昏时结群，自古以来人们将其与"祥和"相联系。

《汉书》中有句蒯通向高帝所说的话："且秦失其鹿，天下共逐之。"③（"鹿"，张晏曰："以鹿喻帝位。"④）这句话不妨解读为：由于秦朝执政者失去了与老百姓相处的"祥和"景象，致使天下人共同将其斥逐。

本段大意是：在治理国家的过程中，执政者应消除一些不合理的现象，清理、剔除一些制约百姓、不利于百姓生产发展的法规，执政者"走下去"，亲自与民众打成一片，与百姓相处得如同白天人们看到的太阳光中的尘埃一样自然、朴素、和谐。

湛呵，佁或存。

"湛"［zhàn］在《说文解字注》中释义："没也。古书浮沈字多作湛。湛沈古今字。沉又沈之俗也。下文云。没、湛也。二字转注。"⑤

"佁"［yǐ］在《说文解字》中释义："痴貌。"⑥

"或"在《说文解字注》中释义："邦也。邑部曰。邦者、国也。"⑦

"存"在《说文解字注》中释义："恤问也。恤、忧也、收也。尔雅曰。在、存也。在、存、省、士、察也。今人于在存字皆不得本义。"⑧

本段的意思是执政者对于因没有固定收入而影响生存的民众、呆痴傻的人以及为国家做出贡献的民众要做好抚恤。

---

① 参见（汉）许慎撰、（清）段玉裁注《说文解字注》，上海古籍出版社1988年版，第57页。
② 同上书，第472页。
③ 参见（汉）班固撰、（唐）颜师古注《汉书》（全十二册）第七册，中华书局1962年版，第2165页。
④ 同上书，第2166页。
⑤ 参见（汉）许慎撰、（清）段玉裁注《说文解字注》，上海古籍出版社1988年版，第556页。
⑥ 同上书，第379页。
⑦ 同上书，第631页。
⑧ 同上书，第743页。

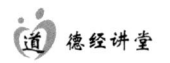

吾不知谁子也，象帝之先。

"子"在《说文解字注》中释义："十一月昜［yáng］气动。万物滋。……万物莫灵于人。故因假借以为人之称。"①

"先"在《说文解字》中释义："前进也。从儿，从之。凡先之属皆从先。臣铉等曰：'之人上，是先也。'"②

本段的意思是面对具有如上品德的君主，谁也不会先追究他的出身情况，老百姓对他的尊奉程度就如同人类在敬奉神仙时把天帝的排位排到最前面一样。

---

① 参见（汉）许慎撰、（清）段玉裁注《说文解字注》，上海古籍出版社1988年版，第742页。

② 参见（汉）许慎撰、（宋）徐铉等校《说文解字》，上海古籍出版社2007年版，第422页。

第五章

【原文】

帛本（甲）①	帛本（乙）②	简本【甲】③	传本④
天地不仁以万物为刍狗声人不仁以百省□□狗天地□间□犹橐籥舆虚而不淈蹱而俞出多闻数穷不若守于中	天地不仁以万物为刍狗耴人不仁□百姓为刍狗天地之间亓犹橐籥舆虚而不淈勭而俞出多闻数穷不若守于中	天陞之勿其猷囿籗舆虚而不屈運而愈出	天地不仁以萬物為芻狗聖人不仁以百姓為芻狗天地之間其猶橐籥乎虚而不屈動而愈出多言數窮不如守中

【点校】

天地不仁，以万物为刍狗。声人不仁，以百省为刍狗。

天地之间，其犹：橐、籥、舆，虚而不淈，蹱而俞出。

多闻数穷，不若守于中。

【讲堂】

天地不仁，以万物为刍狗。声人不仁，以百省为刍狗。

---

① 参见马王堆汉墓帛书整理小组编《老子》，文物出版社1976年版，第83页。
② 同上。
③ 参见荆门市博物馆编《郭店楚墓竹简·老子甲》，文物出版社2002年版，第23页；
④ 参见（魏）王弼注、（唐）陆德明音义《老子王弼注》，新兴书局1964年版，第8页。

"仁"在《说文解字注》中释义："亲也。亲者密至也。从人二。"①

"刍狗"是用草扎成的狗，民间专用于祭祀之中，祭祀完毕，就把它扔掉或烧掉，比喻轻贱无用的东西。陇西民间至今有这样的风俗习惯：邀请民间"懂"阴阳的人用杂草、麦草、谷草等材质扎成的动物、鬼（人）形帮助村落家庭或家庭成员驱除不祥、灾难、病魔等"治疗"邪气的活动。

"声"通"聖"，但"聖"与"圣"有区别。帛本（甲）中的"道经"部分关于"聖人"的"聖"字一般用"声"字，帛本（甲）中的"德经"部分关于"圣人"的"圣"字一般用"圣"字。

"聖"在《说文解字注》中释义："通也。邶风。母氏聖善。传云。聖、叡也。小雅。或聖或不。传云。人有通聖者。有不能者。周礼。六德教万民。智仁聖义忠和。注云。聖通而先识。洪范曰。睿作聖。凡一事精通、亦得谓之聖。从耳。聖从耳者、谓其耳顺。风俗通曰。聖者、声也。言闻声知情。按声聖字古相叚借。呈声。"②

"圣"在《说文解字注》中释义："汝颍之闲谓致力于地曰圣。此方俗殊语也。致力必以手。故其字从又土会意。从又土。"③

"百"在《说文解字注》中释义："十十也。从一白。博陌切。五部。数。句。十十为一百。百白也。白、告白也。此说从白之意。数长于百。可以詈言白人也。各本脱此八字。依韵会补。十百为一贯。贯章也。此类举之。百白叠韵。贯章双声。章、明也。数大于千。盈贯章明也。"④

"省"在《说文解字注》中释义："视也。省者、察也。察者、核也。汉禁中谓之省中。师古曰。言入此中者皆当察视。不可妄也。释诂曰。省、善也。此引申之义。大传曰。大夫有大事省于其君。谓君察之而得其大善也。从睂省。从屮。屮音彻。木初生也。财见也。从眉者、未形于目也。从屮者、察之于微也。凡省必于微。"⑤

"百省"泛指社会中做事明白、细心入微的能干人、聪明人等。

---

① 参见（汉）许慎撰、（清）段玉裁注《说文解字注》，上海古籍出版社1988年版，第365页。
② 同上书，第592页。
③ 同上书，第689页。
④ 同上书，第137页。
⑤ 同上书，第136页。

本段的大意是：天与地之间不亲密，就会使万事万物遭殃。明智人与明智人之间不亲密，就会使社会中处事明白、细心入微的能干人、聪明人如草狗一样被任意践踏蹂躏。

天地之间，其犹：橐、籥、舆，虚而不溷，躟而俞出。

"天地之间"就是比喻国家。

"犹"在《说文解字注》中释义："玃属。释兽曰。犹如麂。善登木。许所说谓此也。曲礼曰。使民决嫌疑。定犹豫。正义云。说文。犹、玃属。豫、象属。此二兽皆进退多疑。人多疑惑者似之。故谓之犹豫。"① 现在一般认为犹是一种与狐狸差不多的动物，犹在行动前，它要把四面八方的动静，先看得一清二楚，思虑周详，知道没有危险，才敢有所行动。本段中比喻自我也比喻自我的对立面，谁不具备犹的能力谁就败于对方。

"橐"［tuó］在《说文解字注》中释义："囊也。按许云。橐囊也。囊橐也。浑言之也。大雅毛传曰。小曰橐。大曰囊。高诱注战国策曰。无底曰囊。有底曰橐。皆析言之也。囊者、言实其中如瓜瓤也。橐者、言虚其中以待如木樣也。"② "樣"在《说文解字注》中释义："行夜所击木。行夜各本讹夜行、木作者。今依御览正行、去声。巡也。……从木。橐声，从橐者，盖虚其中则易响。今之敲梆是也。"③

"籥"在《说文解字》中释义："书僮竹笘也。"④ 在《辞海》中释义："中国古管乐器。在甲骨文中，'籥'本作'龠'，象编管之形、似为排箫之前身。有吹籥、舞籥两种，吹籥短，三孔，舞籥长，六孔，可执之作舞具。《诗·邶风·简兮》：'左手执籥，右手秉翟。'传说禹时乐舞《大夏》以籥伴奏。"⑤

"舆"在《说文解字注》中释义："车舆也。车舆谓车之舆也。攷工

---

① 参见（汉）许慎撰、（清）段玉裁注《说文解字注》，上海古籍出版社1988年版，第477页。
② 同上书，第276页。
③ 参见（汉）许慎撰、（宋）徐铉等校《说文解字》，上海古籍出版社2007年版，第257页。
④ 同上书，第216页。
⑤ 参见辞海编辑委员会编纂《辞海》（缩印本），上海辞书出版社2000年1月第1版，第2280页。

记舆人为车。注曰。车、舆也。按不言为舆而言为车者、舆为人所居,可独得车名也。"①

"虚"在《说文解字》中释义:"大丘也。崐崘丘谓之崐崘虚。古者九夫为井,四井为邑,四邑为丘,丘谓之虚。"②

"而"在《说文解字》中释义:"颊毛也。"③ 古代成年男子有留胡须的讲究。因此,可解读为老的、年长的、成年的人。

"淈"[gǔ]在《说文解字注》中释义:"浊也。今人汩[gǔ]乱字当作此。按洪范汩陈其五行。某氏曰。汩、乱也。书序汩作汩治也。屈赋汩鸿谓治洪水。治乱正一义。即释诂之淈、治也。某氏注尔雅引诗淈此群丑。其勿反。"④

"蹱"[chòng]在《辞海》中释义:"困极坐睡,头上下颠动。今作'眬'[chòng]。《初刻拍案惊奇》卷十四'杨化骑一步,蹱一蹱,几凡要擷下来'。"⑤ "眬"在《现代汉语词典》:"〈方〉困极小睡:瞌眬。眬一眬。"⑥

"俞"在《说文解字注》中释义:"空中木为舟也。淮南氾论训。古者为窬[yú]木方版以为舟航。高曰。窬、空也。方、并也。舟相连为航也。按窬同俞。空中木者、舟之始。并板者、航之始。如推轮为大路之始。其始见本空之木用为舟,其后因刳[kū]木以为舟。凡穿窬、厕[cè]牏[yú]皆取义于俞。中孚传曰。利涉大川。乘木舟虚也。"⑦ 本段中指老百姓应对统治者不加实际的"空壳"办法。

---

① 参见(汉)许慎撰、(清)段玉裁注《说文解字注》,上海古籍出版社1988年版,第721页。
② 参见(汉)许慎撰、(宋)徐铉等校《说文解字》,上海古籍出版社2007年版,第401页。
③ 同上书,第468页。
④ 参见(汉)许慎撰、(清)段玉裁注《说文解字注》,上海古籍出版社1988年版,第550页。
⑤ 参见《辞海》编辑委员会编纂《辞海》(缩印本),上海辞书出版社2000年,第2374页。
⑥ 《现代汉语词典》,商务印书馆1983年版,第150页。
⑦ 参见(汉)许慎撰、(清)段玉裁注《说文解字注》,上海古籍出版社1988年版,第403页。

"出"在《说文解字》中释义:"进也。象艹木益滋,上出达也。"①

本段的大意是治理一个国家要趁早着手。谨慎从事,人们用的是橐、籥、舆空虚的部分,这橐、籥、舆空虚的部分不能藏污纳垢,否则就会影响如同使用橐、籥、舆一样的效果。特别是要重视大丘之地的老的、年长的、成年的人的行为,不能让这些人有混乱的思想与行为。作为君主不能有"瞢眃"现象,否则,那些具有混乱思想与行为的老的、年长的、成年的人就会乘机作乱。以虚假的"空壳"对待君主。

多闻数穷,不若守于中。

"多"在《说文解字注》中释义:"重[chóng]也。重者、增益也。故为多。多者胜少者。故引申为胜之称。战功曰多。言胜于人也。从重夕。夕者、相绎也。故为多。相绎者相引于无穷也。抽丝曰绎。夕绎叠韵。说从重夕之意。重夕为多。重日为叠。凡多之属皆从多。多古文并夕,有并与重别者、如棘枣[zǎo]是也。有并与重不别者、多多是也。"②

"闻"在《说文解字注》中释义:"知声也。引申之为令闻广誉。"③

"数"在《说文解字注》中释义:"计也。……引申之义分析之音甚多。大约速与密二义可包之。"④

"穷"在《说文解字注》中释义:"极也。"⑤

"中"在《说文解字注》中释义:"内也。俗本和也。非是。当作内也。"⑥

"中"在《中华大字典》释义:中,和也、内也、正道也、正气也、顺也、通"忠"⑦等。

本段大意是执政者天天获得天下需要处理的事务非常多,但是在处

---

① 参见(汉)许慎撰、(宋)徐铉等校《说文解字》,上海古籍出版社2007年版,第296页。
② 参见(汉)许慎撰、(清)段玉裁注《说文解字注》,上海古籍出版社1988年版,第316页。
③ 同上书,第592页。
④ 同上书,第123页。
⑤ 同上书,第346页。
⑥ 同上书,第20页。
⑦ 《中华大字典》,中华书局1978年版,第8页。

理无穷事务中要坚守一个"中"字,也就是工作起来不能有偏心,务必公心、正派。

本章中老子讲的治国为"虚"的核心就是要求统治者不做任何偏向,只有中正、公正,致力于"虚",才能使天下不会动乱,老百姓安居乐业。

儒教主张的"中庸"思想与老子在本章中讲的"守于中"是一脉相承的哲学思想。《中庸章句·序》讲:"中庸何为而作也?子思子忧道学之失其传而作也。"[①]《中庸朱熹章句》开门见山释义:"中庸"即"中者,不偏不倚、无过不及之名。庸,平常也。"[②]的的确确,老百姓的事情似乎都是平平常常的"庸"事,但是作为执政者只有将老百姓的这些平平常常的"庸"事"不偏不倚"地做好了,就是"中庸",也就合乎了老子"不若守于中"的对于管理的治国理念。

---

① (宋)朱熹:《四书集注》上册,中华书局1957年版,《中庸》第7页。
② 同上书,《中庸·朱熹章句》第1页。

第六章

【原文】

帛本（甲）①	帛本（乙）②	传本③
浴神□死是胃玄＝牝＝之门是胃□地之根緜＝呵若存用之不堇	浴神不死是胃玄＝牝＝之门是胃天地之根緜＝呵亓若存用之不堇	谷神不死是謂元牝元牝之門是謂天地根緜緜若存用之不勤

【点校】

"浴神"不死，是谓玄牝。玄牝之门，是谓天地之根。绵绵呵若存，用之不堇。

【讲堂】

"浴神"不死，是谓玄牝。玄牝之门，是谓天地之根。绵绵呵若存，用之不堇。

"浴"在《说文解字》中释义："洒身也。"④

"浴"在《中华大字典》中释义："以德自清曰浴德。［礼记儒行］

---

① 参见马王堆汉墓帛书整理小组编《老子》，文物出版社1976年版，第83页。
② 同上。
③ 参见（魏）王弼注、（唐）陆德明音义《老子王弼注》，新兴书局1964年版，第9页。
④ 参见（汉）许慎撰、（宋）徐铉等校《说文解字》，上海古籍出版社2007年版，第566页。

儒有澡身而浴德。[疏]谓沐浴于德以德自清也。"①

"浴"在《道德经》中出现过7处，分别是第六章、第十五章、第二十八章、第三十二章、第三十九章、第四十一章和第六十六章，比喻人的"洒身"或大地的"洒身"，含义都基本相同。老子以"浴"暗喻执政者在思想上、行为上要经常做到"浴"，时刻提高自己的思想品德以及执政水平。

"神"在《说文解字注》中释义："天神引出万物者也。天神引三字同在古音第十二部。"②

"玄"在《说文解字注》中释义："幽远也。……而人覆之也……黑而有赤色者为玄。此别一义也。凡染、一入谓之縓[quán 浅红色]。再入谓之赪[chēng 红色]、三入谓之纁[xūn 绛色]。五入谓之緅[zōu 黑中带红的颜色]。七入为缁[zī 黑色]。玄色者在緅缁之间。其六入者与。"③"玄"在本文中指深远、久远。

"牝"指母体。"玄牝"意为不断生育，引申为一个人只有不断"浴"（加强修养），才能如同"母体"生生不息。

"绵绵"指连绵不绝。"用"的解读应先明白第十一章内容，即无论酒杯是金、是银还是瓷质，人们"用"的是其"无（空）"，再好的房屋，人们"用"的是其"无（空）"（注：不能绝对死搬硬套"空"，应理解为"空"中的"待装物"。这"待装物"需要"为"，即"无为"。）等。

"存"在《说文解字注》中释义："恤问也。恤、忧也。收也。"④

"用"字在帛本（甲）中第四章、第六章、第十一章等10多个章次中出现过，其情境不同，而含意一致，即为高度概括的"无为"的具体目的。本章中的"用"指的是通过"洒身"得到的"身体干净"。一个国家干部"浴"的内容相当多，要达到自身经常处于"无"垢，就得常"洒身"。

---

① 《中华大字典》，中华书局1978年版，第1003页。
② 参见（汉）许慎撰、（清）段玉裁注《说文解字注》，上海古籍出版社1988年版，第3页。
③ 同上书，第159页。
④ 同上书，第743页。

"堇"在《说文解字注》中释义:"黏土也。从黄省。从土。从黄者、黄土多黏也。"①

本章的大意是:以德自清、净化心身的品质永远不会过时。以德自清、净化心身的品质如同母体繁衍生息,是国家太平的根本;如同抚恤慰问,能够感染他人,努力做到这一点,终身做事不会出现不干散利落、黏黏糊糊的情况。

---

① 参见(汉)许慎撰、(清)段玉裁注《说文解字注》,上海古籍出版社1988年版,第694页。

第七章

【原文】

帛本（甲）①	帛本（乙）②	传本③
天长地久天地之所以能□且久者以其不自生也故能长生是以声人芮其身而身先外其身而身存不以其无□舆故能成其□	天长地久天地之所以能长且久者以亓不自生也故能长生是以耴人退其身而身先外亓身而身存不以亓无私舆故能成亓私	天長地久天地所以能長且久者以其不自生故能長生是以聖人後其身而身先外其身而身存非以其無私邪故能成其私

【点校】

天长地久。天地所以能长且久者，以其不自生也，故能，长生。

是以声人芮其身，而身先；外其身，而身存。不以其无，私舆。故能成其私。

【讲堂】

天长地久，天地所以能长且久者，以其不自生也，故能，长生。

"能"在《说文解字注》中释义："能兽坚中、故称贤能。贤古文作

---

① 参见马王堆汉墓帛书整理小组编《老子》，文物出版社1976年版，第83页。
② 同上。
③ 参见（魏）王弼注、（唐）陆德明音义《老子王弼注》，新兴书局1964年版，第10页。

臤。臤、坚也。而强壮、称能杰也。"①

"不自生"意思是自己的能力不为自己而为他人。

本段的大意是：天地长久存在，是因为天地自身强壮贤能，自己具备的强壮贤能不为自己而为他人，所以天地的强壮贤能促使他人长生，他人的长生就意味着自己长生。

是以声人芮其身，而身先；外其身，而身存。不以其无，私舆，故能成其私。

"声人"指聪明人、明白人，参见第二章释义。

"芮"在《说文解字注》中释义："艸生貌。柔细之状。"②

"而"在《说文解字注》中释义："须也。象形。各本作颊毛也、像毛之形。今正。颊毛者、须部所谓䰅须之类耳。礼运正义引说文曰。而、须也。须谓颐下之毛。象形字也。"③ 古代成年男子有留胡须的讲究。本段可解读为君主身在外要具备沉稳、不轻浮的神态。

"先"在《说文解字》中释义："前进也。从儿，从之。凡先之属皆从先。臣铉等曰：'之人上，是先也。'"④

"外"在《说文解字》中释义："远也。"⑤

"存"在《说文解字》中释义："恤问也。"⑥

"无"泛指不存在，本段指"私"不存在。（每个人生来是无"私"的，"私"是后天自己给自己加上的，人生下来如同一个"空车"，这"空车"在行进中会不时装载上东西，包括"私"。）本段中前一个"私"应解读为"私心杂念"等负面的东西，最后一个"私"应解读为本身具备的德行。

"舆"在《说文解字注》中释义："车舆也。车舆谓车之舆也。攷工记舆人为车。注曰。车、舆也。按不言为舆而言为车者、舆为人所居。

---

① 参见（汉）许慎撰、（清）段玉裁注《说文解字注》，上海古籍出版社1988年版，第479页。
② 同上书，第39页。
③ 同上书，第454页。
④ 参见（汉）许慎撰、（宋）徐铉等校《说文解字》，上海古籍出版社2007年版，第422页。
⑤ 同上书，第332页。
⑥ 同上书，第741页。

可独得车名也。"①

"能"在《说文解字注》中释义:"能兽坚中、故称贤能。贤古文作臤。臤、坚也。而强壮、称能杰也。"②

本段的大意是根据天地自身具备的能力才使天地长生的原理,睿智之人每前进一步都要具备沉稳、不轻浮的神态,出游时会亲身抚恤慰问民情,更要具备沉稳、不轻浮的神态。不因为自身不存在"私",而是如同给自己的车子里装东西一样主动装载上"私心杂念"等负面的东西,因此具有不装载"私心杂念"等负面的东西的才能,君主便可成就自己的德行。

---

① 参见(汉)许慎撰、(清)段玉裁注《说文解字注》,上海古籍出版社1988年版,第721页。

② 同上书,第479页。

第八章

【原文】

帛本（甲）①	帛本（乙）②	传本③
上善治水＝善利万物而有静居众之所恶故几于道矣居善地心善渊予善信正善治事善能蹱善时夫唯不静故无尤	上善如水＝善利万物而有争居众之所亚故几于道矣居善地心善渊予善天言善信正善治事善能动善时夫唯不争故无尤	上善若水水善利萬物而不爭處眾人之所惡故幾於道居善地心善淵與善仁言善信正善治事善能動善時夫唯不爭故無尤

【点校】

上善治水。

水善利万物，而有静，居众之所恶。

故几于道矣，居善地：心善渊，予善信，正善治，事善能，蹱善时。

夫唯不静，故无尤。

【讲堂】

上善治水。

---

① 参见马王堆汉墓帛书整理小组编《老子》，文物出版社1976年版，第84页。
② 同上。
③ 参见（魏）王弼注、（唐）陆德明音义《老子王弼注》，新兴书局1964年版，第10页。

"上"在《说文解字》中释义:"高也。"① 本段中可将其解读为统治者或禹王。"上善"比喻优秀的统治者或指禹王。历史上著名的"大禹治水"指的就是禹王治理渭河水,"道渭自鸟鼠同穴,东会于沣,又东北至于泾,东过漆、沮,入于河。"②

渭河发源于陇西地区的鸟鼠山(今渭源县辖区),至今本书作者家乡的民众都将"渭河水"称为"禹河",据传老子在陇西渭河水一带讲经传道,拿禹王治水的经典故事来印证治"水"之道也是大有可能的。《孟子》中讲:"禹疏九河。瀹济漯。而注诸海。决汝汉。排淮泗。而注之江。然后中国可得而。食也。当是时也。禹八年于外。三过其门而不入。"③ 《史记》中列举了禹王治水的大量政绩:"治梁及岐……入于海。……九河既道……通於河。……潍、淄其道……通於济。……淮、沂其治,……通于河。……九江甚中,沱、涔已道,……浮于江、沱、涔、汉,逾于雒,至于南河。……伊、雒、瀍、涧既入于河。……道九山……太行、常山至于碣石,入于海。……道九川……入于南海。……道河积石,……入于海。……汶山道江,……入于海。道沇水,东为济,入于河,洪为荣,东出陶丘北,又东至于荷,又东北会于汶,又东北入于海。道淮自桐柏,东会于泗、沂,东入于海。道渭自鸟鼠同穴,东会于沣,又东北至于泾,东过漆、沮,入于河。道洛自熊耳,东北会于涧、瀍,又东会于伊,东北入于河。"④ 因此禹王"劳身焦思,居外十三年,过家门不敢入。"⑤

水性恰似民性,用"治水"暗喻"治民"也是符合《道德经》精神的。"君者舟也,庶人者水也,水则载舟,水则覆舟。"⑥ 自古以来,"水"就是"民众"的代名词。

本段的大意是优秀的统治者明白治理国家如同治水一样。

---

① 参见(汉)许慎撰、(宋)徐铉等校《说文解字》,上海古籍出版社2007年版,第1页。
② (汉)司马迁:《史记》,大众文艺出版社2008年版,第5页。
③ (宋)朱熹:《四书集注》下册,中华书局1957年版,《孟子》第125页。
④ 同上书,第4—5页。
⑤ 同上书,第4页。
⑥ 梁启雄:《荀子简释》,古籍出版社1956年版,第102页。

水善利万物，而有静，居众之所恶。

"有"指客观存在，本段中指水为人类留下的值得褒扬的益处。

"静"在《说文解字注》中释义："寀也。上林赋靓糚。张揖注曰。谓粉白黛黑也。按靓者、静字之假借。采色详寀得其宐谓之静。考工记言画缋之事是也。分布五色。疏密有章。则虽绚烂之极。而无涊忍不鲜。是曰静。人心寀度得宐。一言一事必求理义之必然。则虽綵劳之极而无纷乱。亦曰静。引申假借之义也。安静本字当从立部之竫。"①

"静"出现在帛本（甲）中的第八章、第十六章、第五十七章，依据"静"在这3章中所涉及的内容以及《说文解字注》中的释义，"静"在《道德经》全文中可解读为：在某事物的作用下产生的新事物，这一新事物不是"昙花一现"的，而是能够存留在一定时间中并能够影响后世的。如画家笔落纸上出现的字画为"静"，《兰亭序》《清明上河图》等即为"静"；"孟母三迁"的故事为"静"；大禹治水"三过家门而不入"的故事为"静"；伯夷、叔齐"义不食周粟"的故事为"静"等。

水的"静"数不清，即万物之"利"。如水帮助人类建造房子，它在泥浆中任人使用之"利"，水去了，为人留下的是房子；水灌溉农田便滋润着田生长之"利"，水去了，为人留下的是粮食；用水洗涤衣服任人摆布使衣服干净之"利"，水去了，为人留下的是干净衣服等。

"恶"在《说文解字注》中："过也。人有过曰恶。有过而人憎之亦曰恶。"②"居众之所恶"即居住在了人人都不愿意去的地下。

本段的大意是将水治理好即可有利于万物，如水帮助人类建造房子，它在泥浆中任人使用之"利"；水灌溉农田便滋润着田生长之"利"；用水洗涤衣服使衣服干净之"利"等。这些为人之"利"就是水留给人间的"静"，"静"留给了人间，水却去了人们最不情愿去的地方——地下。

故几于道矣：居善地，心善渊，予善信，正善治，事善能，蹱善时。

---

① 梁启雄：《荀子简释》，古籍出版社1956年版，第215页。
② 同上书，第511页。

"善"在《说文解字注》中释义："吉也。此与义、美同意。祥也。"①

"潇"在《说文解字注》中释义："潇者、水清深也。湘中记云。湘川清照五六丈。下见底石。如樗蒲矢。五色鲜明。是纳潇湘之名矣。"②

"能"在《说文解字注》中释义："能兽坚中、故称贤能。贤古文作臦。臦，坚也、而强壮、称能杰也。"③

"蹱"[chòng]。在《辞海》中释义："困极坐睡，头上下颠动。今作'眬'[chòng]《初刻拍案惊奇》卷十四'杨化骑一步，蹱一蹱，几凡要攧下来'。"④"眬"在《现代汉语词典》中的释义："〈方〉困极小睡：瞌眬。眬一眬。"⑤

本段的大意是将水治好即可得到水的"利"，即水留下"静"而居住在了人最不愿意去的地下。人居住在地面，最终还是要和水一样居住在地下（死去埋葬），因此，人居住在地面需要良好的社会环境，把自己居住的地面建设成为善地，良好的社会环境要求人人学习水的精神，即也要给人类留下"静"。要做到这点，就要做到如下几方面：心要好；待人接物清清楚楚、明明白白、清澈得似深水一般；与他人交往要言而有信；办事公正、正派，敢于同不良行为做斗争（治）；做事要创新以显示出自己的才能；困极坐睡也要适时，紧要关头不能有"丢盹""打瞌睡"的现象。

夫唯不静，故无尤。

"无"指不存在。

"尤"在《说文解字》中释义："异也。徐锴曰：'乙欲出而见阂，见阂则显其尤异也。'"⑥"异，举也。……隶作异不合。疑篆隶皆从己而

---

① 参见（汉）许慎撰、（清）段玉裁注《说文解字注》，上海古籍出版社1988年版，第102页。
② 同上书，第546页。
③ 同上书，第479页。
④ 参见《辞海》编辑委员会编纂《辞海》（缩印本），上海辞书出版社2000年版，第2374页。
⑤ 《现代汉语词典》，商务印书馆1983年版，第150页。
⑥ 参见（汉）许慎撰、（宋）徐铉等校《说文解字》，上海古籍出版社2007年版，第737页。

误也。虞书曰。虞书当作唐书。岳曰异哉。尧典文。释文曰。郑音异。于其音求其义。谓四岳闻尧言惊愕而曰异哉也。谓异为異之假借也。"①在本段中"尤"可解读为后世对前人所做出的"静"的评判。

本段大意是只有不给人类留下一点"静"的人,才不存在后世人的评判。

历史上对伯夷、叔齐"静"的"尤":

"伯夷、叔齐耻之,义不食周粟,隐于首阳山,采薇而食之,……遂饿死于首阳山。孔子曰:'伯夷、叔齐,不念旧恶,怨是用希。'"②

"太公曰:'此义人也。'"③

"人之情,莫不有重,莫不有轻。有所重则欲全之,有所轻则以养所重。伯夷、叔齐,此二士者,皆出身弃生以立其意,轻重先定也。"④

"将伯夷叔齐的事迹放置今日,并加以评头论足,会有很多以当世思想难以理解的地方,我们会认为伯夷叔齐正是恪守陈规、不懂变通的教条主义者,是老古董,在历史进程中是要被时代所淘汰的。不过正因为我们与他们所处的时代不同,中国古代封建社会自君王到臣子学士皆视伯夷叔齐为思想最高标准的理由,正是因为伯夷叔齐的思想符合了当世社会制度。"⑤

---

① 参见(汉)许慎撰、(清)段玉裁注《说文解字注》,上海古籍出版社1988年版,第104页。
② (汉)司马迁:《史记》,大众文艺出版社2008年版,第220页。
③ 同上。
④ 参见吕不韦著、谢开慧注释《吕氏春秋》,内蒙古人民出版社2009年版,第138页。
⑤ 趣历史:《伯夷和叔齐的故事 对伯夷和叔齐的评价》(http://www.qulishi.com/news/201612/144625.html)。

第九章

【原文】

帛本（甲）①	帛本（乙）②	简本【甲】③	传本④
㨁而盈之不□□□□□之□之□可长葆之金玉盈室莫之能守也贵富而驕自遗咎也功述身芮天□□	㨁而盈之不若亓已掘而允之不可长葆也金玉□室莫之能守也贵富而骄自遗咎也功遂身退天之道也	柹而涅之不不若已湍而羣之不可长保也金玉涅室莫能獸也貴福喬自遺咎也攻述身退天之道也	持而盈之不如其已揣而梲之不可長保金玉滿堂莫之能守富貴而驕自遺其咎功遂身退天之道

【点校】

㨁而盈之，不若其已。

掘而允之，不可长葆之。

金玉盈室，莫之能守也。

贵富而骄，自遗咎也。

功述，身芮。

---

① 参见马王堆汉墓帛书整理小组编《老子》，文物出版社1976年版，第84页。
② 同上。
③ 参见荆门市博物馆编《郭店楚墓竹简·老子甲》，文物出版社2002年版，第37页。
④ 参见（魏）王弼注、（唐）陆德明音义《老子王弼注》，新兴书局1964年版，第11页。

天之道也。

【讲堂】

揎而盈之，不若其已。

"揎"在《中华大字典》中释义："拄杖曰揎。"①

"而"的古体是𦥑。"而"在《说文解字》中释义："颊毛也。"②"而"在《说文解字注》中释义："须也。象形。各本作颊毛也、象毛之形。今正。颊毛者、须部所谓䰇须之类耳。礼运正义引说文曰。而、须也。须谓颐下之毛。象形字也。知唐初本须篆下颐毛也。而篆下云须也。二篆相为转注。其象形、则首画象鼻端。次象人中。次象口上之䰅。次象承浆及颐下者。盖而为口上口下之总名。分之则口上为䰅。口下为须。须本颐下之专称。䰅与承浆与颊䰇皆得偁须。是以而之训曰须也象形。引伸假借之为语词。或在发端。或在句中。或在句末。或可释为然。或可释为如。或可释为汝。或释为能者、古音能与而同。叚而为能。亦叚耐为能。"③ 本段中可将其解读为年长的老臣。

"盈"在《说文解字注》中释义："满器也。满器者、谓人满宁之。"④

"若"在《说文解字注》中释义："择菜也。……假借为如也、然也、乃也、汝也。又兼及之词。"⑤

"已"在《中华大字典》中释义："过也。《荀子议兵》'已期三年。'"⑥

本段大意是年长的老臣凭借自己丰硕的功劳拄杖摆势，不如就此罢手，这是过激行为。

掊而允之，不可长葆之。

"掊"即"锻"。传本中为"揣"，高亨释义："'揣'疑借为'敪'，

---

① 《中华大字典》，中华书局1978年版，第649页。
② 参见（汉）许慎撰、（宋）徐铉等校《说文解字》，上海古籍出版社2007年版，第468页。
③ 参见（汉）许慎撰、（清）段玉裁注《说文解字注》，上海古籍出版社1988年版，第454页。
④ 同上书，第212页。
⑤ 同上书，第43页。
⑥ 《中华大字典》，中华书局1978年版，第308页。

说文：'段椎物也，从殳，耑省声'字衍为锻。说文：'锻小冶也，从金，段声。'冶金必以椎椎之，故'段''锻'古今字也。'揣''段''锻'同声系古通用。"① 帛本（乙）中的"揌"在现有的字典中未检出，但根据字形偏旁"短"及文理分析判断，"揌"与"锻"为同一字。

"允"《说文解字注》中释义："信也。释诂、毛传皆曰。允、信也。诗仲允、汉表作中术。任贤勿贰是曰允。"② "锐"意为锐器。

"葆"在《说文解字注》中释义："草盛貌。草丛生曰葆。"③

本段大意是饱经风霜的老者、大臣如同锻造炉得火纯青的宝剑一样非常厉害，但是他也不可能保持长久的盛貌状态。

金玉盈室，莫之能守也。

"盈"意为充满。

"莫"在《说文解字注》中释义："日且冥也。且冥者、将冥也。木部曰。杳者、冥也。夕部曰。夕、莫也。引申之义为有无之无。"④

"能"在《说文解字注》中释义："能兽坚中、故称贤能。贤古文作臤。臤、坚也。而强壮、称能杰也。"⑤ 本段中"能"主要是指人的特长。

本段可释义为：金银财宝放满屋子，如同落幕的太阳具有特长才能将其守得住。

贵富而骄，自遗咎也。

"贵"在《说文解字》中释义："物不贱也。"⑥

"富"在《说文解字》中释义："备也。一曰厚也。"⑦

"而"比喻年长的老臣。

"骄"在《说文解字注》中释义："马高六尺为骄。……传曰。六尺以上为马。五尺以上为驹。……传曰。大夫乘驹。笺云。马六尺以下曰

---

① 高亨：《重订老子正诂》，古籍出版社1956年版，第22页。
② 参见（汉）许慎撰、（清）段玉裁注《说文解字注》，上海古籍出版社1988年版，第405页。
③ 同上书，第47页。
④ 同上书，第48页。
⑤ 同上书，第479页。
⑥ 参见（汉）许慎撰、（宋）徐铉等校《说文解字》，上海古籍出版社2007年版，第307页。
⑦ 同上书，第355页。

驹。此驹字释文作骄。……毛云。大夫乘骄。以此推之。当是天子乘龙。诸侯乘䮪。卿乘马。……凡骄态之义当是由此引申。"①

"自"在《说文解字注》中释义:"鼻也。象鼻形。此以鼻训自。而又曰象鼻形。王部曰。自读若鼻。今俗以作始生子为鼻子是。然则许谓自与鼻义同音同。而用自为鼻者绝少也。凡从自之字、如尸部眉、卧息也。言部詯、胆气满声在人上也。亦皆于鼻息会意。今义从也、己也、自然也皆引申之义。"②

"遗"在《说文解字注》中释义:"亡也。"③"亡""逃也。逃者、亡也。"④

"咎"在《说文解字注》中释义:"灾也。灾当是本作烖。天火曰灾。引申之凡失意自天而至曰灾。释诂曰。咎、病也。小雅伐木传曰。咎、过也。北山笺云。咎犹罪过也。西伯戡黎郑注。咎、恶也。吕览移乐篇注。咎、殃也。方言。咎、谤也。"⑤

"咎"在《中华大字典》中另一释义:"咎繇。人名。[汉书百官公卿表]咎繇作士。[即皋繇。咎、皋古通。]"⑥咎繇是中国上古传说中的人物,上古时期伟大的政治家、思想家、教育家,是一位贤臣,传说中他生于尧帝统治的时候,曾经被舜任命为掌管刑法的"理官",以正直闻名天下,被史学界和司法界公认为中国司法鼻祖,也是与尧、舜、禹齐名的"上古四圣"之一。皋繇的主要功绩有:制定刑法和教育,帮助尧舜和大禹推行"五刑""五教"。他用独角兽獬豸治狱,坚持公正,刑教兼施,要求父义、母慈、兄友、弟恭、子孝,使社会和谐,天下大治。

本段大意是只要处于尊贵地位,即使是饱经风霜的老年人也会出现蛮横骄态行为,无论是谁,只要具有蛮横骄态行为,就脱离了咎繇的治

---

① 参见(汉)许慎撰、(清)段玉裁注《说文解字注》,上海古籍出版社1988年版,第463页。

② 同上书,第136页。

③ 同上书,第82页。

④ 同上书,第634页。

⑤ 同上书,第382页。

⑥ 《中华大字典》,中华书局1978年版,第224页。

国理政思想。

功述，身芮。

"功"在《说文解字注》中释义："以劳定国也。司勋曰。国功曰功。郑曰。保全国家若伊尹。许则举祭法文以释之也。诗以奏肤公。传曰。肤犬也。公、功也。此谓假公为功也。"① 在本段泛指为国家做出贡献的人。

"述"在《说文解字注》中释义："循也。古文多假借遹为之。"② "循""……行也。释诂遹遵率循也。引申为抚循、为循循有序。"

"身"比喻君主。③

"芮"在《说文解字注》中释义："艸生貌。柔细之状。"④

本段大意是抚循为国家做出贡献的功臣，君主自然就会得到民众的拥戴，被人拥戴的人自然就有生机面貌。

老子在第七章讲"圣人芮其身而身先，外其身而身存"。本章讲君主要做到"身芮"，就先要做到"功述"。

天之道也。

本段大意是上述五个方面是不以人的意志为转移的治国之道。

老子上述这五个方面的自然之"道"，无论一般人或执政者都需要明白。只有明白了才好开展工作，万无一失。这在老子的时代适用，在当今亦不过时。

---

① 参见（汉）许慎撰、（清）段玉裁注《说文解字注》，上海古籍出版社1988年版，第699页。
② 同上书，第70页。
③ 同上书，第76页。
④ 同上书，第39页。

第十章

【原文】

帛本（甲）①	帛本（乙）②	传本③
□□□□□□□□□能婴儿乎脩除玄蓝能毋疵乎爱□□□□□□□□□□□□□生之畜之生而弗□□□□□□德	戴营柏抱一能毋离乎槫气至柔能婴儿乎脩除玄监能毋疵乎爱民栝国能毋以知乎天门启阖能为雌乎明白四达能毋以知乎生之畜之生而弗有长而弗宰也是胃玄德	載營魄抱一能無離乎專氣致柔能嬰兒乎滌除元覽能無疵乎愛民治國能無知乎天門開闔能為雌乎明白四達能無為乎生之畜之生而不有為而不恃長而不宰是謂元德

【点校】

"戴营魄抱一"，能，毋离乎？

"槫气至柔"，能，婴儿乎？

"修除玄监"，能，毋疵乎？

"爱民栝国"，能，毋以知乎？

"天门启阖"，能，为雌乎？

---

① 参见马王堆汉墓帛书整理小组编《老子》，文物出版社1976年版，第84页。
② 同上。
③ 参见（魏）王弼注、（唐）陆德明音义《老子王弼注》，新兴书局1964年版，第11—13页。

"明白四达"，能，毋以知乎？

生之，畜之；生而弗有；长而弗宰也。是谓玄德。

【讲堂】

本章的主题意在批判当时执政者的工作方法。

本章根据文意，我们可以设想这是老子反问当时执政者所谓的六条"道"，即"戴营魄抱一""榑气至柔""修除玄监""爱民栝国""天门启阖""明白四达"。

"戴营魄抱一"，能，毋离乎？

"戴"在《说文解字注》中释义："分物得增益曰戴。释训曰。蓁蓁、孽孽、戴也。毛传云。蓁蓁、至盛皃。孽孽、盛饰。是皆谓加多也。引申之凡加于上皆曰戴。如土山戴石曰崔嵬、石山戴土曰磟是也。又与载通用。言其上曰戴。言其下曰载也。释山或本。石载土谓之崔嵬。土载石为岨。谓石载于土、土载于石则与毛传不异也。周颂载弁俅俅、月令载青旗皆同戴。"①

"营"在《说文解字注》中释义："帀居也。帀各本作市。……帀居谓围绕而居。如市营曰闠、军垒曰营皆是也。西京赋。通闠带阛。薛注。闠、市营也。阛、中隔门也。崔豹曰。市墙曰阛。市门曰闠。孙氏星衍曰。营闠音近。如自营曰厶今本韩非子作自环、荧荧在疚亦作嫈嫈是也。诸葛孔明表云。营中之事。谓军垒也。引申之为经营、营治。凡有所规度皆谓之营。"②

"魄"在《说文解字注》中释义："阴神也。阴当作会。阳言气、阴言神者、阴中有阳也。白虎通曰。魄者、迫也。犹迫迫然箸于人也。淮南子曰。地气为魄。祭义曰。气也者、神之盛也。魄也者、鬼之盛也。郑云。气谓嘘吸出入者也。耳目之聪明为魄。郊特牲曰。䰟气归于天。形魄归于地。祭义曰。死必归土。此之谓鬼。其气发扬于上。神之箸也。是以圣人尊名之曰鬼神。按䰟魄皆生而有之而字皆从鬼者、䰟魄不离形质而非形质也。形质亡而䰟魄存。是人所归也。故从鬼。"③ 在本章泛指强

---

① 参见（汉）许慎撰、（清）段玉裁注《说文解字注》，上海古籍出版社1988年版，第105页。

② 同上书，第342页。

③ 同上书，第435页。

迫战场上的战士以及牺牲的战士。"抱一"可释义为只依靠军队。

"能"在《说文解字注》中释义:"能兽坚中、故称贤能。贤古文作臤。臤、坚也。而强壮、称能杰也。"①

"毋"在《说文解字注》中释义:"止之词也。词依礼记释文补。词者、意内而言外也。其意禁止、其言曰毋也。古通用无。诗书皆用无。士昏礼。夙夜毋违命。注曰。古文毋为无。是古文礼作无、今文礼作毋也。汉人多用毋。故小戴礼记、今文尚书皆用毋。史记则竟用毋为有无字。"②

"离"在《说文解字注》中释义:"山神也。也字今补。兽形。形各本作也。今正。左传。螭魅罔两。杜注。螭、山神。兽形。周礼。地示物魅。正义引服虔左传注螭、山神。兽形。上林赋。蛟龙赤螭。如淳注曰。螭、山神也。兽形。按山神之字本不从虫。从虫者、乃许所谓若龙而黄者也。今左传作螭魅、乃俗写之讹。东京赋作魑、亦是俗字。徐铉于鬼部增魑字。误矣。薛综二京解云。魑魅、山泽之神也。与许、服说同。本是山神而形如兽。故其字从厹。若今本作神兽、则大误矣。从禽头。谓凶也。从厹。兽形则头足皆兽矣。从屮。从屮、若萬字之首。像其冠耳。窃谓当从山。从山者、谓其为山神也。音丑知切。古音在十七部。大徐吕支切。欧阳乔说。离、猛兽也。此别一义。西都赋。挏熊螭。李注引欧阳尚书说曰。螭、猛兽也。汉书儒林传。欧阳事伏生。世世相传。至会孙高字子阳。传孙地余。地余子政。由是尚书世有欧阳氏学。艺文志。欧阳章句三十一卷。许云欧阳乔者、盖即高。古乔高通用。许作离、李善作螭者、俗乱之也。此盖说今文毋誓。史记作如豹如離、可证。离離古通用。周礼正义引服氏左传注螭、山神。兽形。或曰如虎而噉虎。二说并列。正同许氏。若俗本说文前说改为山神兽也。则与后说不别矣。"③

本段大意是执政者在治理国家中只是依靠军队,到处驻扎着的军队

---

① 参见(汉)许慎撰、(清)段玉裁注《说文解字注》,上海古籍出版社1988年版,第479页。
② 同上书,第626页。
③ 同上书,第739页。

如同山神。执政者的能力如果不依靠如同山神一样的军队还有其他管制国家的办法吗?

从《道德经》全文内容可以领略到:老子主张使用军队武力解决问题是不得已而用之。可参见第三十章、第三十一章、第七十六章等关于"兵"的相关内容。

"榑气至柔",能,婴儿乎?

"榑"[tuán]在《说文解字注》中释义:"榑桑、神木。日所出也。……榑桑即桑木也。东下曰。从日在木中。杲[gǎo]下曰。从日在木上。皆谓榑木也。淮南高注亦曰。榑桑、日所出也。"①

"榑气"在本段中意为社会上聚结的各种"非正式群体"。

"婴儿"可理解为乖顺、容易教育。老子在《道德经》中有过三次(第十章、第二十章、第二十八章)用"婴儿"作比喻。

本段大意是用执政者的能力把聚集在一起的(具有反社会的,或对领导有意见的、或不服从当前政策的等)民众制服,就能够使民众如同婴儿一样顺从、听话吗?

"修除玄监",能,毋疵乎?

"修"在《中华大字典》中释义:"治也。[礼记中庸]:修道之谓教。[引申为凡治之称。]"②

"除"在《说文解字注》中释义:"殿陛也。殿谓之宫殿。殿陛谓之除。因之凡去旧更新皆曰除。取拾级更易之义也。天保。何福不除。传曰除、开也。从阝。取以渐而高之意。"③

"玄"引申为多、严密、复杂。

"监"在《说文解字注》中释义:"临下也。古文监从言。"④ 在本段中可解读为监督、监察、监狱等管制人的机制。

---

① 参见(汉)许慎撰、(清)段玉裁注《说文解字注》,上海古籍出版社1988年版,第252页。
② 《中华大字典》,中华书局1978年版,第59页。
③ 参见(汉)许慎撰、(清)段玉裁注《说文解字注》,上海古籍出版社1988年版,第736页。
④ 同上书,第388页。

"疵"在《说文解字》中释义:"病也。"① 本段中意为社会问题。

本段大意是把采用武力的监察机关修建得一级又一级,执政者的能力是十全十美,不会出现一点问题的吗?

"爱民栝国",能,毋以知乎?

"爱"在《说文解字》中释义:"行貌也。"②

"爱"在《中华大字典》中释义:"惠也。""仁也。""犹惜也。[史记魏其安武侯传]岂以为臣有爱。""犹通也。"③ 等。

"栝"[tiǎn]在《说文解字》中释义:"炊灶木。"④ 在《辞海》中释义:"捵[tiùn]火棒,拨动灶中柴火用的。"⑤

"栝"陇西农村人叫作"火棍儿"。"栝"在第十章和第七十三章出现过两次。《道德经》将"栝"注入了人的思想,能够将灶中柴火随意拨动得可熄灭、可燃烧。

本段大意是当今执政者讲的"爱民栝国"只是如同捵火棒搅动灶火使其更加燃烧一样促使民众发挥他们更大的效力,但目前执政者的能力,能够提前知道老百姓有需求但还尚未想到的事吗?

"天门启阖",能,为雌乎?

"阖"是指门扇。"雌"在《说文解字》中释义:"鸟母也。"⑥

"雌"在《中华大字典》中释义:"山亦可称雌,[河图括地象]荆山为地雌。虹亦可称雌,[尔雅释天蜺为贰注]蜺雌虹也。人亦可称雌,[李白诗]孀雌忆故雄。"⑦ "雌"在本段中比喻将被占领的国家或地区治理成归顺善地。

本段的大意为上天给你打开了大门,占领了他国,以执政者的能力,能将其治理成善地吗?

---

① 参见(汉)许慎撰、(宋)徐铉等校《说文解字》,上海古籍出版社2007年版,第364页。
② 同上书,第260页。
③ 《中华大字典》,中华书局1978年版,第745页。
④ 参见(汉)许慎撰、(宋)徐铉等校《说文解字》,上海古籍出版社2007年版,第288页。
⑤ 参见辞海编辑委员会编纂《辞海》(缩印本),上海辞书出版社2000年版,第1566页。
⑥ 参见(汉)许慎撰、(宋)徐铉等校《说文解字》,上海古籍出版社2007年版,第171页。
⑦ 《中华大字典》,中华书局1978年版,第152页。

在《道德经》中，老子讲的"雌""柔""善""婴儿""水"等可视为同等概念，只不过在不同的语言环境下就有了表述上的不同。

"明白四达"，能，毋以知乎？

"白"在《说文解字》中释义："西方色也。阴用事。物色白。"①

"达"在《说文解字注》中释义："行不相遇也。此与水部滑、泰字音义皆同。读如挞。今俗说不相遇尚有此言。乃古言也。训通达者、今言也。"②

本段大意是执政者自认为可以从早到晚关照到全国的四面八方，但是以你们的能力，能继续做到使社会中"争""盗""乱"的事情不再发生吗？

生之，畜之；生而弗有；长而弗宰也。是谓玄德。

"生"在《说文解字》中释义："进也。"③ 本段中用来指国家要发展进步。

"畜"在《说文解字注》中释义："田畜也。谓力田之蓄积也。货殖列传曰。富人争奢侈。而任氏独折节为俭。力田畜。田畜人争取贱贾。任氏独取贵善。非田畜所出弗衣食。艹部曰。蓄、积也。畜与蓄义略同。畜从田。其源也。蓄从艹。其委也。俗用畜为六兽字，古假为好字。如说苑尹逸对成王曰。民善之则畜也。不善则雠〔chóu〕也。晏子对景公曰。畜君何尤。畜君者、好君也。谓畜即好之同音假借也。……畜鲁郊礼畜从田、从兹。兹，益也。……许据鲁郊礼文证古文从兹乃合于田畜之解也。艹部曰。兹、艹木多益也。……古文本从兹，小篆乃省其半，而淮南王乃认为玄字矣。此小篆省改之失业。今本上从兹。则与兹益之云不贯矣。故正之如此。"④ 在本段中意为养育、保存、积聚等。

"有"意为社会中已经产生的事物。

---

① 参见（汉）许慎撰、（宋）徐铉等校《说文解字》，上海古籍出版社2007年版，第379页。

② 参见（汉）许慎撰、（清）段玉裁注《说文解字注》，上海古籍出版社1988年版，第73页。

③ 参见（汉）许慎撰、（宋）徐铉等校《说文解字》，上海古籍出版社2007年版，第297页。

④ 参见（汉）许慎撰、（清）段玉裁注《说文解字注》，上海古籍出版社1988年版，第697页。

"宰"在《说文解字注》中释义:"辠人在屋下执事者。此宰之本义也。引申为宰制。"① 在本段中意为把落后的、过时的(制度)东西改造为先进的、适时的(制度)东西。

"长〔cháng〕"在《说文解字注》中释义:"久远也。从兀从匕。兀者,高远意也。久则变化。匕声。亍者,倒亾也。……臣铉等曰:倒亾,不亡也。长久之义也。"②

"玄"在《说文解字注》中释义:"幽远也。……黑而有赤色者为玄。此别一义也。凡染、一入谓之縓〔quán 浅红色〕。再入谓之赪〔chēng 红色〕。三入谓之纁〔xūn 绛色〕。五入谓之緅〔zōu 黑中带红的颜色〕。七入为缁〔zī 黑色〕。……玄色者、在緅缁之间。其六入者与。"③ "玄"在本文中引申为一点一点地积累形成的博大、深厚。

"德"在《说文解字注》中释义:"升也。升当作登。辵部曰。迁、登也。此当同之。德训登者。公羊传。公曷为远而观鱼。登来之也。何曰。登读言得。得来之者、齐人语。齐人名求得为得来。作登来者、其言大而急。由口授也。唐人诗。千水千山得得来。得即德也。登德双声。一部与六部合韵又最近。今俗谓用力徙前曰德。古语也。"④

本段大意是治理国家最根本的职能是使国家发展进步、积蓄力量;发展进步在于对过时的、已经陈旧的、落后的东西进行改进创新(矫正);将长久未变的、老的、落后的旧制度改造(矫正)为先进的、适时的(制度)东西。做到这些就可谓是博大、深厚之所得。

---

① 参见(汉)许慎撰、(清)段玉裁注《说文解字注》,上海古籍出版社 1988 年版,第 340 页。
② 参见(汉)许慎撰、(宋)徐铉等校《说文解字》,上海古籍出版社 2007 年版,第 467 页。
③ 参见(汉)许慎撰、(清)段玉裁注《说文解字注》,上海古籍出版社 1988 年版,第 159 页。
④ 同上书,第 76 页。

第十一章

【原文】

帛本（甲）①	帛本（乙）②	传本③
卅□□□□其无□□之用□然埴为器当其无有埴器□□□□□当其无有□之用也故有之以为利无之以为用	卅楅同一轂当亓无有车之用也燃埴而为器当亓无有埴器之用也鑿户牖当亓无有室之用也故有之以为利无之以为用	三十輻共一轂當其無有車之用埏埴以為器當其無有器之用鑿戶牖以為室當其無有室之用故有之以為利無之以為用

【点校】

卅辐同一轂，当其无，有车之用也。

然埴以为器，当其无，有埴器之用也。

凿户牖，当其无，有室之用也。

故有之以为利，无之以为用。

【讲堂】

卅辐同一轂，当其无，有车之用也。

"辐"指车轮中连接轴心和轮圈的木条，古时代的车轮由三十根辐条

---

① 参见马王堆汉墓帛书整理小组编《老子》，文物出版社1976年版，第84—85页。
② 同上。
③ 参见（魏）王弼注、（唐）陆德明音义《老子王弼注》，新兴书局1964年版，第13页。

所构成。"毂"[gǔ]是车轮中心的木制圆圈，中有圆孔，即插轴的地方。"无"指毂的中间插轴空的地方。人们"用"的是中间插轴空的地方。如图11—1所示。

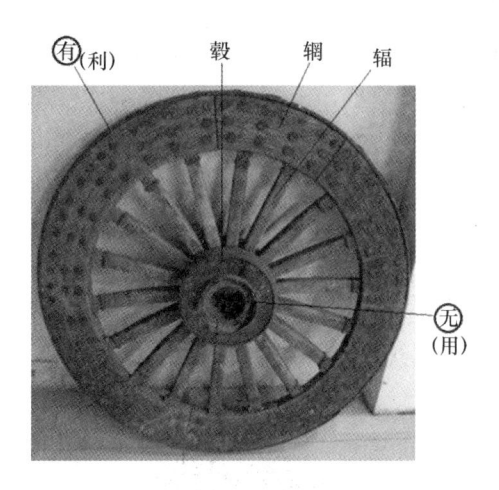

图11—1

"用"字在帛本（甲）中第四章、第六章、第十一章等10多个章次中出现过，其情境不同，而含意一致，即为高度概括的"无为"的具体实践。无论酒杯是金、是银还是瓷质，人们"用"的是其"无（空）"，再好的房屋，人们"用"的是其"无（空）"。"无（空）"应理解为"空"中的"待装物"。这"待装物"需要"为"，即"无为"。如杯中"无（空）"是用来装茶水、白开水，或糖水等。喝茶水、白开水、糖水皆为"用"。"用"茶水有可能使身体出现"健康"、"用"白开水有可能使身体出现"白净漂亮"、"用"糖水有可能使身体出现"糖尿病"。这"无为"真是"玄之有玄，众妙之门。"

本段大意是三十根辐条汇集到一个毂上形成了一个完整的车轮，而车"用"的只是毂中空"无"的地方。

然埴以为器，当其无，有埴器之用也。

"然"在《说文解字》中释义："烧也。"①

---

① 参见（汉）许慎撰、（宋）徐铉等校《说文解字》，上海古籍出版社2007年版，第495页。

"埴"在《说文解字注》中释义："黏土也。禹贡。厥土赤埴坟。周礼草人埴垆。考工记。搏埴之工。孔传、郑注皆曰。埴、黏土也。释名。土黄而细密曰埴。埴、腻也。黏昵如脂之腻也。按禹贡埴字、郑本作戠而读为炽。炽、赤貌也。见禹贡音义及蜀都赋丹沙赩炽李注。又太平御览三十七引东晋会稽谢沈古文尚书注。徐州土赤戠坟。戠音志。又禹贡正义曰。戠埴音义同。埴为黏土。故土黏曰戠。盖孔本本亦作戠。惟孔释戠为黏土。郑易戠为炽。释为赤貌。见经文赤戠连读为异耳。据释文则韦昭所注汉地理志亦作戠。而今汉书作埴。"[1] 如图11—2所示。

图11—2

本段大意是用陶土烧制的供人们饮食使用的器物，而人们"用"的是这些器物空间"无"的地方。

凿户牖，当其无，有室之用也。

"户牖"指门窗。

本段大意是建造房屋开凿门窗，而人们真正使用的是房屋和门窗的

---

[1] 参见（汉）许慎撰、（清）段玉裁注《说文解字注》，上海古籍出版社1988年版，第683—684页。

空间"无"的地方。

故有之以为利，无之以为用。

本段大意是"有"是"利"，"无"是"用"。上述车轮、器皿、房屋的实体部分是"有"，称其"利"，空体部分是"无"，是供人们实际的"用"。

本章内容是将"无为"思想高度概括并解读的一章，对于理解《道德经》全文中的"无""有""用"具有指导性的意义。人生的意义是以"有"为"无"之"用"，也就是说世界上的一切"有"是为"无"服务的，人们拿上现实的"有"时时刻刻在为"无"之"用"，为"无"的结果又出现的（新）"有"，即"用"，人类就是这样在以"有"为"无"中循环往复、一往无前，"用"之不尽的。

现实的"有"是客观的，"无"中的"有"是变化的，必须用科学（老子在第四章称"道，冲而用之，有不盈"）的"道"在现实的"有"中为（做、求）"无"中的"有"，实现（获取）真正有利于自己的（新）"有"，即"用"。"无为"需要智慧、勇气、毅力、行动和坚持，才可得到科学之"用"。

第十二章

【原文】

帛本（甲）①	帛本（乙）②	传本③
五色使人目明驰骋田腊使人□□□难得之贘使人之行方五味使人之口啪五音使人之耳聋是以声人之治也为腹不□□故去罢耳此	五色使人目盲驰骋田腊使人心发狂难得之货○使人之行仿五味使人之口爽五音使人之耳□是以耴人之治也为腹而不为目故去彼而取此	五色令人目盲五音令人耳聋五味令人口爽驰骋畋獵令人心發狂難得之貨令人行妨是以聖人為腹不為目故去彼取此

【点校】

五色，使人目明。

驰骋田腊，使人心发狂。

难得之货，使人之行方。

五味，使人之口啪。

五音，使人之耳聋。

是以，声人之治也：为腹，而不为目。

---

① 参见马王堆汉墓帛书整理小组编《老子》，文物出版社1976年版，第85页。
② 同上。
③ 参见（魏）王弼注、（唐）陆德明音义《老子王弼注》，新兴书局1964年版，第14页。

故去罢，耳此。

【讲堂】

五色，使人目明。

"五色"一般指青、黄、赤、白、黑，本文泛指美丽好看的事物。

"使"《说文解字注》中释义："令也。……令者、发号也。……古注使速疾之义也。"①

"明"在《说文解字注》中释义："照也。……传曰。照临四方曰明。凡明之至则曰明明。明明犹昭昭也。"②

本段大意是美丽好看的事物看多了，直接能够促使人眼力的增强，令人的欣赏水平提高。

驰骋田腊，使人心发狂。

"驰骋"意为骑射纵情放荡。

"腊"在《说文解字注》中释义："冬至后三戌腊祭百神。……腊本祭名。因呼腊月腊日耳。月令腊先祖五祀。……风俗通曰。腊者、接也。新故交接。大祭以报功也。汉家火行。火衰于戌。故曰腊也。高堂隆曰。帝王各以其行之盛而祖。以其终而腊。火生于寅。盛于午。终于戌。故火家以午祖，以戌腊。按必在冬至后三戌者。恐不在丑月也。郑注月令曰。腊谓以田腊所得禽祭也。风俗通亦曰。腊者、猎也。按猎以祭。故其从肉。"③

"发狂"指心烦急躁。

本段大意是人人都辛辛苦苦干一年，冬至后的三戌日到了，令收成好的人兴高采烈地纷纷奔走在田间地头腊祭百神，令收成不好的人感到又是一个难过年，心情郁闷，紧张急躁。

难得之货，使人之行方。

"难"在《说文解字注》中释义："䧳鸟也。今为难易字、而本义隐矣。"④

---

① 参见（汉）许慎撰、（清）段玉裁注《说文解字注》，上海古籍出版社1988年版，第376页。
② 同上书，第314页。
③ 同上书，第172页。
④ 同上书，第151页。

"货"在《说文解字注》中释义:"财也。"①

"方"在《说文解字注》中释义:"并船也。周南。不可方思。邶风。方之舟之。释言及毛传皆曰。方、泭也。今尔雅改方为舫。非其义矣。并船者、并两船为一。释水曰。大夫方舟。谓并两船也。泭者、编木以为渡。与并船异事。何以毛公释方、不曰併船而曰泭也。曰并船、编木其用略同。故俱得名方。方舟为大夫之礼。诗所言不必大夫。则释以泭可矣。若许说字。则见下从舟省而上有并头之象。故知併船为本义。编木为引申之义。又引申之为比方。子贡方人是也。秦风。西天之防。毛曰。防、比也。谓防卽方之假借也。又引申之为方圆、为方正、为方向。又假借为旁。上部曰。旁、溥也。凡今文尚书作旁者、古文尚书作方。为大也。生民。实方实苞。毛曰。方、极亩也。极亩、大之意也。又假借为甫。召南。维鸠方之。毛曰。方之、方有之也。方有之犹甫有之也。象两舟省总头形。两当作网。下像两舟併为一。上像两船头总于一处也。"②

本段大意是被隐藏起来的财物,使隐藏财物的人经常如同大海中的游船漂流不定一样,时时处在提防状态中。

五味,使人之口㗱。

"五味"一般指酸、苦、甘、辛、咸,本文泛指美味。

"㗱"[xiang]意为味美。

本段大意是美味吃多了,令人的胃口增加了对美味的追求。也就是说可口舒适的饭菜吃多了,就不愿吃不可口不美味的饭菜了。

五音,使人之耳聋。

"五音"一般指宫、商、角、徵、羽,本文用以比喻美妙动听的恭维话语。

本段大意是如果人对美妙动听的乐曲、恭维的话语听习惯了,就对不好听的谏言听不进去了。

是以,声人之治也:为腹,而不为目。

---

① 参见(汉)许慎撰、(清)段玉裁注《说文解字注》,上海古籍出版社1988年版,第279页。

② 同上书,第404页。

"声"通"聖",但"聖"与"圣"有区别。帛本(甲)中的"道经"部分关于"聖人"的"聖"字一般用"声"字,帛本(甲)中的"德经"部分关于"圣人"的"圣"字一般用"圣"字。

"聖"在《说文解字注》中释义:"通也。邶风。母氏聖善。传云。聖、叡也。小雅。或聖或不。传云。人有通聖者。有不能者。周礼。六德教万民。智仁聖义忠和。注云。聖通而先识。洪范曰。睿作聖。凡一事精通、亦得谓之聖。从耳。聖从耳者、谓其耳顺。风俗通曰。聖者、声也。言闻声知情。按声聖字古相叚借。呈声。"①

"圣"在《说文解字注》中释义:"汝颍之闲谓致力于地曰圣。此方俗殊语也。致力必以手。故其字从又土会意。从又土。"②

"腹"在《说文解字注》中释义:"厚也。以其厚大,释名曰腹。複也。富也。文法同。凡厚者,皆可称腹。"③ 本文泛指关乎民生的实际问题。

"目"在《说文解字注》中释义:"人眼也。象形。重、童子也。象形、總言之。嫌人不解二。故释之曰。重其童子也。释名曰。瞳、重也。"④ 在《中华大字典》中释义:"人眼也。……外也。[老子]圣人为腹不为目。[注]腹,内也;目,外也。圣人务内不务外。"⑤ 本文中用以泛指表面好看,实际虚伪的东西。

"而"在《说文解字注》中释义:"须也。象形。各本作颊毛也、像毛之形。今正。颊毛者、须部所谓䫇须之类耳。礼运正义引说文曰。而、须也。须谓颐下之毛。象形字也。"⑥ 在本段用以比喻"胡须"一类的表面现象。

本段大意是睿智先识之人治理国家关注的是关乎民生的实际问题,而不是只看得见,却不着实际的表面现象。

---

① 参见(汉)许慎撰、(清)段玉裁注《说文解字注》,上海古籍出版社1988年版,第592页。
② 同上书,第689页。
③ 同上书,第170页。
④ 同上书,第129页。
⑤ 《中华大字典》,中华书局1978年版,第1547页。
⑥ 参见(汉)许慎撰、(清)段玉裁注《说文解字注》,上海古籍出版社1988年版,第454页。

故去罢，耳此。

"去"在《说文解字注》中释义："人相违也。违，离也。"①

"罢"在《说文解字注》中释义："遣有辠也。引申之为止也。休也。周易。或鼓或罢。论语。欲罢不能。周礼有罢民。郑曰。民不愍作劳。有似于罢。齐语有罢士、罢女。韦曰罢、病也。无作曰病。按罢民、罢士谓偷惰之人。罢之音亦读如疲。而与疲义殊。少仪。师役曰罢。郑曰。罢之言疲劳也。凡曰之言者、皆转其义之词。"②

"耳"在《说文解字注》中释义："主听者也。者字今补。凡语云而已者、急言之曰耳。在古音一部。凡云如此者、急言之曰尔。在古音十五部。如世说云聊复尔耳。谓且如此而已是也。二字音义。绝不容相混。而唐人至今讹乱至不可言。于古经传亦任意填写。致多难读。即如论语一经。言云尔者、谓如此也。言谨尔、率尔、铿尔者、尔犹然也。言无隐乎尔、一日长乎尔、尔犹汝也。言汝得人焉尔乎、言得人于此否也。公羊传三年问焉尔、皆训于此也。全经惟有前言戏之耳、乃而已之训。今俗刻作汝得人焉耳乎。乃极为可笑。曹操曰。俗语云生女耳。耳是不足之词。此古说之存者也。"③

"耳"在《中华大字典》中释义："物之在旁可举者曰耳。［考工记栗氏］其耳三寸。［疏］此甗之耳在旁可举，谓人以手指举之处。［按物之象耳形者皆曰耳，如鼎爵之类。］"④

"此"在《说文解字注》中释义："止也。……于物为止之处。于文为止之词。"⑤

本段大意是人做任何事情都不能过度。做得过度了，朋友就会离开，更有甚者会成为朋友打发时间的话柄。如果在上述五个方面做过度了的人要立即止步。

---

① 参见（汉）许慎撰、（清）段玉裁注《说文解字注》，上海古籍出版社1988年版，第213页。
② 同上书，第356页。
③ 同上书，第591页。
④ 《中华大字典》，中华书局1978年版，第1659页。
⑤ 参见（汉）许慎撰、（清）段玉裁注《说文解字注》，上海古籍出版社1988年版，第68页。

第十三章

【原文】

帛本（甲）①	帛本（乙）②	简本【乙】③	传本④
龙辱若惊贵大梡若身苛胃龙辱若惊龙之为下得之若惊失□若惊是胃龙辱若惊何胃贵大梡若身吾所以有大梡为吾有身也及吾无身有何梡故贵为身于为天下若可以迈天下矣爱以身为天下女可以寄天下	弄辱若惊贵大患若身何胃弄辱若惊弄之为下得之若惊失之若惊是胃弄辱若惊何胃贵大患若身吾所以有大患者为吾有身也及吾无身有何患故贵为身为天下若可以囊天下□爱以身为天下女可以寄天下矣	㦞辱若纓贵大患若身可胃㦞辱㦞为下也得之若纓遊之若纓是胃㦞辱纓□□□□□若虖所以又大患者为虖又身遊虖亡或可□□□□□⑤为天下若可以尾天下矣恶以身為天下若可以达天下矣	寵辱若驚貴大患若身何謂寵辱若驚寵為下得之若驚失之若驚是謂寵辱若驚何謂貴大患若身吾所以有大患者為吾有身及吾無身吾有何患故貴以身為天下若可寄天下愛以身為天下若可託天下

---

① 参见马王堆汉墓帛书整理小组编《老子》，文物出版社1976年版，第85页。
② 同上。
③ 参见荆门市博物馆编《郭店楚墓竹简·老子乙、丙》，文物出版社2002年版，第5页。
④ 参见（魏）王弼注、（唐）陆德明音义《老子王弼注》，新兴书局1964年版，第14—15页。
⑤ 6个□是本书作者补。参见荆门市博物馆编《郭店楚墓竹简·老子乙、丙》，文物出版社2002年版，第33页。

【点校】

龙辱若惊。

贵大梡若身。

何谓"龙辱若惊"？龙之为下。得之若惊，失之若惊，是谓"龙辱若惊"。

何谓"贵大梡若身"？吾所，以有，大梡者，为吾有身也。及吾无身，有何梡？

故贵为身于为天下，若可以迈天下矣。爱以身为天下，女可以寄天下矣！

【讲堂】

本章主题是讲人要有健康的身体（有）。"道"附着在人身体（有）的"行动"中，"道"随人身体（有）的"行动"而"行动"，人的"行动"停止，"道"即停止。没有人的身体（有），"道"也无处着落，无从谈起。本章的"龙（宠）""辱""大梡"等都因身体（有）的存在而存在。

龙辱若惊。

"龙"在《说文解字注》中释义："鳞虫之长。能幽能明。能细能巨。能短能长。四句一韵。春分而登天。秋分而潜渊。二句一韵。毛诗蓼萧传曰。龙、宠也。谓龙即宠之假借也。"[①]

"辱"在《说文解字注》中释义："耻也。心部曰。耻、辱也。此之谓转注。仪礼注曰。以白造缁曰辱。"[②] 缁，指黑色衣服。

"若"在《说文解字注》中释义："择菜也。"[③]

"惊"在《说文解字注》中释义："马骇也。惊与警义别。小雅徒御不警。传曰。不警、警也。俗多讹惊。"[④] 根据文意，本段中应为"警"释义："言之戒也。"

本段大意是恭维自己的和令自己的耻辱事情如同给自己提出了警觉

---

① 参见（汉）许慎撰、（清）段玉裁注《说文解字注》，上海古籍出版社1988年版，第582页。

② 同上书，第745页。

③ 同上书，第43页。

④ 同上书，第467页。

的信号，这些"信号"都要依靠"身体"来承载。

贵大梡若身。

"贵"在《说文解字注》中释义："物不贱也。"① 在本章中意为地位高、受尊重。

"梡［kuǎn］"在《说文解字注》中释义："楎［hún］木薪也。对析言之。梡之言完也。"② "楎，梡木未析也。此梡当作完，全也。通俗文曰：合心曰楎。篆文曰：未判为楎。页部頵下云：楎头也。凡全物浑大皆曰：楎。"③ 陇西地区有俗语"梡梡个放着呢！""给我梡梡个地放着！""楎全着呢！"意思是对某事尚未着手做，或对某一物品尚未拆封使用。还有熟人之间相互戏言对方的健康状况"最近楎全着呢吗？"等等。如图13—1所示。

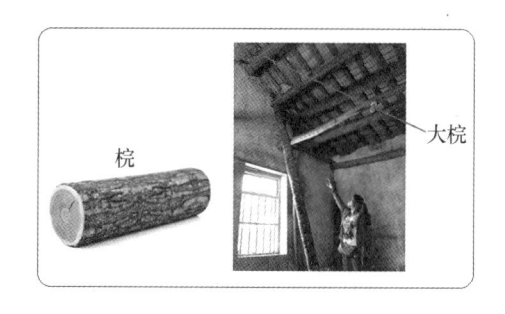

图 13—1

本段大意是承载恭维和耻辱的"身体"需要像一块大且完整的木材一样结实，才可承受住这些事。

何谓"宠辱若惊"？宠之为下。得之若惊，失之若惊，是谓"宠辱若惊"。

本段大意是如何理解恭维自己的和耻辱自己的事情如同给自己提出了警觉的信号。"宠"比"辱"更可怕，即"宠之为下"。作为君主，无

---

① 参见（汉）许慎撰、（清）段玉裁注《说文解字注》，上海古籍出版社1988年版，第282页。
② 同上书，第269页。
③ 同上。

论是得到恭维自己的或耻辱自己的事情都要如同给自己提出了警觉的信号对待，无论是得不到恭维自己的或耻辱自己的事情也要如同给自己提出了警觉的信号对待。

何谓"贵大梡若身"？吾所，以有，大梡者，为吾有身也。及吾无身，有何梡？

"有"泛指客观存在，本章中指"梡"和"身"。"无"泛指不存在，本章中指"梡"和"身"不存在。

本段大意是如何理解崇敬一块大且完整的木材如同崇敬人的身体呢？我将"梡"和"身"视为客观存在的"有"。"身"存在才能比作"大梡"，"身"不存在，怎能够比喻说"梡"呢？

故贵为身于为天下，若可以迚天下矣。爱以身为天下，女可以寄天下矣！

"天下"意指国家。

"迚"在现行字典中查不到，在互联网①上"迚"即"讬"。

"讬"在《说文解字》中释义："寄也。"②

"爱"在《说文解字》中释义："行貌。"③

"爱"在《中华大字典》中释义："惠也。""仁也。""犹惜也。［史记魏其安武侯传］岂以为臣有爱。""犹通也。"④ 等。

"女"在《说文解字》中释义："妇人也。"⑤

"寄"意指依靠，依托。

本段大意是只有看重自己身体的健康才能够好好地管理国家，有一个好的身体才能承受得住人民托付的国家事务。因此，珍惜爱护自己的身体才能够很好地治理国家。如同依托强壮的妇女繁衍后代，有保障。

---

① 新华字典网页版："迚"（http://zidian.911cha.com/zi28499.html）。
② 参见（汉）许慎撰、（宋）徐铉等校《说文解字》，上海古籍出版社2007年版，第111页。
③ 同上书，第260页。
④ 《中华大字典》，中华书局1978年版，第745页。
⑤ 参见（汉）许慎撰、（宋）徐铉等校《说文解字》，上海古籍出版社2007年版，第617页。

第十四章

【原文】

帛本（甲）①	帛本（乙）②	传本③
视之而弗见名之曰䘗听之而弗闻名之曰希捪之而弗得名之曰夷三者不可至计故困□□□一者其上不攸其下不忽寻=呵不可名也复归于无物是胃无状之状无物之□□□□□□而不见其首执今之道以御今之有以知古始是胃□□	视之而弗见□之曰微听之而弗闻命之曰希○捪之而弗得命之曰夷三者不可至计故绲而为一=者亓上不谬亓下不物寻=呵不可命也复归于无物是胃无状之状无物之象是胃沕望随而不见亓后迎而不见亓首执今之道以御今之有以知古始是胃道纪	視之不見名曰夷聽之不聞名曰希搏之不得名曰微此三者不可致詰故混而為一其上不皦其下不昧繩繩不可名復歸於無物是謂無狀之狀無物之象是謂惚恍迎之不見其首隨之不見其後執古之道以御今之有能知古始是謂道紀

【点校】

视之而弗见，名之曰：微；听之而弗闻，名之曰：希；捪之而弗得，名之曰：夷。三者不可至计。故，混而为"一"。

"一"者，其上不谬，其下不忽。

---

① 参见马王堆汉墓帛书整理小组编《老子》，文物出版社1976年版，第85—86页。
② 同上。
③ 参见（魏）王弼注、（唐）陆德明音义《老子王弼注》，新兴书局1964年版，第16页。

寻寻呵，不可名也，复归于无物。

是谓无状之状，无物之象。是谓沕望。

随而，不见其后；迎而，不见其首。

执今之道，以御今之有。

以知古始，是谓道纪。

【讲堂】

老子对"一"的论述主要在第十四章、第二十二章、第三十九章和第四十二章中，可将其中关于"一"的段落综合起来研读。

视之而弗见，名之曰：微；听之而弗闻，名之曰：希；揢之而弗得，名之曰：夷。三者不可至计。故，混而为"一"。

"而"在《说文解字》中释义："颊毛也。"[①]

"而"在《说文解字注》中释义："须也。象形。各本作颊毛也、像毛之形。今正。颊毛者、须部所谓䰅须之类耳。礼运正义引说文曰。而、须也。须谓颐下之毛。象形字也。知唐初本须篆下颐毛也。而篆下云须也。二篆相为转注。其象形、则首画象鼻端。次象人中。次象口上之髭。次象承浆及颐下者。盖而为口上口下之总名。分之则口上为髭。口下为须。须本颐下之专称。髭与承浆与颊䰅皆得偁须。是以而之训曰须也象形。引申假借之为语䛐。或在发端。或在句中。或在句末。或可释为然。或可释为如。或可释为汝。或释为能者、古音能与而同。叚而为能。亦叚耐为能。如之切。一部。周礼曰。作其鳞之而。考工记梓人文。郑云。之而、颊䎿也。戴先生云。鳞属颊侧上出者曰之。下垂者曰而。此以人体之偁施于物也。按顾氏玉篇以而部次于毛毳毋之后。角皮之前。则其意训而为兽毛。绝非许意。凡而之属皆从而。"[②]

"而"在本段中可解读为陈旧的、过时的东西。

"弗"在《说文解字》中释义："挢也。臣铉等曰：韦所以束枉

---

① 参见（汉）许慎撰、（宋）徐铉等校《说文解字》，上海古籍出版社2007年版，第468页。

② 参见（汉）许慎撰、（清）段玉裁注《说文解字注》，上海古籍出版社1988年版，第454页。

戾也。"①

"弗"在《说文解字注》中释义:"矫也。矫各本作挢。今正。挢者、举手也。引申为高举之用。矫者、揉箭箝也。引申为矫拂之用。今人不能辩者久矣。弗之训矫也。今人矫、弗皆作拂。而用弗为不。其误盖亦久矣。"②

本段中以"矫"释义比较符合文意。因为任何一个东西刚刚发明制作出来总是要经过无数次的"矫""矫正"。

"微"在《说文解字》中释义:"隐行也。"③

"希"在《说文解字注》中释义:"望也。西都赋曰。睎秦岭。古多假稀(希)为睎。如公孙弘传稀(希)世用事、晋虞溥传稀(希)颜之徒是也。从目。稀(希)声。说文无稀(希)篆。而稀(希)声字多有。然则稀(希)篆夺也。香衣切。十五部。海岱之闲谓眄曰睎。方言。睎、眄也。东齐青徐之闲曰睎。"④

"捪[mín]"在《说文解字注》中释义:"抚也。此篆上训捪之抚而言。今人所用抆字、许土部墁下所用㨃字皆即捪字也。……一曰摹也。摹者、规也。"⑤

"夷"在《说文解字注》中释义:"东方之人也。从大。从弓。各本作平也、从大从弓、东方之人也。浅人所改耳。今正。韵会正如是。羊部曰。南方蛮闽从虫。北方狄从犬。东方貉从豸。西方羌从羊。西南焦侥人、焦侥从人。盖在坤地颇有顺理之性。惟东夷从大。大、人也。夷俗仁。仁者寿。有君子不死之国。按天大、地大、人亦大。大象人形。而夷篆从大。则与夏不殊。夏者、中国之人也。"⑥

---

① 参见(汉)许慎撰、(宋)徐铉等校《说文解字》,上海古籍出版社 2007 年版,第 633 页。
② 参见(汉)许慎撰、(清)段玉裁注《说文解字注》,上海古籍出版社 1988 年版,第 627 页。
③ 参见(汉)许慎撰、(宋)徐铉等校《说文解字》,上海古籍出版社 2007 年版,第 85 页。
④ 参见(汉)许慎撰、(清)段玉裁注《说文解字注》,上海古籍出版社 1988 年版,第 133 页。
⑤ 同上书,第 601 页。
⑥ 同上书,第 493 页。

"计"在《说文解字注》中释义:"会也。筭也。会、合也。筭当作算。数也。旧书多假筭为算。"①

"故"在《说文解字注》中释义:"使为之也。今俗云原故是也。凡为之必有使之者。使之而为之则成故事矣。引申之为故旧。故曰古、故也。墨子经上曰。故、所得而后成也。许本之。从攴。取使之之意。"②

"混"在《说文解字注》中释义:"丰流也。盛满之流也。"③

"一"在《说文解字》中释义:"惟初太始,道立于一,造分天地,化成万物。"④

本段大意是发明人通过观察已经陈旧的、过时的东西发现某一点需要矫正,我们不妨把这需要矫正的一点称为"微";发明人通过广泛聆听他人对已经陈旧的、过时的东西的陈述,将所听到的,选择其中有用的一点(看不见,隐藏在大众思想语音中),我们将其称为"希";发明人在改造、创新已经陈旧的、过时的东西时通过亲身实践、具体使用进口来外国比较科学的、先进的,借鉴、选择其适合我们实际情况而不断矫正获的完全适合我们使用的事物,我们将其称为"夷"。这"微""希""夷"三者在一般情况不可单独完成到发明。发明人可将"微""希""夷"三者综合起来研究,三者综合起来即可促成"一件新事物"。

"一"者,其上不谬,其下不惚。

"上"在《说文解字》中释义:"高也。此古文上,指事也。"⑤ 本段中指出台政策者或高一级别的人或君主。"上"是陇西地区公务人员的常用语,如"这是'上'面的意思""这事'上'面不知道""今天'上'边来人着呢"等。

"谬"在《说文解字》中释义:"狂者之妄言也。"⑥

---

① 参见(汉)许慎撰、(清)段玉裁注《说文解字注》,上海古籍出版社1988年版,第93页。
② 同上书,第123页。
③ 同上书,第546页。
④ 参见(汉)许慎撰、(宋)徐铉等校《说文解字》,上海古籍出版社2007年版,第1页。
⑤ 同上书,第1页。
⑥ 同上书,第117页。

"下"在《说文解字》中释义:"底也。指事。"① 一般指下级或老百姓。

"忽"在《中华大字典》中释义:"同忽。"② "忽"在《说文解字》中释义:"忘也。"③ "忘,不识也。"④

本段大意是将"微""希""夷"三者综合起来研究出来的一件新事物(最好的),对于上级来说不会是狂者的妄言,对于下级来说是处处不忘记老百姓的实际利益。

寻寻呵,不可名也,复归于无物。

"寻"《说文解字注》中释义:"绎理也。谓抽绎而治之。凡治乱必得其绪而后设法治之。引申之义为长。方言曰。寻、长也。海岱大野之闲曰寻。自关而西秦晋梁益之闲凡物长谓之寻。周官之法度广为寻。古文礼假寻为燅。有司彻乃燅尸俎注。燅、温也。古文燅皆作寻。记或作寻。春秋传。若可寻也。亦可寒也。案左传服注。寻之言重也、温也。论语何注。温、寻也。互相发明。俗本礼注作燖。误。从工口。从又寸。工口、乱也。又寸、分理之也。"⑤ "寻寻"在本章中可释为绎理再绎理。"呵"《中华大字典》中释义:"呵欶,掩郁不明貌。"⑥

"可名"在第一章释义是为具体社会做的事。一个人的具体职业为"恒名",能够做到的事为"可名"。

如果一个人未能做或未能做出某一具体事情,即为"不可名"。如一名数学教师要上一节"平面几何"课(名),但未能实现,既为"不可名"。

本段大意是讲"一"不大好确定。对于"一",绎理发明了因为这"一"的新出现始终产生于客观事物一"无"中。

是谓无状之状,无物之象。是谓沕望。

---

① 参见(汉)许慎撰、(宋)徐铉等校《说文解字》,上海古籍出版社2007年版,第2页。
② 《中华大字典》,中华书局1978年版,第719页。
③ 参见(汉)许慎撰、(宋)徐铉等校《说文解字》,上海古籍出版社2007年版,第527页。
④ 同上。
⑤ 参见(汉)许慎撰、(清)段玉裁注《说文解字注》,上海古籍出版社1988年版,第121页。
⑥ 《中华大字典》,中华书局1978年版,第221页。

"汩［mì］"在《中华大字典》中释义："潜藏也。［史记屈贾传］汩深潜以自珍。"①

"望"与"朢"有区别：

在《说文解字》中"望"释义："出亡在外，望其还也。"②"朢"释义："月满与日相望，以朝君也。"③

在《说文解字注》中"望"释义："出亡在外。望其还也。还者、复也。本义。引申之为令闻令望之望。从亡。朢省声。按望以朢为声。朢以望为义。其为二字较然也。而今多乱之。"④"朢"释义："月满也。此与望各字。望从朢省声。今则望专行而朢废矣。与日相望。以叠韵为训。原象曰。日兆月、而月乃有光。人自地视之。惟于朢得见其光之盈。朔则日之兆月、其光向日下。民不可得见。馀以侧见而阙。侣朝君。似各本譌以。今正。韵会作月望日。如臣朝君于廷。此释从臣、从壬之意也。从月。从臣。从任。合三字会意。不入月部者、古文以从臣壬见尊君之义。故箸之。无放切。十部。壬、朝廷也。说此壬为廷之假借字。与壬本义别。"⑤

"望""朢"二字义在本段中都可讲得通，例如构成飞机、导弹、小轿车等的物质材料在老子时代就存在，即"望"，这种现象如同臣与君的关系，臣不见君，并不能说君不存在，即"朢"。

本段大意是讲"一"的存在状态，意思是"一"始终在隐藏，虽然"一"在社会、自然的表面看不见，但存在于社会、自然中。如果人们不去开发，这"一"将永远潜藏、隐没在社会自然中不可见。

"一"就如飞机、导弹、小轿车、拖拉机、楼房、桥梁、手机、电脑等。作为构成这些"一"的物质材料在老子时代就存在，只不过与地球"混成"一体，当今的发明人通过"道"（科学手段）将"一"从"混成"一体的地球中"检"出来了，即开发出来了，如果尚未开发，"是谓

---

① 《中华大字典》，中华书局1978年版，第968页。
② 参见（汉）许慎撰、（宋）徐铉等校《说文解字》，上海古籍出版社2007年版，第639页。
③ 同上书，第402页。
④ 参见（汉）许慎撰、（清）段玉裁注《说文解字注》，上海古籍出版社1988年版，第634页。
⑤ 同上书，第387页。

上篇　道经

汹望","一"将始终潜藏隐没在大自然中不可见。

随而，不见其后；迎而，不见其首。

"而"在《说文解字注》中释义："须也。象形。各本作颊毛也、像毛之形。今正。颊毛者、须部所谓髯须之类耳。礼运正义引说文曰。而、须也。须谓颐下之毛。象形字也。"① 本段中比喻老成的、管用的"一"。

本段大意是讲成熟的、管用的"一"隐藏于事物的背后，只不过人们不去研究罢了。

执今之道，以御今之有。

"执"在《说文解字注》中释义："捕辠人也。辠各本作罪。今依广韵。手部曰。捕者、取也。引申之为凡持守之偁。"②

"道"在第一章依据简本中"行道"二字形体解读，"道"就是人生之"行"。本段中指适时的行动、手段、方法等。例如破案用"DNA"、教学用"PPT"、农业用"塑料棚"，等等。

"御"在《说文解字》中释义："使马也。"③ 即驾驭，引申为处理、办理、解决等。

"有"指客观存在。在本段中可解读为社会中存在、客观需求。

本段大意是掌握当今的科学方法、手段，去解决今天存在的客观"潜在"。

"执今之道，以御今之有"，犹如今天我们讲的"与时俱进"。《易经》遁卦中有："刚当位而应，与时行也。"④ 损卦中有："损刚益柔有时，损益盈虚，与时皆行。"⑤ 益卦中有："益动而巽，日进无疆；天施地生，其益无方。凡益之道，与时皆行。"⑥

以知古始，是谓道纪。

"古"在《说文解字注》中释义："故也。邶风、大雅毛传曰。古、故

---

① 参见（汉）许慎撰、（清）段玉裁注《说文解字注》，上海古籍出版社1988年版，第454页。

② 同上书，第496页。

③ 参见（汉）许慎撰、（宋）徐铉等校《说文解字》，上海古籍出版社2007年版，第87页。

④ 孙振声：《白话易经》，星光出版社1981年版，第264页。

⑤ 同上书，第318页。

⑥ 同上书，第326页。

也。夂部曰。故、使为之也。按故者、凡事之所以然。而所以然皆备于古。故曰古、故也。逸周书。天为古。地为久。郑注尚书稽古为同天。从十口。识前言者也。识前言者口也。至于十则展转因袭。是为自古在昔矣。"①

"古始"意为产生当前事物之前的情况。如处理两个学生打架的问题，先搞清楚他们打架之前的有关情况。

"纪"在《说文解字注》中释义："别丝也。别丝各本作丝别。械朴正义引纪、别丝也。又云。纪者、别理丝缕。今依以正。别丝者、一丝必有其首、别之是为纪。众丝皆得其首、是为统。统与纪义互相足也。故许不析言之。礼器曰。众之纪也。纪散而众乱。注曰。纪者、丝缕之数有纪也。此纪之本义也。引申之为凡经理之称。诗。网纪四方。笺云。以罔罟喻为政。张之为纲。理之为纪。洪范九畴。四、五纪。斗牵牛为星纪。史记每帝为本纪、谓本其事而分别纪之也。诗。滔滔江汉。南国之纪。毛传曰。其神足以纲纪一方。笺云。南国之大川。纪理众水。使不壅滞。"②

本段大意是处理每一件事物，都首先要搞清楚该件事物产生前的来龙去脉，发明人（执政者）明白了这一点再去工作，就会得到"道"的头绪。

---

① 参见（汉）许慎撰、（清）段玉裁注《说文解字注》，上海古籍出版社1988年版，第88页。

② 同上书，第645页。

第十五章

【原文】

帛本（甲）①	帛本（乙）②	简本【甲】③	传本④
□□□□□□□□□深不可志夫唯不可志故强为之容曰与呵其若冬□□□□□□畏四□□呵其若客涣呵其若凌泽□呵其若楃湷□□□□□□若浴浊而情之余清女以重之余生葆此道不欲盈夫唯不□□以能□□成	古之□为道者微眇玄达深不可志夫唯不可志故强为之容曰与呵亓若冬涉水兽呵亓若客涣呵亓若凌泽沌呵亓若朴湷呵亓若浴浊而静之徐清女以重之徐生葆此道□□欲盈是以能敝而不成	古之善为士者必非溺玄達深不可志是以为之颂夜虐奴冬涉川獣虐其奴愄四邻敢虐其奴客觏虐其奴懌屯虐其奴樸地虐其奴濁竺能濁以束者㱃舍清竺能庀以迮者㱃舍生保此衍者不谷端呈	古之善為士者微妙元通深不可識夫唯不可識故強為之容豫焉若冬涉川猶兮若畏四鄰儼兮其若容涣兮若冰之將釋敦兮其若樸曠兮其若谷混兮其若濁孰能濁以靜之徐清孰能安以久動之徐生保此道者不欲盈夫唯不盈故能蔽不新成

---

① 参见马王堆汉墓帛书整理小组编《老子》，文物出版社1976年版，第86页。
② 同上。
③ 参见荆门市博物馆编《郭店楚墓竹简·老子甲》，文物出版社2002年版，第8页。
④ 参见（魏）王弼注、（唐）陆德明音义《老子王弼注》，新兴书局1964年版，第17—18页。

【点校】

古之善为道者，微眇玄达，深不可志。

夫唯不可志，故强为之容，曰：与呵，其若冬涉水；犹呵，其若畏四邻；俨呵，其若客；涣呵，其若凌释；屯呵，其若楃；湷呵，其若浊；湴呵，其若浴。

浊而情之余清。女以重之余生。葆此道，不欲，盈。

夫唯不欲盈。是以能，斃而不成！

【讲堂】

古之善为道者，微眇玄达，深不可志。

"古"在《说文解字》中释义："故也。从十、口，识前言者也。凡古之属皆从古。臣铉等曰：'十口所传是前言也。'"①

"道"在《说文解字注》中释义："所行道也。毛传每云行道也。道者人所行。故亦谓之行。道之引申为道理。亦为引道。从辵首。首者、行所达也。首亦声徒晧切。古音在三部。一达谓之道。释宫文。行部偁四达谓之衢。九部偁九达谓之馗。按许三偁当是一例。当作一达谓之道。从辵首。道人所行也。"②

"玄达"的"玄"与第一章"玄之又玄"，第六章"玄牝"，第十章"玄监""玄德"，第五十一章"玄德"中的"玄"都是同一意思。引申为积累、深奥、广博等。

"志"在《说文解字》中释义："意也。"③

本段大意是古代善于行动的人，他们一点一滴的举动都是那么广博、深奥，不可"描述"和"记载"。

夫唯不可志，故强为之容，曰：与呵，其若冬涉水；犹呵，其若畏四邻；俨呵，其若客；涣呵，其若凌释；屯呵，其若楃；湷呵，其若浊；湴呵，其若浴。

---

① 参见（汉）许慎撰、（宋）徐铉等校《说文解字》，上海古籍出版社2007年版，第104页。

② 参见（汉）许慎撰、（清）段玉裁注《说文解字注》，上海古籍出版社1988年版，第75页。

③ 参见（汉）许慎撰、（宋）徐铉等校《说文解字》，上海古籍出版社2007年版，第519页。

"呵"《中华大字典》释义："嘘气也。"① 本段中的6个"呵"意同。

"與"和"与"有区别：

"與"在《说文解字》中释义："與，党與也。"②

"与"在《说文解字》中释义："与，赐予也。一勺为与。此予與同。"③

"與"在《说文解字注》中释义："党與也。党当作挡。挡、朋群也。與当作与。与、赐予也。从舁与。会意。共举而与之也。"④

"与"在《说文解字注》中释义："赐予也。赐、予也。予、推予耇人也。一勺为与。下从勺。一者、推而予之。余吕切。五部。此與予同意。大徐作此与、與同。小徐作此即與同。惟小徐祛妄内作與予皆同。近是。今正。以一推勺、犹以丨推㕚也。故曰同意。與、挡與也。从舁。义取共举。不同与也。今俗以與代与。與行而与废矣。"⑤

本章中可解读为"党與也。党当作挡。挡、朋群也。"

"冬涉水"比喻冬天河面结冰，如要走过，稍有不慎，就有危险。

"犹"参见第五章相关释义。

"畏四邻"形容思虑周详知没有危险方可出动。

"俨"在《说文解字注》中释义："昂头也。昂当是本作卬。浅人所改也。卬者、望欲有所庶及也。陈风。硕大且俨。传曰。俨矜庄貌。曲礼注同。古借严为之。从人。严声。鱼俭切。八部。一曰好貌。"⑥ 本段通俗理解为一个人沉稳庄重的形象，这与孔子的弟子子夏评价孔子说的："望之俨然，即之也温。"⑦ 同义。

"客"在《说文解字注》中释义："寄也。字从各。各、异词也。故自此托彼曰客。引申之曰宾客。宾、所敬也。客、寄也。故周礼大行人

---

① 《中华大字典》，中华书局1978年版，第221页。
② 参见（汉）许慎撰、（宋）徐铉等校《说文解字》，上海古籍出版社2007年版，第127页。
③ 同上书，第714页。
④ 参见（汉）许慎撰、（清）段玉裁注《说文解字注》，上海古籍出版社1988年版，第105页。
⑤ 同上书，第715页。
⑥ 同上书，第369页。
⑦ （宋）朱熹：《四书集注》上册，中华书局1957年版，《论语》第251页。

大宾大客别其辞。诸侯谓之大宾。其孤卿谓之大客。司仪曰。诸公诸侯诸伯诸子诸男相为宾、诸公之臣侯伯子男之臣相为客是也。统言则不别耳。论语。寝不尸。居不客。谓生不可似死。主不可似客也。"①

"涣"在《说文解字注》中释义:"散流也。各本作流散。今正。分散之流也。毛诗曰。涣涣、春水盛也。周易曰。风行水上涣。又曰。说而后散之。故受之以涣。涣者、离也。"② 其本义是流散,形容不计前嫌。

"凌释"即春天到了,冰凌融化变成清流,普润大地。成语:涣然冰释,比喻像冰遇到热一下子消融。多指疑虑、困难或误会得到解除而言。

"屯"在《说文解字注》中释义:"难也。屯韵会有。象艸木之初生。屯然而难。从中贯一屈曲之也。一、地也。此依九经字样、众经音义所引。说文多说一为地。或说为天。象形也。中贯一者、木克土也。屈曲之者、未能申也。乙部曰。春艸木冤曲而出。阴气尚强。其出乙乙。屯字从中而象其形也。陟伦切。十三部。易曰。屯刚柔始交而难生。周易象传文。左传曰。屯固比入。序卦传曰。屯者、盈也。不坚固、不盈满。则不能出。"③

"幄"[wò]在《说文解字注》中释义:"木帐也。周礼巾车翟车有幄。字从木。释文及各本从手。非也。释文云。幄、刘音屋。贾马皆作幄。考幕人注曰。四合象宫室曰幄。许书无幄有幄。幄葢出巾车职。今本周礼转写误耳。郑云。有幄则此无葢。谓上四车皆有容有葢。翟车以幄当容。不云有葢也。释名云。幄、屋也。以帛衣版施之。形如屋也。故许曰木帐。"④

"涽[hún]"古通"浑"。"涽"《中华大字典》解释为:"涽,水深声也"。⑤

"浊"本义是水含有泥沙等杂物而不清,本章是指因水深"涽"形成的浊音。

---

① 参见(汉)许慎撰、(清)段玉裁注《说文解字注》,上海古籍出版社1988年版,第341页。
② 同上书,第547页。
③ 同上书,第21页。
④ 同上书,第257页。
⑤ 《中华大字典》,中华书局1978年版,第1049页。

上篇　道经

"洺"字在现行字典中无，《中华大字典》中有"泩"字，释义："侧亮切音壮漾韵。实米于甑［zèng］也。"① 依据"洺""泩"二字的"水""壮"结构的相同性和"泩"释义符合本章的大意，即"洺""泩"二字可视为同一字。

"甑"是古代蒸饭的一种瓦器。底部有许多透蒸气的孔格，置于鬲上蒸煮，如同现代的蒸锅。如图15—1所示。

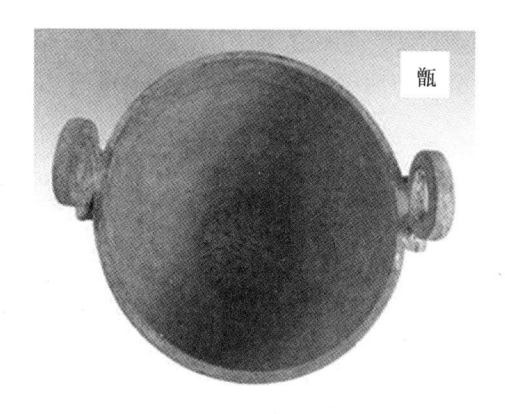

图15—1

"浴"在《说文解字》中释义："洒身也。"②

"浴"在《中华大字典》中释义："以德自清曰浴德。［礼记儒行］儒有澡身而浴德。［疏］谓沐浴于德以德自清也。"③

"浴"在《道德经》中出现过7处，分别是第六章、第十五章、第二十八章、第三十二章、第三十九章、第四十一章和第六十六章，用来比喻人的"洒身"或大地的"洒身"，含义都基本相同。老子以"浴"暗喻执政者在思想上、行为上要经常做到"浴"，时刻提高自己的思想品德以及执政水平。

本段大意是虽然善于运用科学思维、具有创新行为的人都深奥莫测

---

① 《中华大字典》，中华书局1978年版，第1010页。

② 参见（汉）许慎撰、（宋）徐铉等校《说文解字》，上海古籍出版社2007年版，第566页。

③ 《中华大字典》，中华书局1978年版，第1003页。

以至于不易"描述"和"记载",但可以将他们从以下七个方面概括讲一下:第一,他们自知结党即可肩负重任,所以他们结党非常谨慎,如履薄冰;第二,他们制定政策非常严密,不敢贸然出台,要考虑到方方面面,使制定出台的政策不但有利于国内民众,更要有利于邻邦;第三,他们为人处世非常庄严,但这种庄严却如同我们家中来的客人,使人亲近;第四,他们对待曾经遇过的对手从不计前嫌,犹如春风使冰凌融化变成清流普润大地一样;第五,他们不轻易出山,但若出山做事就犹如坐着庄严的木帐车在行驶;第六,他们的学识渊深,深奥得一般人看不到他到底有多深;第七,当他们遇到棘手的考验时视同洗浴一般。

浊而情之余清。女以重之余生。葆此道,不欲,盈。

"浊"在《说文解字注》中释义:"浊水。出齐郡上文不言郡。此字葢浅人增之。厉妫山。东北入巨定。厉当作广。妫当作为。皆字之误。齐郡广、见前志。后志作齐国广。今山东青州府益都县、县西南四里有广县故城是也。前志广下曰。为山、浊水所出。东北至广饶入巨定。水经注曰。淄水、又东北径广饶县故城南。又东北马车渎水注之。水首受巨淀。淀即浊水所注也。吕忱曰。浊水、一名溷水。出广县为山。一名冶岭山。东北流经广固城西。城在广县西北四里。又东北流经尧山东。又东北流经东阳城北。合阳水。即长沙水也。又北径臧氏台西。又北径益城西。又北流注巨淀。今北阳水源出益都县西南九回山。即古为山。东北流经城北。又东北经寿光县四十里。又北入清水泊。即古浊水也。从水。蜀声。直角切。三部。按浊者、清之反也。诗曰。泾以渭浊。又曰。载清载浊。"① 本段中用以比喻浑浊的人或事。

"而"在《说文解字》中释义:"颊毛也。"②

"而"在《说文解字注》中释义:"须也。象形。各本作颊毛也、像毛之形。今正。颊毛者、须部所谓䰅须之类耳。礼运正义引说文曰。而、须也。须谓颐下之毛。象形字也。"③

---

① 参见(汉)许慎撰、(清)段玉裁注《说文解字注》,上海古籍出版社1988年版,第539页。
② 参见(汉)许慎撰、(宋)徐铉等校《说文解字》,上海古籍出版社2007年版,第468页。
③ 参见(汉)许慎撰、(清)段玉裁注《说文解字注》,上海古籍出版社1988年版,第454页。

"情"在《说文解字注》中释义:"人之阴气有欲者。董仲舒曰。情者、人之欲也。人欲之谓情。情非制度不节。礼记曰。何谓人情喜怒哀惧爱恶欲。七者不学而能。左传曰。民有好恶喜怒哀乐。生于六气。孝经援神契曰。性生于阳以理执。情生于阴以系念。"① 本段中用以比喻当事人处理"浊"的方式。

"余"在《说文解字注》中释义:"语之舒也。语、匡谬正俗引作词。左氏传。小白余敢贪天子之命。无下拜。此正词之舒。亏部曰。亏、于也。象气之舒亏。然则余亏异字而同音义。释诂云。余、我也。余、身也。孙炎曰。余舒迟之身也。然则余之引申训为我。诗书用予不用余。左传用余不用予。曲礼下篇。朝诸矦分职授政任功。曰予一人。注云。觐礼曰伯父寔来。余一人嘉之。余予古今字。凡言古今字者、主谓同音、而古用彼今用此异字。若礼经古文用余一人。礼记用予一人。余予本异字异义。非谓予余本卽一字也。颜师古匡谬正俗不达斯恉。且又以予上声余平声为分别。又不知古音平上不甚区分。重悾眓缪。仪礼汉读考纠之详矣。"②

"清"在《说文解字注》中释义:"朖也。澂水之貌。朖者、明也。澂而后明。故云澂水之貌。引申之、凡洁曰清。凡人洁之亦曰清。"③

"朖"即"朗本字"④。"朖","明也。大雅。高朗令终。传曰。朗、明也。释言曰。明、朗也。"⑤ 本段中用以比喻当事人处理"浊"的结果。

"重"在《说文解字注》中释义:"厚也。"⑥

"生"在《说文解字注》中释义:"進也。象艸木生出土上。"⑦

---

① 参见(汉)许慎撰、(清)段玉裁注《说文解字注》,上海古籍出版社1988年版,第502页。
② 同上书,第49页。
③ 同上书,第550页。
④ 《中华大字典》,中华书局1978年版,第850页。
⑤ 参见(汉)许慎撰、(清)段玉裁注《说文解字注》,上海古籍出版社1988年版,第313页。
⑥ 同上书,第388页。
⑦ 同上书,第274页。

"葆"在《说文解字注》中释义:"艸盛貌。"①

本段大意是对待浑浊的成年人要通过情意感化才能使其明白清澈;女人皆可谓为人母,全社会只有尊重女人才能欣欣向荣。如果永葆这一治国之道,执政者就算没有做到自己理想的成绩,社会上老百姓对他也是满意的。

夫唯不欲盈。是以能,襒而不成!

"能"在《说文解字注》中释义:"熊属。……从肉㠯声。能兽坚中、故称贤能。……而强壮、称能杰也。……凡能之属皆从能。"②

"襒"字在现行字典中无,《辞海》中有"襒"字,释义:"襒[bié]:拂。《史记·孟子荀卿列传》:'适赵,平原君侧行襒席。'司马贞索隐:'张揖《三苍训诂》云:襒,拂也。谓侧行而衣,以衣襒席为敬,不敢正坐当宾主之礼也。'"③ "拂"在《说文解字》中释义:"过击也。从手,弗声。徐锴曰:'击而过之也。'"④ 依据"襒""襒"二字都具有"衣""敝"结构的相同性并且以"襒"释义也符合本章的大意,从而可得"襒""襒"二字为同一字。

本段大意是只有坚持"浊而情之余清;女以重之余生"之道的执政者就算没有做到自己理想的成绩,社会上的老百姓对他也是满意的。只要社会上的老百姓对执政者满意,就可以证明执政者具备了治国的能力,社会上那些浑浊的成年人就算有些"小动作"也威胁不了国家整体的安定与和平。

---

① 参见(汉)许慎撰、(清)段玉裁注《说文解字注》,上海古籍出版社1988年版,第47页。
② 同上书,第479页。
③ 《辞海》(1999年版缩印本),上海辞书出版社2000年版,第2176页。
④ 参见(汉)许慎撰、(宋)徐铉等校《说文解字》,上海古籍出版社2007年版,第613页。

第十六章

【原文】

帛本（甲）①	帛本（乙）②	简本【甲】③	传本④
至虚极也守情表也万物旁作吾以观其复也天物云云各复归于其□□□＝是胃复＝命＝常也知常明也不知常帀＝作凶知常容＝乃公＝乃王＝乃天＝乃道□□□没身不怠□	至虚极也守静督也万物旁作吾以观亓复也天物秫＝各复归于亓根曰静＝是胃复＝命＝常也知常明也不知常芒＝作兇知常容＝乃公＝乃王□天＝乃道＝乃没身不殆	至虚互也獸中篤也萬勿方栭以须復也天道員員各復其堇	致虚極守靜篤萬物並作吾以觀復夫物芸芸各復歸其根歸根曰靜是謂復命復命曰常知常曰明不知常妄作凶知常容容乃公公乃王王乃天天乃道道乃久沒身不殆

【点校】

至虚极也，守情表也。

万物旁作，吾以观其复也。

天物云云，各复归于其根。归根，曰：静。

---

① 参见马王堆汉墓帛书整理小组编《老子》，文物出版社1976年版，第86—87页。
② 同上。
③ 参见荆门市博物馆编《郭店楚墓竹简·老子甲》，文物出版社2002年版，第24页。
④ 参见（魏）王弼注、（唐）陆德明音义《老子王弼注》，新兴书局1964年版，第18—19页。

静：是谓复命。复命，常也。

知常：明也；不知常：㐫。㐫作凶。

知常：容。容乃公；公乃王；王乃天；天乃道；道乃久。

汋身不怠。

【讲堂】

至虚极也，守情表也。

"虚"在《说文解字注》中释义："大丘也。昆仑丘谓之昆仑虚。昆仑丘、丘之至大者也。释水曰。河出昆仑虚。海内西经曰。海内昆仑之虚在西北。帝之下都。即西山经昆仑之丘。实惟帝之下都也。水部曰。泑津在昆仑虚下。按虚者、今之墟字。犹昆仑今之崐崘字也。虚本谓大丘。大则空旷。故引申之为空虚。如鲁少皞之虚。卫颛顼之虚。陈大皞之虚。郑祝融之虚。皆本帝都。故谓之虚。又引申之为凡不实之称。邶风其虚其邪。毛曰。虚、虚也。谓此虚字乃谓空虚。非丘虚也。一字有数义音。则训诂有此例。如许书巳、巳也。谓此辰巳之字。其义为巳甚也。虚训空。故丘亦训空。如汉书丘亭是。自学者罕能会通。乃分用墟虚字。别休居邱于二切。而虚之本义废矣。古者九夫为井。四井为邑。四邑为丘。丘为之虚〔xū〕。此又引小司徒职文。言丘亦名虚。皆说虚篆从丘之意也。丘虚语之转。易升九三。升虚邑。马云。虚、丘也。虚犹聚也、居也。引申为虚落。今作墟。鄘风升彼虚矣。传曰。虚漕虚也。"①

"极"在《说文解字注》中释义："栋也。……栋为极耳，今俗语皆呼栋为梁也。……按丧大纪注曰。危、栋也。引申之义凡至高至远者谓之极。"②

"守"在《说文解字注》中释义："守官也。左传曰。守道不如守官。孟子曰。有官守者不得其职则去。从宀。从寸。从宀、寺府之事也。寸部曰。寺、廷也。广部曰。府、文书藏也。从寸、法度也。"③

"情"在《说文解字注》中释义："人之侌〔yīn〕气有欲者。董仲舒

---

① 参见（汉）许慎撰、（清）段玉裁注《说文解字注》，上海古籍出版社1988年版，第386—387页。
② 同上书，第253页。
③ 同上书，第340页。

曰。情者、人之欲也。人欲之谓情。情非制度不节。礼记曰。何谓人情。喜怒哀惧爱恶欲。七者不学而能。左传曰。民有好恶喜怒哀乐。生于六气。孝经援神契曰。性生于阳以理执。情生于阴以系念。"①

"表"在《说文解字注》中释义："上衣也。衣之在外者也。皇云。若在家则裘葛之上亦无别加衣。若出行接宾客皆加上衣。当暑絺[chī]绤[xì]可单。若出不可单。则必加上衣也。嫌暑热不加。故特明之。玉藻。表裘不入公门。郑曰。表裘、外裘也。外裘今本作外衣误禅絺绤、外裘二者形且亵。皆当表之乃出。引申为凡外箸之称。"②

本段大意是君主的事业要做到最大最高，就要时刻把控好自己，表里如一，"表里如一"中的关键是能够控制好自己的情欲。

万物旁作，吾以观其复也。

"旁"在《说文解字注》中释义："溥也。司马相如封禅文曰。旁魄四塞。张揖曰。旁、衍也。广雅曰。旁、大也。"③本段中的"旁作"可解读为大作，兴起。

"复"在《说文解字注》中释义："行故道也。彳部又有復，復行而复废矣，疑彳部之復乃后增也。"④本段中可将其解读为回归、复兴、重新开始等。

本段大意是国家达到大治，使万物各自发挥出其最大的作用，必须代代循环、往复于安定和谐的社会环境中。

安定和谐的环境是一切生命"复"生的保障。

天物云云，各复归于其根。归根，曰：静。

"云"与"雲"有区别，在《说文解字注》中："雲山川气也。天降时雨。山川出云。从雨。云象回转之形。回上各本有云字。今删。古文只作云。小篆加雨于上。遂为半体会意、半体象形之字矣。云象回转形、此释下古文云为象形也。王分切。十三部。凡云之属皆从云。云古文省雨。古文上无雨。非省也。二盖上字。象自下回转而上也。正月。昏姻

---

① 参见（汉）许慎撰、（清）段玉裁注《说文解字注》，上海古籍出版社1988年版，第502页。
② 同上书，第389页。
③ 同上书，第2页。
④ 同上书，第232页。

孔云。传曰。云、旋也。此其引申之义也。古多叚云为曰。如诗云卽诗曰是也。亦叚员为云。如景员维河笺云员古文作云、昏姻孔云本又作员、聊乐我员本亦作云、尚书云来卫包以前作员来、小篆妘字籀文作䣶是。云员古通用。皆叚借风云字耳。自小篆别为云而二形迥判矣。ᐣ亦古文云。此冣初古文。象回转之形者。其字引而上行。书之所谓触石而出、肤寸而合也。变之则为云。"①

"员"在《说文解字注》中释义："物数也。本为物数。引申为人数。俗傁官员。汉百官公卿表曰。吏员、自佐史至丞相十二万二百八十五人是也。数木曰枚、曰梃。数竹曰个。数丝曰紽、曰緫。数物曰员。小雅。员于尔辐。毛曰。员、益也。此引申之义也。又假借为云字。如秦誓若弗员来、郑风聊乐我员、商颂景员维河。笺云。员、古文云。从员。贝、古以为货物之重者也。口声。王权切。古音云在十三部。口声在十五部。合韵最近。凡员之属皆从员。"②

依上"云""员"释义且根据本章文意，"云"可解读为官员。

"云"在国学中具有深厚的含义，如"祥云缭绕""紫气东来""云起龙骧""云游天下""云蒸霞蔚"等，"云"代表吉祥、滋润、众多、美好等。自古以来，"官员"是为大众服务排忧解难的人士，因此，古人将"云"象征"官员"具有深厚的科学意义。

若"云"指的是官员，那么传说老子出关尹喜看到的"云"就是老子，并非传说中天上的"紫气"。

"天物云云"可解读为国家官员众多。

"静"出现在帛本（甲）中的第八章、第十六章、第五十七章。"静"在《道德经》全文中可解读为：在某事物的作用下产生的新事物，这一新事物不是"昙花一现"的，而是能在一定时间中存留并影响后世的。如画家笔落纸上出现的字画为"静"——《兰亭序》《清明上河图》等即为"静"；"孟母三迁"的故事为"静"；大禹治水"三过其门而不入"③的

---

① 参见（汉）许慎撰、（清）段玉裁注《说文解字注》，上海古籍出版社1988年版，第575页。

② 同上书，第279页。

③ （宋）朱熹：《四书集注》下册，中华书局1957年版，《孟子》第125页。

故事为"静";伯夷、叔齐"耻之,义不食周粟,隐于首阳山,采薇而食之,……遂饿死于首阳山"的故事为"静"等。参见第八章的释义和解读。"归根曰静"如同今天我们讲的"盖棺定论"所暗含的道理一样。

本段大意是天下的官员很多,每个官员做出的创新事物都有其根本原因,有利于人类的创新或大或小都是"静"。

静:是谓复命。复命,常也。

"命"在《说文解字注》中释义:"使也。从口令。令者、发号也。君事也。非君而口使之。是亦令也。故曰命者、天之令也。"①

"常"在《说文解字注》中释义:"下裙也。释名曰。上曰衣。下曰裳。裳、障也。以自障蔽也。士冠礼。爵弁。服纁裳。皮弁。服素积。玄端。玄裳、黄裳、杂裳可也。礼记深衣。续衽钩边。要缝半下。今字裳行而常废矣。从巾。尚声。从巾者、取其方幅也。引申为经常字。"②

本段大意是"静"不但能够一代接一代传下去,更能够教育、影响一代代人,如同人类祖先穿下裙衣服一样,后代自觉形成为了见人怕羞穿下裙的良好习惯。"静"的影响各不相同,有的人的"静"不过三天就被遗忘了,有的三千年都不被人遗忘反而被人们接受、采用,这种情形叫做"常"。如兰亭序被后世推崇为"天下第一行书","孟母三迁"的故事,大禹"三过其门而不入"为民治水的故事,伯夷、叔齐"义不食周粟"爱憎分明的精神等,这些人的"静"是"常",能够"复命"。无论过了多久,人们常讲常新。

知常:明也;不知常:巟。巟作凶。

"知常"可解读为一个人所做任何事情都能如同见人知道穿下裙以遮蔽羞丑的事情一样明白,这样的人才是明白人。

"明"在《说文解字注》中释义:"照也。传曰。照临四方曰明。凡明之至则曰明明。明明犹昭昭也。"③

"巟"[huāng]在《中华大字典》中释义:"巾也。袜也。帐也。幪

---

① 参见(汉)许慎撰、(清)段玉裁注《说文解字注》,上海古籍出版社1988年版,第57页。
② 同上书,第358页。
③ 同上书,第314页。

也。"① 本段中用以比喻拿表面的东西掩盖、覆蔽。

"凶"在《说文解字注》中释义："恶也。"②

本段大意是一个人明白了"静"的道理，并且如同穿衣裳一样明了，自己做的事即可光照他人；一个人如果不明白"静"的道理如同穿衣裳那样扎实明了，而仅是显露于外，让人人看得见并且得到欣赏，却经不起历史的考验，就像仅仅用一些丝巾类的东西遮住自己一时过关了事一样，做事仅仅是为了掩盖自己的人永远是可恶的。

知常：容。容乃公；公乃王；王乃天；天乃道；道乃久。

"容"在《说文解字注》中释义："盛也。从'宀''谷'，云：'屋'与'谷'皆所以盛受也。"③

"乃"在《说文解字注》中释义："曳词之难也。玉篇词作离、非也。上当有者字。曳有矫拂之意。曳其言而转之。若而、若乃皆是也。乃则其曳之难者也。春秋宣八年。日中而克葬。定十五年。日下昃乃克葬。公羊传曰。而者何。难也。乃者何。难也。曷为或言而、或言乃。乃难乎而也。何注。言乃者内而深。言而者外而浅。按乃然而汝若、一语之转。故乃又训汝也。象气之出难也。气出不能直遂。象形。"④

"乃"在《中华大字典》中释义："曳词之难也。承上启下之辞也。往也。至也。远也。"⑤

"公"在《说文解字注》中释义："平分也。"⑥ 本段中可解读其为公平无私。

"王"在《说文解字注》中释义："天下所归往也。"⑦

本段大意是一个人明白了"静"的道理如同穿衣裳一样年年、天天、时时不被遗忘，并且能促使别人也将"静"的道理接受和采用，只有具

---

① 《中华大字典》，中华书局1978年版，第398页。
② 参见（汉）许慎撰、（清）段玉裁注《说文解字注》，上海古籍出版社1988年版，第334页。
③ 同上书，第340页。
④ 同上书，第203页。
⑤ 《中华大字典》，中华书局1978年版，第12页。
⑥ 参见（汉）许慎撰、（清）段玉裁注《说文解字注》，上海古籍出版社1988年版，第49页。
⑦ 同上书，第9页。

有这种思想的人才具备了容纳万物的度量。只有具有容纳万物的度量才能做到公平无私,做到公平无私才能使天下所归往,天下所归往才是符合天意的,顺应天意的事才是道,这样的道才能长久。

汩身不怠。

"汩"[mì]在《中华大字典》中释义:"潜藏也。[史记屈贾传]汩深潜以自珍。"①

"怠"[dài]在《说文解字注》中释义:"慢也。"②

本段大意是如果一个执政者能明白上述治国哲学,就算他人看不到也不明白自己的所作所为,但是自己却时时处处领先于他人。

---

① 《中华大字典》,中华书局1978年版,第968页。
② 参见(汉)许慎撰、(清)段玉裁注《说文解字注》,上海古籍出版社1988年版,第509页。

第十七章

【原文】

帛本（甲）①	帛本（乙）②	简本【丙】③	传本④
大上下知有之其次亲誉之其次畏之其下母之信不足案有不信□□其贵言也成功遂事而百省胃我自然	大上下知又□亓□亲誉之亓次畏之亓下母之信不足安有不信猷呵亓贵言也成功遂事而百姓胃我自然	大上下智又之其即新誉之其既悝之其即炙之信不足安又不信猷䖒其贵言也成事述礻工而百眚曰我自肰也	太上下知有之其次親而譽之其次畏之其次侮之信不足焉有不信焉悠兮其貴言功成事遂百姓皆謂我自然

【点校】

大上，下知有之。其次，亲誉之。其次，畏之。其下，母之。

信不足，案有不信。

犹呵！其贵言也。成功遂事，而百省谓：我自然。

【讲堂】

大上，下知有之。其次，亲誉之。其次，畏之。其下，母之。

---

① 参见马王堆汉墓帛书整理小组编《老子》，文物出版社1976年版，第87页。
② 同上。
③ 参见荆门市博物馆编《郭店楚墓竹简·老子乙、丙》，文物出版社2002年版，第19页。
④ 参见（魏）王弼注、（唐）陆德明音义《老子王弼注》，新兴书局1964年版，第20页。

"上"在《说文解字》中释义:"高也。此古文上,指事也。"① 本段中可解读为统治者出台的政策。

"大上"指最好的政策。

"上"是陇西公务员的常用语,如"这是'上'面的意思","这事'上'面不知道","今天'上'边来人着呢"等。"下"针对"上"而言,一般指下级或指老百姓。

"有"意为存在,在本段中可解读为老百姓得到的实惠好处。

"母"在《说文解字》中释义:"牧也。"②

本段大意是根据前后文意,老子以"言"将统治者出台的政策分为四个层面去讲,最好的政策一出台,下边知道政策的老百姓就得到了实惠,即"有";次好的政策一出台,仅仅能使下边老百姓高高兴兴,并不能够得到实惠;再次好的政策一出台,仅仅能使下边老百姓敬畏,得不到一点实惠;最次的政策传达到下边就如同牧羊人放牧走走过场而已,甚者还会伤及老百姓的切身利益。

信不足,案有不信。

"信不足"在本段中可解读为执政者的诚信不足。

"案"在《说文解字注》中释义:"几属。考工记。玉人之事。案十有二寸。枣栗十有二列。大郑云。案、玉案也。后郑云。案、玉饰案也。枣栗实于器。乃加于案。戴先生云。案者、棜禁之属。仪礼注曰。棜之制。上有四周。下无足。礼器注曰。禁、如今方案。隋长。局足。高三寸。此以案承枣栗。宜有四周。汉制小方案局足。此亦宜有足。按许云几属、则有足明矣。今之上食木盘近似。惟无足耳。楚汉春秋。淮阴侯谢武涉。汉王赐臣玉案之食。后汉书梁鸿传。妻为具食。不敢于鸿前仰视。举案齐眉。方言曰。案、陈楚宋魏之闲谓之㯂。自关而东谓之案。后世谓所凭之几为案。古今之变也。"③

"案"在《中华大字典》中释义:"考也[汉书贾谊传]案之当今之

---

① 参见(汉)许慎撰、(宋)徐铉等校《说文解字》,上海古籍出版社2007年版,第1页。
② 同上书,第619页。
③ 参见(汉)许慎撰、(清)段玉裁注《说文解字注》,上海古籍出版社1988年版,第260—261页。

务。视也［淮南时则］案程度。察之也。见［后汉钟离意传注］。诊也［汉书王嘉传］内侍案脉。寻也。见［汉书卫青传注］。"①

"案有"可解读为深入客观存在中去调查研究。

"不信"可解读为老百姓不信任执政者。

本段大意是：想要知道统治者诚信是否十足，察看一下社会中老百姓对统治者的态度便知。

犹呵！其贵言也。成功遂事，而百省谓：我自然。

"犹"参见第五章相关释义。

"呵［hē］"《中华大字典》释义："嘘气也。"②

"犹呵，其若畏四邻""贵言"皆指不轻易发号施令。这是老子在第十五章已经提到的一个执政者应具有的品质之一。

"而"在《说文解字》中释义："颊毛也。"③ 在本段中可解读为年纪长、具有一定社会影响的人。

"百"在《说文解字注》中释义："十十也。从一白。博陌切。五部。数。句。十十为一百。百白也。白、告白也。此说从白之意。数长于百。可以詈言白人也。各本脱此八字。依韵会补。十百为一贯。贯章也。此类举之。百白叠韵。贯章双声。章、明也。数大于千。盈贯章明也。"④

"省"在《说文解字注》中释义："视也。省者、察也。察者、核也。汉禁中谓之省中。师古曰。言入此中者皆当察视。不可妄也。释诂曰。省、善也。此引申之义。大传曰。大夫有大事省于其君。谓君察之而得其大善也。从眉省。从屮。屮音彻。木初生也。财见也。从眉者、未形于目也。从屮者、察之于微也。凡省必于微。"⑤

"而百省"泛指社会中年纪长的、做事明白、细心入微的能干人、聪

---

① 《中华大字典》，中华书局1978年版，第1165页。
② 同上书，第221页。
③ 参见（汉）许慎撰、（宋）徐铉等校《说文解字》，上海古籍出版社2007年版，第468页。
④ 参见（汉）许慎撰、（清）段玉裁注《说文解字注》，上海古籍出版社1988年版，第137页。
⑤ 同上书，第136页。

明人等。

"谓"在《说文解字注》中释义:"报也。报当罪人也。盖荆与罪相当谓之报。引申凡论人论事得其实谓之报。谓者,论人论事得其实也。"①

"我"在《说文解字》中释义:"施身自谓也。或说:我,顷顿也。……徐锴曰:'从戈者取戈自持也。'"② 本章中可解读为统治者。

"自"在《说文解字注》中释义:"鼻也。象鼻形。此以鼻训自。而又曰象鼻形。王部曰。自读若鼻。今俗以作始生子为鼻子是。然则许谓自与鼻义同音同。而用自为鼻者绝少也。凡从自之字、如尸部眉、卧息也。言部詯、胆气满声在人上也。亦皆于鼻息会意。今义从也、己也、自然也皆引申之义。"③

"然"在《说文解字》中释义:"烧也。从火,肰声。臣铉等曰:'今俗别作燃,盖后人增加。'"④

"自然"在本段中可解读为自己发挥着自觉的本能的作用。也可解读为人的自觉能动性。

本段大意是作为一个统治者要非常重视自己制定政策、发号施令的严密性呀!符合老百姓利益的政策让老百姓实惠多多,那么做事明白、细心入微的能干人、聪明人就会大肆夸赞政策的好处,在正确政策的引导感召下大家都会自觉地发挥其本能的作用。

---

① 参见(汉)许慎撰、(清)段玉裁注《说文解字注》,上海古籍出版社1988年版,第89页。

② 参见(汉)许慎撰、(宋)徐铉等校《说文解字》,上海古籍出版社2007年版,第637页。

③ 参见(汉)许慎撰、(清)段玉裁注《说文解字注》,上海古籍出版社1988年版,第136页。

④ 参见(汉)许慎撰、(宋)徐铉等校《说文解字》,上海古籍出版社2007年版,第495页。

第十八章

【原文】

帛本（甲）①	帛本（乙）②	简本【丙】③	传本④
故大道废案有仁义知快出案有大伪六亲不和案有畜兹邦家閭乳案有贞臣	故大道废安有仁义知慧出安有□□六亲不和安又孝兹国家閭亂安有贞臣	古大道癹安有急義六新不和安有孝学邦豢緍□安又正臣	大道廢有仁義慧智出有大僞六親不和有孝慈國家昏亂有忠臣

【点校】

故大道废，案有仁义。

知快出，案有大伪。

六亲不和，案有畜兹。

邦家昏乱，案有贞臣。

【讲堂】

故大道废，案有仁义。

"道"在《说文解字注》中释义："所行道也。……道者人所行。故

---

① 参见马王堆汉墓帛书整理小组编《老子》，文物出版社 1976 年版，第 87 页。
② 同上。
③ 参见荆门市博物馆编《郭店楚墓竹简·老子乙、丙》，文物出版社 2002 年版，第 20 页。
④ 参见（魏）王弼注、（唐）陆德明音义《老子王弼注》，新兴书局 1964 年版，第 21 页。

亦谓之行。道之引申为道理。亦为引道。"①

"'道'为中国古代哲学家的通用语,它的意义是'道路'或'道理',可作'法则'或'规律'解说。"②

"大道"一般指五帝时期的社会状态,在《礼记·礼运》中讲:"大道之行也。"郑玄注:"大道,谓五帝之时也。"③

"案"在《说文解字注》中释义:"几属。考工记。玉人之事。案十有二寸。枣栗十有二列。大郑云。案、玉案也。后郑云。案、玉饰案也。枣栗实于器。乃加于案。戴先生云。案者、梡禁之属。仪礼注曰。梡之制。上有四周。下无足。礼器注曰。禁、如今方案。隋长。局足。高三寸。此以案承枣栗。宜有四周。汉制小方案局足。此亦宜有足。按许云几属、则有足明矣。今之上食木盘近似。惟无足耳。楚汉春秋。淮阴侯谢武涉。汉王赐臣玉案之食。后汉书梁鸿传。妻为具食。不敢于鸿前仰视。举案齐眉。方言曰。案、陈楚宋魏之闲谓之㭒。自关而东谓之案。后世谓所凭之几为案。古今之变也。"④

"案"在《中华大字典》中释义:"考也〔汉书贾谊传〕案之当今之务。视也〔淮南时则〕案程度。察之也。见〔后汉钟离意传注〕。诊也〔汉书王嘉传〕内侍案脉。寻也。见〔汉书卫青传注〕。"⑤

"案"在本段中可解读为考查,核对。

"案有"意为深入客观存在中去调查研究。

"仁"在《说文解字注》中释义:"亲也。见部曰。亲者、密至也。"⑥

本段大意是虽然五帝之时的"大道废",但是通过深入客观存在中去调查研究发现,有些地方尚存在着亲密和谐的社会风气。

---

① 参见(汉)许慎撰、(清)段玉裁注《说文解字注》,上海古籍出版社1988年版,第75页。
② 《毛泽东选集》第1卷,人民出版社1952年版,第311页。
③ 陈戍国点校:《周礼·仪礼·礼记》,岳麓书社1989年版,第368页。
④ 参见(汉)许慎撰、(清)段玉裁注《说文解字注》,上海古籍出版社1988年版,第260—261页。
⑤ 《中华大字典》,中华书局1978年版,第1165页。
⑥ 参见(汉)许慎撰、(清)段玉裁注《说文解字注》,上海古籍出版社1988年版,第365页。

知快出，案有大伪。

"知"在《说文解字注》中释义："词也。白部曰。䛑、识词也。从白、从亏、从知。按此词也之上亦当有识字。知䛑义同。故䛑作知。从口矢。识敏、故出于口者疾如矢也。"①

"快"在《说文解字注》中释义："不服怼也。按当作不服也。怼也。夺一也字。遂不可解矣。集韵作不服对也。尤非。怏葢倔强之意。方言曰。鞅、悙、怼也。集韵于阳韵曰。怏然自大之意。考王逸少兰亭序曰。怏然自足。自来石刻如是。本非快字。而学者匙知之。或叚鞅为之。方言是也。周亚夫传曰。此鞅鞅非少主臣。"②

"怼"在《辞海》中释义："怨恨。《穀梁传·庄公三十一年》：'财尽则怨，力尽则怼。'"③

"伪"在《说文解字注》中释义："诈也。诈者、欺也。释诂曰。诈、伪也。按经传多假为伪。如诗。人之为言。即伪言。月令。作为淫巧。今月令云诈伪淫巧。古文尚书南伪。史记作南为。左传为读伪者不一。葢字涉于作为则曰伪。徐锴曰。伪者、人为之。非天真也。故"人为"为伪是也。荀卿曰。桀纣、性也。尧舜、伪也。人之性恶。其善者伪也。不可学、不可事而在人者谓之性。可学而能、可事而成之在人者谓之伪。又曰。生之所以然者谓之性。心虑而能为之动谓之伪。虑积焉、能习焉而后成谓之伪。荀卿之意谓尧舜不能无待于人为耳。玉裁昔为谢侍郎墉作荀卿补注。"④ 本段中可将其解读为欺上瞒下的行为。

本段大意是社会上出现一些智商高、不服人、有抱怨的人，通过深入客观存在中去调查研究，发现社会上存在着很多主观伪造的欺上瞒下的东西。

六亲不和，案有畜兹。

---

① 参见（汉）许慎撰、（清）段玉裁注《说文解字注》，上海古籍出版社1988年版，第227页。
② 同上书，第512页。
③ 参见辞海编辑委员会编纂《辞海》（缩印本），上海辞书出版社2000年1月第1版，第1931页。
④ 参见（汉）许慎撰、（清）段玉裁注《说文解字注》，上海古籍出版社1988年版，第379页。

"六亲"一般指父子、兄弟、夫妇。

"畜"在《说文解字注》中释义:"田畜也。田畜谓力田之蓄积也。货殖列传曰。富人争奢侈。而任氏独折节为俭。力田畜。田畜人争取贱贾。任氏独取贵善。非田畜所出弗衣食。艹部曰。蓄、积也。畜与蓄义略同。畜从田。其源也。蓄从艹。其委也。俗用畜为六嘼字。古叚为好字。如说苑尹逸对成王曰。民善之则畜也。不善则雠也。晏子对景公曰。畜君何尤。畜君者、好君也。谓畜卽好之同音叚借也。淮南王曰。玄田为畜。"①

"兹"在《说文解字》中释义:"黑也。从二玄。《春秋传》曰'何故使吾水兹。'"②

"兹"在《中华大字典》中释义:"弇[yǎn]兹,神名。[山海经·大荒西经]西海陼中有神,人面鸟身,珥两青蛇,践两赤蛇,名曰弇兹。"③

"离兹"可解读为坚守土地整日劳作的百姓。

《山海经·大荒西经》中所记载:"西海陼中,有神,人面鸟身,珥两青蛇,践两赤蛇,名曰弇兹。"④ 据传说弇兹神是专门守护太阳落山的神。"畜兹"山河依旧,太阳东出西落,这些自然现象不因"六亲不和"而改变,如唐代诗人杜甫《春望》中"国破山河在"的名句一样。"兹"在《道德经》的第十八章、第十九章、第五十四章、第五十七章、第六十七章中出现过,从这5个章次中的文义分析判断,老子讲的"兹"可解读为守护太阳的太阳神——弇兹。

本段大意是,虽然在一些地方存在着"六亲不和"的现象,通过深入客观存在中去调查研究,发现社会上存在着很多如同弇兹神掌管太阳东出西落却丝毫不错位而劳作的百姓。

邦家昏乱,案有贞臣。

---

① 参见(汉)许慎撰、(清)段玉裁注《说文解字注》,上海古籍出版社1988年版,第697页。

② 参见(汉)许慎撰、(宋)徐铉等校《说文解字》,上海古籍出版社2007年版,第188页。

③ 《中华大字典》,中华书局1978年版,第1376页。

④ 刘向、刘歆校刊,赵机、其宗编选:《山海经:图文本》,宗教文化出版社2002年版,第328页。

"贞"在《说文解字注》中释义:"卜问也。大卜。凡国大贞。大郑云。贞、问也。国有大疑。问于蓍龟。后郑云。贞之为问。问于正者。必先正之。乃从问焉。引易师贞丈人吉。"①

"贞"在《中华大字典》中释义:"正也。[书太甲]万邦以贞。一也。[易系辞]贞胜者也。信也。[易乾文言]贞固足以干事。言行抱一谓之贞。见[贾子道术]。诚也。[后汉张衡传]慕古人之贞节。"②

本段大意是有些国家的国君非常昏乱,但是通过深入客观存在中去调查研究发现,尚存在一些不怕死的谏臣。

---

① 参见(汉)许慎撰、(清)段玉裁注《说文解字注》,上海古籍出版社1988年版,第127页。

② 《中华大字典》,中华书局1978年版,第2181页。

第十九章

【原文】

帛本（甲）①	帛本（乙）②	简本【甲】③	传本④
绝声弃知民利百负绝仁弃义民复畜兹绝巧弃利盗贼无有此三言也以为文未足故令之有所属见素抱□□□□□	绝耴弃知而民利百倍绝仁弃义而民复孝兹绝巧弃利盗贼无有此三言也以为文未足故令之有所属见素抱朴少□而寡欲	𢍰智弃卞民利百怀𢍰攺弃利䚩侧亡又偽弃虑民复季子三言以为叏不足或命之或虘豆视索保僕少厶须欲	絕聖棄智民利百倍絕仁棄義民復孝慈絕巧棄利盜賊無有此三者以為文不足故有所屬見素抱樸少私寡欲

【点校】

绝声弃知，民利百负。

绝仁弃义，民复畜兹。

绝巧弃利，盗贼无有。

此三言也，以为文未足。

---

① 参见马王堆汉墓帛书整理小组编《老子》，文物出版社1976年版，第87页。
② 同上。
③ 参见荆门市博物馆编《郭店楚墓竹简·老子甲》，文物出版社2002年版，第1页。
④ 参见（魏）王弼注、（唐）陆德明音义《老子王弼注》，新兴书局1964年版，第21—22页。

故令之有所属，见素、抱朴，少私、寡欲。

【讲堂】

绝声弃知，民利百负。

"绝"在《说文解字注》中释义："断丝也。断之则二是曰绝。引申之凡横越之曰绝。如绝河而渡是也。又绝则穷故引申为极。如言绝美、绝妙是也。"①

北宋大儒张横渠的"为天地立心，为生民立命，为往圣继绝学，为万世开太平"四句名言，历代流行不衰。其中的"继绝学"意思是：继承最好的知识技能、继承治理国家的最好方案、继承最好的优良传统等。

"弃"在《说文解字注》中释义："捐也。捐、弃也。……竦[sǒng]手推華而捐之也。……不孝子。人所弃也。"②

"知"在《说文解字注》中释义："词也。白部曰。䜘、识词也。从白、从亏、从知。按此词也之上亦当有识字。知䜘义同。故䜘作知。从口矢。识敏、故出于口者疾如矢也。"③

"百"在《说文解字注》中释义："十十也。……十十为一百，百白也。白，告白也。此说从白之意。数长于百，可以词言白人也。"④"白，此亦自字也。省自者。词言之气从鼻出。与口相助。词者、意内而言外也。言从口出、而气从鼻出。与口相助。故其字上从自省、下从口。而读同自。"⑤

"负"在《说文解字注》中释义："恃也。左传曰。昔秦人负恃其众。贪于土地。遂我诸戎。孟子曰。虎负嵎莫之敢撄[yīng]。从人守贝有所恃也。会意。……乐记。礼乐偩天地之情。史记。栗姬偩贵。皆作偩。俗字也。一曰。受贷不偿。凡以背任物曰负。因之凡背德忘恩曰负。"⑥

本段大意是听了最好的话语就不愿意听一般的话语了，民众只要得

---

① 参见（汉）许慎撰、（清）段玉裁注《说文解字注》，上海古籍出版社1988年版，第645页。
② 同上书，第158页。
③ 同上书，第227页。
④ 同上书，第137页。
⑤ 同上书，第136页。
⑥ 同上书，第281页。

到利益，就会产生出如何支配利益的思想和行动，例如某人一张彩票中了500万元，就会产生出换房、换车、炒股等想法和行为；某人一升官，就会产生出清、廉、贪、腐等行为。

绝仁弃义，民复畜兹。

"仁"在《说文解字注》中释义："亲也。"①

"义"在《说文解字注》中释义："己之威义也。言己者、以字之从我也。己、中宫。象人腹。故谓身曰己。义各本作仪。今正。古者威仪字作义。今仁义字用之。仪者、度也今威仪字用之、谊者、人所宜也。今情谊字用之。郑司农注周礼肆师。古者书仪。但为义。今时所谓义为谊。是谓义为古文威仪字。谊为古文仁义字。故许各仍古训。而训仪为度。凡仪象、仪匹、引申于此。非威仪字也。古经转写既久。肴襍难辨。据郑、许之言可以知其意。威义古分言之者、如北宫文子云有威而可畏谓之威、有仪而可象谓之义、诗言令义令色、无非无义是也。威义连文不分者、则随处而是。但今无不作仪矣。毛诗。威义棣棣。不可选也。传曰。君子望之俨然可畏。礼容俯仰各有宜耳。棣棣、富而闲习也。不可选、物有其容不可数也。义之本训谓礼容各得其宜。礼容得宜则善矣。故文王、我将毛传皆曰。义、善也。引申之训也。从我。从羊。威仪出於己、故从我。董子曰。仁者、人也。义者、我也。谓仁必及人。义必由中断制也。从羊者、与善美同意。"②

"复"在《说文解字注》中释义："行故道也。彳部又有復、復行而复废矣，疑彳部之復乃后增也。"③

"畜兹"参见第十八章的释义。

本段大意是全社会人与人之间都是亲密无间的，自然就不存在令人威仪有损的情形，老百姓日出而生产，日落而休息，年复一年，生生不息，自觉于生产中与自然和谐。

绝巧弃利，盗贼无有。

---

① 参见（汉）许慎撰、（宋）徐铉等校《说文解字》，上海古籍出版社2007年版，第383页。
② 参见（汉）许慎撰、（清）段玉裁注《说文解字注》，上海古籍出版社1988年版，第633页。
③ 同上书，第232页。

"巧"在《说文解字注》中释义："技也。技、巧也。"①

"利"在《说文解字注》中释义："铦也。铦者、臿属。引申为铦利字。铦利引申为凡利害之利。刀和然后利。从刀。和省。依韵会本毛传曰。鸾刀、刀有鸾者。言割中节也。……易曰。利者义之和也。……上云刀和然后利者、本义也。引易者、引申之义也。"② 在本段中指与"巧"相对立的"拙或弊端或不足等"的方面。

"盗"在《说文解字注》中释义："厶利物也。周公曰。窃贿为盗。盗器为奸。米部曰。盗自中出曰窃。从次［xián］皿。会意。次、欲也。欲皿为盗。"③

"贼"在《说文解字注》中释义："败也。败者、毁也。毁者、缺也。左传周公作誓命曰。毁则为贼。又叔向曰。杀人不忌为贼。……周公誓命言。则用戈毁则、正合会意。"④

"无"意为事物不存在，本段指与"巧"相对立的"拙或弊端或不足等"的方面。

"有"意为客观存在，本段指与"巧"相对立的"拙或弊端或不足等"的方面。

本段大意是如果一个人所做事情的完美程度达到百分之百，就不存在不完美的方面，同时不存在割舍不完美的事情，由于不存在不完美方面的"有"，他人也就没有办法"钻空子"窃取。否则做出的事物"漏洞百出"不完美，这"漏洞百出"就是客观存在，就是"有"，就会被他人窃取、打败。

"千里之堤，溃于蚁穴""从小不补，扯大了丈五""蠹众而木折，隙大而墙坏"等都是民间最通俗的对老子"绝巧弃利，盗贼无有"在生活实践中的诠释。

此三言也，以为文未足。

"未"在《说文解字注》中释义："味也。口部曰。味者滋味也。六

---

① 参见（汉）许慎撰、（清）段玉裁注《说文解字注》，上海古籍出版社1988年版，第201页。
② 同上书，第178页。
③ 同上书，第414页。
④ 同上书，第630页。

月滋味也。韵会引作六月之辰也。律书曰。未者言万物皆成、有滋味也。淮南天文训曰。未者、昧也。律历志曰。昧薆于未。释名曰。未、昧也。日中则昃向幽昧也。广雅释言曰。未、味也。"①

本段大意是上述这三句话，我认为讲的道理深奥，味道十足。

故令之有所属，见素、抱朴，少私、寡欲。

"令"在《说文解字注》中释义："发号也。号者、嘑［hū］也、嘑者、号也。……义相转注。引申为律令为时令。……凡令训善。"②

"有"指客观存在，本段指与"巧"相对立的"拙或弊端或不足等"的方面。

"所"在《说文解字注》中释义："伐木声也。伐木声乃此字本义。用为处所者假借为处字也。若王所行在所之类是也。用为分别之词者又从处所之义。"③

"属"在《说文解字注》中释义："连也。连者、负车也。"④

"见"在《说文解字注》中释义："视也。……视与见、闻与听一也。"⑤

"素"比喻没有染色的生丝。"抱"指围绕。"朴"比喻没有加工的原木。

"寡"在《说文解字注》中释义："少也。引申之凡倮［luǒ］然单独皆曰寡。……据小徐本订。宀分者合于上而分于下也。故始多而终少。"⑥

"寡欲"可解读为从"小"做起，从某一点、某一方面做起。

本段大意是统治者下达的号令（政策）要从客观存在的与"巧"相对立的"拙或弊端或不足等"方面出发做事，选择适合自己能力的工作去做，工作中少一点私心杂念，个人理想低一点，以能够实现为好。

---

① 参见（汉）许慎撰、（清）段玉裁注《说文解字注》，上海古籍出版社1988年版，第746页。
② 同上书，第430页。
③ 同上书，第717页。
④ 同上书，第402页。
⑤ 同上书，第407页。
⑥ 同上书，第341页。

第二十章

【原文】

帛本（甲）①	帛本（乙）②	简本【乙】③	传本④
□□□□唯与诃其相去几何美与恶其相去何若人之□□亦不□□□□□□□□众人巸=若乡于大牢而春登台我泊焉未佻若□□□□纍呵如□□□□□□皆有余我独遗我禺人之心也蠢=呵鸞□□□□□帽呵鸞人蔡=我独闷=呵物呵其若□璧呵亓若无所止□□□□□□以悝吾欲独异于人而贵食母	绝学无忧唯与呵亓相去几何美与亚亓相去何若人之所畏亦不可以不畏人望呵亓未央才众人巸=若乡于大牢而春登台我博焉未垗若婴儿未咳纍呵佁无所归众人皆又余我我愚人之心也湷=呵鸞人昭=我独若闷呵鸞人察=我独闽=呵沕呵亓若海望呵若无所止众人皆有以我独门元以鄙吾欲独异于人而贵食母	监学亡忧唯与可相去几可□與亞相去可若人之所褽亦不可以不褽人	絕學無憂唯之與阿相去幾何善之與惡相去若何人之所畏不可不畏荒兮其未央哉眾人熙熙如享太牢如春登臺我獨泊兮其未兆如嬰兒之未孩儽儽兮若無所歸眾人皆有餘而我獨若遺我愚人之心也哉沌沌兮俗人昭昭我獨昏昏俗人察察我獨悶悶澹兮其若海飂兮若無止眾人皆有以而我獨頑似鄙我獨異於人而貴食母

---

① 参见马王堆汉墓帛书整理小组编《老子》，文物出版社1976年版，第87—88页。
② 同上。
③ 参见荆门市博物馆编《郭店楚墓竹简·老子乙、丙》，文物出版社2002年版，第4页。
④ 参见（魏）王弼注、（唐）陆德明音义《老子王弼注》，新兴书局1964年版，第22—24页。

【点校】

绝学无忧。

唯与诃,其相去几何?美与恶,其相去何若?

人之所畏,亦不可以不畏人。

望呵,其未央才,众人熙熙,若乡于大牢,而春登台。

我泊焉"未佻",若婴儿"未咳"。

累呵,如无所归。

众人皆有余,我独遗。我愚人之心也,蠢蠢呵。鬻人昭昭,我独若闷呵。鬻人蔡蔡,我独闷闷呵。

沕呵,其若海。坚呵,若无所止。

众人皆有以,我独顽以悝。吾欲独异于人:而贵食母。

【讲堂】

绝学无忧。

"绝"在《说文解字注》中释义:"断丝也。断之则二是曰绝。引申之凡横越之曰绝。如绝河而渡是也。又绝则穷故引申为极。如言绝美、绝妙是也。"① "绝"意为极,最,高明而独到,少有的,没有人能赶上的,绝色,绝技,绝唱,绝代等。学,知识、技能。陇西有俗语:"砌砖墙那是张三的绝活",意思是张三这个人是个泥水匠,张三拿手(独到)的是砌砖墙,张三不用水平尺、不用放水平线,只靠自己的眼睛看、手操作,所砌砖墙平整笔直,同行人称"张三的一绝"。陇西地区把人有的"绝活"也叫"本事"。"无"泛指社会中尚不存在自己学得的本事(技术、创新、发明等),本段中指一个人要学的本事是当前社会需要的,又是尚不存在的。

"忧"与"憂"有区别:

《现代汉语词典》② 和《辞海》③ 中"忧"即"憂","憂"是"忧"的繁体。

---

① 参见(汉)许慎撰、(清)段玉裁注《说文解字注》,上海古籍出版社1988年版,第645页。
② 《现代汉语词典》,商务印书馆1983年版,第1393页。
③ 《辞海》(缩印本),上海辞书出版社2000年版,第1192页,第1011页。

"忦"在《说文解字》中释义："不动也。"①

"忦"在《说文解字注》中释义："心动也。各本作不动也。今正。玉篇曰。心动也。广韵曰。动也。与页部之颗义近。"②

"忦"在《中华大字典》中释义："不动也。见［说文］；心动也。见［玉篇］"。③

"憂"在《说文解字》④《说文解字注》⑤《中华大字典》⑥中的基本释义相同，即"和之行也"。

在本段中以《说文解字注》"忦"的释义"心动也"即可符合文意。

本段大意是人要学本事（技术、创新、发明等），必须选当前社会需要的又尚不存在的，只有民众真正需求的本事才能打动民众，促使民众消费。

唯与诃，其相去几何？美与恶，其相去何若？

"唯"在《说文解字注》中释义："诺也。此浑言之。玉藻曰。父命呼。唯而不诺。析言之也。"⑦ 在本段中指答应的声音。

"诃"在《说文解字注》中释义："大言而怒也。"⑧

"去"在《说文解字注》中释义："人相违也。违、离也。人离故从大。大者、人也。从大。"⑨

"美"在《说文解字注》中释义："甘也。甘部曰。美也。甘者、五味之一。而五味之美皆曰甘。引申之凡好皆谓之美。"⑩

---

① 参见（汉）许慎撰、（宋）徐铉等校《说文解字》，上海古籍出版社2007年版，第531页。

② 参见（汉）许慎撰、（清）段玉裁注《说文解字注》，上海古籍出版社1988年版，第513页。

③ 《中华大字典》，中华书局1978年版，第717页。

④ 参见（汉）许慎撰、（宋）徐铉等校《说文解字》，上海古籍出版社2007年版，第260页。

⑤ 参见（汉）许慎撰、（清）段玉裁注《说文解字注》，上海古籍出版社1988年版，第233页。

⑥ 《中华大字典》，中华书局1978年版，第755页。

⑦ 参见（汉）许慎撰、（清）段玉裁注《说文解字注》，上海古籍出版社1988年版，第57页。

⑧ 同上书，第100页。

⑨ 同上书，第213页。

⑩ 同上书，第146页。

"恶"在《说文解字注》中释义:"恶,过也。人有过曰恶,有过而人憎之亦曰恶。"①

本段大意是答应的声音与大言怒斥,相距多少?善良与憎恶,相差多少?

人之所畏,亦不可以不畏人。

"畏"在《说文解字注》中释义:"恶也。……鬼头而虎爪。可畏也。"②

本段大意是别人所怕的事情,自己不能没有不怕的心理准备。

望呵,其未央才,众人熙熙,若乡于大牢,而春登台。

"望"与"朢"有区别:

在《说文解字》中"望"释义:"出亡在外,望其还也。"③"朢"释义:"月满与日相望,以朝君也。"④

在《说文解字注》中"望"释义:"出亡在外。望其还也。还者、复也。本义。引申之为令闻令望之望。从亡。朢省声。按望以朢为声。朢以望为义。其为二字较然也。而今多乱之。"⑤"朢"释义:"月满也。此与望各字。望从朢省声。今则望专行而朢废矣。与日相望。以叠韵为训。原象曰。日兆月、而月乃有光。人自地视之。惟于朢得见其光之盈。朔则日之兆月、其光向日下。民不可得见。馀以侧见而阙。侣朝君。似各本譌以。今正。韵会作月望日。如臣朝君于廷。此释从臣、从壬之意也。从月。从臣。从壬。合三字会意。不入月部者、古文以从臣壬见尊君之义。故箸之。无放切。十部。壬、朝廷也。说此壬为廷之假借字。与壬本义别。"⑥

在本段中用"朢"可讲得通,主要指臣与君的关系,臣希望得到君

---

① 参见(汉)许慎撰、(清)段玉裁注《说文解字注》,上海古籍出版社1988年版,第511页。
② 同上书,第436页。
③ 参见(汉)许慎撰、(宋)徐铉等校《说文解字》,上海古籍出版社2007年版,第639页。
④ 同上书,第402页。
⑤ 参见(汉)许慎撰、(清)段玉裁注《说文解字注》,上海古籍出版社1988年版,第634页。
⑥ 同上书,第387页。

的赏识和提拔重用。

"呵"在《中华大字典》中释义："责也。怒也。"①

"未"在《说文解字注》中释义："味也。口部曰。味者滋味也。六月滋味也。韵会引作六月之辰也。律书曰。未者言万物皆成、有滋味也。淮南天文训曰。未者、昧也。律历志曰。昧薆于未。释名曰。未、昧也。日中则昃向幽昧也。广雅释言曰。未、味也。"② 在本段中可解读为尝不到味或淡味为"未"。

"央"在《中华大字典》中释义："央，中也。央逗，复举字之未删者也。月令曰：中央土。诗笺云：夜未渠央，古乐府。调弦未讵央。颜氏家训作未遽央，皆即未渠央也。渠央者，中之谓也。诗言未央，谓未中也。毛传：央，且也。且者，荐也。凡物荐之则有二，至于艾而为三矣。下文夜未艾。艾者，久也。笺云：芟[shān]末曰艾，以言夜先鸡鸣时，合初昏与艾言之，是央为中也。"③

"未央"在《辞海》中释义："未尽，不止。《诗·小雅·庭燎》：'夜如何其？夜未央。'杜甫《章梓州橘亭饯窦少尹》诗：'主人送客何所作，行酒赋诗殊未央。'汉宫名。故址在今陕西西安市西北郊长安故城内西南隅。亦借指宫殿。"④

"才"在《说文解字注》中释义："艸木之初也。引申为凡始之称。释诂曰。初哉始哉即才。故哉生明亦作才生明。凡才材财裁纔字以同音通用。……生人之初而万善具焉。故人之能曰才。言人之所蕴也。"⑤

"未央才"在本段中可释义为对国家社会尚未做出一定贡献的官员。

"熙"在《说文解字注》中释义："燥也。燥者，熙之本义。训兴训光者引申之义也。"⑥

"乡"在《说文解字注》中释义："国离邑。离邑、如言离宫别馆。

---

① 《中华大字典》，中华书局1978年版，第221页。

② 参见（汉）许慎撰、（清）段玉裁注《说文解字注》，上海古籍出版社1988年版，第746页。

③ 《中华大字典》，中华书局1978年版，第448页。

④ 《辞海》（缩印本），上海辞书出版社2000年版，第1507页。

⑤ 参见（汉）许慎撰、（清）段玉裁注《说文解字注》，上海古籍出版社1988年版，第272页。

⑥ 同上书，第486—487页。

国与邑名可互称。析言之则国大邑小。一国中离析为若干邑。民所封乡也。封犹域也。乡者今之向字。汉字多作乡。今作向。所封谓民域其中。所乡谓归往也。释名曰。乡、向也。民所向也。以同音为训也。嗇夫别治。……别治，谓分治也。百官公卿表曰。县大率十里一亭。亭有长。十亭一乡。乡有三老、有秩嗇夫、游徼。三老掌教化。嗇夫职德讼、收赋税。游徼徼循禁盗贼。司马彪百官志曰。乡置有秩三老游徼。乡小者、置嗇夫一人。风俗通云。嗇者、省也。言消息百姓。均其役赋。按许不言三老游徼者举一以该其二。亦谓乡小者但置嗇夫。不置三老游徼也。……封圻之内六乡、六卿治之。按封圻上当有周礼二字。上云嗇夫别治、言汉制。此云六乡六卿治之谓周礼也。封圻即邦畿周礼。方千里曰。国畿。六乡地在远郊以内。五家为比。五比为闾。四闾为族。五族为党。五党为州。五州为乡。乡老二乡则公一人。乡大夫每乡卿一人。许先举汉制。后言周礼者。许书凡言郡县乡亭皆汉制。汉表云。凡县道国邑千五百八十七。乡六千六百二十二。亭二万九千六百三十五。许全书所举某县某乡某亭皆在此都数之中。"①

"大牢"在《礼记·王制》中记载："天子社稷皆大牢。诸侯社稷皆大牢。"②

"春"在《说文解字注》中释义："推也。此于双声求之。乡饮酒义曰：东方者春，春之为言蠢也。尚书大传曰：春，出也，万物之出也。"③

"登"在《说文解字注》中释义："上车也。引申之凡上陞曰登。"④

"台"在《说文解字注》中释义："说也。台说者、今之怡悦字。说文怡训和。无悦字。今文尚书舜让于德不台。见汉书王莽传、班固典引，而五帝本纪本之作舜让于德不台。自序曰。唐尧逊位、虞舜不台。惠之早霣、诸吕不台。皆谓不为百姓所悦也。古文禹贡。祇台德先。郑注。

---

① 参见（汉）许慎撰、（清）段玉裁注《说文解字注》，上海古籍出版社1988年版，第300—301页。
② 陈成国点校《周礼·礼记·礼运》，岳麓书社1989年版，第332页。
③ 参见（汉）许慎撰、（清）段玉裁注《说文解字注》，上海古籍出版社1988年版，第47页。
④ 同上书，第68页。

敬悦天子之德既先。"①

本段大意是一些官员对国家社会尚未做出一定贡献,只是指望着君主给自己封官加爵,一天天无所事事地混在天子的社稷中,等待别人将自己推举提拔到称心如意的岗位上。

我泊焉"未佻",若婴儿"未咳"。

"泊"在《中华大字典》中释义:"本作洦[pò][说文]洦,浅水也。"②

"未"在《说文解字注》中释义:"味也。口部曰。味者滋味也。六月滋味也。韵会引作六月之辰也。律书曰。未者言万物皆成、有滋味也。淮南天文训曰。未者、昧也。律历志曰。昧薆于未。释名曰。未、昧也。日中则昃向幽昧也。广雅释言曰。未、味也。"③ 本段中可解读为尝不到味或淡味为"未"。

"佻"[tiāo]在《说文解字》中释义:"愉也。从人,兆声。《诗》曰:'视民不佻。'"④

"咳"在《说文解字》中释义:"小儿笑也。"⑤

本段大意是以我肤浅的认识,这些"乡于大牢,而春登台"可谓尝到一点"味道而愉快"的情形,恰似母亲怀抱中吃奶的婴儿"尝到奶味发出笑声"一样。

累呵,如无所归。

"累"[léi]在《说文解字注》中释义:"缀得理也。缀者、合箸也。合箸得其理、则有条不紊。是曰累。乐记曰。累累乎端如贯珠。此其证也。一曰大索也。论语作缧。"⑥

---

① 参见(汉)许慎撰、(清)段玉裁注《说文解字注》,上海古籍出版社1988年版,第58页。
② 《中华大字典》,中华书局1978年版,第978页。
③ 参见(汉)许慎撰、(清)段玉裁注《说文解字注》,上海古籍出版社1988年版,第746页。
④ 参见(汉)许慎撰、(宋)徐铉等校《说文解字》,上海古籍出版社2007年版,第394页。
⑤ 同上书,第57页。
⑥ 参见(汉)许慎撰、(清)段玉裁注《说文解字注》,上海古籍出版社1988年版,第656页。

"呵"意为怒责。

"如"在《说文解字注》中释义:"从随也。从随即随从也,随从必以口,从女者,女子从人者也,幼随父兄,嫁从夫,夫死从子。故白虎通曰:女者,如也,引申之凡相似曰如。凡有所往曰如,皆从随之引申也。"①

"无"泛指不存在的事物,本段指不存在伐木的事情。

"所"在《说文解字注》中释义:"伐木声也。伐木声、乃此字本义。……诗曰:伐木所所。"②

"归"在《说文解字注》中释义:"女嫁也。公羊传、毛传皆云。妇人谓嫁归。"③ 本段指工作中的创新业绩。

本段大意是如果一个人做事无论具备多少理由都是受人斥责的,那说明这些人做的事情就如同没有真地伐木,只听到来来回回的伐木声音一样。看不到一点创新业绩。

众人皆有余,我独遗。我愚人之心也,惷惷呵。鬻人昭昭,我独若闷呵。鬻人蔡蔡,我独闷闷呵。

"有"泛指客观存在,在本段中指"享于大牢;而春登台"的事情。

"余"在《说文解字》中释义:"语之舒也。"④ "舒,伸也。从舍,从予,予亦声。一曰:舒缓也。"⑤

"独"在《说文解字注》中释义:"犬相得而斗也。斗各本作鬭。今正。凡争斗字许作斗。鬭者、遇也。其义各殊。今人乃谓鬭正、斗俗。非也。从犬。蜀声。徒谷切。三部。羊为羣。犬为独。犬好斗。好斗则独而不羣。引申假借之为专壹之称。小雅正月传曰。独、单也。孟子曰。老而无子曰独。周礼大司寇注曰。无子孙曰独。中庸、大学皆曰。慎其独。庹独等字皆假借义行而本义废矣。一曰。北嚻山有独狢兽。如虎。白身、豕鬣、尾如马。山海经北山经曰。北嚻之山有兽焉。其状如虎而白身、犬首、

---

① 参见(汉)许慎撰、(清)段玉裁注《说文解字注》,上海古籍出版社1988年版,第620页。
② 同上书,第717页。
③ 同上书,第68页。
④ 参见(汉)许慎撰、(宋)徐铉等校《说文解字》,上海古籍出版社2007年版,第50页。
⑤ 同上书,第188页。

马尾、彘鬣。名曰独狢。郭图赞亦云。虎状马尾。号曰独狢。"①

"遗"在《说文解字》中释义:"亡也。"② 本段中可将其解读为丢失的东西、漏掉的部分。

"愚人"指愚昧的人,浅陋的人。

"惷[chǔn]"在《说文解字》中释义:"乱也。从心春声。《春秋传》曰:'王室日惷惷焉。'一曰厚也。"③

"呵"意为怒责。

"鬻"在《中华大字典》中释义:"卖也。[左昭三年传]有鬻踊者。"④ 古代的鬻踊者有鬻卜(卖卦者)、鬻文(为人撰写文章而接受酬劳,即"卖文")、鬻技(出卖技艺以谋生)、鬻歌(卖歌,以歌唱谋生)、鬻爵(出卖官爵)等。本段中的"鬻人"可解读为为了自己升官发财而不择手段的一类官员。

"昭"在《说文解字》中释义:"日明也。"⑤

"昭昭"在《中华大字典》中释义:"明显貌。[荀子非十二子]昭昭然。[又]狭小貌。[礼记中庸]斯昭昭之多。[又]谓阳明之上也。[素问阴阳类论]上合昭昭。"⑥

"闷"在《说文解字注》中释义:"懑也。"⑦ 本段中可解读为心烦,不舒畅。

"蔡"在《说文解字注》中释义:"艸丰也。四篇曰。丰艸、蔡也。此曰蔡、艸丰也。是为转注。艸生之散乱也。丰蔡叠韵。"⑧

"闷闷"意为加深了心烦,不舒畅。

---

① 参见(汉)许慎撰、(清)段玉裁注《说文解字注》,上海古籍出版社1988年版,第475页。

② 参见(汉)许慎撰、(宋)徐铉等校《说文解字》,上海古籍出版社2007年版,第82页。

③ 同上书,第528页。

④ 《中华大字典》,中华书局1978年版,第2792页。

⑤ 参见(汉)许慎撰、(宋)徐铉等校《说文解字》,上海古籍出版社2007年版,第322页。

⑥ 《中华大字典》,中华书局1978年版,第823页。

⑦ 参见(汉)许慎撰、(清)段玉裁注《说文解字注》,上海古籍出版社1988年版,第512页。

⑧ 同上书,第40页。

本段大意是像上述"乡于大牢,而春登台"一类的行为,好多人都存在着,只有我不存在了。我是一个浅陋的人,我认为这样的乱象应该受到斥责!徒有虚名、不择手段升官的一类官员得到彰显,我看到这些现象时心烦不舒畅,常常独自怒责。徒有虚名、不择手段升官的一类官员发财,这些现象加深了我的心烦不舒畅,并常常暗自怒责。

汩呵,其若海。坚呵,若无所止。

"汩〔mì〕"在《中华大字典》中释义:"潜藏也。〔史记屈贾传〕汩深潜以自珍。"①

"坚"在《说文解字注》中释义:"土刚也。引申为凡物之刚。"②

"无"泛指不存在,在本段中指"争""盗""乱"一类的社会现象。

"止"在《说文解字注》中释义:"下基也。与丌同部同义。象艹木出有址。止象艹木生有址。中象艹木初生形。出象艹过中枝茎益大。出象艹木益滋上出达也。故曰止为足。此引申假借之法。凡以韦为皮韦、以朋为朋党、以来为行来之来、以西为东西之西、以子为人之偁皆是也。以止为人足之偁与以子为人之偁正同。许书无趾字。止即趾也。诗麟之止。易贲其止、壮于前止。士昏礼北止。注曰。止、足也。古文止为趾。许同郑从今文。故不录趾字。如从今文名、不录古文铭也。或疑铭趾当为今文。名止当为古文。周尚文。自有委曲繁重之字不合于仓颉者。故名止者、古文也。铭趾者、后出之古文也。古文礼今文礼者、犹言古本今本也。古本出于周、从后出之古文。今本行于汉、转从最初之古文。犹隶楷之体、时或有舍小篆用古籀体者也。"③

本段大意是上述"乡于大牢,而春登台"一类的行为不是一天两天形成的,现在已经根深蒂固。并且"乡于大牢,而春登台"一类的行为已经有了一定的势力,如同伐木的社会现象尚未出现,但是伐木的行动声音已经出现一样。

众人皆有以,我独顽以悝。吾欲独异于人:而贵食母。

---

① 《中华大字典》,中华书局1978年版,第968页。

② 参见(汉)许慎撰、(清)段玉裁注《说文解字注》,上海古籍出版社1988年版,第118页。

③ 同上书,第67页。

"有"指存在的事物,在本段指上述的"乡于大牢,而春登台"一类的不良现象。

"顽"比喻不容易变化或动摇。

"悝"在《说文解字注》中释义:"啁[tiào]也。口部曰。啁、嘐[jiāo]也。啁即今之嘲字。悝即今之诙字。谓诙谐啁调也。今则诙谐行而悝啁废矣。东京赋曰。悝缪公于公室。李注。悝、犹嘲也。""欲"指欲望,① "贵"追求。值得看重,重视。

"欲"在第一章讲是官员具有的"治人""造物"的两大基本素质,老子在本章中以谦虚的口吻讲自己不能做到"治人""造物",老了,仅仅能够做到一日三餐而已。

"而"在《说文解字注》中释义:"须也。象形。各本作颊毛也、像毛之形。今正。颊毛者、须部所谓髯须之类耳。礼运正义引说文曰。而、须也。须谓颐下之毛。象形字也。"②

"母"在《说文解字注》中释义:"牧也。牧者、养牛人也。以譬人之乳子。引申之凡能生之以启后者皆曰母。"③

在陇西地区干公事的人称老百姓是自己的"衣食父母",老子讲的"食母"按照文义可解读为衣食父母,如同今天讲的"纳税人"。

本段大意是好多人对于客观存在的"乡于大牢,而春登台"一类的事情习以为常,不以为然,唯独我坚定信念,对那些人和事持轻蔑、看不起的态度。我追求的与别人不一样:热爱、敬佩衣食父母。

---

① 参见(汉)许慎撰、(清)段玉裁注《说文解字注》,上海古籍出版社1988年版,第510页。
② 同上书,第454页。
③ 同上书,第614页。

第二十一章

【原文】

帛本（甲）①	帛本（乙）②	传本③
孔德之容唯道是从道之物唯堅□□□呵中有象呵堅呵惚呵中有物呵灣呵鸣呵中有请也其请甚真其中□□自今及古其名不去以顺众仪吾何以知众仪之然以此	孔德之容唯道是从道之物唯望唯汤=呵望呵中又象呵望汤呵中有物呵幼呵冥呵亓中有请呵亓请甚真亓中有信自今及古亓名不去以顺众父吾何以知众父之然也以此	孔德之容惟道是從道之為物惟恍惟惚惚兮恍兮其中有象恍兮惚兮其中有物窈兮冥兮其中有精其精甚真其中有信自古及今其名不去以閱眾甫吾何以知眾甫之狀哉以此

【点校】

孔德之容，唯道是从。

道之物，唯望唯惚。

惚呵！望呵！中有象呵！望呵！惚呵！中有物呵！幼呵！鸣呵！其中有请也！其请甚真，其中有信。

---

① 参见马王堆汉墓帛书整理小组编《老子》，文物出版社1976年版，第88页。
② 同上。
③ 参见（魏）王弼注、（唐）陆德明音义《老子王弼注》，新兴书局1964年版，第24—25页。

自今及古，其名不去，以顺众父。

吾何以知？众父之然。以此！

【讲堂】

孔德之容，唯道是从。

"孔"在《说文解字注》中释义："通也。通者达也。于易卦为泰。孔训通、故俗作空穴字多作孔。其实空者、窍也。作孔为叚借。嘉美之也。……故凡言孔者、皆所以嘉美之。毛传曰。孔、甚也。是其义。甚者、尤安乐也。或曰。诗言亦孔之丑。岂嘉美之乎。曰。此即今甚字通于美恶之意也。"①

"德"在《说文解字注》中释义："升也。升当作登。辵部曰。迁、登也。此当同之。德训登者。公羊传公曷［hé］为远而观鱼。登来之也。何曰。登读言得。得来之者、齐人语。齐人名求得为得来。作登来者、其言大而急。由口授也。唐人诗。千水千山得得来。得即德也。登德双声。一部与六部合韵又冣［jù］近。今俗谓用力徙前曰德。古语也。"② 在本段中可解读为人的行为或其他事物的形状。

"容"在《说文解字》中释义："盛也。臣铉等曰：屋与谷皆所以盛受也。"③ 在本段中指人的行为结果或其他事物的状态。

"唯"在《说文解字注》中释义："诺也。此浑言之。玉藻曰。父命呼。唯而不诺。析言之也。"④

"道"在《说文解字注》中释义："所行道也。……道者人所行。故亦谓之行。道之引申为道理。亦为引道。"⑤参见第一章释义。

"从"与"從"有区别：在《说文解字》中释义："从，相听也。"⑥

---

① 参见（汉）许慎撰、（清）段玉裁注《说文解字注》，上海古籍出版社1988年版，第584页。

② 同上书，第76页。

③ 参见（汉）许慎撰、（宋）徐铉等校《说文解字》，上海古籍出版社2007年版，第355页。

④ 参见（汉）许慎撰、（清）段玉裁注《说文解字注》，上海古籍出版社1988年版，第57页。

⑤ 同上书，第75页。

⑥ 参见（汉）许慎撰、（宋）徐铉等校《说文解字》，上海古籍出版社2007年版，第400页。

"從，随行也。"① 在本段中，其"相听""随从"之意兼有。

本段大意是盛放着美好的东西，这美好的东西是随着美好的行为举措得来的。

其实，在教育战线上，教师的"道"传给学生，即为学生的"德"，因此，"教"与"学"的关系即"道"与"德"的关系，教师没有"道"，学生就没有"德"。"盛放美好东西"的载体——学生，需要具有"美好行为举措"的教师随从。

道之物，唯望唯惚。

"道"在本段中指人对物的理解、思想、技术、手段等，如木匠面对木材的理解、思想、技术、手段，石匠面对石材的理解、思想、技术、手段，铁匠面对铁材的理解、思想、技术、手段，等等。

"望"与"朢"有区别：

在《说文解字》中"望"释义："出亡在外，望其还也。"②"朢"释义："月满与日相望，以朝君也。"③

在《说文解字注》中"望"释义："出亡在外。望其还也。还者、复也。本义。引申之为令闻令望之望。从亡。朢省声。按望以朢为声。朢以望为义。其为二字较然也。而今多乱之。"④"朢"释义："月满也。此与望各字。望从朢省声。今则望专行而朢废矣。与日相望。以叠韵为训。原象曰。日兆月、而月乃有光。人自地视之。惟于朢得见其光之盈。朔则日之兆月、其光向日下。民不可得见。馀以侧见而阙。侣朝君。似各本譌以。今正。韵会作月望日。如臣朝君于廷。此释从臣、从壬之意也。从月。从臣。从壬。合三字会意。不入月部者、古文以从臣壬见尊君之义。故箸之。无放切。十部。壬、朝廷也。说此壬为廷之假借字。与壬本义别。"⑤

---

① 参见（汉）许慎撰、（宋）徐铉等校《说文解字》，上海古籍出版社2007年版，第400页。

② 同上书，第639页。

③ 同上书，第402页。

④ 参见（汉）许慎撰、（清）段玉裁注《说文解字注》，上海古籍出版社1988年版，第634页。

⑤ 同上书，第387页。

"望"的释义用在本段中可讲得通，例如构成飞机、导弹、小轿车等的物质材料老子时代就存在，即"望"。

"惚"在《中华大字典》中释义："同忽。"① "忽"在《说文解字注》中释义："忘也。"②"忘，不识也。"③

本段大意是对于用"道"产生的客观事物，只能是从不认识原先客观事物到明白其本质逐渐开发利用产生的结果。

惚呵！望呵！中有象呵！望呵！惚呵！中有物呵！幼呵！鸣呵！其中有请吔！其请甚真，其中有信。

"呵"在《中华大字典》中释义："嘘气也。"④

"呵"在《现代汉语词典》中同"啊"[ɑ]"用在列举的事项之后：书呵，杂志呵，摆满了一书架子。"⑤

"幼"在《说文解字》中释义："少也。"⑥

"鸣"在《说文解字》中释义："鸟声也。"⑦

"请"在《说文解字注》中释义："谒也。周礼春朝秋觐。汉改为春朝秋请。"⑧ "谒""白也。广韵曰。白、告也。按谒者、若后人书刺自言爵里姓名并列所白事。"⑨

"吔"在《辞海》中释义："表示惊异。如：吔，他俩说啥体己话哩！表示惊讶或感叹语气。如：哎呀，我的妈吔！"⑩

"信"在《说文解字》中释义："诚也。"⑪

---

① 《中华大字典》，中华书局1978年版，第719页。
② 参见（汉）许慎撰、（宋）徐铉等校《说文解字》，上海古籍出版社2007年版，第527页。
③ 同上。
④ 《中华大字典》，中华书局1978年版，第221页。
⑤ 《现代汉语词典》，商务印书馆1983年版，第2页。
⑥ 参见（汉）许慎撰、（宋）徐铉等校《说文解字》，上海古籍出版社2007年版，第187页。
⑦ 同上书，第184页。
⑧ 参见（汉）许慎撰、（清）段玉裁注《说文解字注》，上海古籍出版社1988年版，第90页。
⑨ 同上。
⑩ 《辞海》（缩印本），上海辞书出版社2000年版，第878页。
⑪ 参见（汉）许慎撰、（宋）徐铉等校《说文解字》，上海古籍出版社2007年版，第108页。

本段大意是面对客观事物由不认识到知其本质，即可在已有的客观事物中发现新的客观事物。面对客观事物由不认识到知其本质，即可在原有客观事物中创造出新的客观事物。创造出新的客观事物，从幼小不断发展到名声远播，赢得人们的共鸣与爱戴，便可满足人们的需要，真诚地服务于社会。

自今及古，其名不去，以顺众父。

"古"在《说文解字》中释义："故也。从十、口。识前言者也。凡古之属皆从古。臣铉等曰：'十口所传是前言也。'"①

"名"在《说文解字注》中释义："自命也。祭统曰。夫鼎有铭。铭者、自名也。周礼小祝故书作铭。今书或作名。士丧礼古文作铭。今文皆为名。按死者之铭。以缁长半幅。䞓末长终幅。广三寸。书名于末曰。某氏某之柩。此正所谓自名。其作器刻铭。亦谓称扬其先祖之德。著已名于下。皆祇云名巳足。不必加金旁。凡经传铭字皆当作名矣。"②

"去"在《说文解字注》中释义："人相违也。违，离也。人离，故从大，大者，人也。从大。"③

"顺"在《说文解字注》中释义："理也。理者，治玉也。玉得其治之方谓之理。凡物得其治之方皆谓之理。理之而后天理见焉。条理形焉。非谓空中有理。非谓性即理也。顺者、理也。顺之所以理之。未有不顺民情而能理者。"④

"父"在《说文解字注》中释义："巨也。家长率教者。率同𧗸、先导也。经传亦借父为甫。"⑤ 在《庄子·天地》"虽然，有族，有祖，可以为众父。"⑥ 句中的"众父"一般释义为同族中的首领或统领一方的官长，即百姓之长。本章中可理解为发明家、工程师、教师、专家等。

本段大意是通过"道"产生的"德"（万事万物），自古以来，人们

---

① 参见（汉）许慎撰、（宋）徐铉等校《说文解字》，上海古籍出版社2007年版，第104页。
② 参见（汉）许慎撰、（清）段玉裁注《说文解字注》，上海古籍出版社1988年版，第56页。
③ 同上书，第213页。
④ 同上书，第418页。
⑤ 同上书，第115页。
⑥ 里功：《老子·庄子》，北京燕山出版社2009年版，第325页。

都铭记在心（书）一代一代传承着。传承"道"产生"德"（万事万物）必须顺从发明家、工程师、教师、专家等的先导。

吾何以知？众父之然。以此！

"然"在《说文解字》中释义："烧也。从火，肰声。臣铉等曰：'今俗别作燃，盖后人增加。'"[①] 在本段可解读为"众父"的觉悟。

本段大意是我的德行、知识是哪里来的呢？全是通过"众父"的觉悟先导得到的。人类要进步发展就要通过"众父"的觉悟和先导。

---

① 参见（汉）许慎撰、（宋）徐铉等校《说文解字》，上海古籍出版社2007年版，第495页。

第二十二章

【原文】

帛本（甲）①	帛本（乙）②	传本③
曲则金枉则定洼则盈敝则新少则得多则惑是以声人执一以为天下牧不□视故明不自见故章不自伐故有功弗矜故能长夫唯不争故莫能与之争古□□□□□□语才诚金归之	曲则全汪则正洼则盈繁则新少则得多则惑是以耴人执一以为天下牧不自视故章不自见也明不自伐故有功弗矜故能长夫唯不争故莫能与之争古之所胃曲全者几语才诚全归之	曲则全枉则直窪则盈敝则新少则得多则惑是以聖人抱一為天下式不自見故明不自是故彰不自伐故有功不自矜故長夫唯不爭故天下莫能與之爭古之所謂曲則全者豈虛言哉誠全而歸之

【点校】

曲则金。

枉则定。

洼则盈。

敝则新。

少则得。

---

① 参见马王堆汉墓帛书整理小组编《老子》，文物出版社1976年版，第89页。
② 同上。
③ 参见（魏）王弼注、（唐）陆德明音义《老子王弼注》，新兴书局1964年版，第26页。

多则惑。

是以，声人执"一"以为天下牧。

不自视，故明；不自见，故章；不自伐，故有功；弗矜，故能长。

夫唯不争，故莫能与之争。

古之所谓"曲金"者几语：才、诚，金归之！

【讲堂】

曲则金。

"曲"在《说文解字注》中释义："象器曲受物之形也。……引伸之为凡委曲之称。"[①]

"金"在《说文解字》中释义："五色金也。黄为之长。久薶不生衣，百炼不轻，从革不违。西方之行。生于土，从土；左右注，象金在土中形；今声。凡金之属皆从金。𨤾，古文金。"[②]

"金"在《说文解字注》中释义："金五色金也。凡有五色。皆谓之金也。下文白金、青金、赤金、黑金、合黄金为五色。黄为之长。故独得金名。久薶不生衣。百炼不轻。此二句言黄金之德。从革不韦。旧作违。今正。韦、背也。从革、见鸿范。谓顺人之意以变更成器。虽屡改易而无伤也。五金皆然。西方之行。以五行言之为西方之行。生于土。从土。丷又注、象金在土中形。谓土旁二笔也。𨤾古文金。象形而不谐声。"[③]

"金"在本段中可解读为某一事物通过一定手段形成的另一事物的最佳状态。例如曲树木形成书桌、凳子、木箱等的最佳状态为"金"；曲石油形成汽油、煤油、塑料等的最佳状态为"金"；曲孩子形成雕刻艺术家、木匠、杂技演员等的最佳状态为"金"。黄金具有值钱、珍贵、人人需求等特性。

本段大意是任何事物都是在原先事物的委曲之下出现的。越是将原先事物极大委曲，新出现的事物就越完美、越值钱。俗话说："台前一分

[①] 参见（汉）许慎撰、（清）段玉裁注《说文解字注》，上海古籍出版社 1988 年版，第 637 页。

[②] 参见（汉）许慎撰、（宋）徐铉等校《说文解字》，上海古籍出版社 2007 年版，第 701 页。

[③] 参见（汉）许慎撰、（清）段玉裁注《说文解字注》，上海古籍出版社 1988 年版，第 702 页。

钟，台下十年功。"这"一分钟"就是"金"。

枉则定。

"枉"在《说文解字注》中释义："邪曲也。本谓木邪曲。因以为凡邪曲之称。"①

"枉"在《中华大字典》中释义："无罪而杀之曰枉。见［吕览雍塞因怒而诎杀之注］。"②

"定"在《说文解字》中释义："安也。从宀，从正。"③

"定"在《说文解字注》中释义："安也。古亦假奠字为之。"④"置祭也。置祭者、置酒食而祭也。……又引申为奠高山大川之奠，定也。"⑤

本段大意是因君主轻信谗言而枉死的人必须得到祭奠。

洼则盈。

"洼［wā］"在《说文解字》中释义："深池也。"⑥

"盈"在《说文解字》中释义："满器也。"⑦

本段大意是深池才能够存入更多的水。

"洼则盈"的实践意义：例如收藏东西需要库房。一个人要有"洼"——虚怀若谷、甘当小学生、谦虚处下的态度，别人才愿意授予他知识、技能，即得"盈"。

敝则新。

"敝"在《说文解字注》中释义："帗［fú］也。帗者，一幅巾也。一曰败衣。引申为凡败之称。"⑧ 在本段中可解读为破旧，坏。

---

① 参见（汉）许慎撰、（清）段玉裁注《说文解字注》，上海古籍出版社1988年版，第250页。
② 《中华大字典》，中华书局1978年版，第1140—1141页。
③ 参见（汉）许慎撰、（宋）徐铉等校《说文解字》，上海古籍出版社2007年版，第354页。
④ 参见（汉）许慎撰、（清）段玉裁注《说文解字注》，上海古籍出版社1988年版，第339页。
⑤ 同上书，第200页。
⑥ 参见（汉）许慎撰、（宋）徐铉等校《说文解字》，上海古籍出版社2007年版，第556页。
⑦ 同上书，第239页。
⑧ 参见（汉）许慎撰、（清）段玉裁注《说文解字注》，上海古籍出版社1988年版，第364页。

"新"在《说文解字注》中释义:"取木也。取木者、新之本义。引申之为凡始基之称。"①

本段大意是国家治理应从"破旧"开始,治理"破旧"就是"从新"。

少则得。

"少"在《说文解字注》中释义:"不多也。不多则小。故古少小互训通用。"②

"得"在《说文解字注》中释义:"行有所㝵[dé]也。见部曰。㝵、取也。行而有所取。是曰得也。左传曰。凡获器用曰得。"③

本段大意是只有"缺少多少"才能显示出"获得多少"。

多则惑。

"多"在《说文解字注》中释义:"緟也。緟者、增益也。故为多。多者胜少者。故引申为胜之称。战功曰多、言胜于人也。"④

"惑"在《说文解字注》中释义:"乱也。乱者、治也。疑则当治之。"⑤

本段大意是"政出多门"容易招致祸乱。

是以,声人执"一"以为天下牧。

"声人"指聪明人、明白人,参见第二章释义。

"一"就是第十四章讲的:"视之而弗见,名之曰:微;听之而弗闻,名之曰:希;捪之而弗得,名之曰:夷。三者不可至计。故,混而为'一'。'一'者,其上不谬,其下不昧。"如果国家的法律是如此形成的"一","执'一'"就是全国施行法定的一个标准。

"牧"在《说文解字注》中释义:"养牛人也。左传曰。马有圉。牛有牧。引申为牧民之牧。"⑥ 在本章可解读为治理国家。

---

① 参见(汉)许慎撰、(清)段玉裁注《说文解字注》,上海古籍出版社1988年版,第717页。
② 同上书,第48页。
③ 同上书,第77页。
④ 同上书,第316页。
⑤ 同上书,第511页。
⑥ 同上书,第126页。

"牧"在《辞海》中释义："牧民"即"治民。古时把官吏治民比做牧人牧养牲畜。《管子·牧民》'凡有地牧民者，务在四时，守在仓廪。'"①

本段大意是明智人在全国范围内施行法律要有一个标准，用以治理国家、建设国家。

不自视，故明；不自见，故章；不自伐，故有功；弗矜，故能长。

"视"在《说文解字注》中释义："瞻也。引申之义凡我所为使人见之亦曰视。笺云。视古示字也。"②

"明"在《说文解字注》中释义："照也。……传曰。照临四方曰明。凡明之至则曰明明。明明犹昭昭也。"③

"见"在《说文解字注》中释义："视也。……用眨人也。"④

"章"在《说文解字》中释义："乐竟为一章。从音，从十。十，数之终也。"⑤"竟，乐曲尽为竟。"⑥

"伐"在《说文解字注》中释义："击也。诗勿翦勿伐传、钲人伐鼓传皆曰。伐、击也。礼记郊特牲。二曰伐鼓何居。郑曰。伐犹击也。尚书。不愆于四伐五伐。郑曰。一击一刺曰伐。诗是伐是肆笺云。伐谓击刺之。按此伐之本义也。引申之乃为征伐。周礼九伐注云。诸侯之于国。如树木之有根。是以言伐云从人持戈。戈为句兵。亦曰戟兵。左传击之以戈是也。戍者、守也。故从人在戈下。入戈部。伐者、外击也。故从人杖戈。入人部。房越切。十五部。一曰败也。此谓引申之义。伐败叠韵。左传。凡师有钟鼓曰伐。谷梁传。斩树木、坏宫室曰伐。攴部曰。败者、毁也。公羊传曰。春秋伐者为客。伐者为主。何云。伐人者为客。读伐、长言之。见伐者为主。读伐短言之。皆齐人语也。按今人读房越切。此短言也。刘昌宗周礼大司马、大行人、鞧人皆房废切。此长言也。刘系

---

① 《辞海》（缩印本），上海辞书出版社2000年版，第1748页。
② 参见（汉）许慎撰、（清）段玉裁注《说文解字注》，上海古籍出版社1988年版，第407页。
③ 同上书，第314页。
④ 同上书，第407页。
⑤ 参见（汉）许慎撰、（宋）徐铉等校《说文解字》，上海古籍出版社2007年版，第122页。
⑥ 同上书，第123页。

北音。周颙、沈约韵书皆用南音。去入多强为分别。而不合于古矣。伐人者有功。故左传诸侯言时记功。大夫称伐。史记明其等曰伐。积日曰阅。又引申之自功曰伐。亦斫也。大徐无此三字为长。"①

"自伐"在本段中可解读为自夸。

"有"指客观存在，实实在在。

"弗"在《说文解字》中释义："挢也。臣铉等曰：韦所以束枉戾也。"②

"弗"在《说文解字注》中释义："矫也。矫各本作挢。今正。挢者、举手也。引申为高举之用。矫者、揉箭箝也。引申为矫拂之用。今人不能辨者久矣。弗之训矫也。今人矫、弗皆作拂。而用弗为不。其误葢亦久矣。"③

在本段中以"矫"释义比较符合文意。可解读为矫正自己手中的茅柄。

"矜"[jīn]在《说文解字》释义："矜，茅柄也。"④

"弗矜"比喻不断矫正自己手中的茅柄。

"能"意为才能。

"长"意为久远。

本段大意是不自我显示，但他人赞赏，这样的口碑才算得上光彩照人；不自我表现，谦虚谨慎，对事业专一的人，所干事业才能够有一个圆满的结果；不自己夸耀自己，自己做出的事是实实在在的才算功劳；对外不断矫正手握的矛柄，才能发挥出自己应有的长处，使自己声名久远。

夫唯不争，故莫能与之争。

"争"在《说文解字》中释义："引也。从受厂。臣铉等曰：'厂音曳。

---

① 参见（汉）许慎撰、（清）段玉裁注《说文解字注》，上海古籍出版社1988年版，第381—382页。

② 参见（汉）许慎撰、（宋）徐铉等校《说文解字》，上海古籍出版社2007年版，第633页。

③ 参见（汉）许慎撰、（清）段玉裁注《说文解字注》，上海古籍出版社1988年版，第627页。

④ 参见（汉）许慎撰、（宋）徐铉等校《说文解字》，上海古籍出版社2007年版，第718页。

受，二手也，而曳之，争之道也。'"①

本段大意是与人不争，明白了上述"曲则金"等方面的智慧，并具有了"曲则金"等的智慧，那才是具有"道"，才不与他人争，因为一个人自身有了智慧才能，是别人没办法争的。

古之所谓"曲金"者几语：才、诚，金归之！

"古"在《说文解字》中释义："故也。从十、口。识前言者也。凡古之属皆从古。臣铉等曰：'十口所传是前言也。'"②

"谓"在《说文解字注》中释义："报也。￤部曰。报、当罪人也。盖荆与罪相当谓之报。引申凡论人论事得其实谓之报。谓者、论人论事得其实也。如论语谓韶、谓武子、谓子贱、谓仲弓、其斯之谓与、大学此谓身不修不可以齐其家是也。亦有借为曰字者。如左传王谓叔父、卽鲁颂之王曰、叔父也。亦有训为勤者。亦以合音最近也。"③

"才"在《说文解字》中释义："艸草木之初也。从￤上贯一，将生枝叶；一，地也。凡才之属皆从才。徐锴曰：'上一，初生歧枝也。下一，地也。'文一"④

"才"在《说文解字注》中释义："艸木之初也。引申为凡始之偁。释诂曰。初哉始也哉卽才。故哉生明亦作才生明。凡才材财裁纔字以同音通用。从￤上贯一。将生枝叶也。一、逗。地也。一谓上画也。将生枝叶谓下画。才有茎出地而枝叶未出。故曰将。艸木之初而枝叶毕寓焉。生人之初而万善毕具焉。故人之能曰才。言人之所蕴也。凡艸木之字才者、初生而枝叶未见也。"⑤

"诚"在《说文解字注》中释义："信也。"⑥

---

① 参见（汉）许慎撰、（宋）徐铉等校《说文解字》，上海古籍出版社2007年版，第190页。
② 同上书，第104页。
③ 参见（汉）许慎撰、（清）段玉裁注《说文解字注》，上海古籍出版社1988年版，第89页。
④ 参见（汉）许慎撰、（宋）徐铉等校《说文解字》，上海古籍出版社2007年版，第294页。
⑤ 参见（汉）许慎撰、（清）段玉裁注《说文解字注》，上海古籍出版社1988年版，第272页。
⑥ 同上书，第92页。

"归"在《说文解字注》中释义:"女嫁也。公羊传、毛传皆云。妇人谓嫁归。此非妇人假归名。乃凡还家者假妇嫁之名也。"[1]

本段大意是前人总结论述的上述"曲则金"等几句哲理,得出这样的道理:物质材料和人以及人的坚定不移的信仰使其作出的"金"一般的事物如同出嫁的新娘子一样被人喜欢。

---

[1] 参见(汉)许慎撰、(清)段玉裁注《说文解字注》,上海古籍出版社1988年版,第68页。

第二十三章

【原文】

帛本（甲）①	帛本（乙）②	传本③
希言自然飘风不冬朝暴雨不冬日孰为此天地□□□□□□于人乎故从事而道者同于道德者同于德者者同于失同于德□道亦德之同于□者道亦失之	希言自然飘风不冬朝暴雨不冬日孰为此天地而弗能久有兄于人乎故从事而道者同于道德者同于德失者同于失同于德者道亦德之同于失者道亦失之	希言自然故飄風不終朝驟雨不終日孰為此者天地天地尚不能久而況於人乎故從事於道者道者同於道德者同於德失者同於失同於道者道亦樂得之同於德者德亦樂得之同於失者失亦樂得之信不足焉有不信焉

【点校】

"希言"自然。

飘风不冬朝，暴雨不冬日。孰为此？天地而弗能久，又况于人乎！

故从事而道者同于道，德者同于德，失者同于失。同于德者，道亦德之；同于失者，道亦失之。

---

① 参见马王堆汉墓帛书整理小组编《老子》，文物出版社1976年版，第89页。
② 同上。
③ 参见（魏）王弼注、（唐）陆德明音义《老子王弼注》，新兴书局1964年版，第26—28页。

【讲堂】

"希言"自然。

"希"在《说文解字注》中释义:"望也。西都赋曰。睎秦岭。古多假希为睎。如公孙弘传希世用事、晋虞溥传希颜之徒是也。从目。希声。说文无希篆。而希声字多有。然则希篆夺也。香衣切。十五部。海岱之闲谓眄曰睎。方言。睎、眄也。东齐青徐之闲曰睎。"①

"希言"可解读为精妙稀奇且永远存在于世间的言语。亦可理解为今天说的"谚语""老人言""古人言"等。

"然"在《说文解字》中释义:"烧也。"②

"自然"意为如此这样,不做作,自己发挥着本能的作用。

本段大意是:一般情况下,人在说出包含深刻思想内容的话发自其在客观条件下的本能。

"希"可与第十四章:"听之而弗闻,名之曰:希"句联系起来理解。

飘风不冬朝,暴雨不冬日。孰为此?天地而弗能久,又况于人乎!

"冬"在《说文解字注》中释义:"四时尽也。冬之为言终也。考工记曰。水有时而凝。有时而释。"③

"朝"在《说文解字注》中释义:"旦也。"④

"日"在《说文解字注》中释义:"实也。……光明盛实也。"⑤

"孰"在《说文解字注》中释义:"食饪也。饪、大孰也。可食之物大孰、则孔持食之。从丮𦎧。亯部曰。𦎧、孰也。此会意。各本衍声字。非也。殊六切。三部。孰与谁双声。故一曰谁也。后人乃分别孰为生孰、孰为谁孰矣。曹宪曰。顾野王玉篇始有熟字。易曰孰饪。鼎象传曰。以木巽火、亯饪也。许所据作孰饪。"⑥

---

① 参见(汉)许慎撰、(清)段玉裁注《说文解字注》,上海古籍出版社1988年版,第133页。
② 参见(汉)许慎撰、(宋)徐铉等校《说文解字》,上海古籍出版社2007年版,第495页。
③ 参见(汉)许慎撰、(清)段玉裁注《说文解字注》,上海古籍出版社1988年版,第571页。
④ 同上书,第308页。
⑤ 同上书,第302页。
⑥ 同上书,第113页。

"而"在《说文解字》中释义:"颊毛也。"① 比喻长时间、使用久了的事物的面貌。

"弗"可释义为"矫正"。

本段大意是:飘风做不到一年四季刮,暴雨做不到一年四季下。这是谁所为的呢,当然是天地。天地都在矫正长时间、使用久了的事物的面貌,更何况人呢!

故从事而道者同于道,德者同于德,失者同于失。同于德者,道亦德之;同于失者,道亦失之。

"故"在《说文解字注》中释义:"使为之也。今俗云原故是也。凡为之必有使之者。使之而为之则成故事矣。引申之为故旧。故曰古、故也。墨子经上曰。故、所得而后成也。"②

"从"与"從"有区别:

"从"在《说文解字》中释义:"从,相听也。"③

"從"在《说文解字》中释义:"從,随行也。"④

本段中,"相听""随从"之意兼有之。

"而道者"可解读为具有一定年纪的、社会影响力的明白人。

"事"在《说文解字注》中释义:"职也。叠韵。职、记微也。古假借为士字。郑风曰。子不我思。岂无他事。毛曰。事、士也。今本依传改经。又依经改传。而此传不可通矣。"⑤

"失"意为违背。"同于德者,道亦德之;同于失者,道亦失之":参见第二十一章"孔德之容,唯道是从"、第五十一章"道生之而德畜之,物刑之而器成之"的相关内容。

本段大意是具有一定年纪的、社会影响力的明白人做某一职事,用

---

① 参见(汉)许慎撰、(宋)徐铉等校《说文解字》,上海古籍出版社2007年版,第468页。
② 参见(汉)许慎撰、(清)段玉裁注《说文解字注》,上海古籍出版社1988年版,第123页。
③ 参见(汉)许慎撰、(宋)徐铉等校《说文解字》,上海古籍出版社2007年版,第400页。
④ 同上。
⑤ 参见(汉)许慎撰、(清)段玉裁注《说文解字注》,上海古籍出版社1988年版,第116—117页。

道做就是符合道的职事，用德做就是符合德的职事；如果不用道做就是失道的职事，如果不用德做就是失德的职事。如果是用道做的职事也就是德的职事，用德做的职事就是符合道的职事；如果不用道做职事就是失德的职事，不用德做职事就是失道的职事。道与德是统一的。

第二十四章

【原文】

帛本（甲）①	帛本（乙）②	传本③
炊者不立自视不章□见者不明自伐者无功自矜者不长其在道曰䋣食赘行物或恶之故有欲者□居	炊者不立自视者不章自见者不明自伐者无功自矜者不长亓在道也曰䋣食赘行物或亚之故有欲者弗居	企者不立跨者不行自见者不明自是者不彰自伐者無功自矜者不長其在道也曰餘食贅行物或惡之故有道者不處

【点校】

"炊者不立？"

自视者不章；自见者不明；自伐者无功；自矜者不长。其在道也？曰：馀食赘行。

"物或恶之"。故有，欲者弗居。

【讲堂】

"炊者不立？"

---

① 参见马王堆汉墓帛书整理小组编《老子》，文物出版社1976年版，第88—89页。
② 同上。
③ 参见（魏）王弼注、（唐）陆德明音义《老子王弼注》，新兴书局1964年版，第28页。

"炊"在《说文解字注》中释义:"䵻也。䵻下曰。炊也。齐谓炊也䵻。"①"䵻,齐谓炊䵻。各本谓下衍之字。今正。火部曰。炊、䵻也。然则二字互相训。孟子赵注曰。䵻炊也。齐谓炊䵻者、齐人谓炊曰䵻。"②"炊者"意指烹饪的厨师。

"立"在《说文解字注》中释义:"侸也。侸各本作住。今正。"③"不立"形容工作不被社会认可。

本段大意是:有人问:"一个厨师的工作为什么得不到众人的认可?"

自视者不章;自见者不明;自伐者无功;自矜者不长。其在道也?曰:馀食赘行。

"视"在《说文解字注》中释义:"瞻也。目部曰。瞻、临视也。视不必皆临。则瞻与视小别矣。浑言不别也。引申之义、凡我所为使人见之亦曰视。士昏礼。视诸衿鞶。注曰。视乃正字。今文作示。俗误行之。曲礼。童子常视母诳。注曰。视今之示字。小雅。视民不恌。笺云。视古示字也。按此三注一也。古作视。汉人作示。"④

"章"在《说文解字》中释义:"乐竟为一章。从音,从十。十,数之终也。"⑤"竟,乐曲尽为竟。"⑥

"见"在《说文解字注》中释义:"视也。"⑦

"伐"在《说文解字注》中释义:"击也。诗勿翦勿伐传、钲人伐鼓传皆曰。伐、击也。礼记郊特牲。二曰伐鼓何居。郑曰。伐犹击也。尚书。不愆于四伐五伐。郑曰。一击一刺曰伐。诗是伐是肆笺云。伐谓击刺之。按此伐之本义也。引申之乃为征伐。周礼九伐注云。诸侯之于国。如树木之有根。是以言伐云从人持戈。戈为句兵。亦曰戵兵。左传击之以

---

① 参见(汉)许慎撰、(清)段玉裁注《说文解字注》,上海古籍出版社1988年版,第482页。
② 同上书,第106页。
③ 同上书,第500页。
④ 同上书,第407页。
⑤ 参见(汉)许慎撰、(宋)徐铉等校《说文解字》,上海古籍出版社2007年版,第122页。
⑥ 同上书,第123页。
⑦ 参见(汉)许慎撰、(清)段玉裁注《说文解字注》,上海古籍出版社1988年版,第407页。

戈是也。戍者、守也。故从人在戈下。入戈部。伐者、外击也。故从人杖戈。入人部。房越切。十五部。一曰败也。此谓引申之义。伐败叠韵。左传。凡师有钟鼓曰伐。谷梁传。斩树木、坏宫室曰伐。攴部曰。败者、毁也。公羊传曰。春秋伐者为客。伐者为主。何云。伐人者为客。读伐、长言之。见伐者为主。读伐短言之。皆齐人语也。按今人读房越切。此短言也。刘昌宗周礼大司马、大行人、輶人皆房废切。此长言也。刘系北音。周颙、沈约韵书皆用南音。去入多强为分别。而不合于古矣。伐人者有功。故左传诸侯言时记功。大夫称伐。史记明其等曰伐。积日曰阅。又引申之自功曰伐。亦斫也。大徐无此三字为长。"①"自伐"意为自夸。

"有"指客观存在，实实在在。

"矜"[jīn]在《说文解字》释义："矜，矛柄也。"②

"余"与"馀"有区别：

"余"在《说文解字》中释义："语之舒也。"③

"馀"在《说文解字》中释义："饶也。"④"饶"，"饱也。"⑤"饱"，"厌也。"⑥

本段中以"馀"释义比较符合原文，"馀食"就是厌恶不愿吃的食品。

"赘"在《说文解字注》中释义："㠯物质钱。若今人之抵押也。汉严助传。卖爵赘子。以接衣食。如淳曰。淮南俗卖子与人作奴婢名为赘子。三年不能赎遂为奴婢。按大雅传曰。赘、属也。谓赘为缀之假借也。孟子。属其耆老。大传作赘其耆老。公羊传云。君若赘旒。史、汉云。赘壻。此为聯属之偁。又庄子云。附赘县疣。老子云。余食赘行。此为余

---

① 参见（汉）许慎撰、（清）段玉裁注《说文解字注》，上海古籍出版社1988年版，第381—382页。

② 参见（汉）许慎撰、（宋）徐铉等校《说文解字》，上海古籍出版社2007年版，第718页。

③ 同上书，第50页。

④ 同上书，第248页。

⑤ 同上。

⑥ 同上。

剩之俤。皆缀字之假借。"①

"自视者不章；自见者不明；自伐者无功；自矜者不长。"这四个"自"句都是生活中常见的四个自然现象，即端详若不借助镜子，自己的眼睛不能直接看到自己；自己做出的各种表情自己看不到；功劳是博得他人尊敬或增添声誉的事，自己给自己记的功劳不算功劳；用矛戳自己，手握矛柄握不到柄的最长处。老子用这四个自然现象比喻自吹自擂的人如同"馀食赘行"一样一分钱不值，还使人厌恶。

本段大意是：自己做的饭菜不顾及食客的赞评，只是自己欣赏，就不会有个好结局；自己做的饭菜只是自己认为好看，不听取食用者的意见，这就是不明智；自己做的饭菜只是自己夸耀成绩，未得到食用者的夸赞就算不上有功；自己的厨艺只是自己感到已经非常了不起了，这是不能久远的，这如同手握矛柄戳自己不能长久的道理一样。这四个"自"句的道理是什么？用一句话总结：厨师自吹自擂就如同人们行走时手里拎着的剩菜剩饭一样一分钱不值。

陇西谚语："自夸自，没求的事"，意思是自己夸奖自己的人，别人是看不起的，更甚者是讨厌的，再不用说求他办事的情形了。

"物或恶之"。故有，欲者弗居。

"物"在《说文解字注》中释义："物，万物也。"② 本章中用以指饭菜质量。

"或"在《说文解字注》中释义："邦也。邑部曰。邦者、国也。盖或国在周时为古今字。古文只有或字。既乃复制国字。以凡人各有所守。皆得谓之或。各守其守、不能不相疑。故孔子曰。或之者、疑之也。而封建日广。以为凡人所守之或字未足尽之。乃又加口而为国。又加心为惑。以为疑惑当别于或。此孳乳寝多之理也。既有国字。则国训邦、而或但训有。汉人多以有释或。毛公之传诗商颂也。曰域、有也。传大雅也。曰圆、所以域养禽兽也。域卽或。考工记梓人注。或、有也。小雅天保笺、郑论语注皆云。或之言有也。高诱注淮南屡言或、有也。毛诗

---

① 参见（汉）许慎撰、（清）段玉裁注《说文解字注》，上海古籍出版社1988年版，第281页。

② 同上书，第53页。

九有、韩诗作九域。纬书作九围。盖有、古音如以。或、古音同域。"①

"或"在本段中可理解为"邦中存在的事物"。

"恶"在《说文解字注》中释义:"过也。人有过曰恶。有过而人憎之亦曰恶。"②

"有"指客观存在的事物,本章中可理解为炊者做出的饭菜。

"欲者"比喻追求理想、具有抱负的厨师。陇西谚语:"金无足赤,人无完人""无十全十美的事物",宋·戴复古《寄兴》:"黄金无足色,白璧有微瑕。求人不求备,妄愿老君家。"③ 等与老子的"物或恶之"有大同之义。

"弗"意为"矫正"。

"居"在《说文解字》中释义:"蹲也。"④

本段大意是:邦中存在的事物没有十全十美的。因此有理想追求的厨师只有时刻矫正着自己的技术水平,才能够占据一方。

先秦职业中从事医的人分4种,即食医、疾医、疡医、兽医。而食医是首当其冲。"食医:掌和王之六食、六饮、六膳、百羞、百酱、八珍之齐。凡食齐视春时,羹齐视夏时,酱齐视秋时,饮齐视冬时。凡和,春多酸,夏多苦,秋多辛,冬多咸,调以滑甘。凡会膳食之宜,牛宜稌,羊宜黍,豕宜稷,犬宜粱,雁宜麦,鱼宜蓏。凡君子之食,恒放焉。"⑤

饮食文化是中国文化中非常耀眼的一个方面,自古以来无论是官方政府还是文人雅士皆非常重视,因为饮食是养生的基础,人们重养生,必先从饮食开始,因此在饮食方面的说辞相当多,特别是在高端领域更是屡见不鲜。

《论语·乡党》"食不厌精,脍不厌细。食饐而餲,鱼馁而肉败,不食。色恶,不食。臭恶,不食。失饪,不食。不时,不食。割不正,不

---

① 参见(汉)许慎撰、(清)段玉裁注《说文解字注》,上海古籍出版社1988年版,第631页。

② 同上书,第511页。

③ (宋)戴复古著,金艺山点校:《戴复古诗集》,浙江古籍出版社2012年版,第209页。

④ 参见(汉)许慎撰、(宋)徐铉等校《说文解字》,上海古籍出版社2007年版,第414页。

⑤ 陈戍国点校《周礼·礼记·礼运》,岳麓书社1989年版,第12页。

食。不得其酱,不食。肉虽多,不使胜食气。惟酒无量,不及乱。沽酒市脯,不食。不撤姜食,不多食。"①

北宋人陶谷撰著的《清异录》,是他杂采隋唐至五代曲故所写的一部随笔集。书中包括天文、地理、草木等37个门类,共有648条有关内容。其中和饮食有关的有果、蔬、禽、兽、鱼、酒、茗、馔八个门类,共238条,占全书三分之一。②

《本心斋蔬食谱》的作者署名是宋代陈达叟,因其室名本心斋,所以又称本心翁。作者自述:常在书房里起居闲坐,玩味《易经》,床上围着画有梅花的纸帐,用石鼎烹茶,自己的饮食崇尚清淡。有客人从外地来访,脸上流露出饥饿的神色。作者叫书童端上净素饭菜,客人品尝后说,没有尘俗气味。主客讨论食谱,就形成了这本书。全书记蔬食二十品类,均以蔬菜类名标目,如:菜羹、韭菜、山药、笋、藕、绿豆粉丝、水引蝴蝶面、水团、白米饭等。每类后面都附有赞语,赞语简括,均为十六字。还有"小引"说明其制法,或揭示其特点。如"水团"条,制法是"秫粉色糖,香汤浴之。"③赞文为"团团秫粉,点点蔗霜,浴之沉水,清甘且香。"这种记述方法,表现了作者富有文学素养,又因所用赞体简要,类似歌诀,容易背诵,所以非常便于普及。

《山家清供》是南宋的一部重要烹饪著作,由林洪撰著。内容以素食为中心,包括当时流传的104个食品,如饭、羹、汤、饼、粥、糕、脯、肉、鸡、鱼、蟹等。夹叙夹议,丰富多彩。选料大部分为家蔬、野菜、花果、粮米,部分也有取料于禽鸟、兽畜、鱼虾的。用料尽管平常,但由于烹饪方法奇妙,同样给人们以丰富的启发和借鉴。许多菜肴别出心裁,各具一格,足可使人窥见当时烹饪技术、烹饪艺术水平。书中有不少是用中草药加工制配的食疗饮馔。如萝菔面这一条下称:"王医师承宣,常捣萝菔汁、搜面作饼,谓能去面毒。"④而麦门冬煎,则是纯药物,其

---

① (宋)朱熹:《四书集注》上册,中华书局1957年版,《论语卷之五》第10页。
② (宋)陶毂、吴淑撰,孔一校点《清异录 江淮异人录》,上海古籍出版社2012年版,第39—61页,第95—114页。
③ (宋)陈达叟等:《蔬食谱山家清供 食宪鸿秘》,浙江人民美术出版社2016年版,第5页。
④ 参见(宋)林洪撰,章原编著《山家清供》,中华书局2013年版,第127页。

标目下称:"春秋,采根去心,捣汁和蜜,以银器重汤煮熬,熬如饴为度,贮之瓷器内、温酒化、温服,滋益多矣。"① 由此可见这是用纯药物加工和蜜制成,并加温酒后服用的一种保健饮料。总之,此书对了解江南饮食风貌和南宋烹饪历史提供了很好的史料。

元代烹饪著作《饮食须知》的作者贾铭,字文鼎,自号华山老人,浙江海宁人。他生于南宋,曾在元朝任官职为万户,卒于明初,历经三代,活了106岁。明太祖朱元璋对于贾铭的饮食养生之道很感兴趣,召见他时,问他保养之法,他回答道:关键在于饮食。随后以他撰著的《饮食须知》呈进御览。贾铭在自序中说:"饮食,借以养生,而不知物性有相反相忌,丛然杂进,轻则五内不和,重则立兴祸患,是养生者亦未尝不害生也。历观诸家本草疏注,各物皆损益相半,令人莫可适从。兹专选其反、忌,汇成一编,俾尊生者日用饮食中便于检点耳。"本书选录了许多本草疏注中关于物性相反相忌的部分成编,以便掌握饮食调配,避免因饮食调配不当而损害健康。另附几类食物有毒、解毒、收藏之法。这部书不仅对厨师取菜有重要参考价值,而且对人民的日常生活也有一定的指导意义。②

---

① 参见(宋)林洪撰,章原编著《山家清供》,中华书局2013年版,第129页。
② (元)贾铭撰,张如青、丁媛评注《饮食须知》,中华书局2011年版,第1页。

第二十五章

【原文】

帛本（甲）①	帛本（乙）②	简本【甲】③	传本④
有物昆成先天地生繡呵繆呵独立□□□可以为天地母吾未知其名字之曰道吾强为之名曰大□曰筮=远□□□□□天大地大王亦大国中有四大而王居一焉人法地□法□=法□□法□□	有物昆成先天地生萧呵谬呵独立而不玹可以为天地母吾未知元名字之也字之曰道吾强为之名曰大=筮=曰远=曰反道大天大地大王亦大国中有四大而王居一焉人法地=法天=法道道法自然	有祇蟲成先天陞生敓縪蜀立不亥可以为天下母未智其名孥之曰道虖弜为之名曰大大瀟瀟曰逺逺曰反天大陞大道大王亦大國中又四大安王凥一安王法陞陞法天天法道道法自肰	有物混成先天地生寂兮寥兮獨立不改周行而不殆可以为天下母吾不知其名字之曰道強为之名曰大大曰逝逝曰遠遠曰反故道大天大地大王亦大域中有四大而王居其一焉人法地地法天天法道道法自然

【点校】

有物昆成，先天地生。

---

① 参见马王堆汉墓帛书整理小组编《老子》，文物出版社1976年版，第90页。
② 同上。
③ 参见荆门市博物馆编《郭店楚墓竹简·老子甲》，文物出版社2002年版，第21页。
④ 参见（魏）王弼注、（唐）陆德明音义《老子王弼注》，新兴书局1964年版，第28—30页。

绣呵，缪呵，独立而不亥，可以为天地母。

吾未知，其名，字之曰：道，吾强为之名，曰：大。

大，曰筮；筮，曰远；远，曰反。

道大，天大，地大，王亦大。国中有四大，而王居一焉。

人：法地地、法天天、法道道、法自然。

【讲堂】

老子从第一章开始讲的"道"是"可道"，即一个人具体做的事物，多以人做"事"（治国理政）为主展开讲的。从第二十五章讲的"有物昆成，先天地生。绣呵，缪呵，独立而不亥，可以为天地母。吾未知，其名，字之曰：道。吾强为之名，曰：大。"中的"道"，是以人做"物"为主展开讲的，因此老子在此章中又说"字之曰：道"。我们不妨将"字之曰：道"解读为科学技术、创新发明等。

有物昆成，先天地生。

"有"泛指客观存在，本章指地球上的人造物和自然物。

"昆"在《说文解字注》中释义："同也。夏小正。昆、小虫。传曰。昆者、众也。由魂，（由同犹）魂也者、动也。小虫动也。王制。昆虫未蛰。郑曰。昆、明也。明虫者得阳而生。得阴而藏。以上数说兼之而义乃备。惟明斯动。动斯众。众斯同。同而或先或后。是以昆义或为先。如昆弟是也。或为后。如昆命元龟、释言昆后也是也。羽猎赋。嚖嚖昆鸣。从日从比，从日者、明之义也。亦同之义也。从比者、同之义。今俗谓合同曰浑。其实当用昆、用楎［hún］。"①

"楎"在《说文解字注》中释义："梡木未析也。此梡当作完。全也。通俗文曰。合心曰楎。篆文曰。未判为楎。页部顽下云。楎头也。凡全物浑大皆曰楎。"②

"先"在《说文解字》中释义："前进也。从儿，从之。凡先之属皆从先。臣铉等曰：'之人上，是先也。'"③

---

① 参见（汉）许慎撰、（清）段玉裁注《说文解字注》，上海古籍出版社1988年版，第308页。
② 同上书，第269页。
③ 参见（汉）许慎撰、（宋）徐铉等校《说文解字》，上海古籍出版社2007年版，第422页。

本段大意是：地球上人制造出来的东西最初同地球上尚未制造出来的东西共同在一起，过往的发明人在天地之间的不同时间里创造出了它们。

绣呵，缪呵。独立而不亥，可以为天地母。

"绣"在《说文解字》中释义："五采绣也。"①

"缪"在《说文解字注》中释义："枲[xǐ]之十絜[jié]也。枲即麻也。十絜犹十束也。一曰绸缪也。唐风、绸缪束薪。传曰。绸缪犹缠绵也。鸱鸮郑笺同。皆谓束缚重叠。"②

"而"在《说文解字注》中释义："须也。象形。各本作颊毛也、像毛之形。今正。颊毛者、须部所谓䰄须之类耳。礼运正义引说文曰。而、须也。须谓颐下之毛。象形字也。"③ 在本段中用以比喻如果人不去开发使用地球上的事物，它们就永远"尘封"在地球中。

"亥"在《说文解字注》中释义："荄也。十月微昜起接盛会。律历志曰。该阂于亥。天文训曰。亥者、阂也。释名曰。亥、核也。收藏万物。核取其好恶真伪也。许云荄也者。荄、根也。阳气根于下也。十月于卦为坤。微阳从地中起接盛阴。即壬下所云阴极阳生。故易曰。龙战于野。战者、接也。从二。二、古文上字也。谓阴在上也。一人男、一人女也。其下从二人。一人男、一人女。像乾道成男、坤道成女。从乙。象裹子咳咳之形也。咳与亥音同。胡改切。一部。春秋传曰。亥有二首六身。左传襄三十年文。孔氏左传正义曰。二画为首。六画为身。按今篆法身只有五画。葢周时首二画、下作六画。与今篆法不同也。"④ 意为地球上的所有东西最先都可归功于天地创造。

本段大意是地球上的东西五彩缤纷，虽然相互交织在一起，但是各自处在独立状态下，永远不会有所改变或产生其他物质，仅仅只是天地所造出的而已。

---

① 参见（汉）许慎撰、（宋）徐铉等校《说文解字》，上海古籍出版社2007年版，第654页。

② 参见（汉）许慎撰、（清）段玉裁注《说文解字注》，上海古籍出版社1988年版，第661页。

③ 同上书，第454页。

④ 同上书，第752页。

如矿石自产生后一直存在于地球，只有人类冶铁技术的出现才使得矿石发生了改变并由此产生出了其他金属材料。

沈括（1031—1095 年），字存中，号梦溪丈人，汉族，浙江杭州钱塘县人，北宋政治家、科学家。沈括一生致志于科学研究，在众多学科领域都有很深的造诣和卓越的成就，被誉为"中国整部科学史中最卓越的人物"，其名作《梦溪笔谈》，内容丰富，集前代科学成就之大成，在世界文化史上有着重要的地位。历史上，石油曾被称为石漆、膏油、肥、石脂、脂水、可燃水等，直到北宋，沈括才在世界上第一次提出了"石油"这一科学的命名。在古代西方人还不知道石油是什么东西时，中国老百姓已经用这种黑色液体烧饭点灯了。

吾未知，其名，字之曰：道，吾强为之名，曰：大。

"未"在《说文解字注》中释义："味也。……六月滋味也。……五行木老于未。……象木重枝叶也。"① 可解读为尝不到味或淡味为"未"。

"字之曰：道"中的"道"是专指地球上第一代人造物形成的"道"，不同于第一章讲的"可道"。

"强"在《说文解字》中释义："蚚[qí]也。"② "蚚，强也。"③ "蚚"在《辞海》"米谷中的小黑虫。也叫'强蛘[yáng]。'《尔雅·释虫》：'强。蚚。'郭璞注：'即强丑捋。'郝懿行义疏：'《说文》强、蚚互训。《玉篇：》：强，米中蠹[dù]小虫。是强蚚即上蛄蟖，强蛘也。'广东人呼米牛，绍兴人呼米象，并因形以为名。"④ 陇西地区人将小麦中出现的类似于上述"米谷中的小黑虫"叫"麦牛儿"。

"大"在《说文解字》中释义："天大，地大，人亦大。故大象人形。"⑤

本段大意是饭菜里的味道看不见、摸不着，但吃在口里即使味道淡了一点，但却能尝到用了什么调料，我们不妨将能够"尝到是什么调料"的能力称之为"道"，如同科学理论，人对客观事物的创新发明（为），如同米中的

---

① 参见（汉）许慎撰、（清）段玉裁注《说文解字注》，上海古籍出版社1988年版，第746页。
② 参见（汉）许慎撰、（宋）徐铉等校《说文解字》，上海古籍出版社2007年版，第668页。
③ 同上。
④ 参见《辞海》编辑委员会编纂《辞海》（缩印本），上海辞书出版社2000年版，第2246页。
⑤ 参见（汉）许慎撰、（宋）徐铉等校《说文解字》，上海古籍出版社2007年版，第508页。

"强"看不见、摸不着,但是它存在着,它不产生,即"无"中之"名",它一旦产生,便是"有""名"了,即叫"强(米牛、米象、麦牛儿)",它是米中产生的不同于米的第一个"他物",这"第一"即为"大"。每一个人的创新发明都是世界上"唯一"的、第一个,即是"大"。

"大"不分种类,"大"与"大"之间相互配合,各自发挥其作用。佛学中说"一花一世界,一叶一菩提"①。世界(人类社会)是人形成的,每个人美好的德行便可形成美好的世界(人类社会)。"此遍照十方炽然宝光明世界种,有如是等不可说佛刹微尘数广大世界,各各所依住,各各形状,各各体性,各各方面,各各趣入,各各庄严,各各分齐,各各行列,各各无差别,各各力加持,周匝围绕。所谓:十佛刹微尘数回转形世界、十佛刹微尘数江河形世界、十佛刹微尘数漩流形世界、十佛刹微尘数轮辋形世界、十佛刹微尘数坛墠形世界、十佛刹微尘数树林形世界、十佛刹微尘数楼观形世界、十佛刹微尘数尸罗幢形世界、十佛刹微尘数普方形世界、十佛刹微尘数胎藏形世界、十佛刹微尘数莲华形世界、十佛刹微尘数佉勒迦形世界、十佛刹微尘数种种众生形世界、十佛刹微尘数佛相形世界、十佛刹微尘数圆光形世界、十佛刹微尘数云形世界、十佛刹微尘数网形世界、十佛刹微尘数门闼形世界,如是等,有不可说佛刹微尘数。此一一世界,各有十佛刹微尘数广大世界周匝围绕。此诸世界,一一复有如上所说微尘数世界而为眷属。如是所说一切世界,皆在此无边妙华光香水海及围绕此海香水河中。"②

"一花一世界"就如同"一粒米一地球",一粒米中产生的"蚚"和一个地球中产生一个"人"或"飞机"道理是一样的。

大,曰筮;筮,曰远;远,曰反。

"筮[shì]"在《说文解字注》中释义:"易卦用蓍也。曲礼曰。龟为卜。策为筮。策者、蓍也。周礼筮人注云。问蓍曰筮。其占易。艸部曰。蓍、易以为数。"③"蓍,蒿属。谓似蒿而非蒿也。陆机曰。似藾萧。

---

① 龙树菩萨释著、迦色编著《图解华严经》,陕西师范大学出版社2012年版,第136页。
② (唐)澄撰、于德隆点校《大方佛华严经疏》,线装书局2016年版,第327—328页。
③ 参见(汉)许慎撰、(清)段玉裁注《说文解字注》,上海古籍出版社1988年版,第191页。

青色。生千岁三百茎。艹木疏、博物志说皆同。尚书大传曰。蓍之为言耆也。百年一本生百茎。易曰为数。数、筭也。谓占易者必以是计算也。详易毄辞。天子蓍九尺。诸侯七尺。大夫五尺。士三尺。此礼三正记文也。亦见白虎通。仪礼特牲馈食。筮者坐筮。少牢馈食。筮者立筮。郑注。卿大夫蓍五尺。立筮。士之蓍短。坐筮。皆由便也。贾公彦曰。然则天子诸侯立筮可知。"①

《易·说卦传·第一章》："昔者，圣人之作易也，幽赞于神明而生蓍。"②

《易·系辞传上·第十一章》："是故，蓍之德，圆而神；卦之德，方以知。……备物致用，立成器以为天下利，莫大乎圣人；探赜[zé]索隐，钩深致远，以定天下之吉凶，成天下之亹[wěi]亹者，莫大乎蓍龟。"③

"凡国之大事，先筮而后卜。上春，相筮。凡国事，共筮。"《周礼·春官宗伯第三》④：

《史记卷一百二十八·龟策列传第六十八》："太史公说：自古代圣王，将要建国受命为天子，或者是兴办一种事业，何尝不宝贵重视占卜的事，以助成善举呢？唐虞以上，时代邈远，已经不能记载了。自从夏商周三代的兴起，没有不各自依据卜筮所得祯祥之兆而从事的。像涂山所卜的兆是从的，而夏朝的世代就从此开始。飞燕的占卜是顺的，所以殷代因而兴起。百谷之卜筮得吉兆，所以周朝得以王天下。由此可见，王者决定疑惑不定的，要加上卜筮，以蓍草和龟甲来判断吉凶，是不能改变的道理。"⑤

"远"在《说文解字》中释义："辽也。"⑥"辽，远也。"⑦

"反"在《说文解字注》中释义："覆也。覆，𠬪[fěng]之也。"⑧

---

① 参见（汉）许慎撰、（清）段玉裁注《说文解字注》，上海古籍出版社1988年版，第34—35页。

② 孙振声：《白话易经》，星光出版社1981年版，第547页。

③ 同上书，第505—508页。

④ 陈戍国点校《周礼·礼记·礼运》，岳麓书社1989年版，第67页。

⑤ 台湾十四院校六十教授合译：《白话史记》（下册），岳麓书社1987年版，第1099页。

⑥ 参见（汉）许慎撰、（宋）徐铉等校《说文解字》，上海古籍出版社2007年版，第83页。

⑦ 同上。

⑧ 参见（汉）许慎撰、（清）段玉裁注《说文解字注》，上海古籍出版社1988年版，第116页。

"叏"在《辞海》中释义："翻覆。孔颖达《礼记正义序》：'叏驾之马，设衔策以驱之。'通'乏'。缺乏。《新唐书·敬晦传》：'时南方连馑，有诏驰榷酒茗，官用告叏。'"①

本段大意是我将人类第一个"始祖"或第一代发明创造称为"大"。如同人类将"筮"奉为"大"，"筮"的目的是做事成功且辽阔远大，但是根据事物的发展规律，无论多么成功且辽阔远大的事物都存在着翻覆。因此，人类第一个"始祖"不可能长生。新事物会推翻旧事物。

古代、当今、未来的创造发明"物"原本都随地球诞生而存在，这是一代一代的发明人用"道""反"的结果。

道大，天大，地大，王亦大。国中有四大，而王居一焉。

"王"在《说文解字》中释义："天下所归往也。董仲舒曰：'古之造文者，三画而连其中谓之王。三者，天、地、人也，而参通之者，王也。'孔子曰：'一贯三为王。'凡王之属皆从王。李阳冰曰：'中画近上，王者则天之义。'"②

"天下所归往"可从两方面理解：其一，人归往，老百姓团结在以君主为首的国家中；其二，物归往，即创新发明，如老子时代飞机、火车、手机等用老子讲的是"亡"，现在发明人将飞机、火车、手机等发明出来了，即"归往"了。

"有"指客观存在，本段中指"四大"即"道""天""地""王"。"居一"指处于第一。老子在第十六章中讲到："公乃王；王乃天；天乃道；道乃久。"即公平无私才能使天下所归往；天下所归往才是符合天意的；顺应天意的事才是道，这样的道才能长久。因此老子总结到"四大"中"王"为第一。即"天下所归往"是第一位的大事。

"而"在《说文解字》中释义："颊毛也。"③具有"胡须"的事物一定是对时间长了、老了、使用次数多了或不适应时代了的事物的

---

① 《辞海》（1999年版缩印本），上海辞书出版社2000年版，第2221页。
② 参见（汉）许慎撰、（宋）徐铉等校《说文解字》，上海古籍出版社2007年版，第7页。
③ 同上书，第468页。

刻画。

本段大意是君主时刻教育民众要明白这样四大人生道理，一个人选择走适合自己的科学生活工作道路是大事情；一个人要明白按照天体规律办事是大事情，如春种一粒粟秋收万颗子不可误时的道理；一个人要明白土地是供给人类繁衍生长的唯一物质基础，种地是大事情；一个人要明白生长在一个国度中归往捍卫自己的君主是大事情。国家存在的这四大要件中，成年人的归往要放在第一重要位置去做。

人：法地地、法天天、法道道、法自然。

"人"在《说文解字》中释义："天地之性最贵者也。"① "法"的古体字是"灋"，在《说文解字》中释义："灋，刑也。平之如水。从水；廌，所以触不直者，去之，从去。"②

"地地"指不同的场所。"天天"指不同的时间。"道道"指不同客观事物的运行状态。

"自"在《说文解字注》中释义："鼻也。象鼻形。此以鼻训自。而又曰象鼻形。王部曰。自读若鼻。今俗以作始生子为鼻子是。然则许谓自与鼻义同音同。而用自为鼻者绝少也。凡从自之字、如尸部眉、卧息也。言部詯、胆气满声在人上也。亦皆于鼻息会意。今义从也、己也、自然也皆引申之义。"③

"然"在《说文解字》中释义："烧也。从火，肰声。臣铉等曰：'今俗别作燃，盖后人增加。'"④

"自然"意为自己发挥着本能的作用。陇西俗语：路见不平人人铲。这里的"路"即为"客观事物"，"铲"即为"法"。人人都可同廌一样"触不直者"，改造不合理的"客观事物"。

本段大意是人处处能够改造（触不直、发明）"有物"（客观事物），

---

① 参见（汉）许慎撰、（宋）徐铉等校《说文解字》，上海古籍出版社2007年版，第383页。
② 同上书，第483页。
③ 参见（汉）许慎撰、（清）段玉裁注《说文解字注》，上海古籍出版社1988年版，第136页。
④ 参见（汉）许慎撰、（宋）徐铉等校《说文解字》，上海古籍出版社2007年版，第495页。

时时能够改造（触不直、发明）"有物"（客观事物），每个"有物"（客观事物）都可被改造（触不直、发明），改造（触不直、发明）"有物"（客观事物）需要不同的人各自发挥自身不同能力的自觉作用。

第二十六章

【原文】

帛本（甲）①	帛本（乙）②	传本③
□为巠根清为趮君是以君子众日行不离其甾重唯有环官燕处□□若=何万乘之王而以身巠于天下巠则失本趮则失君	重为轻根静为趮君是以君子冬日行不远亓甾重虽有环官燕处则昭若=何万乘之王而以身轻于天下轻则失本趮则失君	重為輕根靜為躁君是以聖人終日行不離輜重雖有榮觀燕處超然奈何萬乘之主而以身輕天下輕則失本躁則失君

【点校】

重为巠根，清为趮君。

是以君子众日行不离其甾重，唯有环。

官燕处则昭若若何？万乘之王，而以身巠于天下！

巠则失本，趮则失君。

【讲堂】

重为巠根，清为趮君。

---

① 参见马王堆汉墓帛书整理小组编《老子》，文物出版社1976年版，第90页。
② 同上。
③ 参见（魏）工弼注、（唐）陆德明音义《老子工弼注》，新兴书局1964年版，第31页。

"重"在《说文解字》中释义："厚也。从壬，东声。凡重之属皆从重。徐锴曰：'壬者，人在土上，故为厚也。'"①

"巠"的古体为<u>巠</u>，"巠"在《说文解字》中释义："水脉也。从川在一下。一，地也；壬省声。一曰：水冥巠也。"②

"清"在《说文解字注》中释义："朖也。澂水之貌。朖者、明也。澂而后明。故云澂水之貌。引申之凡洁曰清。凡人洁之亦曰清。"③

"趮"在《说文解字》中释义："疾也。从走，喿声。臣铉等曰：'今俗别作躁，非是。'"④

"君"在《说文解字》中释义："尊也。从尹，发号，故从口。"⑤

本段大意是：要做到厚重就需要做好如同水脉一样清晰的根基支持；成为一名清廉的尊者，不是一天两天就能够做到的，需要一辈子，趮疾不得。

是以君子众日行不离其甾重，唯有环。

"君子"指有一定社会地位，且道德品格高尚之人。

"甾"在《说文解字》中释义："东楚名缶曰甾。象形。"⑥ "缶，瓦器。所以盛酒浆。秦人鼓之以节诨 [gē]。象形。"⑦

"有"泛指客观存在。在本段中比喻君子如同外表不看好的瓦器，内心装着"环"。

"环"在《说文解字》中释义："璧也。肉好若一谓之环。"⑧ "环"在《说文解字注》中释义："璧肉好若一谓之环。亦见释器。古者还人以环。亦瑞玉也。郑注经解曰。环取其无穷止。"⑨

---

① 参见（汉）许慎撰、（宋）徐铉等校《说文解字》，上海古籍出版社 2007 年版，第 403 页。

② 同上书，第 571 页。

③ 参见（汉）许慎撰、（清）段玉裁注《说文解字注》，上海古籍出版社 1988 年版，第 550 页。

④ 参见（汉）许慎撰、（宋）徐铉等校《说文解字》，上海古籍出版社 2007 年版，第 69 页。

⑤ 同上书，第 59 页。

⑥ 同上书，第 641 页。

⑦ 同上书，第 252 页。

⑧ 同上书，第 10 页。

⑨ 参见（汉）许慎撰、（清）段玉裁注《说文解字注》，上海古籍出版社 1988 年版，第 12 页。

本段大意是：所以道德品格高尚之人在众人面前时常表现得如同笨重不好看的瓦器，但是其内心如同瑞玉一般。

官燕处则昭若若何？万乘之王，而以身垩于天下！

"官燕"即上品燕窝。金丝燕第一次筑的巢完全是靠它们喉部分泌出来的大量黏液逐渐凝结而成的，质地纯洁，一毛不附，这种燕窝的质量最佳，是燕窝中的上品。据说古代贡奉燕窝给达官贵人时，就会挑选干净完整的优质白燕。

官燕意为赠送达官贵人的上品燕窝。"昭"在《说文解字注》中释义："日明也。引申为凡明之称。庙有昭穆。昭取阳明。穆取阴幽。"①

"若"在《说文解字注》中释义："择菜也。晋语。秦穆公曰。夫晋国之乱。吾谁使先若夫二公子而立之。以为朝夕之急。此谓使谁先择二公子而立之。若正训择。"②

"万乘"在《辞海》中释义："万乘〔wàn shèng〕，乘，一车四马。万乘，指万辆车。周制，王畿方千里，能出兵车万乘，后因以指帝位。"③

"而"在《说文解字》中释义："颊毛也。"④"而以"可解读为老成庄重。

本段大意是有些官员在极品燕窝前还要摆出挑三拣四的嫌弃姿态，是为了什么呢？对于身处帝位的君主，老百姓都愿意归往，君主需要以老成庄重的姿态亲自深入基层调查了解情况！

垩则失本，趮则失君。

"则"在《说文解字注》中释义："等画物也。等画物者、定其差等而各为介画也。今俗云科则是也。介画之、故从刀。引申之为法则。假借之为语䛐。从刀贝。贝、古之物货也。说从贝之意。物货有贵贱之差。故从刀介画之。"⑤

---

① 参见（汉）许慎撰、（清）段玉裁注《说文解字注》，上海古籍出版社1988年版，第303页。

② 同上书，第43页。

③ 《辞海》（缩印本），上海辞书出版社2000年版，第30页。

④ 参见（汉）许慎撰、（宋）徐铉等校《说文解字》，上海古籍出版社2007年版，第468页。

⑤ 参见（汉）许慎撰、（清）段玉裁注《说文解字注》，上海古籍出版社1988年版，第179页。

"本"在《说文解字注》中释义:"木下曰本。从木。从丅。此篆各本作本。解云从木、一在其下。今依六书故所引唐本正。本末皆于形得义。其形一从木上。一从木丅。而意卽在是。全书如此者多矣。一记其处之说。非物形也。大雅以本奏为奔走。假借也。"①

本段大意是君主亲自深入基层调查了解情况的时候,如果不面面俱到,而是眉毛胡子一把抓,就会贻误事情。基层工作不能急躁,欲速则不达,不然会有损君主的威严。

---

① 参见(汉)许慎撰、(清)段玉裁注《说文解字注》,上海古籍出版社1988年版,第248页。

第二十七章

【原文】

帛本（甲）①	帛本（乙）②	传本③
善行者无䇂迹□言者无瑕适善数者不以檮筭善闭者无闗籥而不可启也善结者□□约而不可解也是以声人恒善怵人而无弃人物无弃财是胃伸明故善□□□之师不善人善人之齎也不贵其师不爱其齎唯知乎大眯是胃眇要	善行者无达迹善言者无瑕适善数者不用檮䇂善○闭者无關籥而不可启也善结者无䋲约而不可解也是以𢓶人恒善怵人而无弃人物无弃财是胃曵明故善＝人＝之师不善人善人之资也不贵亓师不爱亓资虽知乎大迷是胃眇要	善行無轍跡善言無瑕讁善數不用籌策善閉無關楗而不可開善結無繩約而不可解是以聖人常善救人故無棄人常善救物故無棄物是謂襲明故善人者不善人之師不善人者善人之資不貴其師不愛其資雖智大迷是謂要妙

【点校】

善行者，无䇂迹；善言者，无瑕适；善数者，不以梼笭；善闭者，无关籥而不可启也；善结者，无䋲约而不可解也。

是以声人恒善怵人，而无弃人，物无弃财，是谓"伸明"。

故：善人，善人之师；不善人，善人之赍也。

---

① 参见马王堆汉墓帛书整理小组编《老子》，文物出版社1976年版，第90—91页。
② 同上。
③ 参见（魏）王弼注、（唐）陆德明音义《老子王弼注》，新兴书局1964年版，第31—33页。

不贵其师，不爱其赀，唯知乎大眇！

是谓眇要。

【讲堂】

善行者，无彻迹；善言者，无瑕适；善数者，不以梮笇；善闭者，无关籥而不可启也；善结者，无纆约而不可解也。

"无"泛指不存在。比喻不遗留下对自己不利的事情。本章六个"无"意同。

"彻［chè］"在《说文解字注》中释义："发也。发者、躲发也。引申为凡发去之偁。彻与彻义别。彻者、通也。彻谓除去。若礼之有司彻、客彻重席、诗之彻我墙屋、其字皆当作彻。不训通也。或作撤、乃彻之俗也。从力彻。会意。谓以力通之也。"①

"迹"在《说文解字》中释义："步处也。"②

"瑕［xiá］"在《说文解字》中释义："玉小赤也。"③

"适"与"適"有区别：

在《说文解字》中"適"释义："之也。从辵，啇声。適，宋鲁语。施隻切（shì）。"④"适"释义："疾也。从辵，昏声。读与括同。古活切（kuò）。"⑤在本段中可解读为人的毛病、缺点。

"瑕适"比喻人的突出部分是缺点，非优点。

"梮笇［suàn］"指古代的一种计算工具。一般由竹、木、骨等材料制成。

"闭"指把门关闭。

"关籥"指锁匙。《国语·楚语下》："为之关籥蕃篱而远备闭之，犹恐其至也，是之为日惕。"⑥

"而"在《说文解字》中释义："颊毛也。"⑦在本段中可解读为成熟

---

① 参见（汉）许慎撰、（清）段玉裁注《说文解字注》，上海古籍出版社1988年2月第2版。
② 参见（汉）许慎撰、（宋）徐铉等校《说文解字》，上海古籍出版社2007年版，第77页。
③ 同上书，第13页。
④ 同上书，第78页。
⑤ 同上书，第79页。
⑥ 陈桐生译注《国语》，中华书局2013年版，第653页。
⑦ 参见（汉）许慎撰、（宋）徐铉等校《说文解字》，上海古籍出版社2007年版，第468页。

的理论、技术。

"结"在《说文解字注》中释义:"缔也。"①

"纆"[mò]在《说文解字注》中释义:"索也。易。系用徽纆。刘表曰。三股曰徽。兩股曰纆。字林曰。兩合曰纠。三合曰纆。按从黑者、所谓黑索拘挛罪人也。"②

"约"在《说文解字注》中释义:"缠束也。束者、缚也。"③

"解"在《说文解字》中释义:"判也。从刀判牛角。一曰:解廌兽也。"④

本段大意是善于做事的人做事如同发射出去的箭一样看不到留下的迹象(意为不邋遢);善于言谈的人说的都是使人积极进取的话,没有一句是消极的、带有错误的话语;善于计数的人用不着计算器;善于把守国门的人无须站岗放哨,敌人也不会轻易破门而入;善于说服教育、团结民众的人,他的民众不会感到绳索的约束限制,并且外人也很难瓦解民众的团结。(神兽廌也无法解开)

是以声人恒善㤹人,而无弃人,物无弃财,是谓"悕明"。

"声"通"聖",但"聖"与"圣"有区别,参见本书第二章、第三章、第五章等的解读。

"㤹[qiú]"在《中华大字典》中释义:"怨咎也。"⑤"怨"义即仇恨、不满意、责备等。"咎"义即过失、罪过、怪罪、处分、灾祸、怨仇等。

"而"在《说文解字》中释义:"颊毛也。"⑥古代成年男子有留胡须的讲究。因此,"而"可解读为老的、年长的、成年的人。

"弃"在《说文解字》中释义:"捐也。"⑦

---

① 参见(汉)许慎撰、(清)段玉裁注《说文解字注》,上海古籍出版社1988年版,第647页。
② 同上书,第659页。
③ 同上书,第647页。
④ 参见(汉)许慎撰、(宋)徐铉等校《说文解字》,上海古籍出版社2007年版,第213页。
⑤ 《中华大字典》,中华书局1978年版,第734页。
⑥ 参见(汉)许慎撰、(宋)徐铉等校《说文解字》,上海古籍出版社2007年版,第468页。
⑦ 同上书,第186页。

"怲"在《中华大字典》中释义："忧也。"①

"明"在《说文解字》中释义："照也。"②

本段大意是明智之人永远不对手下人的错误进行责备怪罪，特别是对于那些老的、年长的人不因一次错误而放弃挽救，在对待物品上，也从来没有轻易浪费丢弃财物的现象，这种思想行为是执政者具有的忧患意识，我将其称作"怲明"。

故：善人，善人之师；不善人，善人之赍也。

"善人"一般指有道德的人，对人关怀、肯施舍（财物、技术、服务等等）之人。

"师"在《说文解字注》中释义："二千五百人为师。……周礼师氏注曰。师、教人以道者之称也。党正旅师同胥注曰。正师胥皆长也。师之言帅也。"③

"赍 [jī]"在《说文解字注》中释义："持遗也。周礼掌皮。岁终则会其财赍。注。予人以物曰赍。今时诏书或曰赍计吏。郑司农云。赍或为资。外府。共其财用之币赍。注。赍、行道之财用也。聘礼曰。问几月之赍。郑司农云。赍或为资。今礼家定赍作资。玄谓赍资同耳。其字以齐次为声。从贝变易。古字亦多或。玉裁按。此郑君不用许书说。谓赍资一字。声义皆同也。许则释资为货。释赍为持而予之。其义分别。不为一字。近人则训赍为持矣。"④

本段大意是从上述诸多方面得知：善人与善人相互区别在于为"师"；不善人与善人的区别在于"赍"，也就是说，不施舍就不是善人，施舍立即为善人。

"放下屠刀，立即成佛"就是老子讲的"不善人，善人之赍"。成为"善人"，即不计"赍"的数量的多少，而成为"善人之师"，则必须达到一定的"品质"。常言道："与人一鱼，不如与人一渔。""与人一鱼"即成为善人，"与人一渔"就可能成为"善人之师"。韩愈的《师说》：

---

① 《中华大字典》，中华书局1978年版，第723页。
② 同上书，第331页。
③ 参见（汉）许慎撰、（清）段玉裁注《说文解字注》，上海古籍出版社1988年版，第273页。
④ 同上书，第280页。

"师者，所以传道授业解惑也。"① 因此，从老子的这一哲学含义理解，只要是"传道授业解惑"之人都为"善人"。由此可明白自古以来官方引导的"一日为师，终身为父"即为"尊师重教"的具体实践。

不贵其师，不爱其赍，虽知乎大眯！

"贵"比喻值得尊重。

"知"在《说文解字注》中释义："词也。白部曰。䛀、识词也。从白、从亏、从知。按此词也之上亦当有识字。知䛀义同。故䛀作知。从口矢。识敏、故出于口者疾如矢也。"②

"眯"在《说文解字注》中释义："艹入目中也。庄子。簸穅眯目。字林云。眯物入眼为病。然则非独艹也。"③

本段大意是有些人既不尊重传教的老师，自己又不喜欢施舍，虽然聪明，但辨不来"师"与"赍"的道理，对不起自己所受过的教育，这样的人如同眼睛里插上了艹物，终生是个糊涂蛋。

是谓眇要。

"眇"在《说文解字注》中释义："小目也。各本作一目小也。误。今依易释文正。履六三。眇能视。虞翻曰。离目不正。兖为小。故眇而视。方言曰。眇、小也。淮南说山训。小马大目不可谓大马。大马之目眇谓之眇马。物有似然而似不然者。按眇训小目。引申为凡小之偁。又引申为微妙之义。说文无妙字。眇即妙也。史记。户说以眇论。即妙论也。周易。眇万物而为言。陆机赋。眇众虑而为言。皆今之妙字也。从目少。错曰会意。按物少则小。故从少。"④ 意为眯着眼睛看，引申为因事物要理精深，要仔细斟酌观察。

本段大意是上面所讲的都要仔细斟酌明白，这些都是精深要理。

---

① 中等师范学校语文课本《文选和写作》（第5册），人民教育出版社1982年版，第181页。
② 参见（汉）许慎撰、（清）段玉裁注《说文解字注》，上海古籍出版社1988年版，第227页。
③ 同上书，第134页。
④ 同上书，第135页。

第二十八章

【原文】

帛本（甲）①	帛本（乙）②	传本③
知其雄守其雌为=天=下=溪=恒=德=不=鸡=复归婴儿知其白守其辱为=天=下=浴恒德=乃=乃□□□□□知其守其黑为=天=下=式=恒德=不=贷=复归于无极楃散□□□□人用则为官长夫大制无割	知亓雄守亓雌为=天=下=鸡=恒=德=不=离=复□□□□亓白守亓辱为=天=下=○浴=恒=德=乃=足=复归于朴知其白守亓黑为=天=下=式=恒德=不=贷=复归于无极朴散则为器耴人用则为官长夫大制无割	知其雄守其雌为天下豀为天下豀常德不離復歸於嬰兒知其白守其黑为天下式为天下式常德不忒復歸於無極知其榮守其辱为天下谷为天下谷常德乃足復歸於樸樸散則为器聖人用之則为官長故大制不割

【点校】

知其雄，守其雌，为天下鸡。

为天下鸡，恒德不离。

恒德不离，复归婴儿。

---

① 参见马王堆汉墓帛书整理小组编《老子》，文物出版社1976年版，第91页。
② 同上。
③ 参见（魏）王弼注、（唐）陆德明音义《老子王弼注》，新兴书局1964年版，第33—34页。

知其白,守其辱,为天下浴。

为天下浴,恒德乃足,复归于朴。

知其白,守其黑,为天下式。

为天下式,恒德不貣。

恒德不貣,复归于无极。

朴散,则为器。声人用,则为官长。

夫大制,无割。

【讲堂】

知其雄,守其雌,为天下鸡。

"雄"可解读为公鸡。

"雌"可解读为母鸡。

本段的大意是以雄鸡司晨、母鸡育子的自然天赋来教育执政者要有鸡这样的分工明确、各干其事、不脱离本职工作的德行。

为天下鸡,恒德不离。

本段大意是要学习雄鸡司晨、母鸡育子这种分工明确,各干其事,从来不脱离本职工作的德行。

恒德不离,复归婴儿。

"复归"比喻代代循环往复。代代如新。

"婴儿"比喻天下老百姓如同婴儿一般听话、做事,一代接一代后继有新人。

本段大意是只有执政者拥有分工明确、各干其事、不脱离本职工作的德行,国家才能循环往复代代,老百姓如同婴儿一般听话、做事,一代接一代后继有新人。

老子在《道德经》中有过三次(第十章、第二十章、第二十八章中)用"婴儿",一次(第五十五章中)用"赤子"来比喻国家社会政治状态。

知其白,守其辱,为天下浴。

"白"与"**白**"有区别:

"白"在《说文解字》中释义:"西方色也。阴用事,物色白。从入合二；二，阴数。……旁陌切（bái）。"①

"白"在《说文解字》中释义："此亦自字也。省自者，词言之气，从鼻出，与口相助也。……疾二切（zì）。"②

在本段中均有"白"与"白"的意义。雄鸡知道司晨是自己的责任，它不论刮风下雨，只做天快要亮时给天下人鸣叫提醒的司晨工作，它坚守职责，尽着义务。毛泽东的《浣溪沙·和柳亚子先生》中有"一唱雄鸡天下白"的著名词句。

"辱"在《说文解字注》中释义："耻也。……仪礼注曰。以白造缁曰辱。"③ 其中缁，指黑色衣服。

"浴"在《说文解字》中释义："洒身也。"④ 在本段中意为以洗浴去污，比喻执政者要经常做到思想行为上的矫正。

"浴"在《中华大字典》中释义："以德自清曰浴德。［礼记儒行］儒有澡身而浴德。［疏］谓沐浴于德以德自清也。"⑤

"浴"在《道德经》中出现过7处，分别是在第六章、第十五章、第二十八章、第三十二章、第三十九章、第四十一章和第六十六章中，用来比喻人"洒身"或大地"洒身"，含义都相同。天下雨就是为大地"洒身"。人要不时地自己"洒身"才能守住未来对自身的"辱"。

本段大意是每个人（自己）都随从着"耻"的方面，但每个人都要明白自己原本是清白的。为了天下百姓的利益，执政者要经常不断地"洗浴"自身容易产生的"耻辱"，防止被污染，形成腐败，洗面革新。

一个人的"辱"来自外部贪污受贿，即为"辱"的重要方面。用现代话讲就是："守住底线。"

为天下浴，恒德乃足，复归于朴。

---

① 参见（汉）许慎撰、（宋）徐铉等校《说文解字》，上海古籍出版社2007年版，第379页。

② 同上书，第164页。

③ 参见（汉）许慎撰、（清）段玉裁注《说文解字注》，上海古籍出版社1988年版，第745页。

④ 参见（汉）许慎撰、（宋）徐铉等校《说文解字》，上海古籍出版社2007年版，第566页。

⑤《中华大字典》，中华书局1978年版，第1003页。

"足"在《说文解字》中释义:"人之足也。在下。"① 在《中华大字典》中释义:"止也。[老子]常德乃足。"②

"朴"与"樸"有区别:

"朴[pò]"在《说文解字》中释义:"木皮也。"③

"樸[pǔ]"在《说文解字》中释义:"木素也。"④ 即没有细加工的木料,比喻不加修饰。

本段中以"樸"释义比较切合文义。《三字经》中有"人之初,性本善。性相近,习相远"⑤ 句,其中"性相近"就是本段中的"樸"。

本段大意是执政者为了天下百姓的利益要经常不断地"洗浴"自身容易产生的"耻辱",如果执政者始终坚持这样的德行,就能够满足老百姓的要求,老百姓即可代代循环往复、安分守己,安于本能的生活状态。

知其白,守其黑,为天下式。

"黑"在《说文解字》中释义:"火所熏之色也。"⑥

"式"在《说文解字》中释义:"法也。"⑦ 即标准。前面"守其辱"讲的是来自外部的因素,如贪污受贿等。而"守其黑"主要是讲自身因素,如自身不分青红皂白、颠倒是非等主观因素。

本段大意是雄鸡能够自行坚守司晨的职责,白天或黑夜分得清清楚楚,从不错失时间,成为天下人统一的时间标准。

为天下式,恒德不貣。

"貣"[tè]在《说文解字》中释义:"从人求物也。"⑧

---

① 参见(汉)许慎撰、(宋)徐铉等校《说文解字》,上海古籍出版社2007年版,第92页。

② 《中华大字典》,中华书局1978年版,第2216页。

③ 参见(汉)许慎撰、(宋)徐铉等校《说文解字》,上海古籍出版社2007年版,第276页。

④ 同上书,第278页。

⑤ 木子编《百家姓 三字经 千字文 弟子规》,新疆青少年出版社1996年版,第15页。

⑥ 参见(汉)许慎撰、(宋)徐铉等校《说文解字》,上海古籍出版社2007年8月第1版,第503页。

⑦ 同上书,第226页。

⑧ 同上书,第304页。

本段大意是作为执政者也要同雄鸡司晨一样，为天下老百姓做事要讲究规范标准，保持这种规范标准的德行就不会轻易出现管理者反过来要求助于被管理者的事情。

恒德不貣，复归于无极。

"无"的概念在前"导读"等章中注释过。本章中主要指不存在"争""盗""乱"等现象的最好社会状态。

"极"与"極"有区别：

"极"在《说文解字注》中释义："驴上负也。当云驴上所以负也。浅人删之耳。广韵云。驴上负版。盖若今驮鞍。或云负笈字当用此。非也。风土记曰。笈谓学士所以负书箱。如冠箱而卑者也。谢承后汉书曰。负笈随师。然则笈者书箱。人所负以徒步者。不得合为一也。"①

"極"在《说文解字注》中释义："栋也。李奇注五行志、薛综注西京赋皆曰。三辅名梁为极。按此正名栋为极耳。今俗语皆呼栋为梁也。搜神记。汉蔡茂梦坐大殿。极上有禾三穗。主簿郭贺曰。极而有禾。人臣之上禄也。此则似谓梁。按丧大纪注曰。危、栋上也。引申之义、凡至高至远皆谓之极。"②

本段中以"極"释义比较符合文义。

本段大意是保持规范标准的德行就不会轻易出现管理者反过来要求助于被管理者的事情。国家即可恢复到最好的，即没有"争""盗""乱"等现象的至高至远、大同和谐的景象中。

朴散，则为器。声人用，则为官长。

如前所讲"朴"和"樸"的释义皆适合本段文义。

"散"在《辞海》中释义："分开，分散。与'聚'相对。如：分散；散场。《礼记·大学》'财聚则民散，财散则民聚。'"③ 加工的过程就是"用""道"，这"道"看不见、摸不到、听不着，就在工匠的一举一动中展现着。参见第二十一章"孔德之容，唯道是从"。第二十三章

---

① 参见（汉）许慎撰、（清）段玉裁注《说文解字注》，上海古籍出版社1988年版，第266页。

② 同上书，第253页。

③《辞海》（缩印本），上海辞书出版社2000年版，第1781页。

"同于德者，道亦德之。同于失者，道亦失之"。第五十一章"道生之而德畜之，物刑之而器成之"等内容。如下图28—1所示。

图28—1

"声人"指聪明人、明白人，参见第二章释义。要明白"用"的解读应先明白第十一章内容，如无论酒杯是金、是银还是瓷质，人们"用"的是其"无（空）"，再好的房屋，人们"用"的是其"无（空）"（注：不能绝对死搬硬套"空"，应理解为"空"中的"待装物"。这"待装物"需要"为"，即"无为"。）等，"用"字在帛本（甲）中第四章、第六章、第十一章等十多个章次中出现过，其情境不同，而含意一致，即为高度概括的"无为"的具体的、辨证的实践。

"官"在《说文解字》中释义："吏事君也。"①

"长［cháng］"在《说文解字》中释义："久远也。从兀，从匕。兀者，高远意也。久则变化。亾声。厂者，倒亾也。凡长之属皆从长。臣铉等曰：'倒亡，不亡也，长久之义也。'"② 本段中用以比喻官员的特长、优点。

本段大意从字面释义是：只有没有加工过的原材料才能随心所欲加工成自己需要的器物。老子以此比喻一个人通过专业训练即可培养成某方面的专业人才。即为陇西人讲的"老把式"。明智人是将具有特长的官员安排在"用"中。如口才好的当外交官、善于写作的当宣传部长、善于带兵打仗的当军长等。

---

① 参见（汉）许慎撰、（宋）徐铉等校《说文解字》，上海古籍出版社2007年版，第725页。

② 同上书，第467页。

夫大制，无割。

"大"在《说文解字》中释义："天大，地大，人亦大。故大象人形。"①

"制"在《说文解字注》中释义："裁也。衣部曰。裁、制衣也。制、裁衣也。此裁之本义。此云制、裁也。裁之引申之义。古多假折为制。吕荆。制以荆。墨子引作折则荆。鲁论。片言可以制狱。古作折狱。羽猎赋。不制中以泉台。制或为折。又吕荆。折民惟荆。四八目引作制民。从刀未。会意。征例切。十五部。未、逗。物成有滋味可裁断。说从未之意。未下曰味也。有滋味可裁断。故刀未为利。一曰止也。前义可包此义。"② 意为最好的法律制度。

"割"在《说文解字注》中释义："剥也。蒙剥之弟二义互训。割谓残破之。释言曰。蓋割裂也。尚书多假借割为害。古二字音同也。释言舍人本蓋作害。明害与割同也。郑注缁衣曰。割之言蓋也。明蓋与割同也。从刀。害声。古逹切。十五部。按古字亦从匃声。故宋次道、王仲至家所传古文尚书曰剑申劝宁王之德。"③

本段大意是上好的法律制度，在没有"争""盗""乱"等现象的和谐景象中没有作用。通俗解读"无割"，就是因社会和谐，使法庭、监狱等"空"了，法官、警察、公安等"闲置"了。

---

① 参见（汉）许慎撰、（宋）徐铉等校《说文解字》，上海古籍出版社2007年版，第508页。
② 参见（汉）许慎撰、（清）段玉裁注《说文解字注》，上海古籍出版社1988年版，第182页。
③ 同上书，第180页。

第二十九章

【原文】

帛本（甲）①	帛本（乙）②	传本③
将欲取天下而为之吾见其弗□□□□□器也非可为者也为者败之执者失之物或行或随或炅或□□□□或坏或擨是以声人去甚去大去楮	将欲取□□□□□□□□□得已夫天下神器也非可为者也为之者败之执之者失之〇物或行或隋或热或碎或陪或堕是以圣人去甚去大去诸	將欲取天下而為之吾見其不得已天下神器不可為也為者敗之執者失之故物或行或隨或歔或吹或強或羸或挫或隳是以聖人去甚去奢去泰

【点校】

将欲取天下，而为之。吾见其弗得已。

夫天下神器也，非可为者也。

为者败之，执者失之。

物：或行，或随，或炅，或吹，或陪，或堕，或坏，或隳。

是以声人去甚，去大，去诸。

---

① 参见马王堆汉墓帛书整理小组编《老子》，文物出版社1976年版，第91页。
② 同上。
③ 参见（魏）王弼注、（唐）陆德明音义《老子王弼注》，新兴书局1964年版，第34—35页。

【讲堂】

将欲取天下，而为之。吾见其弗得已。

"将"在《说文解字注》中释义："帅也。帅当作衛。行部曰。衛、将也。二字互训。仪礼、周礼古文衛多作率。今文多作帅。毛诗率时农夫。韩诗作帅。说详周礼汉读考。帅者佩巾。汉人假为率字。率亦衛之假也。许造说文。当是本作将衛也以自伸其说。"[1]

"欲"在《说文解字》中释义："贪欲也。"[2] 本段中可将其解读为：想要治理国家。

"取"在《说文解字》中释义："捕取也。从又，从耳。《周礼》：'获者取左耳。'《司马法》曰：'载献馘。'馘者，耳也。"[3]

"而"在《说文解字》中释义："颊毛也。"[4] 古代成年男子有留胡须的讲究。因此，可解读为老的、年长的、成年的人。

"其"指取得天下又失去天下的"统治者"。

"弗"意为"矫正"。参见第二十二章等注释。"弗得已"意为通过不断矫正而得到了天下。

本段大意是将帅想要夺取天下治理好国家，首先要了解老的、年长的、有经验的对手。我的见解是：不断调整自己的工作方法，不断了解那些老的、年长的、有经验的对手才能够得天下。

夫天下神器也，非可为者也。

"神器"借指帝位、国家权力。"可为"意为具体做。

本段大意是统治天下关键是会运用国家权力，这不是一般人随便就能够具体做得到的。

为者败之，执者失之。

"败"在《说文解字》中释义："毁也。"[5]

---

[1] 参见（汉）许慎撰、（清）段玉裁注《说文解字注》，上海古籍出版社1988年版，第121页。

[2] 参见（汉）许慎撰、（宋）徐铉等校《说文解字》，上海古籍出版社2007年版，第426页。

[3] 同上书，第139页。

[4] 同上书，第468页。

[5] 同上书，第150页。

"执"在《说文解字注》中释义:"捕辠人也。辠各本作罪。今依广韵。手部曰。捕者、取也。引申之为凡持守之偁。"①

"失"在《说文解字注》中释义:"纵也。纵者、缓也。一曰舍也。在手而逸去为失。兔部曰。逸、失也。古多叚为逸去之逸。亦叚为淫泆之泆。"②"凡言淫泆者、皆谓太过。"③

本段大意是有些将帅在夺取天下时被消灭了,有些将帅夺取了天下却因淫泆又丢失了天下。

物:或行,或随,或炅,或吹,或陪,或堕,或坏,或隳。

"物"在《说文解字》中释义:"万物也。牛为大物;天地之道,起于牵牛,故从牛。"④ 按照前后文义,"物"代指或比喻"国家神器",即国家政权。

"或"在《说文解字》中释义:"邦也。从口,从戈,以守一。一,地也。于逼切〔yù〕。臣铉等曰:'今俗作胡国切〔huò〕。以为疑或不定之意。'域,或又从土。臣铉等曰:'今无复或音。'"⑤

"行"在《说文解字注》中释义:"人之步趋也。步、行也。趋、走也。二者一徐一疾。皆谓之行。"⑥

"随"在《说文解字注》中释义:"从也。行可委曲从迹、谓之委随。"⑦

"炅〔jiǒng〕"在《说文解字注》中释义:"见也。从火日。古回切。按此篆义不可知。广韵作光也。似近之。"⑧

"吹"在《说文解字注》中释义:"嘘也。"⑨

"陪"在《说文解字注》中释义:"重土也。左传曰。分之土田陪

---

① 参见(汉)许慎撰、(清)段玉裁注《说文解字注》,上海古籍出版社1988年版,第496页。
② 同上书,第604页。
③ 同上书,第551页。
④ 参见(汉)许慎撰、(宋)徐铉等校《说文解字》,上海古籍出版社2007年版,第54页。
⑤ 同上书,第635页。
⑥ 参见(汉)许慎撰、(清)段玉裁注《说文解字注》,上海古籍出版社1988年版,第78页。
⑦ 同上书,第70页。
⑧ 同上书,第486页。
⑨ 同上书,第56页。

敦。注曰。陪、增也。敦、厚也。诸侯之臣于天子曰陪臣。取重土之义之引申也。一曰满也。"①

"堕 [duò]"在《中华大字典》中释义："毁城曰堕。毁物亦曰堕。"②

"坏"与"壞"有区别："坏 [pī]"在《说文解字》中释义："丘再成者也。一曰：瓦未烧。"③

"壞 [huài]"在《说文解字》中释义："败也。"④根据文义，适宜取"壞"释义。

"隳 [huī]"在《中华大字典》中释义："危也。[老子]或挫或隳。"⑤本段中可解读为毁坏，崩毁。《吕氏春秋·开春论·爱类》："隳人之城郭。"⑥

本段大意是同样都叫治理国家的大事：有的邦在自己的治理中缓慢运行，有的邦学着他人委随其后，有的邦如同火光耀眼，有的邦治理过程中不时地在嘘气，非常吃力，有的邦在不断扩张自己的领地，有的邦的城池已经被他人毁坏了，有些邦已经危在旦夕，有的邦已经被他人全部毁灭了。

是以声人去甚，去大，去诸。

"去"在《说文解字》中释义："人相违也。"⑦

"甚"在《说文解字》中释义："尤安乐也。"⑧

"诸 [zhū]"在《说文解字》中释义："辩也。"⑨

本段大意是明智之人运用国家权力不贪求安乐，不贪求扩张，不强辩治人罪。

---

① 参见（汉）许慎撰、（清）段玉裁注《说文解字注》，上海古籍出版社1988年版，第736页。
② 《中华大字典》，中华书局1978年版，第546页。
③ 参见（汉）许慎撰、（宋）徐铉等校《说文解字》，上海古籍出版社2007年版，第691页。
④ 同上书，第690页。
⑤ 《中华大字典》，中华书局1978年版，第2643页。
⑥ 参见吕不韦著、谢开慧注释《吕氏春秋》，内蒙古人民出版社2009年版，第283页。
⑦ 参见（汉）许慎撰、（宋）徐铉等校《说文解字》，上海古籍出版社2007年版，第240页。
⑧ 同上书，第228页。
⑨ 同上书，第107页。

第三十章

【原文】

帛本（甲）①	帛本（乙）②	简本【甲】③	传本④
以道佐人主不以兵强□天下□□□□□所居楚朸生之善者果而已矣毋以取强焉果而勿矜果而□□果而毋得已居是胃□而不强物壮而老是胃之不═道═蚤已	以道佐人主不以兵强于天下亓□□□□□□□棘生之善者果而已矣毋以取强焉果而毋骄果而勿矜果□□伐果而毋得已居是胃果而强物壮而老胃之不═道═蚤已	以衍差人宝者不谷以兵强於天下善者果而已不以取强果而弗癹果而弗喬果而弗䝞是胃果而不强其事好长	以道佐人主者不以兵强天下其事好還师之所處荆棘生焉大軍之後必有凶年善有果而已不敢以取强果而勿矜果而勿伐果而勿驕果而不得已果而勿强物壯則老是謂不道不道早已

【点校】

以道佐人主，不以兵强于天下，其事好，还。

师之所居，楚、朸生之。

---

① 参见马王堆汉墓帛书整理小组编《老子》，文物出版社1976年版，第92页。
② 同上。
③ 参见荆门市博物馆编《郭店楚墓竹简·老子甲》，文物出版社2002年版，第6页。
④ 参见（魏）王弼注、（唐）陆德明音义《老子王弼注》，新兴书局1964年版，第35—36页。

善者果而已矣，毋以取强焉。

果而毋骄，果而毋矜，果而毋伐，果而毋得已居，是谓果而不强。

物壮而老，是谓之不道。不道，蚤已。

【讲堂】

以道佐人主，不以兵强于天下，其事好，还。

"佐"在《说文解字》和《说文解字注》中都是以"左"释义。"左"在《说文解字注》中释义："ナ手相左也。各本俱误。今正。左者、今之佐字。说文无佐也。ナ者、今之左字。ナ部曰。左手也。谓左助之手也。以手助手是曰左。以口助手是曰右。"① 神灵帮助人即为"佑助"。"人主"意为君主，自己的主子。

"兵"在《说文解字》中释义："械也。"②

"强"在《说文解字》中释义："蚚也。"③（参见第三章、第二十五章释义。）"兵强"指制造武器或使用武器。

"事"在《说文解字注》中释义："职也。"④

"好"在《说文解字注》中释义："媄也。各本作美也。今正。与上文媄为转注也。好本谓女子。引申为凡美之称。凡物之好恶、引申为人情之好恶。"⑤

"还"在《说文解字注》中释义："复也。释言。还复返也。今人还绕字用环。古经传只用还字。"⑥

本段大意是臣下要用"道"辅佐自己的主子，这"道"不是制造武器或使用武器震慑天下，尽管那样一时间看起来是美好的，但是敌方却不时地在想着报复还击。

师之所居，楚、朸生之。

---

① 参见（汉）许慎撰、（清）段玉裁注《说文解字注》，上海古籍出版社1988年版，第200页。

② 参见（汉）许慎撰、（宋）徐铉等校《说文解字》，上海古籍出版社2007年版，第125页。

③ 同上书，第668页。

④ 参见（汉）许慎撰、（清）段玉裁注《说文解字注》，上海古籍出版社1988年版，第116—117页。

⑤ 同上书，第618页。

⑥ 同上书，第72页。

"师"在《说文解字注》中释义:"二千五百人为师。师,众也。"①本文指军队。

"楚"在《说文解字注》中释义:"丛木。小雅传曰。楚楚、茨棘皃。小徐引小谢诗曰。寒城一以眺。平楚正苍然。一名荆也。一名当作一曰。许书之一曰。有谓别一义者。有谓别一名者。上文丛木泛词。则一曰为别一义矣。"②

"朸 [lì]"在《说文解字注》中释义:"木之理也。考工记曰。阳木稹理而坚。阴木疏理而柔。毛诗传曰。析薪必随其理。毛诗如矢斯棘。韩诗棘作朸。毛曰。棘、棱廉也。韩曰。朸、隅也。学者皆不解。及观抑诗维德之隅。毛曰。隅、廉也。笺申之云。如宫室之制。内有绳直。则外有廉隅然后知斯干诗谓如矢之正直、而外有廉隅也。韩朸为正字。毛棘为假借字。如矢之直、则得其理而廉隅整饬矣。毛、韩辞异而意一也。从木。力声。以形声包会意也。阞下曰地理。朸下曰木理。泐下云水理。皆从力。力者、筋也。人身之理也。"③ "楚、朸"在本段泛指丛生于山野间的带棘小灌木,荆棘丛生最易阻塞道路,又借喻作艰险处境或者纷乱局面,如同成语"披荆斩棘"和"荆天棘地",本文用以泛指艰险处境或者战后的纷乱局面。

本段大意是在刚刚取得的被敌人占据过的地盘上,可谓遍地都存在着艰险处境或者不断产生纷乱局面。

善者果而已矣,毋以取强焉。

"果"在《说文解字注》中释义:"木实也。"④

"而"在《说文解字》中释义:"颊毛也。"⑤

"果而"比喻军队、武力或泛指客观存在。

"以"在《说文解字》中释义:"用也。"⑥

---

① 参见(汉)许慎撰、(清)段玉裁注《说文解字注》,上海古籍出版社1988年版,第273页。
② 同上书,第271页。
③ 同上书,第252页。
④ 同上书,第249页。
⑤ 参见(汉)许慎撰、(宋)徐铉等校《说文解字》,上海古籍出版社2007年版,第468页。
⑥ 同上书,第745页。

"取"在《说文解字》中释义:"捕取也。从又,从耳。《周礼》:'获者取左耳。'《司马法》曰:'载献聝。'聝者,耳也。"①

"强"在《说文解字》中释义:"蚚[qí]也。"②"蚚,强也。"③"蚚"在《辞海》"米谷中的小黑虫。也叫'强蛘[yáng]。'《尔雅·释虫》:'强。蚚。'郭璞注:'即强丑捋。'郝懿行义疏:'《说文》强、蚚互训。《玉篇》:强,米中蠹[dù]小虫。是强蚚即上蛄螌,强蛘也。'广东人呼米牛,绍兴人呼米象,并因形以为名。"④陇西地区人将小麦中出现的类似于上述"米谷中的小黑虫"叫"麦牛儿"。比喻军队、武力隐蔽的情形。

本段大意是最好的军队只能是将眼睛能够看到的敌人消灭掉,但是他做不到消灭暗藏在深处的、隐蔽的、看不见的、摸不着的潜在的敌人。

果而毋骄,果而毋矜,果而毋伐,果而毋得已居,是谓果而不强。

"骄"在《说文解字》中释义:"马高六尺为骄。……《诗》曰:'我马唯骄。'一曰:野马。"⑤ 在本段可解读为骄傲、狂妄。

"矜[jīn]"在《说文解字》释义:"矜,矛柄也。"⑥ 用矛戳自己,手握矛柄握不到柄的最长处。比喻不自恃才能极大地发挥出自己的特长。

"伐"在《说文解字注》中释义:"击也。诗勿翦勿伐传、钲人伐鼓传皆曰。伐、击也。礼记郊特牲。二曰伐鼓何居。郑曰。伐犹击也。尚书。不愆于四伐五伐。郑曰。一击一刺曰伐。诗是伐是肆笺云。伐谓击刺之。按此伐之本义也。引申之乃为征伐。周礼九伐注云。诸侯之于国。如树木之有根。是以言伐云从人持戈。戈为句兵。亦曰鼓兵。左传击之以戈是也。戍者、守也。故从人在戈下。入戈部。伐者、外击也。故从人杖戈。入人部。房越切。十五部。一曰败也。此谓引申之义。伐败叠韵。左传。凡师有钟鼓曰伐。谷梁传。斩树木、坏宫室曰伐。支部曰。败者、

---

① 参见(汉)许慎撰、(宋)徐铉等校《说文解字》,上海古籍出版社2007年版,第139页。

② 同上书,第668页。

③ 同上。

④《辞海》(1999年版缩印本),上海辞书出版社2000年版,第2246页。

⑤ 参见(汉)许慎撰、(宋)徐铉等校《说文解字》,上海古籍出版社2007年版,第477页。

⑥ 同上书,第718页。

毁也。公羊传曰。春秋伐者为客。伐者为主。何云。伐人者为客。读伐、长言之。见伐者为主。读伐短言之。皆齐人语也。按今人读房越切。此短言也。刘昌宗周礼大司马、大行人、輶人皆房废切。此长言也。刘系北音。周颙、沈约韵书皆用南音。去入多强为分别。而不合于古矣。伐人者有功。故左传诸侯言时记功。大夫称伐。史记明其等曰伐。积日曰阅。又引申之自功曰伐。亦斫也。大徐无此三字为长。"①

"自伐"可解读为自夸。

本段大意是有军队、武力（或成就、优点等）不能狂妄，有军队、武力（或成就、优点等）不能自大，有军队、武力（或成就、优点等）不能自夸，有军队、武力（或成就、优点等）不能自居。这四方面加起来统称为军队、武力（或成就、优点等）的隐蔽情形。

物壮而老，是谓之不道。不道，蚤已。

"物"在《说文解字》中释义："万物也。牛为大物；天地之数，起于牵牛，故从牛。"② 在本段中指人或人的地位、人的成绩等。

"壮"在《说文解字注》中释义："大也。方言曰。凡人之大谓之奘或谓之壮。"③ 在本段中指人或人的地位、人的成绩等数量或质量的大小程度。

"老"在《说文解字注》中释义："考也。序曰。五曰转注。建类一首。同意相受。考老是也。学者多不解。戴先生曰。老下云考也。考下云老也。此许氏之怗。为异字同义举例也。一其义类。皆谓建类一首也。互其训诂。所谓同意相受也。考老适于许书同部。凡许书异部而彼此二篆互相释者视此。如宧室也、室宧也、但裼也、裼但也之类。老考以叠韵为训。七十曰老。"④

"老"在《中华大字典》中释义："考也，七十曰老。……［按论语季氏及其老也。皇疏老，谓五十以上也。管子海王篇注。六十以上为老

---

① 参见（汉）许慎撰、（清）段玉裁注《说文解字注》，上海古籍出版社1988年版，第381—382页。

② 参见（汉）许慎撰、（宋）徐铉等校《说文解字》，上海古籍出版社2007年版，第54页。

③ 参见（汉）许慎撰、（清）段玉裁注《说文解字注》，上海古籍出版社1988年版，第20页。

④ 同上书，第398页。

男。五十以上为老女。是老非七十之专称。]……老有顽钝无听义。如斥人庸劣曰老面皮。此本于五代史痴顽老子云云也。助语辞。[容齐三笔]东坡诗用人名。每以老字为助语。[按近朋友相狎。每称曰老某。或称某老。盖本此。]"①

"道"在本章中可解读为规矩、法则、社会定律等。

"蚤"在《说文解字注》中释义:"啮[niè]人跳虫也。啮噬[shì]也。跳跃[qú]也。虱[shī]但啮人。蚤则加之善跃。……经传多假为早字。"②

"一般蚤类仅成体吸血,雌雄蚤都能吸血,雌蚤若不吸血则不能产卵。大多数蚤对宿主选择性不强,若与原宿主脱离,可迅速转移到新的动物体上吸血。因此,它们可以在同种或不同种动物的个体间转移,造成某些疾病的传播流行,如传播鼠疫、地方性斑疹伤寒、绦虫病等。"③

"已"在《中华大字典》中有多条释义:"止也。[诗风雨]鸡鸣不已。……犹去也。《诗墓门》:'知而不已。'……不许也。"④ 依据本段文义,可解读为"止也"。

本段大意是一个人随着年龄的增长、知识的增多、经验的丰富或社会地位的提升等,就容易只凭自己原先的老经验、老传统、老眼光做事,不按照现实规矩(道)做事。如果只凭自己原先的老经验、老传统、老眼光做事,不按照现实规矩(道)做事,就犹如生病或死去一样,连跳蚤都会离他远去。

"道冲。"这是老子在第四章讲的时时有道,事事有道。在本章又强调一个人一生不断要用道,时时、事事不能离开道做事。陇西地区将规矩、法则、社会定律等通俗地称"下(hā)数""路数",一般情况下,"没下(hā)数"是指已经做出的使他人鄙视的事情,"没路数"是指已经做出的或者将要设想做的使他人鄙视的事情。

---

① 《中华大字典》,中华书局1978年版,第1679—1680页。

② 参见(汉)许慎撰、(清)段玉裁注《说文解字注》,上海古籍出版社1988年版,第674页。

③ 汪诚信、刘起勇编著《家庭防虫灭鼠》,化学工业出版社1997年版,第75页。

④ 《中华大字典》,中华书局1978年版,第307—308页。

第三十一章

【原文】

帛本（甲）[1]	帛本（乙）[2]	简本【丙】[3]	传本[4]
夫兵者不祥之器□物或恶之故有欲者弗居君子居则贵左用兵则贵右故兵者非君子之器也□□不祥之器也不得已而用之銛袭为上勿美也若美之是乐杀人也夫乐杀人不可以得志于天下矣是以吉事上左丧事上右是以偏将军居左上将军居右言以丧礼居之也杀人众以悲依立之战胜以丧礼处之	夫兵者不祥之器也物或亚□□□□□□子居则贵左用兵则贵右故兵者非君子之器兵者不祥□器也不得已而用之銛儱为上勿美也若美之是乐杀人也夫乐杀人不可以得志于天下矣是以吉□□□□□是以偏将军居左而上将军居右言以丧礼居之也杀□□□□□立□□朕而以丧礼处之	君子居则贵左甬兵则贵右古曰兵者□□□□□□得已而甬之銛繻为上弗娓也敳之是乐杀人夫乐□□□以得志於天下古吉事上左丧事上右是以卞牺军居左上牺军居右言以丧豊居之也古殺□□□则以愱悲位之战勅则以丧豊居之	夫佳兵者不祥之器物或恶之故有道者不處君子居则贵左用兵则贵右兵者不祥之器非君子之器不得已而用之恬淡為上勝而不美而美之者是樂殺人夫樂殺人者則不可得志於天下矣吉事尚左凶事尚右偏將軍居左上將軍居右言以喪禮處之殺人之眾以哀悲泣之戰勝以喪禮處之

---

[1] 参见马王堆汉墓帛书整理小组编《老子》，文物出版社1976年版，第92页。
[2] 同上。
[3] 参见荆门市博物馆编《郭店楚墓竹简·老子乙、丙》，文物出版社2002年版，第24页。
[4] 参见（魏）王弼注、（唐）陆德明音义《老子王弼注》，新兴书局1964年版，第36—37页。

【点校】

夫兵者，不祥之器也。

物或恶之，故有，欲者弗居。

君子居则贵左，用兵则贵右。故兵者非君子之器也。

兵者不祥之器也，不得已而用之，"铦袭"为上。

"勿美也，若美之，是乐杀人。"

夫"乐杀人"，不可以得志于天下矣！

是以吉事上左，丧事上右。

是以便将军居左，上将军居右？言以："丧礼居之也，杀人众，以悲依立之。战胜，以丧礼处之。"

【讲堂】

夫兵者，不祥之器也。

"兵"在《说文解字》中释义："械也。"①

"祥"在《说文解字》中释义："福也。一云善。"②

本段的大意是武器，不是福或善的东西。

物或恶之，故有，欲者弗居。

"物"本章指武器。"或"在《说文解字》中释义："邦也。"③

"恶"在《说文解字注》中释义："过也。人有过曰恶。有过而人憎之亦曰恶。"④

"故"在《说文解字注》中释义："使为之也。今俗云原故是也。凡为之必有使之者。使之而为之则成故事矣。"⑤

"有"指客观存在的事物，本段指武器。

"欲"在《说文解字注》中释义："贪欲也。欲者衍字。贝部贪下云。欲也。二篆为转注。今贪下作欲物也。亦是浅人增字。凡此书经后

---

① 参见（汉）许慎撰、（宋）徐铉等校《说文解字》，上海古籍出版社2007年版，第125页。

② 同上书，第3页。

③ 同上书，第635页。

④ 参见（汉）许慎撰、（清）段玉裁注《说文解字注》，上海古籍出版社1988年版，第511页。

⑤ 同上书，第123页。

人妄窜。盖不可数计。独其义例精密。迄今将二千年。犹可推寻。以复其旧。是以艸目云后有达者、理而董之也。感于物而动。性之欲也。欲而当于理。则为天理。欲而不当于理。则为人欲。欲求适可斯已矣。非欲之外有理也。古有欲字、无慾字。后人分别之、制慾字。殊乖古义。论语申枨之欲、克伐怨欲之欲。一从心、一不从心。可征改古者之未能画一矣。欲从欠者、取慕液之意。从谷者、取虚受之意。易曰。君子以征忿窒欲。陆德明曰。欲、孟作谷。晁说之曰。谷古文欲字。晁氏所据释文不误。今本改为孟作浴。非也。"①

"欲者"在本段中可解读为有理想、有抱负的人不能躺在已"有"上，而是要不断努力。"欲"有起点，没有终点，一直在路上。

"弗"意为"矫正"。

本段大意是虽然武器不是福或善的东西，在国家中使用它，人人会憎恶，但是国家中还不能不存在武器。即使国家有上好的武器，有理想、有抱负的人还在不断调整、矫正客观存在的不合理现象，而不是依靠武器。"欲"要在第一章讲到的"眇""噭"上下功夫。

君子居则贵左，用兵则贵右。故兵者非君子之器也。

"贵左"，古代的一种礼仪。如体现在服饰上，人们在一般生活中的衣服是左衣襟在上压住右衣襟，叫"右衽"，在丧事活动中衣服是右衣襟在上压住左衣襟，叫"左衽"，至今，陇西的丧事活动中孝子穿的孝衫（丧服）为左衽。

本段的大意是按照礼仪制度，"左"象征"吉事""喜事"，"右"象征"死人""丧事"，作为君子是崇尚"左"，但是对于当兵的人来说，有的当兵的"怕死"，有的当兵的"不怕死"，一般情况下，君主是喜欢当兵"不怕死"的，而不喜欢当兵"怕死"的，这就是"兵"崇尚"右"的道理，所以发动战争、动用武力是会死人的，不是君子的举措。

兵者不祥之器也，不得已而用之，"铦袭"为上。

---

① 参见（汉）许慎撰、（清）段玉裁注《说文解字注》，上海古籍出版社1988年版，第411页。

"而"在《说文解字》中释义:"颊毛也。"① 在本段中可解读为明显的、头目、领头的人物等。

"銛〔xiān〕"《说文解字》中释义:"锸属。"②《过秦论》中:"非銛于钩戟长铩也。"③ 1973年长沙马王堆汉墓出土的各种銛。陇西地区的农民至今将挖地用的铁锹叫"铁xiān",把扬场用的叫"木xiān"。

"袭"在《说文解字》中释义:"左衽袍。"④ 引申为衣服。

"銛袭"意思是用銛伤到人体衣服为止,不要伤到人的肉体。引申为震慑。

本段的大意是武器是不吉祥的东西,只有在迫不得已的情况下才使用它,"擒贼先擒王",要先用在那些头目、领头的人物上,以銛伤到人体衣服为止,不要伤到人的肉体,也就是说以震慑为上。

陇西俗语:"打住的少,吓住的多。"意思是对于某些不良行为以设置舆论震慑为主,打击为辅。

"勿美也,若美之,是乐杀人。"

"美"在《说文解字注》中释义:"甘也。甘部曰。美也。甘者、五味之一。而五味之美皆曰甘。引申之凡好皆谓之美。"⑤

"乐"在《说文解字注》中释义:"五声八音总名。乐记曰。感于物而动。故形于声。声相应。故生变。变成方。谓之音。比音而乐之。及干戚羽旄谓之乐。音下曰。宫商角徵羽、声也。丝竹金石匏土革木、音也。乐之引申为哀乐之乐。"⑥

本段大意是有些人认为"銛袭为上","不合口味,不过瘾,要合口味过把瘾,如同干戚羽旄般地杀个痛快"。

---

① 参见(汉)许慎撰、(宋)徐铉等校《说文解字》,上海古籍出版社2007年版,第468页。

② 同上书,第706页。

③ 中等师范学校语文课本《文选和写作》(第5册),人民教育出版社1982年版,第83页。

④ 参见(汉)许慎撰、(宋)徐铉等校《说文解字》,上海古籍出版社2007年版,第405页。

⑤ 参见(汉)许慎撰、(清)段玉裁注《说文解字注》,上海古籍出版社1988年版,第146页。

⑥ 同上书,第265页。

夫"乐杀人",不可以得志于天下矣!

本段大意是"干戚羽旄般地杀个痛快"式的解决方式,持这种志向永远得不到天下百姓的认同。

是以吉事上左,丧事上右。

本段大意是在一般人们正常的生活中,吉祥如意之事崇尚的是以左为贵,从事悲哀的丧事活动崇尚以右为贵。

是以便将军居左,上将军居右?言以:"丧礼居之也,杀人众,以悲依立之。战胜,以丧礼处之。"

"便〔pián〕"在《说文解字》中释义:"安也。人有不便,更之。"①

本段大意是在这个安静的地方,为什么是一般将军居左,上将军居右呢?听人讲:"此地是丧礼活动的场所,因为战场上杀了很多人,将军们都在悲哀中站立着。战争虽然胜利了,但是死了很多人,正在以丧礼处置着死者,安抚着家属。"

---

① 参见(汉)许慎撰、(宋)徐铉等校《说文解字》,上海古籍出版社2007年版,第391页。

第三十二章

【原文】

帛本（甲）①	帛本（乙）②	简本【甲】③【甲】④	传本⑤
道恒无名楃唯□□□□□□□□王若能守之万物将自宾天地相合以俞甘洛民莫之□□□□焉始制有□□□□有夫□□□□□所以不□俾道之在□□□□□浴之与江海也	道恒无名朴唯小而天下弗敢臣侯王若能守之万物将自宾天地相合以俞甘洛□□□令而自均焉始制有名＝亦既有夫亦将知＝止＝所以不殆卑□□在天下也猷小浴之与江海也	道互亡名僕唯妻天陞弗敢臣侯王女能獸之萬勿酒自宜天陞相合也以逾甘䰞民莫之命天自均安忄折又名名亦既又夫亦酒智止智所以不忄卑道之才天下也猷少浴之與江海	道常無名樸雖小天下莫能臣也侯王若能守之萬物將自賓天地相合以降甘露民莫之令而自均始制有名名亦既有夫亦將知止知止可以不殆譬道之在天下猶川谷之於江海

---

① 参见马王堆汉墓帛书整理小组编《老子》，文物出版社1976年版，第93页。
② 同上。
③ 参见荆门市博物馆编《郭店楚墓竹简·老子甲》，文物出版社2002年版，第18页。
④ 同上书，第19页。
⑤ 参见（魏）王弼注、（唐）陆德明音义《老子王弼注》，新兴书局1964年版，第37—38页。

【点校】

道恒无名，椁，唯小，而天下弗敢臣。

侯王若能守之，万物将自宾。

天地相合，以俞甘洛，民莫之令而自均焉。

始制有名，名亦既有，夫亦将知止，知止所以不殆。

俾道之在天下也，犹川浴之与江海也。

【讲堂】

道恒无名，椁，唯小，而天下弗敢臣。

"无名"意为"无"中之名。如一块石材要制成砚台、石珠、印章等，未制成砚台、石珠、印章等前称"无名"，一旦制成某一东西便是"有"名。

一方砚台从"石"开始到雕刻成功前为"无"砚台阶段，恰恰"无"砚台阶段就是用"道"雕刻阶段，砚台为"名"，砚台雕刻出来了，即"道"停止了。同理可推，我们干成功的一切"事物"都是用"道"干成功的，干成功前的过程是事物的"无"，所以说"道"永远是"无"中之"名"。即道恒"无"名，"有"名道止。

"椁"在《说文解字》中释义："木帐也。"[1]

"椁"在《说文解字注》中释义："木帐也。周礼巾车翟车有椁。字从木。释文及各木从手。非也。释文云。握、刘音屋。贾马皆作幄。考幂人注曰。四合象宫室曰幄。许书无幄有椁。椁盖出巾车职。今本周礼转写误耳。郑云。有椁则此无蓋。谓上四车皆有容有蓋。翟车以椁当容。不云有蓋也。释名云。椁、屋也。以帛衣版施之。形如屋也。故许曰木帐。"[2]

"弗"在《说文解字注》中释义："矫也。矫各本作挢。今正。挢者、举手也。引申为高举之用。矫者、揉箭箝也。引申为矫拂之用。今人不能辨者久矣。弗之训矫也。今人矫、弗皆作拂。而用弗为不。其误

---

[1] 参见（汉）许慎撰、（宋）徐铉等校《说文解字》，上海古籍出版社2007年版，第282页。

[2] 参见（汉）许慎撰、（清）段玉裁注《说文解字注》，上海古籍出版社1988年版，第257页。

盖亦久矣。公羊传曰。弗者、不之深也。固是矫义。凡经传言不者其文直。言弗者其文曲。如春秋公孙敖如京师、不至而复。晋人纳捷菑于邾、弗克纳。弗与不之异也。礼记。虽有佳肴。弗食不知其旨也。虽有至道。弗学不知其善也。弗与不可互易。从丿、。丿、皆有矫意。从韦省。韦者、相背也。故取以会意。谓或左或右皆背而矫之也。"①

"弗"在本段中可解读为"矫正"。

"敢"在《说文解字》中释义:"进取也。"②

"臣"在《说文解字》中释义:"牵也。事君也。象屈服之形。"③

本段大意是我们做成功的一切"事物"都是用"道"实现的,做成功前的过程是事物的"无",所以说"道"永远是"无"中之"名"。"道"如同君主的"椻",微小,但天下官员、民众都在不时对照着"椻"矫正或调整着自己做臣民的行为。

侯王若能守之,万物将自宾。

"侯王"春秋时代诸侯的别称或用作士大夫之间的尊称。《礼记·王制第五》:"王者之制禄爵:公、侯、伯、子、男,凡五等。诸侯之上大夫卿、下大夫、上士、中士、下士,凡五等。"④

"能"意为才能,本事。

"守"在《说文解字》中释义:"守官也。从宀,从寸。寺府之事者。从寸,寸,法度也。"⑤

"宾"在《说文解字》中释义:"所敬也。"⑥

本段大意是诸侯用自己的才能将自己手下的官员管理好,侯王自然就会成为社会所尊敬的人了。

天地相合,以俞甘洛,民莫之令而自均焉。

---

① 参见(汉)许慎撰、(清)段玉裁注《说文解字注》,上海古籍出版社1988年版,第627页。

② 参见(汉)许慎撰、(宋)徐铉等校《说文解字》,上海古籍出版社2007年版,第190页。

③ 同上书,第143页。

④ 陈戍国点校《周礼·仪礼·礼记》,岳麓书社1989年版,第328页。

⑤ 参见(汉)许慎撰、(宋)徐铉等校《说文解字》,上海古籍出版社2007年版,第356页。

⑥ 同上书,第305页。

"俞"[yú]在《说文解字》中释义："空中木为舟也。"①

"甘"在《说文解字》中释义："美也。"②

"洛"[luò]，作为简称，一指水名，一般指洛河。又作地名，即古都洛阳的简称。"洛"字最早在商代帝乙、帝辛时期的甲骨文中，在商代时，河洛之间存在着一座商王居住的都邑，甲骨文中称为"洛"。

"洛"在《说文解字》中释义："水。出左冯翊归德北夷界中，东南入渭。"③

"洛"在《说文解字注》中释义："洛水。出左冯翊归德北夷畍中。东南入渭。左冯翊三字、当作北地二字。前志北地郡归德下。洛水出北蛮夷中。入河。入河者、入渭以入河也。此揔举其源委也。左冯翊襄德下曰。洛水东南入渭。此言其入渭之处也。许之例。举源地、不举委地。然则当云出北地归德无疑矣。今甘肃庆阳府安化合水二县、汉归德地也。今陕西同州府朝邑县有怀德城、汉县也。括地志云。洛水源出庆州洛源县白于山。方舆纪要曰。洛水出庆阳府合水县北二十里白于山。东北流经废洛源县。又经保安县、安塞县、甘泉县、鄜州。又南经洛川县南、中部县东、而沮水入焉。沮水自中部县子午岭东南流而入于洛水。即说文濾水、出北地直路西、东入洛也。自是洛水亦兼沮水之称。又南流经宜郡县。过耀州。合漆水。历三原县、富平县、白水县。又东南流经澄城县、同州府。至朝邑县南入渭水。水道提纲云。旧合渭入河。自明时改流。径入河。不南入渭。今洛口南去渭口。三十里。按水经注本有雍州洛水篇。今亡之矣。禹贡道渭节谓之漆沮。职方雍州其浸渭洛。小雅瞻彼洛矣传曰。洛、宗周之浸也。左传、国语皆云三川震。韦、杜以泾渭洛为三川。从水。各声。卢各切。五部。按雍州洛水。豫州雒水。其字分别。自古不紊。周礼职方。豫州、其川荥雒。雍州、其浸渭洛。逸周书职方解、地理志引职方正同。雒不见于诗。瞻彼洛矣传曰。洛、宗周浸水也。此职方氏文也。洛不见于左传。传凡雒字皆作雒。如僖七年伊

---

① 参见（汉）许慎撰、（宋）徐铉等校《说文解字》，上海古籍出版社2007年版，第418页。

② 同上书，第227页。

③ 同上书，第540页。

雒之戎、宣三年楚子伐陆浑之戎遂至于雒是也。淮南坠形训曰。洛出猎山。据高注谓雍州水也。雒出熊耳。据高注谓豫州水也。汉地理志弘农上雒下云。禹贡雒水、出冢领山。东北至巩入河。豫州川。卢氏下云。伊水、出熊耳山。东北入雒。黾池下云。穀水、出穀阳谷。东北至穀城入雒。新安下云。禹贡涧水、在东南入雒。河南穀成下云。禹贡廛水、出瞀亭北。东南入雒。此谓豫州水也。左冯翊襃德下云。洛水、东南入渭。北地归德下云。洛水、出北蛮夷中。入河。直路下云。沮水、出东西入洛。此谓雍州水也。已上皆经数千年尚未误者。而许书水部下不举豫州水。尤为二字分别之证。后人书豫水作洛。其误起于魏。裴松之引魏略曰。黄初元年。诏以汉火行也。火忌水。故洛去水而加隹。魏于行次为土。土、水之牡也。水得土而乃流。土得水而柔。故除隹加水。变雒为洛。此丕改雒为洛、而又妄言汉变洛为雒。以掩己纷更之咎。且自诡于复古。自魏至今皆受其欺。周礼、春秋在汉以前。谁改之乎。尚书有豫水、无雍水。而蔡邕石经残碑多士作雒。郑注周礼引召诰作雒。是今文、古文尚书皆不作洛。郑、蔡断不擅改经文也。自魏人书雒为洛。而人辄改魏以前书籍。故或致数行之内雒洛错出。即如地理志引禹贡既改为洛矣。则上雒下曰禹贡雒水。不且前无所承乎。若郊祀志汧洛从水。后文宣帝以四时祀江海雒水。成王郊于雒邑。字皆从隹。又当时二字确然分别之证也。"[1]

"洛"在《中华大字典》中释义："洛水出左冯掖归德北夷界中。东南入渭。见[说文]。[通雅谓洛有十一。其所称未尽合也。山海经中山经，岷山之首，曰女儿之山，洛水出焉，毕沅云：经凡有三洛水，一出白于山，今自甘肃安化至陕西同州入河之洛雍州浸也，一出讙举山，今自陕西商州至河南，入河之洛豫州浸也。一即此洛，在四川入江，李冰之所导也。案安化即今庆阳县，同州即今大荔等县，商州即今商县。许所称洛，即出今甘肃白于山者也，旧注所引水经沂水注琅琊临洛县，有洛水注之。戴震谓洛为治之讹，是则不可云洛也。]"[2]

---

① 参见（汉）许慎撰、（清）段玉裁注《说文解字注》，上海古籍出版社1988年版，第524页。

② 《中华大字典》，中华书局1978年版，第989—990页。

"洛"在《辞海》中释义："水名，见'洛水.'……洛水：古水名。即今河南洛河。一名北洛水，即今陕西洛河。今四川沱江诸源之一。见'雒水'。一名洛涧，即今安徽洛河。"①

"雒水：古水名。《汉书·地理志》弘农郡卢氏县：'熊耳山在东，伊水出，东北入雒。'指今河南洛河，三国魏改'雒'为'洛'。'雒'一作'洛'。《汉书·地理志》广汉郡雒县：'章山，雒水所出。'指今四川广汉市境内沱江诸源之一，一说即鸭子河，一说即石亭江，《水经注》的洛水，兼指今金堂以下的沱江；唐宋诸地志或作'雒'，或作'洛'，仍专指金堂以上。"②

老子在本章中所说的"甘洛"依据"甘"即"美"的字义，应该是源出陕西省渭南市华州区西南与蓝田县、临渭区交界的箭峪岭侧木岔沟，流经陕西省东南部及河南省西北部，在河南省巩义市注入黄河的"洛河"流域。

洛河在中华文明的发展中占有重要地位，与黄河交汇的地区被称为"河洛地区"，是华夏文明发祥地，河洛文化被称为中华民族的根文化。伏羲长期在河洛一带活动，受"河图"启发画了八卦。黄帝也在这一带活动，新安县的青要山即黄帝密都之所在。还有帝喾也曾生活在洛阳偃师境内。河图洛书传说就发生在河洛地区。

《易经·系辞上》："河出图，洛出书，圣人则之。"③ 这是对于河图洛书的最早记载。相传伏羲氏时，有一匹龙马从黄河浮出，背负"河图"；有一只神龟从洛河浮出，背负"洛书"。伏羲依此"图"和"书"，画作八卦，就是后来《周易》一书的来源。河洛地区产生的对社会历史有影响的名人有伏羲、黄帝、帝喾、大禹、商汤、伊尹、周公、老子等。

《河图》《洛书》早已失传，后人根据古籍记载绘制出如图32—1所示。

---

① 《辞海》（缩印本），上海辞书出版社2000年版，第1110页。
② 同上书，第2422页。
③ 孙振声：《白话易经》，星光出版社1981年版，第508页。

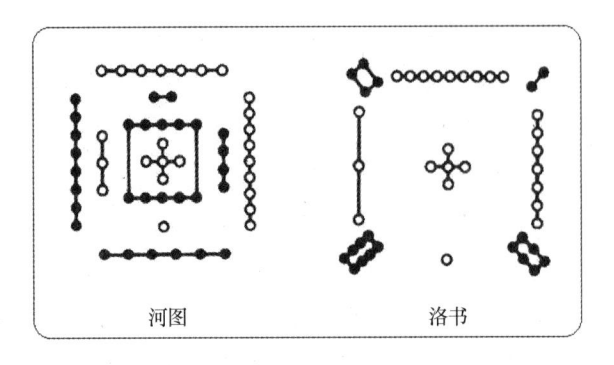

图 32—1

在图 32—1 中：○表示奇数的阳数，●表示偶数的阴数。①

"河图"中一与六在下方，二与七在上方，三与八在左方，四与九在右方，五与十在中央。以方位来说，人面对南方站立，所以上方是南，是火；下方是北，是水；左方是东，是木；右方是西，是金；中央是土。各相对两数的差都是五。除了中央的五以外，奇数一、三、七、九，偶数二、四、六、八，都按顺时针方向排列，共有十数，合计为五十五。

"洛书"中奇数的五在中央，一在北方，三在东方，九在南方，七在西方。偶数分占四角，除了中央的五以外，相对两数的和都等于十，共有九数，合计为四十五。由东北角起，一、三、四、九与"河图"横列的数字相同；二、七、六、一与"河图"纵列的数字相同。

"而"在本段中可解读为成熟的事物。

"均"在《说文解字注》中释义："平徧也。平者、语平舒也。引申为凡平舒之称。徧者、帀也。平徧者、平而帀也。言无所不平也。小雅节南山传曰。均、平也。古多叚旬为均。亦叚钧为均。从土匀。匀者、帀也。故以会意。"②《周易·说卦·第十一章》："坤为地、为母、为布、为釜、为吝啬、为均、为子母牛、为大舆、为文、为众、为柄，其于地也为黑。"孙振声释义"为均"是："地生万物，没有偏袒，所以

---

① 孙振声：《白话易经》，星光出版社 1981 年版，第 509 页。
② 参见（汉）许慎撰、（清）段玉裁注《说文解字注》，上海古籍出版社 1988 年版，第 683 页。

平均。"①

本段大意是天地之间如同一木中间空虚形成的舟，舟中产生了供人类使用的大美《河图》《洛书》，这《河图》《洛书》上的一切不受民众的主观意志摆弄，它们都是成熟的，独具"母性"所具有的高大的德行，均衡地指引着人类前行。

始制有名，名亦既有，夫亦将知止，知止所以不殆。

"始"在《说文解字》中释义："女之初也。"②

"制"在《说文解字》中释义："裁也。从刀，从未。未，物成，有滋味，可裁断。一曰：止也。"③

"始制有名"中的"有"可解读为听到的或自己设想的但还不确切或未实现的事物。"名亦既有"中的"有"是指确定该事物已经存在。地球上原先"无"，通过制造，设立了"有"，有了"有"，于是"名"也随之出现了。例如，科学技术人员在开始发明制造"飞机"这一"有"的时刻即为"始制"。

"殆[dài]"在《说文解字》中释义："危也。"④ 在本段中可解读为危险、陷入困境。

本段大意是地球上原先"无"某事物，通过"道"开始做并制造出了某事物，即"有"了某事物，某事物的"名"也就随之出现了；人人都可以用"道"，天下大得很，有可能不同的人用同一道做着同一事物（创新发明），如果自己知道别人用道先做出了某事物（创新发明），那么自己就要停止。知道停止，就不会给自己带来损失。

俾道之在天下也，犹川浴之与江海也。

"俾[bǐ]"在《说文解字注》中释义："益也。俾与埤朇裨音义皆同。今裨行而埤朇俾皆废矣。经传之俾皆训使也。无异解。盖即益义之引申。释诂。俾、从也。释言。俾、职也。亦皆引申之义。手部挟下曰。俾持。亦部夾下曰。蔽人俾夾。古或假卑为俾。从人。卑声。并弭切。十

---

① 孙振声：《白话易经》，星光出版社1981年版，第560页。
② 参见（汉）许慎撰、（宋）徐铉等校《说文解字》，上海古籍出版社2007年版，第621页。
③ 同上书，第208页。
④ 同上书，第192页。

六部。一曰俾、门侍人。未闻。或曰。如寝门之内竖。是阍寺之属。近得阳湖庄氏述祖说。门侍人当是斗持人之误。挟下曰。俾持也。正用此义。按此条得此挍正。可谓涣然冰释矣。"① "门侍人"本义是代表主人站在门口为主人接客或传话一类工作性质的人。创新发明本质上就是益于人类、侍奉人类的事业。

"犹"在《说文解字注》中释义："玃属。释兽曰。犹如麂。善登木。许所说谓此也。曲礼曰。使民决嫌疑。定犹豫。正义云。说文。犹、玃属。豫、象属。此二兽皆进退多疑。人多疑惑者似之。故谓之犹豫。按古有以声不以义者。如犹豫双声。亦作犹与。亦作冘豫。皆迟疑之皃。老子。豫今如冬涉川。犹今若畏四邻。离骚。心犹豫而狐疑。以犹豫二字皃其狐疑耳。李善注洛神赋乃以犹兽多豫、狐兽多疑对说。王逸注离骚绝不如此。礼记正义则又以犹与豫二兽对说。皆郢书燕说也。如九歌君不行兮夷犹。王逸卽以犹豫解之。要亦是双声字。春秋经犹三望、犹朝于庙、犹绎今。谓可已而不已者曰犹。卽犹豫、夷犹之意也。释诂曰。猷、谋也。释言曰。猷、图也。召南传曰。犹、若也。说文。图者、画也。计难也。谋者、虑难也。图谋必酷肖其事而后有济。故图也、谋也、若也为一义。周礼。以犹鬼神示之居。犹者、图画也。是则皆从迟疑郑重之意引申之。魏风毛传。猷、可也。可之义与庶几相近。庶几与今语犹者相近也。释诂又曰。猷、道也。以与由音同。秩秩大猷、汉书作大繇可证。释诂又云。猷、巳也。谓已然之譻。亦卽犹三望之类也。从犬。酋声。以周切。三部。今字分猷谋字犬在右。语助字犬在左。经典绝无此例。一曰陇西谓犬子为犹。此别一义。益证从犬之意。"②

"犹"在《说文解字》中释义："玃属。一曰：陇西谓犬子为犹。"③

犬子的最显著的特性是具有对从小认识的主人不论穷富、地位高低都跟随保护的品质。

---

① 参见（汉）许慎撰、（清）段玉裁注《说文解字注》，上海古籍出版社1988年版，第376页。
② 同上书，第477页。
③ 参见（汉）许慎撰、（宋）徐铉等校《说文解字》，上海古籍出版社2007年版，第491页。

"川"在《说文解字》中释义："贯穿通流水也。"①

"川"在《说文解字注》中释义："毌穿通流水也。毌各本作贯。毌、穿物持之也。穿、通也。巜则毌穿通流。又大于巜矣。水有始出谓川者。如尔雅水注川曰溪、许云泉出通川为谷是也。有绝大乃谓川者。如皋陶谟く巜距川、考工记浍达于川是也。本小水之名、因以为大水之名。虞书曰。谓古文皋陶谟。浚く巜距巜。距各本作距。今正。今尚书作畎浍距川者、后人所改也。言深く巜之水会为川也。此偁尚书释之。以见尚书之川与川字有间矣。川今昌缘切。古音在十三部。读如春。云汉之诗是也。凡川之属皆从川。"②

"浴"在《说文解字》中释义："洒身也。"③

"浴"在《中华大字典》中释义："以德自清曰浴德。[礼记儒行]儒有澡身而浴德。[疏]谓沐浴于德以德自清也。"④

"浴"在《道德经》中出现过7处，分别是第六章、第十五章、第二十八章、第三十二章、第三十九章、第四十一章和第六十六章，比喻人的"洒身"或大地的"洒身"，含义都基本相同。老子以"浴"暗喻执政者在思想上、行为上要经常做到"浴"，时刻提高自己的思想品德以及执政水平。

本段大意是侍奉人类的创新发明时时存在，始终遍于天下；它如同犬子，不论谁领养，它都会跟随、效力、保护领养者，它对人类的作用非常大，但是如果你不挖掘用它，它如同洗刷大地的雨水，大地用不了就会贯穿通流归入江海去了。

---

① 参见（汉）许慎撰、（宋）徐铉等校《说文解字》，上海古籍出版社2007年版，第571页。

② 参见（汉）许慎撰、（清）段玉裁注《说文解字注》，上海古籍出版社1988年版，第568页。

③ 参见（汉）许慎撰、（宋）徐铉等校《说文解字》，上海古籍出版社2007年版，第566页。

④ 《中华大字典》，中华书局1978年版，第1003页。

第三十三章

【原文】

帛本（甲）①	帛本（乙）②	传本③
知人者知也自知□□□□者有力也自胜者□□□□□也强行者有志也不失其所者久也死不忘者寿也	知人者知也自知明也朕人者有力也自朕者强也知足者富也强行者有志也不失亓所者久也死而不忘者寿也	知人者智自知者明勝人者有力自勝者強知足者富強行者有志不失其所者久死而不亡者壽

【点校】

知人者知也；自知者明也。

胜人者，有力也；自胜者强也。

知足者富也；强行者，有志也。

不失其所者，久也；死不忘者，寿也。

【讲堂】

知人者知也；自知者明也。

---

① 参见马王堆汉墓帛书整理小组编《老子》，文物出版社1976年版，第93页。
② 同上。
③ 参见（魏）王弼注、（唐）陆德明音义《老子王弼注》，新兴书局1964年版，第39页。

"知"在《说文解字注》中释义:"词也。白部曰。䁻、识词也。从白、从亏、从知。按此词也之上亦当有识字。知䁻义同。故䁻作知。从口矢。识敏、故出于口者疾如矢也。"① 本段指了解他人或自己的长、短处,优、缺点等。

本段大意是知道竞争对手的长短处、优缺点就可称为聪明人;反过来知道自己的长短处、优缺点就可称得上是明白人。

胜人者,有力也;自胜者强也。

"胜"与"勝"有区别:

"胜"在《说文解字注》中释义:"犬膏臭也。庖人、内则。秋行犊麛膳膏腥。杜子春云。膏腥、豕膏也。后郑云。膏腥、鸡膏也。许云犬膏。葢本贾侍中。从肉。生声。桑经切。十一部。一曰不孰也。上文云生肉酱。字当作胜。论语。君赐腥。必孰而荐之。字当作胜。今经典膏胜、胜肉字通用腥为之而胜废矣。而腥之本义废矣。"②

"勝"在《说文解字注》中释义:"任也。任者、保也。保者、当也。凡能举之、能克之皆曰勝。"③

本段中可取"勝"释义。

"力"《说文解字注》中释义:"筋也。筋下曰。肉之力也。二篆为转注。筋者其体。力者其用也。非有二物。引申之、凡精神所胜任皆曰力。"④

本段大意是想要胜任他人或单位的事情,自己无论是体力还是知识水平、工作能力等都要具备;自己足以胜任的事能够超出同类人才算是强者。

知足者,富也;强行者,有志也。

"足"在《说文解字》中释义:"人之足也。"⑤ "知足"比喻自己了

---

① 参见(汉)许慎撰、(清)段玉裁注《说文解字注》,上海古籍出版社1988年版,第227页。
② 同上书,第175页。
③ 同上书,第700页。
④ 同上书,第699页。
⑤ 参见(汉)许慎撰、(宋)徐铉等校《说文解字》,上海古籍出版社2007年版,第92页。

解自己的能力。

"富"在《说文解字》中释义："备也。一曰厚也。"①

"有"泛指客观存在,本段中不但指自身具备的知识水平、工作能力等,更是思想中包含的向某方向发展的谋划、意识。

"志"在《说文解字》中释义："意也。"②

本段大意是凡事知道满足（符合自己能力的收获）的人可算得上是个厚道完备的人；坚持不懈、持之以恒做某事的人,其主观上必定存在着一种客观意志。

不失其所者,久也；死不忘者,寿也。

"其"指上述"知人""自知""胜人""自胜""知足""强行"等所包含的哲理。

"忘"在《说文解字》中释义："不识也。"③

"寿"在《说文解字》中释义："久也。"④

本段大意是：只要不丢失上述六个方面的人即可长久；一生能够按照上述六个方面行事的人即使死了,后人也不会忘记,不会被后人忘记的人才叫长寿。

---

① 参见（汉）许慎撰、（宋）徐铉等校《说文解字》,上海古籍出版社2007年版,第355页。
② 同上书,第519页。
③ 同上书,第527页。
④ 同上书,第413页。

第三十四章

【原文】

帛本（甲）①	帛本（乙）②	传本③
道□□□□□□□□遂事而弗名有也万物归焉而弗为主则恒无欲也可名于小万物归焉□□为主可名于大是□声人之能成大也以其不为大也故能成大	道沨呵亓可左右也成功遂□□弗名有也万物归焉而弗为主则恒无欲也可名于小万物归焉而弗为主可命于大是以耶人之能成大也以亓不为大也故能成大	大道氾兮其可左右萬物恃之而生而不辭功成不名有衣養萬物而不為主常無欲可名於小萬物歸焉而不為主可名為大以其終不自為大故能成其大

【点校】

道，沨呵，其可左右也。

成功遂事，而弗名，有也。

万物归焉，而弗为主：则恒无，欲也，可名于小。

万物归焉，而弗为主：可名于大。

是以声人之能成大也，以其不为大也。故能成大。

---

① 参见马王堆汉墓帛书整理小组编《老子》，文物出版社1976年版，第93页。
② 同上。
③ 参见（魏）王弼注、（唐）陆德明音义《老子王弼注》，新兴书局1964年版，第40页。

【讲堂】

道，汎呵，其可左右也。

"汎"在《中华大字典》中释义："汎汎。中庸之声也。［左襄二十九年传］美哉汎汎乎。"①

"其"代指"道"。

"左右"意为支配、影响。

本段大意是人们面对客观事物的"道"无时不有、无处不有，它如同美妙的"汎汎"之音，时刻伴随着我们，左右着我们所做的事。

吃饭之"道"，陇西俗语如"皇帝的早餐，下苦人的午餐，叫花子的晚餐""早上要吃好，中午要吃饱，晚上要吃少""清稠搭配，荤素搭配；酸一顿甜一顿"等。"道"真是"说话时在嘴边、吃饭时在碗边、睡觉时在枕边、干活时在身边"②……

成功遂事，而弗名，有也。

"遂"在《说文解字》中释义："亡也。"③ 意为事情未办成。

"而"在《说文解字》中释义："颊毛也。"④

"弗"在《说文解字》中释义："挢也。臣铉等曰：韦所以束枉戾也。"⑤

"弗"在《说文解字注》中释义："矫也。矫各本作挢。今正。挢者、举手也。引申为高举之用。矫者、揉箭箝也。引申为矫拂之用。今人不能辨者久矣。弗之训矫也。今人矫、弗皆作拂。而用弗为不。其误葢亦久矣。"⑥

本段中以"挢"释义比较符合文意。即"举手之劳"。

本段大意是人们对事物的创新发明能够成功，往往是因为对那些过时的、陈旧的东西在"举手"之间即重新想出一个"名"之类的东西，

---

① 《中华大字典》，中华书局1978年版，第1033页。
② 田文编著《人人都能成为发明家》，甘肃人民出版社2005年版，第151页。
③ 参见（汉）许慎撰、（宋）徐铉等校《说文解字》，上海古籍出版社2007年版，第82页。
④ 同上书，第468页。
⑤ 同上书，第633页。
⑥ 参见（汉）许慎撰、（清）段玉裁注《说文解字注》，上海古籍出版社1988年版，第627页。

将这个想出来的"名"立即做出来,即成为现实的"有"。

万物归焉,而弗为主:则恒无,欲也,可名于小。

"归"在《说文解字注》中释义:"女嫁也。公羊传、毛传皆云。妇人谓嫁归。此非妇人假归名。乃凡还家者假妇嫁之名也。"① 本段可释义为"回归"一切新发明的出世即可谓"归"。

"主"在《说文解字注》中释义:"镫中火主也。释器。瓦豆谓之登。郭曰。卽膏镫也。膏镫、说文金部之镫锭二字也。其形如豆。今之镫盏是也。上为盌盛膏而蓺火是为主。其形甚微而明照一室。引申假借为臣主、宾主之主。"②

"欲"在《说文解字注》中释义:"贪欲也。欲者衍字。贝部贪下云。欲也。二篆为转注。今贪下作欲物也。亦是浅人增字。凡此书经后人妄窜。葢不可数计。独其义例精密。迄今将二千年。犹可推寻。以复其旧。是以最目云后有达者、理而董之也。感于物而动。性之欲也。欲而当于理。则为天理。欲而不当于理。则为人欲。欲求适可斯已矣。非欲之外有理也。古有欲字、无人呢慾字。后人分别之、制慾字。殊乖古义。论语申枨之欲、克伐怨欲之欲。一从心、一不从心。可征改古者之未能画一矣。欲从欠者、取慕液之意。从谷者、取虚受之意。易曰。君子以征忿窒欲。陆德明曰。欲、孟作谷。晁说之曰。谷古文欲字。晁氏所据释文不误。今本改为孟作浴。非也。"③ 在本段中可解读为理想、抱负,将某一事物改造(发明)成功的愿望。

"可名"在第一章中解读是为社会具体做的事为"可名",例如,教师上一节课、县长做了一件救济事、校长主持建了一个图书馆,等等。本段中可解读为具体事物"创新点"的名称。

"小"在《说文解字》中释义:"物之微也。"④ 比喻对具体事物的"创新点"。

---

① 参见(汉)许慎撰、(清)段玉裁注《说文解字注》,上海古籍出版社1988年版,第68页。
② 同上书,第214—215页。
③ 同上书,第411页。
④ 参见(汉)许慎撰、(宋)徐铉等校《说文解字》,上海古籍出版社2007年版,第49页。

本段大意是要使万事万物回归到使用更加便利、功能更加齐全、外观更加美观的状态，就要挑选出那些已经陈旧的、老的、落后的内容加以"矫正"（创新发明），从而达到光彩照人的目的。"矫正"（创新发明）是对某一具体（小）的事物加以创新改造，达到令自己满意的、理想的目的。被创新改造的事物的"创新点"必须是细小的、具体的。

万物归焉，而弗为主：可名于大。

"大"在《说文解字》中释义："天大，地大，人亦大。故大象人形。"①

本段在上一段的基础上进一步指出：被创新改造的事物的"创新点"虽然是具体的、细小的，但它的影响力却非常大。"尽管你手中的那个（小发明）小的微不足道，但只要觉悟，这就是他人的欣慰，这就是家庭的希望，这就是社会的进步。"②

是以声人之能成大也，以其不为大也。故能成大。

"聖"与"圣"有区别：

"聖"在《说文解字注》中释义："通也。邶风。母氏聖善。传云。聖、叡也。小雅。或聖或不。传云。人有通聖者。有不能者。周礼。六德教万民。智仁聖义忠和。注云。聖通而先识。洪范曰。睿作聖。凡一事精通、亦得谓之聖。从耳。聖从耳者、谓其耳顺。风俗通曰。聖者、声也。言闻声知情。按声聖字古相段借。呈声。"③

"圣"在《说文解字注》中释义："汝颍之闲谓致力于地曰圣。此方俗殊语也。致力必以手。故其字从又土会意。从又土。"④

"声"通"聖"，但《老子·帛本（甲）》在《道经》中关于"聖人"的"聖"字全部用"声"字，在《德经》中关于"圣人"的"圣"字全部用"圣"字。

---

① 参见（汉）许慎撰、（宋）徐铉等校《说文解字》，上海古籍出版社 2007 年版，第 508 页。

② 田文编著《人人都能成为发明家》，甘肃人民出版社 2005 年版，第 207 页。

③ 参见（汉）许慎撰、（清）段玉裁注《说文解字注》，上海古籍出版社 1988 年版，第 592 页。

④ 同上书，第 689 页。

本段大意是：所以人们认为明智的人是非常有才能的，他之所以伟大，其实是因为他所做的事情都是很小的，而不是专门挑拣大事去做。一个人"小"事做得多了，积累起来的那些点滴会成就他的伟大。

第三十五章

【原文】

帛本（甲）①	帛本（乙）②	简本【丙】③	传本④
执大象□□往＝而不害安平大乐与饵过格止故道之出言也曰谈呵其无味也□□不足见也听之不足闻也用之不可既也	执大象天下往＝而不害安平大乐与□过格止故道之出言也曰淡呵亓无味也视之不足见也听之不足闻也用之不可既也	執大象天下往往而不害安坪大樂與餌佮客止古道□□□淡可其無味也視之不足見聖之不足餌而不可既也	執大象天下往往而不害安平太樂與餌過客止道之出口淡乎其無味視之不足見聽之不足聞用之不足既

【点校】

执大象，天下往，往而不害，安平大。

乐与饵，过格止。

故道之出，言也、曰、谈呵，其无味也。视之不足见也，听之不足闻也，用之不可既也。

---

① 参见马王堆汉墓帛书整理小组编《老子》，文物出版社1976年版，第94页。
② 同上。
③ 参见荆门市博物馆编《郭店楚墓竹简·老子乙、丙》，文物出版社2002年版，第22页。
④ 参见（魏）王弼注、（唐）陆德明音义《老子王弼注》，新兴书局1964年版，第41页。

【讲堂】

执大象，天下往，往而不害，安平大。

"执"在《说文解字》中释义："捕罪人也。"①

"象"在《说文解字》中释义："长鼻牙，南越大兽，三季一乳，象耳牙四足之形。"② 陇西地区的老百姓将不具有实才、虚伪、弄虚作假、阳奉阴违的人戏称为"装象的"："鼻子里插葱，装象的！"老子讲的"大象"可解读为不具有实才、虚伪、弄虚作假、阳奉阴违的高官。"执大象"意同今天"打虎拍蝇"的治吏工作。

"往"在《说文解字》中释义："之也。"③ "之，出也。"④

"而"在《说文解字》中释义："颊毛也。"⑤ 古代成年男子有留胡须的讲究。因此，可解读为老的、年长的、成年的人。

"害"在《说文解字》中释义："伤也。"⑥

"安"在《说文解字》中释义："静也。"⑦ 意为没有危险，不受威胁。

"平"在《说文解字》中释义："语平舒也。"⑧

本段大意是：治理国家除了要有上一章所提到的创造发明以外，对于老百姓（老的、年长的、成年的人）反映强烈的、影响恶劣的、"鼻子里插葱，装象的"典型的、影响大的、头号的坏官员要及时处理。君主要轻车简从往来于天下调查研究，看是否存在伤害老百姓（老的、年长的、成年的人）的事情，倾听老百姓对官员的评价语词，如果老百姓生活安定，评价官员的语词平舒，那么这个官员才是一名好官。

乐与饵，过格止。

---

① 参见（汉）许慎撰、（宋）徐铉等校《说文解字》，上海古籍出版社2007年版，第513页。
② 同上书，第474页。
③ 同上书，第85页。
④ 同上书，第295页。
⑤ 同上书，第468页。
⑥ 同上书，第357页。
⑦ 同上书，第355页。
⑧ 同上书，第231页。

"乐"在《说文解字》中释义:"五声八音总名。"①

"與"和"与"有区别:

"與"在《说文解字》中释义:"党與也。"②

"与"在《说文解字》中释义:"与,赐予也。一勺为与。此与與同。"③

"與"在《说文解字注》中释义:"党與也。党当作挡。挡、朋群也。與当作与。与、赐予也。从舁与。会意。共举而与之也。"④

"与"在《说文解字注》中释义:"赐予也。赐、予也。予、推予耑人也。一勺为与。下从勺。一者、推而予之。余吕切。五部。此與予同意。大徐作此与、與同。小徐作此即與同。惟小徐袪妄内作與予皆同。近是。今正。以一推勺、犹以丨推㕚也。故曰同意。與、挡與也。从舁。义取共举。不同与也。今俗以與代与。與行而与废矣。"⑤

本章中应解读为"党與也。党当作挡。挡、朋群也。"

"饵"在《说文解字》中释义:"粉饼也。"⑥ 比喻授、受好处。如赠送礼品、收受金钱、设宴、送色等。

"过格止"的意思是出格的事情不能做。

"止"在《说文解字》中释义:"下基也。象艸木出有址,故以止为足。"⑦

本段大意是:好听的话语、音乐以及接受他人的礼品是人生中难免的事情,但是过度陶醉其中,就要首先从自身止步。

故道之出,言也、曰、谈呵,其无味也。视之不足见也,听之不足闻也,用之不可既也。

---

① 参见(汉)许慎撰、(宋)徐铉等校《说文解字》,上海古籍出版社2007年版,第288页。

② 同上书,第127页。

③ 同上书,第714页。

④ 参见(汉)许慎撰、(清)段玉裁注《说文解字注》,上海古籍出版社1988年版,第105页。

⑤ 同上书,第715页。

⑥ 参见(汉)许慎撰、(宋)徐铉等校《说文解字》,上海古籍出版社2007年版,第135页。

⑦ 同上书,第73页。

"既"在《说文解字注》中释义:"小食也。此与口部𠮛音义皆同。玉藻、少仪作禨。假借字也。引申之义为尽也已也。如春秋日有食之既。周本纪东西周皆入于秦。周既不祀。正与小食相反。此如乱训治、徂训存。既者、终也。终则有始。小食则必尽。尽则复生。"①

本段大意是:"道"表现的形式既多样又简单,多样如同人们把说话称"言""曰""谈",把说话称"言"是一个滋味,把说话称"曰"是一个滋味,把说话称"谈"又是一个滋味;无论这些"滋味"是浓是淡,还没有饱视就已经不见了,还没有好好饱听就已经没有声音了;但是"用"中的"道"无穷无尽。

---

① 参见(汉)许慎撰、(清)段玉裁注《说文解字注》,上海古籍出版社1988年版,第216页。

第三十六章

【原文】

帛本（甲）①	帛本（乙）②	传本③
将欲拾之必古张之将欲弱之□□强之将欲去之必古与之将欲夺之必古予之是胃微明䒾弱胜强鱼不脱于潚邦利器不可以视人	将欲擒之必古张之将欲弱之古○强之将欲去之必古与之将欲夺之必古予□是胃微明柔弱朕强鱼不可说于渊国利器不可以示人	將欲歙之必固張之將欲弱之必固強之將欲廢之必固興之將欲奪之必固與之是謂微明柔弱勝剛強魚不可脫於淵國之利器不可以示人

【点校】

将欲拾之，必古张之。

将欲弱之，必古强之。

将欲去之，必古与之。

将欲夺之，必古予之。

是谓微明。

友弱胜强。

---

① 参见马王堆汉墓帛书整理小组编《老子》，文物出版社1976年版，第94页。

② 同上。

③ 参见（魏）王弼注、（唐）陆德明音义《老子王弼注》，新兴书局1964年版，第42页。

鱼不脱于渊。

邦利器不可以视人。

【讲堂】

将欲拾之，必古张之。

"将"在《说文解字注》中释义："帅也。帅当作䢦。行部曰。䢦、将也。二字互训。仪礼、周礼古文䢦多作率。今文多作帅。毛诗率时农夫。韩诗作帅。说详周礼汉读考。帅者佩巾。汉人假为率字。率亦䢦之假也。许造说文。当是本作将䢦也以自伸其说。"①

"拾"在《说文解字》中释义："掇［duō］也。"② "掇，拾取也。"③

"古"在《说文解字》中释义："故也。从十、口。识前言者也。凡古之属皆从古。臣铉等曰：'十口所传是前言也。'"④

"张"在《说文解字》中释义："施弓弦也。"⑤

本段大意是：要想率领士兵战胜敌方，必须先弄清楚敌方的来龙去脉，才可施弓放箭。

战国时期秦赵之间的"长平之战"是那个时代规模最大、最惨烈的战役，赵军战败。据《史记》记载，赵军降卒被秦军"前后斩首虏四十五万人。赵人大震"。⑥ 当时白起决定要坑杀四十五万降卒是听武安君之计："上党民不乐为秦而归赵。赵卒反覆，非尽杀之，恐为乱。"⑦ 这"上党民不乐为秦而归赵""赵卒反覆"等信息如同老子讲的"必古张之"。白起怕降卒归赵后"赵卒反覆"，这一思想是实实在在的，符合战国时期特定历史条件下"古张"的军事思想。

将欲弱之，必古强之。

---

① 参见（汉）许慎撰、（清）段玉裁注《说文解字注》，上海古籍出版社1988年版，第121页。
② 参见（汉）许慎撰、（宋）徐铉等校《说文解字》，上海古籍出版社2007年版，第609页。
③ 同上。
④ 同上书，第104页。
⑤ 同上书，第645页。
⑥ （汉）司马迁《史记》，大众文艺出版社2008年版，第255页。
⑦ 同上。

"弱"在《说文解字》中释义："桡[náo]也。上象桡曲。"①

"强"在《说文解字》中释义："蚚[qí]也。"② "蚚，强也。"③ "蚚"在《辞海》"米谷中的小黑虫。也叫'强蚌[yáng]。'《尔雅·释虫》：'强。蚚。'郭璞注：'即强丑捋。'郝懿行义疏：'《说文》强、蚚互训。《玉篇》：强，米中蠹[dù]小虫。是强蚚即上蛄蟊，强蚌也。'广东人呼米牛，绍兴人呼米象，并因形以为名。"④ 陇西地区人将小麦中出现的类似于上述"米谷中的小黑虫"叫"麦牛儿"。

本段大意是：要想率领士兵显示曲弱，必须明白面向敌方曲弱会对自己产生怎样的后果，如果自己在一时间的曲弱里面蕴藏着无比的强盛，则可显示曲弱。

陇西俗语"好汉不吃眼前亏"、《三十六计》中的"走为上计"等都具有"将欲弱之，必古强之"的哲学意义。

将欲去之，必古与之。

"去"在《说文解字注》中释义："人相违也。违、离也。"⑤

"与"在《说文解字注》中释义："赐予也。赐、予也。予、推予耑人也。"

"與"和"与"有区别：

"與"在《说文解字》中释义："與，黨與也。"⑥

"与"在《说文解字》中释义："与，赐予也。一勺为与。此与與同。"⑦

"與"在《说文解字注》中释义："與，党與也。党当作挡。挡、朋群也。與当作与。与、赐予也。从舁与。会意。共举而与之也。"⑧

---

① 参见（汉）许慎撰、（宋）徐铉等校《说文解字》，上海古籍出版社2007年版，第440页。
② 同上书，第668页。
③ 同上。
④ 《辞海》(1999年版缩印本)，上海辞书出版社2000年版，第2246页。
⑤ 参见（汉）许慎撰、（清）段玉裁注《说文解字注》，上海古籍出版社1988年版，第213页。
⑥ 参见（汉）许慎撰、（宋）徐铉等校《说文解字》，上海古籍出版社2007年版，第127页。
⑦ 同上书，第714页。
⑧ 参见（汉）许慎撰、（清）段玉裁注《说文解字注》，上海古籍出版社1988年版，第105页。

上篇　道经

"与"在《说文解字注》中释义:"与,赐予也。赐、予也。"①

本章中应解读为"赐、予也"。

本段大意是:将帅要离开岗位,必须明白离开岗位对自己会产生怎样的后果,因此选好接班人、做好交接班的工作非常重要。

将欲夺之,必古予之。

"夺"在《说文解字注》中释义:"手持佳失之也。引申为凡失去物之称。凡手中遗落物当作此字。"②

"予"在《说文解字注》中释义:"推予也。予与古今字。释诂曰。台朕赉畀卜阳予也。按推予之予。假借为予我之予。"③ 本段引申为要得到的人或物。

本段大意是:将帅手中的事物要脱手于他人,必须明白脱手后的事物在他人手中对自己产生的影响。

是谓微明。

"微"在《说文解字注》中释义:"隐形也。微训眇。"④

本段大意是:以上四个方面讲的都是执政者治国需有的隐形微妙的工作方法,称之为"微明"。

第二十七章讲的执政者治国需有的"忧患"叫"忡明";第三十六章讲的执政者治国需有的"隐形微眇"工作方法叫"微明"。"忡明""微明""无为""无""有""可道""可名"等词根据《道德经》全文理解,应是老子时代的通用词汇。

友弱胜强。

"友"在《说文解字注》中释义:"同志为友。从二又。相交友也。"⑤

本段大意是团结友好胜过紧张的军事对峙。

鱼不脱于湍。

---

① 参见(汉)许慎撰、(清)段玉裁注《说文解字注》,上海古籍出版社1988年版,第715页。
② 同上书,第144页。
③ 同上书,第159页。
④ 同上书,第76页。
⑤ 同上书,第116页。

"潚"在《说文解字注》中释义:"深清也。谓深而清也。中山经曰:澧沅之风交潚湘之浦。水经注湘水篇曰:二妃出入潚湘之浦。潚者、水清深也。"①

本段大意是:鱼儿只有在没有污染的清澈深水中才能健康生长。

韩愈《马说》:"世有伯乐,然后有千里马。千里马常有,而伯乐不常有!故虽有名马,祗辱于奴隶人之手,骈死于槽枥之间,不以千里称也!马之千里者,一食或尽粟一石;食马者,不知其能千里而食也!是马也,虽有千里之能,食不饱,力不足,才美不外见,且欲于常马等不可得;安求其能千里也!策之不以其道,食之不能尽其材,鸣之而不能通其意,执策而临之,曰:'天下无马!'呜呼!其真无马邪?其真不知马也!"②

邦利器不可以视人。

"利器"可从锋利的武器、精良的工具、兵力、杰出人才等方面理解。

"视"在《说文解字注》中释义:"瞻也。目部曰。瞻、临视也。视不必皆临。则瞻与视小别矣。浑言不别也。引申之义、凡我所为使人见之亦曰视。士昏礼。视诸衿鞶。注曰。视乃正字。今文作示。俗误行之。曲礼。童子常视毋诳。注曰。视今之示字。小雅。视民不恌。笺云。视古示字也。按此三注一也。古作视。汉人作示。"③

本段大意是国家强盛的法宝不可以随便向他人展示或让他人了解清楚。

---

① 参见(汉)许慎撰、(清)段玉裁注《说文解字注》,上海古籍出版社1988年版,第546页。
② 钱基博著、传宏量校订《韩愈志韩愈文读》,华中师范大学出版社2012年版,第194—195页。
③ 参见(汉)许慎撰、(清)段玉裁注《说文解字注》,上海古籍出版社1988年版,第407页。

第三十七章

【原文】

帛本（甲）①	帛本（乙）②	简本【甲】③	传本④
道恒无名侯王若守之万物将自㿊＝而欲 □□□□□□之以无＝名＝之楃＝夫将不＝辱＝以情天地将自正	道恒无名侯王若能守之万物将自化＝而欲作吾将闃＝之以无＝名＝之朴夫将不＝辱＝以静天地将自正道二千四百廿六	衍互亡为也侯王能守之而萬勿酒自偽偽而雑复酒貞之以亡名之瀪夫亦酒智智足以束萬勿酒自定	道常無為而無不為侯王若能守之萬物將自化化而欲作吾將鎮之以無名之樸無名之樸夫亦將無欲不欲以靜天下將自定

【点校】

道恒无名，侯王若守之，万物将自㿊。

㿊而欲作，吾将闃之以无名之楃。

闃之以无名之楃，夫将不辱。

不辱以情，天地将自正。

---

① 参见马王堆汉墓帛书整理小组编《老子》，文物出版社1976年版，第94页。
② 同上。
③ 参见荆门市博物馆编《郭店楚墓竹简·老子甲》，文物出版社2002年版，第13页。
④ 参见（魏）王弼注、（唐）陆德明音义《老子王弼注》，新兴书局1964年版，第43页。

【讲堂】

道恒无名，侯王若守之，万物将自㥁。

"无名"概念在前第一章、第三十二章中有详细的释义。"侯王"是春秋时代诸侯的别称或士大夫之间的尊称。《史记·项羽本纪》："乃分天下，立诸将为侯王。"① 本章可解读为执政者。

"若"在《说文解字注》中释义："择菜也。"②

"守"在《说文解字注》中释义："守官也。左传曰：守道不如守官。孟子曰：有官守者不得其职则去。从宀从寸，从宀，寺府之事也。寸部曰：寺，廷也。广部曰：府，文书藏也。从寸，法度也。守从二者会意。"③

"㥁"字在现行字典中无，《中华大字典》中有"憈"字，释义："居偽切音膭［guì］真韵。谐也。"④ 依据"㥁""憈"二字都是"心""爲"结构的相同性和"憈"的释义"谐也"符合本章的大意，即"㥁""憈"二字在本段中可视为同一字，可解读为自然和谐。

本段大意是：事物的"道"永远处于"无"中，是"无"中之名，执政者对选择的"道"如同对提拔选择官员一样重视，国家万事万物即可自然和谐。

㥁而欲作，吾将阗之以无名之樸。

"作"在《说文解字注》中释义："起也。秦风无衣传曰。作、起也。释言、谷梁传曰。作、为也。鲁颂駉传曰。作、始也。周颂天作传曰。作、生也。其义别而略同。别者所因之文不同。同者其字义一也。有一句中同字而别之者。如小雅作而作诗笺云。上作、起也。下作、为也。"⑤

"阗"在《说文解字注》中释义："盛貌也。谓盛满于门中之貌也。诗曰：振旅阗阗。孟子作填。玉藻：盛气颠实。假颠为阗也。"⑥

---

① （汉）司马迁：《史记》，大众文艺出版社2008年版，第37页。
② 同上书，第43页。
③ 同上书，第340页。
④ 《中华大字典》，中华书局1978年版，第761页。
⑤ 参见（汉）许慎撰、（清）段玉裁注《说文解字注》，上海古籍出版社1988年版，第374页。
⑥ 同上书，第590页。

"幄"[wò]在《说文解字注》中释义："木帐也。周礼巾车翟车有幄。字从木。释文及各木从手。非也。释文云。握、刘音屋。贾马皆作幄。考幂人注曰。四合象宫室曰幄。许书无幄有楃。楃盖出巾车职。今本周礼转写误耳。郑云。有楃则此无盖。谓上四车皆有容有盖。翟车以楃当容。不云有盖也。释名云。幄、屋也。以帛衣版施之。形如屋也。故许曰木帐。"①

本段大意是：世间万事万物自然和谐，并不是要人们停滞不前（不去"治人""做物"，参见第一章"欲"的释义），而是要更加兴起"无"中做事的本领，填充"无名之楃"。

阗之以无名之楃，夫将不辱。

"辱"在《说文解字注》中释义："耻也。心部曰。耻、辱也。此之谓转注。仪礼注曰。以白造缁曰辱。从寸在辰下。会意。寸者、法度也。而蜀切。三部。失耕时。故从辰。于封畺上戮之也。故从寸。辰者、农之时也。故房星为辰。说从辰之意。田候也。"②

本段大意是：用创新工作（创新发明）填充"无名之楃"，就不会错过时机、落后于人。

不辱以情，天地将自正。

"情"在《说文解字注》中释义："人之阴气有欲者。董仲舒曰。情者、人之欲也。人欲之谓情。情非制度不节。礼记曰。何谓人情喜怒哀惧爱恶欲。七者不学而能。左传曰。民有好恶喜怒哀乐。生于六气。孝经援神契曰。性生于阳以理执。情生于阴以系念。"③ 本段中比喻当事人处理"辱"的方式。

"将自正"意为率领后代自然正派。

本段大意是：作为君主坚守正道，从治人治物的国家建设上多下功夫，不要沉溺于男女性情之事中辱没自己，天下百姓自然会欣欣向荣，保持着正能量。

---

① 参见（汉）许慎撰、（清）段玉裁注《说文解字注》，上海古籍出版社1988年版，第257页。
② 同上书，第745页。
③ 同上书，第502页。

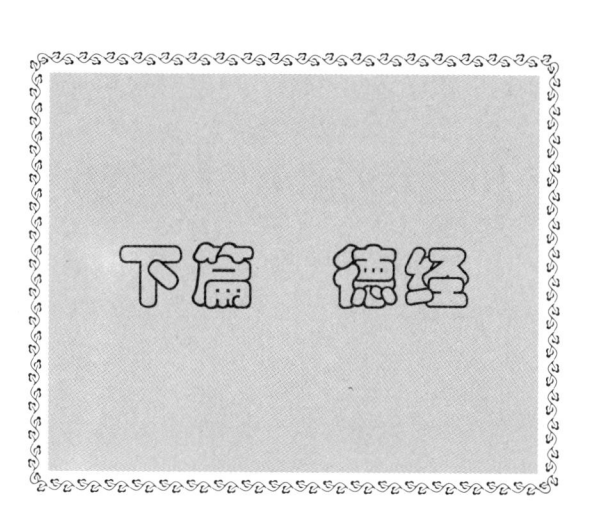

下篇　德经

第三十八章

【原文】

帛本（甲）①	帛本（乙）②	传本③
□□□□□□□□□□□□德上德无□□无以为也上仁为之□□以为也上义为之而有以为也上礼□□□□□□□攘臂而乃之故失=道=矣而后德失德而后失仁而后□义而□□□□□□而乱之首也□□□道之华也而愚之首也是以大丈夫居亓厚而不居亓泊居亓实不居亓华故去皮取此	上德不德是以有德下德不失德是以无德上德无为而无以为也上仁为之而无以为也上德为之而有以为也上礼为之而莫之应也则攘臂而乃之故失道而后德失德而句仁失仁而句义失义而句礼夫礼者忠信之泊也而乱之首也前识者道之华也而愚之首也是以大丈夫居□□□居亓泊居亓实而不居亓华故去罢而取此	上德不德是以有德下德不失德是以無德上德無為而無以為下德為之而有以為上仁為之而無以為上義為之而有以為上禮為之而莫之應則攘臂而扔之故失道而後德失德而後仁失仁而後義失義而後禮夫禮者忠信之薄而亂之首前識者道之華而愚之始是以大丈夫處其厚不居其薄處其實不居其華故去彼取此

---

① 参见马王堆汉墓帛书整理小组编《老子》，文物出版社1976年版，第65页。
② 同上。
③ 参见（魏）王弼注、（唐）陆德明音义《老子王弼注》，新兴书局1964年版，第45—46页。

【点校】

上德不德,是以有德;下德不失德,是以无德。

上德"无为",而无以为也。上仁为之,而无以为也。上义为之而有以为也。上礼为之而莫之应也,则攘臂而乃之。

故:失道而后德,失德而后仁,失仁而后义,失义而后礼。

夫礼者,忠信之泊也,而乱之首也。

前识者,道之华也,而愚之首也。

是以大丈夫居其厚而不居其泊,居其实而不居其华。

故:去皮取此。

【讲堂】

上德不德,是以有德;下德不失德,是以无德。

"德"在《说文解字注》中释义:"升也。升当作登。辵部曰。迁、登也。此当同之。德训登者。公羊传。公曷为远而观鱼。登来之也。何曰。登读言得。得来之者、齐人语。齐人名求得为得来。作登来者、其言大而急。由口授也。唐人诗。千水千山得得来。得卽德也。登德双声。一部与六部合韵又冣近。今俗谓用力徒前曰德。古语也。"[①]

"上德"可解读为具有高尚品德的人。

"不德"可解读为"大德无言",即自己不讲自己做了多少"好事"。

"有"意为存在、实实在在。

"下德"可解读为低级趣味的人。

"不失德"可解读为自己做了多少"好事"生怕别人不知道、失去自己所做的意义,到处为自己炫耀讲解。

"无"指不存在。

本段大意是:具有高尚德行的人是属于"大德无言"式的人,他自己不讲自己做了多少"好事""德事",这就是实实在在、客观存在的德;低级趣味的人做了多少"好事""德事"生怕别人不知道,到处自吹自擂,为自己炫耀讲解,这就是虚伪的或者根本不存在的德。

上德"无为",而无以为也。上仁为之,而无以为也。上义为之而有

---

① 参见(汉)许慎撰、(清)段玉裁注《说文解字注》,上海古籍出版社1988年版,第76页。

以为也。上礼为之而莫之应也，则攘臂而乃之。

"无为"意为"无"中做事。如社会上尚未有"争""盗""乱"的时候就要设身处地的预防治理，一个家庭在尚未有矛盾时就要处理好和谐关系，一个学生在尚未干过坏事时就要教育他不能干坏事的道理，发明要想别人"未曾想"的才能以新取胜等，这样的一些法则简称"无为"。"无以为"意为在没有出问题的时候做事。

"仁"在《说文解字注》中释义："亲也。亲者密至也。从人二。"①

"有以为"意为在出了问题的时候做事，犹如常言说的"事后诸葛亮"。

"莫之应"的"莫"，表示揣测或反问，如莫非、莫不是。"莫之应"意思是莫不过应付了事而已。

"攘"在《说文解字》中释义："推也。"②

"攘臂"指一人伸出胳膊推对方的臂使其伸展不开。

"乃"在《说文解字注》中释义："曳䛠之难也。玉篇䛠作离、非也。上当有者字。曳有矫拂之意。曳其言而转之。若而、若乃皆是也。乃则其曳之难者也。春秋宣八年。日中而克葬。定十五年。日下昃乃克葬。公羊传曰。而者何。难也。乃者何。难也。曷为或言而、或言乃。乃难乎而也。何注。言乃者内而深。言而者外而浅。按乃然而汝若、一语之转。故乃又训汝也。象气之出难也。气出不能直遂。象形。"③

本段大意是在一般情况下人做事可分为如下四种类型：第一类是"上德"行为人，这类人是明白做事用"无为"之道的人，"无以为"即没有出事的时候做事。例如，一个执政者在社会上没有"争""盗""乱"的时候就要设身处地的预防治理、一个家长在家庭没有矛盾时就要处理好和谐关系、一个教师在学生没有干过坏事时就要教育不能干坏事的道理、一个施舍者总是出现在对方需求且对方不知情的情况下等等。

---

① 参见（汉）许慎撰、（清）段玉裁注《说文解字注》，上海古籍出版社1988年版，第365页。

② 参见（汉）许慎撰、（宋）徐铉等校《说文解字》，上海古籍出版社2007年版，第600页。

③ 参见（汉）许慎撰、（清）段玉裁注《说文解字注》，上海古籍出版社1988年版，第203页。

第二类是"上仁"行为人，这类人他不明白"无为"之"道"，但他做事公正，做事的方法符合"无为"之道，同样是在不自觉中运用着"无为"之道做事，"无以为"即同样是没有出事情的时候做事。第三类是"上义"行为人，这类人做事，"有以为"即有了问题才去做，有求者才去应对，例如，一个执政者发现社会上出现了"争""盗""乱"的时候才去治理、一个家长在家庭出现矛盾时才去处理、一个教师在学生干了坏事才去教育、一个施舍者在对方祈求下才施舍等等。第四类是"上礼"行为人，这类人做事，莫不是推之应付了事。

关于老子讲的这第二类"上仁"行为人，恩格斯在《反杜林论》中讲到："把我们弄得莫名其妙的不是别人，又是杜林先生，他说什么否定的否定是黑格尔发明的，从宗教领域中抄袭来的，按照原罪和赎罪的故事作出的荒唐类比。人们远在知道什么是辩证法以前，就已经辩证的思考了，正像人们远在散文这一名词出现以前，就已经用散文讲话一样。否定的否定这个规律在自然界和历史中起着作用，而在它被认识以前，它也在我们头脑中不自觉地起着作用，它只是被黑格尔第一次明确地表述出来而已。"①

故：失道而后德，失德而后仁，失仁而后义，失义而后礼。

"故"在《说文解字注》中释义："使为之也。今俗云原故是也。凡为之必有使者。使之而为之则成故事矣。引申之为故旧。故曰古、故也。墨子经上曰。故、所得而后成也。许本之。从攴。取使之之意。"②

"而"在《说文解字注》中释义："须也。象形。各本作颊毛也、像毛之形。今正。颊毛者、须部所谓䰅须之类耳。礼运正义引说文曰。而、须也。须谓颐下之毛。象形字也。知唐初本须篆下颐毛也。而篆下云须也。二篆相为转注。其象形、则首画象鼻端。次象人中。次象口上之䰅。次象承浆及颐下者。葢而为口上口下之总名。分之则口上为䰅。口下为须。须本颐下之专称。䰅与承浆与颊䰅皆得偁须。是以而之训曰须也象形。引申假借之为语䛐。或在发端。或在句中。或在句末。或可释为然。

---

① 《马克思恩格斯选集》第3卷，人民出版社1972年版，第182页。
② 参见（汉）许慎撰、（清）段玉裁注《说文解字注》，上海古籍出版社1988年版，第123页。

或可释为如。或可释为汝。或释为能者、古音能与而同。叚而为能。"①

"后"在《说文解字注》中释义："继体君也。释诂、毛传皆曰。后、君也。许知为继体君者、后之言后也。开剏之君在先。继体之君在后也。析言之如是。浑言之则不别矣。易象下传曰。后以施命诰四方。虞云。后、继体之君也。此许说也。葢同用孟易。经传多假后为后。大射注引孝经说曰。后者、后也。此谓后卽后之假借。象人之形。谓上体厂也。厂葢入字横写。不曰从入、而曰象人形者、以非立人也。下文𠬝解亦曰象人。"②

本段大意是依照上述四类人的做事风格可依次得出四种情况：一些人不用道，能够继承前人的德；一些人不用德，能够继承前人的仁；一些人不用仁，能够继承前人的义；一些人不用义，能够继承前人的礼。于是社会上便有了德人、仁人、义人、礼人四种做事类型的人。

夫礼者，忠信之泊也，而乱之首也。

"泊"同"薄"，在《说文解字注》中释义："浅水也。……浅水易停。故泊又为停泊。浅作薄。故泊亦为厚薄字。"③

本段大意是：从第四类"礼人"的行为处事可以判定，这样的人在忠诚、信誉方面是浅薄的，也容易成为动乱的罪魁祸首。

前识者，道之华也，而愚之首也。

"前识者"指前面"失德""失仁""失义""失礼"的四类人。

"华"在《说文解字注》中释义："荣也。"④

"愚"在《说文解字注》中释义："戆也。愚者、智之反也。"⑤

本段大意是：前面"失德""失仁""失义""失礼"的四类人把"道"作为自己的装饰品，这是头等的愚昧行为。

是以大丈夫居其厚而不居其泊，居其实而不居其华。

"大丈夫"意为具有道德情操的男性。

---

① 参见（汉）许慎撰、（清）段玉裁注《说文解字注》，上海古籍出版社1988年版，第454页。
② 同上书，第429页。
③ 同上书，第544页。
④ 同上书，第275页。
⑤ 同上书，第509页。

"厚"在《说文解字注》中释义:"山陵之厚也。……古文厚从后土。"① 本段可解读为雄厚、渊博。

本段大意是:具有道德情操的人做事是雄厚的而不是浅薄的,是从实际出发、扎扎实实的,不是只为了外表的好看。

故:去皮取此。

"皮"在《说文解字注》中释义:"剥取兽革者谓之皮。"② 意指去掉"泊""华"一类的外表。"取此"意指吸纳"厚""实"。

本段大意是:所以,去掉华丽的外表,吸纳"厚""实"是做人的最基本原则。

---

① 参见(汉)许慎撰、(清)段玉裁注《说文解字注》,上海古籍出版社1988年版,第229页。

② 同上书,第122页。

第三十九章

【原文】

帛本（甲）①	帛本（乙）②	传本③
昔之得一者天得一以清地得□以宁神得一以🏺浴得一以盈侯□□□而以为正元至之也胃天毋已清将恐□胃地毋□□将恐□胃神毋已🏺□恐歇胃浴毋已盈将将恐渴胃侯王毋已贵□□□□□故必贵而以贱为本必高矣而以下为亟夫是以侯王自胃□孤寡不橐此亓贱□□与非□故致数与无与是故不欲□□若玉硌□□□	昔得一者天得一以清地得一以宁神得一以🏺浴得一以盈侯王得一以为天下正元至于也胃天毋已清将恐莲地毋已宁将恐发神毋□□□恐歇谷毋已□将渴侯王毋已贵以高将恐欮故必贵以贱为本必高矣而以下为坏夫是以侯王自胃孤寡不橐此亓贱之本与非也故至数舆无舆是故不欲禄=若玉硌=若石	昔之得一者天得一以清地得一以宁神得一以灵穀得一以盈万物得一以生候王得一以为天一贞其致之天无以清将恐裂地无以宁将恐發神无以灵将恐歇谷无以盈将恐竭万物无以生将恐灭候王无以贵高将恐蹶故贵以贱为本高以下为基是以候王自谓孤寡不穀此非以贱为本邪非乎故致数舆无舆不欲琭琭如玉珞珞如石

---

① 参见马王堆汉墓帛书整理小组编《老子》，文物出版社 1976 年版，第 65—66 页。
② 同上。
③ 参见（魏）王弼注、（唐）陆德明音义《老子王弼注》，新兴书局 1964 年版，第 49—51 页。

【点校】

昔之得"一"者。天得"一"以清。地得"一"以宁,神得"一"以灵,浴得"一"以盈,侯王得"一"而以为正。其至之也。

谓天毋已清将恐莲,谓地毋已宁将恐发,谓神毋已灵将恐歇,谓浴毋已盈将恐渴,谓侯王毋已贵以高将恐欮。

故必贵而以贱为本,必高矣而以下为基。

夫是以侯王自谓孤、寡、不穀。此其贱之本与?非也!

故致数舆,无舆。

是故不欲:禄禄若玉,硌硌若石。

【讲堂】

昔之得"一"者。天得"一"以清。地得"一"以宁,神得"一"以灵,浴得"一"以盈,侯王得"一"而以为正。其至之也。

"昔"在《说文解字》中释义:"乾肉也。从残肉,日以晞之。"[1]

"一"由《黄帝四经·经法·论》所讲的"天执'一',明三、定二、建八正、行七法"[2]可知,本段"昔之得'一'者,天得'一'以清"中的两个"一"指的是太阳。乾肉因太阳可成,天清因太阳可成。由此可知,这"一"(太阳)是明、昔、清的条件,也可理解为太阳是明、昔、清的"道"。"地得'一'以宁"中的"一"指没有战争。"神得'一'以灵"中的"一"指为人解决了某一困难问题。"浴得'一'以盈"中的"一"指洗掉了自身存在的"污垢",同时提升了自己的道德水平。"侯王得'一'以为天下正"中的"一"指执政能力。从本段内容得知,老子讲的"一"是对人们做不同事情的最佳状态的高度概括,也可理解为"道"。如同马克思主义哲学中的"物质"中的矛盾概念一样。

"浴"在《说文解字》中释义:"洒身也。"[3]

---

[1] 参见(汉)许慎撰、(宋)徐铉等校《说文解字》,上海古籍出版社2007年版,第325页。

[2] 谷斌、郑开注译《黄帝四经今译·道德经今译》,中国社会科学出版社1996年版,第60页。

[3] 参见(汉)许慎撰、(宋)徐铉等校《说文解字》,上海古籍出版社2007年版,第566页。

"浴"在《中华大字典》中释义："以德自清曰浴德。[礼记儒行]儒有澡身而浴德。[疏]谓沐浴于德以德自清也。"①

"浴"在《道德经》中出现过7处，分别是第六章、第十五章、第二十八章、第三十二章、第三十九章、第四十一章和第六十六章，比喻人的"洒身"或大地的"洒身"，含义都基本相同。老子以"浴"暗喻执政者在思想上、行为上要经常做到"洒身"，时刻提高自己的思想品德以及执政水平。

"正"在《说文解字》中释义："是也。从止，一以止。凡正之属皆从正。徐锴曰：'守一以止也。'"②

"至"在《说文解字注》中释义："鸟飞从高下至地也。凡云来至者、皆于此义引申假借。引申之为懇至、为极至。许云到、至也。臻、至也。假、至也。此本义之引申也。又云亲、至也。……不上去而至下。句。来也。瑞麦之来、为行来之来。"③

本段大意是：肉得太阳成乾肉如同天得太阳即为晴天，大地上没有了战争，老百姓才能安宁，神为百姓解决了某一问题才能说灵，洗掉了自身存在的"污垢"，才能提升自己的道德水平，侯王"止"住了错误行径，即如"止"得"一"而"正"一样，天下百姓才会拥护。以上种种各自得到了"一"而达到了自己的理想。

老子有"一"而产生了《道德经》；爱迪生有"一"而产生了电灯；屠呦呦有"一"而产生了青蒿素……

谓天毋已清将恐莲，谓地毋已宁将恐发，谓神毋已灵将恐歇，谓浴毋已盈将恐渴，谓侯王毋已贵以高将恐欮。

"谓"在《说文解字》中释义："报也。"④

"恐"在《说文解字》中释义："惧也。"⑤

---

① 《中华大字典》，中华书局1978年版，第1003页。
② 参见（汉）许慎撰、（宋）徐铉等校《说文解字》，上海古籍出版社2007年版，第76页。
③ 参见（汉）许慎撰、（清）段玉裁注《说文解字注》，上海古籍出版社1988年版，第584页。
④ 参见（汉）许慎撰、（宋）徐铉等校《说文解字》，上海古籍出版社2007年版，第106页。
⑤ 同上书，第533页。

"莲"在《说文解字》中释义:"芙蕖之实也。"①

"发"在《说文解字》中释义:"䑞发也。"②

"歇"在《说文解字》中释义:"息也。一曰:气越泄。"③

"渴"在《说文解字》中释义:"尽也。"④

"欯"在《说文解字》中释义:"逆气也。"⑤

本段大意是:天做不到经常晴朗如同莲花虽然出淤泥而不染,却又担忧果实莲子会掉落到污泥中;大地上一时没有了战争,百姓安宁了,但是百姓担忧会再发生战争;具有神灵者做了一件为百姓谋利益的事,却又担忧再也做不到事情而歇业;一个满身"污垢"的执政者通过"洗浴"还是不能提升自己的道德水平,那么他的公职可能干到了尽头。百姓把侯王抬举得高大贵重,却又担忧侯王在这种抬举下犯逆气。

故必贵而以贱为本,必高矣而以下为基。

本段大意是:所以,一个人显贵时必须以低贱做人为根本,身处高位时必须时常走访下层的老百姓,以百姓为自己的根基。

夫是以侯王自谓孤、寡、不穀。此其贱之本与?非也!

"孤、寡、不穀""均系古代帝王的自谦称呼。孤,孤德少仁之人;寡,谓已是寡德薄仁之人。不穀说自己是不善良、不仁厚的人。《左传·僖公四年》杜预注:'孤寡不穀,诸侯谦称。'"⑥

本段大意是:因此侯王自称"孤""寡""不穀",这是他们本质真的低贱吗?不是!

故致数舆,无舆。

"数"在《说文解字》中释义:"计也。"⑦

"舆"在《说文解字注》中释义:"车舆也。车舆谓车之舆也。考工

---

① 参见(汉)许慎撰、(宋)徐铉等校《说文解字》,上海古籍出版社2007年版,第31页。

② 同上书,第646页。

③ 同上书,第426页。

④ 同上书,第562页。

⑤ 同上书,第365页。

⑥ 黄朴民撰《黄朴民解读道德经》,岳麓书社2011年版,第140页。

⑦ 参见(汉)许慎撰、(宋)徐铉等校《说文解字》,上海古籍出版社2007年版,第148页。

记。舆人为车。注曰。车、舆也。按不言为舆而言为车者、舆为人所居。可独得车名也。轼较轸轵轛皆舆事也。原指造车的工匠,舆人为车。"①可解读为车厢。

"无舆"意思是工匠在"无"中造,便产生一个车(车厢)。

本段大意是:所以,想让工匠做一定数量的车,就必须教给工匠们一些独到的、精微深造的技术,才能做出原先社会上不存在的车。"独到精微深造的技术"即为前文所讲的"一"。

是故不欲:禄禄若玉,硌硌若石。

"欲"在第一章讲过是指官员具有的"治人""做物"的基本素质。

"硌"在《辞海》中释义:"硌"即"砟[zuò]硌[luò]""砟硌,山石不齐貌。曹操《气出唱》诗:'游君山,甚为真,礌硊砟硌,尔自为神。'"②

本段大意是:作为侯王不能因国家已经富裕了就放弃"欲",如果放弃"欲":美好如玉也会变得如同不齐貌的山石。

---

① 参见(汉)许慎撰、(清)段玉裁注《说文解字注》,上海古籍出版社1988年版,第721页。

② 《辞海》(1999年版缩印本),上海辞书出版社2000年版,第1984页。

第四十章

【原文】

帛本（甲）①	帛本（乙）②	简本【甲】③	传本④
□□道之动也弱也者道之用也天□□□□□□□□	反也者道之动也□□者道之用也天下之物生于有＝于无	返也者道僮也溺也者道之甬也天下之勿生於又生於亡	反者道之動弱者道之用天下萬物生於有有生於無

【点校】

反也者，道之动也。弱也者，道之用也。

天下之物生于有，有生于无，……。

【讲堂】

老子从第一章开始讲的"道"是"可道"，即一个人具体做的事物，多是以人做"事"（治国理政）为主展开讲的。而第二十五章讲的"有物昆成，先天地生。绣呵，缪呵，独立而不亥，可以为天地母。吾未知，

---

① 参见马王堆汉墓帛书整理小组编《老子》，文物出版社1976年版，第67页。
② 同上。
③ 参见荆门市博物馆编《郭店楚墓竹简·老子甲》，文物出版社2002年版，第37页。
④ 参见（魏）王弼注、（唐）陆德明音义《老子王弼注》，新兴书局1964年版，第51页。

其名，字之曰：道，吾强为之名，曰：大。"中的"道"，是以人做"物"为主展开讲的，因此老子在第二十五章中又说"字之曰：道"，不妨将其解读为科学技术、创新发明等。本章是老子针对"道"（科学技术、创新发明）的实践性所讲的具体操作，即"弱"就得"反"。"反"犹如马克思主义哲学中讲的"否定"。

反也者，道之动也。弱也者，道之用也。

"反"在《说文解字注》中释义："覆也。"① 古文中"反"的应用。《论语·颜渊》："子曰：'君子成人之美，不成人之恶。小人反是。'"②《商君书·赏刑》："〔晋〕举兵伐曹、五鹿，及反郑之埤。"③《韩非子·外储说右上》："南围郑，反之陴。"④《史记·鲁仲连邹阳列传》："食人炊骨，士无反外之心，是孙膑之兵也。"⑤"道之动"意思是要"反"，必须用"道"。在本章中的"道"我们不妨以"科学技术"去代替理解。

"反"如同马克思主义哲学中的"否定"。⑥ 参见第二十五章相关内容。

解读"用"应先明白第十一章内容，如无论酒杯是金、是银还是瓷质，人们"用"的是其"无（空）"，再好的房屋，人们"用"的是其"无（空）"。⑦ 本段中的"用"指事物"弱"中之"用"，因为"弱"具有改进、发展的"空间"，"用"在这"空间"里即为"弱也者，道之用也"。"用"字在帛本（甲）中第四章、第六章、第十一章等10多个章次中出现过，其情境不同，而含义一致，即为高度概括的"无为"的具体实践。如人们编制的"网"，人们"用"的不是"网"本身，而是"网"形成的"空间（无）"。

本段大意是：要"反"，必须用"道"。"反"出来的新生事物都具

---

① 参见（汉）许慎撰、（清）段玉裁注《说文解字注》，上海古籍出版社1988年版，第116页。
② 傅佩荣著《论语新解》（下），译林出版社2012年版，第63页。
③ 周晓露译注《商君书译注》，上海三联书店2014年版，第154页。
④ 高华平、王齐洲、张三夕译注《韩非子》，中华书局2016年版，第284页。
⑤ （汉）司马迁：《史记》，内蒙古文化出版社2006年版，第416页。
⑥ 《马克思恩格斯选集》第3卷，人民出版社1972年版，第169—183页。
⑦ 这里不能绝对死搬硬套"空"，应理解为"空"中的"待装物"。这"待装物"需要"为"，即"无为"。

有"弱"的性质，"弱"具有改进、发展的"空间"，"用"在这"空间"里还需要"道"的不断完善。

天下之物生于有，有生于无，……。

本段大意是：天下的现"有"的东西都是在原"有"的东西基础上产生的，产生的新现"有"的东西上又产生其潜在"有"，即"无"（创新发明）。这种"有－无…有－无……"的事物运动发展过程无穷无尽。（这里要说明的是事物"有－无…有－无……"的这种运动发展过程必须是人为的。）

"物"可从"事"和"物品"两个方面理解，比如"事"可为"争""盗""乱"等，"物品"可为创新发明的"东西"。这些"事"和"物品"的产生都源于"有"，作为"事"的"争""盗""乱"等，就是在第三章讲的"上贤""难得之货""见可欲"等"有"的基础上产生的。而"争""盗""乱"等产生之前并没有这些现象，即"无"。

第四十一章

【原文】

帛本（甲）①	帛本（乙）②	简本【乙】③	传本④
□□道善□□□□	上□□道能行之中士闻道若存若亡下士闻道大笑之弗笑□□以为道是以建言有之曰明道如费进道如退夷道如类上德如浴大白如辱广德如不足建德如□质□□□大方无禺大器免成大音希声天象无刑道褒无名夫唯道善始且善成	上士昏道堇能行於其中中士昏道若昏若亡下士昏道大芺之弗大芺不足以为道矣是以建言又之明道女孛遲道□□道若退上惪女浴大白女辱崫惪女不足建惪女□□贞女愉大方亡禺大器曼成大音祇聖天象亡垩道……	上士聞道勤而行之中士聞道若存若亡下士聞道大笑之不笑不足以為道故建言有之明道若昧進道若退夷道若纇上德若谷大白若辱廣德若不足建德若偷質真若渝大方無隅大器晚成大音希聲大象無形道隱無名夫唯道善貸且成

---

① 参见马王堆汉墓帛书整理小组编《老子》，文物出版社1976年版，第66页。
② 同上。
③ 参见荆门市博物馆编《郭店楚墓竹简·老子乙、丙》，文物出版社2002年版，第9页。
④ 参见（魏）王弼注、（唐）陆德明音义《老子王弼注》，新兴书局1964年版，第52—53页。

【点校】

上士闻道,堇能行之。中士闻道,若存若亡。下士闻道,大笑之,弗笑,不足以为道。

是以"建言"有之曰:

"明道如昧"

"夷道如纇"

"进道如退"

"上德如浴"

"大白如辱"

"广德如不足"

"建德如偷"

"质真如渝"

"大方无隅"

"大器晚成"

"大音希声"

"天象无形"

"道褒无名"。

夫唯道,善始且善成。

【讲堂】

上士闻道,堇能行之。中士闻道,若存若亡。下士闻道,大笑之,弗笑,不足以为道。

"士"在《说文解字》中释义:"事也。数始于一,终于十。从一,从十。孔子曰:'推十合一为士。'"[①]

"闻"在《说文解字》中释义:"知闻也。"[②]

"道"在本章中可解读为已经在社会上流传的固定的富有哲理的语言或科学技术或"最大行动价值"等。老子列举了"明道如昧""夷道如纇""进道如退""上德如浴""大白如辱""广德如不足""建德如偷"

[①] 参见(汉)许慎撰、(宋)徐铉等校《说文解字》,上海古籍出版社2007年版,第18页。

[②] 同上书,第598页。

"质真如渝""大方无隅""大器晚成""大音希声""天象无形""道褒无名"等13个哲理。

"堇"在《说文解字注》中释义:"黏土也。内则。涂之以谨涂。郑曰。谨当为墐。声之误也。墐涂、涂有穰草也。按郑注墐当为堇。转写者误加土耳。玉篇引礼堇涂。是希冯时不误也。郑谓土带穰曰堇。许说不介。盖土性黏者。与埴异字同义也。从黄省。从土。从黄者、黄土多黏也。会意。"①

"能":才能,能力。

"若"在《说文解字注》中释义:"择菜也。……假借为如也、然也、乃也、汝也,又兼及之词。"②

"存"在《说文解字注》中释义:"恤问也。恤、忧也。收也。尔雅曰。在、存也。在、存、省、士、察也。今人于在存字皆不得其本义。从子、在省。大徐本作才声。今小徐本作在声。依韵会所引正。楚金注曰。在亦存也。会意。"③

"亡"在《说文解字注》中释义:"逃也。逃者、亡也。二篆为转注。亡之本义为逃。今人但谓亡为死,非也。"④

"笑"在《说文解字注》中释义:"喜也。"⑤

"弗"在《说文解字注》中释义:"矫也。矫各本作挢。今正。挢者、举手也。引申为高举之用。矫者、揉箭箝也。引申为矫拂之用。今人不能辨者久矣。弗之训矫也。今人矫、弗皆作拂。而用弗为不。其误盖亦久矣。"⑥ 人所做出的每一件创新发明总是要经过无数次的改进、革新,因此本段中以"矫"释义比较符合文意。这就是说任何一个东西刚刚发明制作出来总是要经过无数次的"矫",才能够不断完善。

本段大意是:做事的人可分成三类:第一类人听"道"后,用"道"

---

① 参见(汉)许慎撰、(清)段玉裁注《说文解字注》,上海古籍出版社1988年版,第694页。
② 同上书,第43页。
③ 同上书,第743页。
④ 同上书,第634页。
⑤ 同上书,第198页。
⑥ 同上书,第627页。

做事，如同黄土通过发挥人的才能被烧制成的器皿一样，广行于天下，人人得利；第二类人听"道"后，只是在乎挑选自己能应用的，不为自己所用的就弃之；第三类人是听"道"后，非常喜欢"道"，在需要改造的客观事物面前热情很高，但他就是没有吃透"道"的实质，实践中不会灵活应用"道"的精神，仅仅是生搬硬套而已。

是以"建言"有之曰：

"建"在《说文解字注》中释义："立朝律也。今谓凡竖立为建。许云。立朝律也。此必古义。"①

"言"在《说文解字注》中释义："直言曰言。论难曰语。大雅毛传曰。直言曰言。论难曰语。论、正义作答。郑注大司乐曰。发端曰言。答难曰语。注杂记曰。言、言己事。为人说为语。按三注大略相同。下文语、论也。论、议也。议、语也。则诗传当从定本、集注矣。尔雅、毛传。言、我也。此于双声得之。本方俗语言也。"②

"建言"可解读为朝律。

"有"在本段中指已经具备的、客观存在能够帮助人们理解道理的话。

本段大意是：为了深刻认识"道"的重要性，给执政者们提出如下十三个方面帮助理解"道"的话，这些话的内容都是早已在朝律中存在的。如是说：

"明道如昧"

"如"在《说文解字注》中释义："从随也。从随即随从也，随从必以口，从女者，女子从人者也，幼随父兄，嫁从夫，夫死从子。故白虎通曰：女者，如也，引申之凡相似曰如。凡有所往曰如，皆从随之引申也。"③

"昧[mèi]"在《说文解字注》中释义："昧爽、逗。昧字旧夺。今补。且明也。各本且作旦。今正。且明者、将明未全明也。牧誓。时甲

---

① 参见（汉）许慎撰、（清）段玉裁注《说文解字注》，上海古籍出版社1988年版，第77页。
② 同上书，第89页。
③ 同上书，第620页。

子昧爽。王朝至于商郊牧野。言昧爽起行。朝旦至牧野。左传。晏子述谗鼎之铭曰。昧旦丕显。伪尚书演其辞曰。昧爽丕显。坐以待旦。郊祀志。十一月辛巳朔旦冬至昒爽。封禅书昒作昧。既言旦又言昧爽者。以辛巳朔旦冬至合前文黄帝己酉朔旦冬至为言。明冬至均在朔之旦也。继云昧爽天子始郊拜泰一。明未旦时即郊拜泰一也。内则。成人皆鸡初鸣适父母舅姑之所。未冠笄者。昧爽而朝。后成人也。昧与昒古多通用。而许分别之。直以昧连爽为訾。昧者、未明也。爽者、明也。合为将旦之偁。从日。未声。莫佩切。十五部。一曰闇也。闇者、闭门也。闭门则光不明。明闇字用此不用暗。暗者、日无光也。义异。司马相如传。阻深闇昧。得耀乎光明。"① 本段中具有茅塞顿开的意思。

本段大意是："明"随从着"昧",一个人明白某一方面的"道",如同"坐以待旦""茅塞顿开""顿悟""恍然大悟"等一类的情形。

"夷道如颣"

"夷"在《说文解字注》中释义："东方之人也,浅人所改也。南方蛮闽从虫。北方狄从犬。东方貉从豸（zhì）。西方羌从羊。西南僰人,焦侥从人。盖在坤地颇有顺理之性。惟东夷从大,大人也。夷俗仁,仁者寿,有君子不死之国。"② 即我国古代对东部各民族的统称。殷代分布在今山东省、江苏省一带。

将"夷"解释为平坦是舛误,因为"道"就具备了"平坦"的性质,老子不可能在"道"前再加个修饰词"夷"。

"颣"[lèi]在《说文解字注》中释义："丝节也。节者、竹约也。引申为凡约结之称。丝之约结不解者曰颣。引申之、凡人之愆尤皆曰颣。左传忿颣无期是也。亦叚类为之。昭十六年传曰。刑之颇类。服虔读类为颣。解云。颣、不平也。"③ 在本段中可解读为缺点、毛病、瑕疵等。据历史记载,《道德经》是老子西出宝鸡大散关,在陇西一带与关守令尹喜一同讲道的成果,当时陇西一带生产力远不如东方"夷"地,因此引进"夷"

---

① 参见（汉）许慎撰、（清）段玉裁注《说文解字注》,上海古籍出版社1988年版,第302页。
② 同上书,第493页。
③ 同上书,第645页。

地的科学的、先进的生产技术应属历史事实，但是"夷"地的生产技术不一定全部适合陇西一带，于是老子提示当时的执政者在引进"夷"地的"道"时不能全盘引进，即为"夷道如颣"。

本段大意是说：东方人（外国人）丝一般的"道"也存在"疙瘩"，我们不能照搬照抄。

"邯郸学步"出自《庄子·秋水》："且子独不闻夫寿陵余子之学行于邯郸与？未得国能，又失其故行矣，直匍匐而归耳。"① 相传战国时赵国人走路的步伐、姿势特别优美大方，威武好看。燕国寿陵地方有几个年轻人结伴到赵国去学习邯郸人的走路姿势。结果不但没有把赵国人的走路姿势学到手，反而连自己原来的走法也忘记了，只好爬着回去。

"东施效颦（'颦'亦作'矉'）"出自《庄子·天运》："西施病心而矉其里，其里之丑人见之而美之，归亦捧心而矉其里。其里之富人见之，坚闭门而不出，贫人见之，挈妻子而去走。彼知矉美而不知矉之所以美。"② 春秋时代美女西施患有心口疼的毛病。有一天，她的病又犯了，只见她手捂胸口，双眉皱起，显出一种娇媚柔弱的女性美。乡下有一个丑女子，名叫东施，她看到西施捂着胸口、皱着双眉的样子竟博得这么多人的青睐，因此回去以后，她也学着西施的样子，手捂胸口，紧皱眉头，在村里走来走去。哪知这丑女的矫揉造作使她样子更难看了。结果，乡间的富人看见丑女的怪模样，马上把门紧紧关上，乡间的穷人看见丑女走过来，马上拉着妻、带着孩子远远地躲开。这个丑女人只知道西施皱眉的样子很美，却不知道她为什么很美，盲目模仿别人的做法是愚蠢的。

"进道如退"

"退"在《说文解字》中释义："邻也。一曰：行迟也。"③

本段大意是："进"随从着"退"，进"道"随从着退的方面，不进则退。

---

① 里功编著《老子·庄子》，北京燕山出版社2009年版，第256页。
② 同上书，第244页。
③ 参见（汉）许慎撰、（宋）徐铉等校《说文解字》，上海古籍出版社2007年版，第86页。

"上德如浴"

"浴"在《说文解字》中释义:"洒身也。"① "浴"在《中华大字典》中释义:"以德自清曰浴德。[礼记儒行]儒有澡身而浴德。[疏] 谓沐浴于德以德自清也。"② "浴"在《道德经》中出现过7处,分别是第六章、第十五章、第二十八章、第三十二章、第三十九章、第四十一章和第六十六章,比喻人"洒身"或大地"洒身",含义都相同。

本段大意是:"德"随从着"浴","上德"之人经常清洗自己身上所带的"污垢"。

"大白如辱"

"大"可解读为同类事物的"老大"或"第一"。

"白"在《说文解字》中释义:"西方色也。阴用事,物色白。从入合二;二,阴数。……旁陌切(bái)。"③

"辱"在《说文解字注》中释义:"耻也。仪礼注曰:以白造缁曰辱。"④ 缁,指黑色衣服。人要不时地自觉"洒身"才能守住外部对自身的"辱"。

本段大意是:"清白"与"耻辱"是一对矛盾,世界上不存在"最清白"的人,只存在"第一清白"的人,因此,每个人都有不同程度的"辱"。

"广德如不足"

"广"与"廣"有区别:

"广"在《说文解字》中释义:"因广为屋,象对刺高屋之形,凡广之属皆从广。读若俨然之俨。"⑤

"廣"在《说文解字》中释义:"殿之大屋也。"⑥

本段大意是:一个人要拥有大殿一般威严的德行,就必须具备活到

---

① 参见(汉)许慎撰、(宋)徐铉等校《说文解字》,上海古籍出版社2007年版,第566页。
② 《中华大字典》,中华书局1978年版,第1003页。
③ 参见(汉)许慎撰、(宋)徐铉等校《说文解字》,上海古籍出版社2007年版,第379页。
④ 参见(汉)许慎撰、(清)段玉裁注《说文解字注》,上海古籍出版社1988年版,第745页。
⑤ 参见(汉)许慎撰、(宋)徐铉等校《说文解字》,上海古籍出版社2007年版,第457页。
⑥ 同上书,第458页。

老、学到老的毅力和精神，永远不满足。

"建德如偷"

"建"在《说文解字注》中释义："立朝律也。今谓凡竖立为建。许云。立朝律也。此必古义。"①

"偷"在《说文解字注》中释义："巧黠也。"②

本段大意是：即使是朝廷树立的德范，有些人也会苟且、耍弄花招不去学。

历史上统治阶级关于孝道推崇的"二十四孝"③、关于家庭和睦推崇的"紫荆复活"④、关于诚信推崇的"曾子杀猪"⑤等就是典型的"建德"。

"质真如渝"

"质"在《说文解字注》中释义："以物相赘。质赘双声。以物相赘、如春秋交质子是也。引申其义为朴也、地也。如有质有文是。小雅毛传云昈质也、周礼射则充椹质、左传策名委质、皆是。又绵诗、抑诗传曰。质、成也。礼谓平明为质明。"⑥

"真""僊人变形而登天也。此真之本义也。经典但言诚实。无言真实者。诸子百家乃有真字耳。然其字古矣。……非仓颉以前已有真人乎。引伸为真诚。"⑦

"渝［yú］"：在《说文解字注》中释义："变污也。释言曰。渝、变也。"⑧

本段大意是：一个人的高贵品质背后隐藏着变污的因素。

"大方无隅"

---

① 参见（汉）许慎撰、（清）段玉裁注《说文解字注》，上海古籍出版社1988年版，第77页。
② 同上书，第623页。
③ （春秋）孔丘、吕平编《孝经》，新疆青少年出版社1996年版，第127—139页。
④ 抱瓮老人编、李明校点《今古奇观》，三秦出版社1995年版，第1—2页。
⑤ http：//wyw.5156edu.com/html/z9672m6844j1622.html.
⑥ 参见（汉）许慎撰、（清）段玉裁注《说文解字注》，上海古籍出版社1988年版，第281页。
⑦ 同上书，第384页。
⑧ 同上书，第566页。

"方"在《说文解字注》中释义:"并船也。方之舟之。大夫方舟谓并两船也。"①

"隅〔yú〕"在《说文解字注》中释义:"陬也。隅与陬为转注。广雅曰。陬、角也。小雅笺曰。丘隅、丘角也。上言阪此不言阪者、不主谓阪之隅也。考工记宫隅、城隅、谓角浮思也。大雅。惟德之隅。传曰。隅、廉也。今人谓边为廉。角为隅。古不别其字。亦作堣、作嵎。"② 本段中可解读为海隅。

本段大意是:"大方"需要停靠的海隅,海隅是一定的,"方"太大就不会有停靠的"隅"了。因此"方"要适宜于"隅"才能生存、发展。老子是在陇西一带讲的《道德经》,陇西属于内陆,最大的河流是渭河,也不存在停靠"大方"的"隅","大方"在陇西一带是毫无用处的。也就是说,"无"中的"大方"可以创造出来,而"无"中的"隅"是不能创造的。因此,一个人的创新发明或所做的一切事要适应当时、当地的实际需求。

显然在陇西一带的渭水中不存在能搁置的"大方"的"隅"。陇西谚语:"神大庙小,没处放。"意思是一个人所学的本事超过当地的实际需求,其本事用不上。此可谓"大方无隅"的引申。

"大器晚成"

"大器"可解读为同类事物中体积第一或品质第一者。《管子·匡君小匡》:"管仲者,天下之贤人也,大器也。"③

本段大意是"大器"与"晚成"相辅相成,在同等条件下制作同类器物时,大的器物绝对要比小的器物更费时间。比喻能够担当重任的人要经过长期的锻炼,所以成就较晚。

"大音希声"

"音"在《说文解字注》中释义:"声生于心有节于外谓之音。……声成文声之音。"④

---

① 参见(汉)许慎撰、(清)段玉裁注《说文解字注》,上海古籍出版社1988年版,第404页。

② 同上书,第731页。

③ (西汉)刘向编、刘建生主编《管子精明》,海湖出版社2012年版,第199页。

④ 参见(汉)许慎撰、(清)段玉裁注《说文解字注》,上海古籍出版社1988年版,第102页。

"希"在《说文解字注》和《说文解字》中无，只有"睎"。"睎"在《说文解字注》中释义："望也。西都赋曰。睎秦岭。古多假希为睎。如公孙弘传希世用事、晋虞溥传希颜之徒是也。从目。希声。说文无希篆。而希声字多有。然则希篆夺也。香衣切。十五部。海岱之闲谓眄曰睎。方言。睎、眄也。东齐青徐之闲曰睎。"①"眄 目偏合也。偏各本作徧。误。今依韵會正。徧、帀也。帀、周也。周、密也。瞑爲臥。眄爲目病。人有目眥全合而短視者。今眄字此義廢矣。从目。丏聲。莫甸切。古音當在十二部。讀如泯。一曰衺視也。秦語。方言。瞷睇睎䀴眄也。自關而西秦晉之閒曰眄。"②

"声"在《说文解字注》中释义："音也。音下曰。声也。二篆为转注。此浑言之也。析言之、则曰生于心有节于外谓之音。宫商角徵羽、声也。丝竹金石匏土革木、音也。乐记曰。知声而不知音者、禽兽是也。"③

本段大意是：圣人上好的语言都写在书上，但是写在书上的文字中包含的思想、意义如同将人说话的口裹住一样是不会发声的，因此，用耳朵听不出来，用眼睛也不容易看出来，只能用头脑思考理解。如孔子说的"学而时习之。"本书作者从小学到大学，语文老师灌输的是把所学的知识要不时温习。而近年来台湾学者曾仕强先生说"这个'习'绝对不是温习、复习。……'习'是习惯，……学了以后要赶快在生活当中实践，并养成习惯。"④

"天象无形"

"天象"就是指刮风、下雨、暴晒、白天、黑夜等天体自然现象。

"形"在《说文解字注》中释义："象也。各本作象形也。今依韵会本正。象当作像。谓像似可见者也。"⑤

---

① 参见（汉）许慎撰、（清）段玉裁注《说文解字注》，上海古籍出版社1988年版，第133页。

② 同上书，第135页。

③ 参见（汉）许慎撰、（清）段玉裁注《说文解字注》，上海古籍出版社1988年版，第592页。

④ 曾仕强《曾仕强解读易经全集》，陕西师范大学出版社2014年版，第56页。

⑤ 同上书，第424页。

本段大意是天空永远不存在固定形象，或刮风，或下雨，或暴晒，或白天，或黑夜，总之云卷云舒任其自然。

"道褒无名"

"褒［bāo］"在《说文解字注》中释义："衣博裾。博裾谓大其褒囊也。汉书。褒衣大袑。谓大其衣绔之上也。引申之为凡大之偁。为褒美。"①

本段大意是："道"如同一件包裹人的大衣，谁掌握"道"就包裹谁。"道"包裹谁，永远不确定。所以"道"包裹谁始终是"无"名。

夫唯道，善始且善成。

"成"在《说文解字注》中释义："就也。"②

本段大意是：做任何事情需要"道"，只有善始善终地用"道"，人们才能成就一番事业。

---

① 曾仕强《曾仕强解读易经全集》，陕西师范大学出版社2014年版，第393页。
② 同上书，第741页。

第四十二章

【原文】

帛本（甲）①	帛本（乙）②	传本③
□□□□□□□□□□□□□□□□□中气以为和天下之所恶唯孤寡不橥而王公以自名也勿或䠂之□□□而䠂故人□□□夕议而教人故强良者不得死我□以为学父	道生一＝生二＝生三＝生□□□□□□□□□以为和人之所亚□□寡不橥而王公以自□□□□□□□云＝之而益□□□□□□□□□□□□□□吾将以□□父	道生一一生二二生三三生萬物萬物負陰而抱陽沖氣以為和人之所惡唯孤寡不穀而王公以為稱故物或損之而益或益之而損人之所教我亦教之強梁者不得其死吾將以為教父

【点校】

道生一，一生二，二生三，三生万物。

万物负阴而抱阳，中气以为和。

天下之所恶，唯孤、寡、不穀，而王公以自名也。

物：或云之而益，或益之而云。

---

① 参见马王堆汉墓帛书整理小组编《老子》，文物出版社1976年版，第67页。
② 同上。
③ 参见（魏）王弼注、（唐）陆德明音义《老子王弼注》，新兴书局1964年版，第53—54页。

人之所教，亦议而教人。

故："强良"者不得死，我将以为学父。

【讲堂】

道生一，一生二，二生三，三生万物。

"道"：在第一章老子就开宗明义讲他讲的"道"是"可道"，因此本章中"道"可解读为对科学技术的创新发明。"一"可解读为发明人创新出的第一个"物"，即今天我们讲的第一个"发明"。如第一支"自来水笔"、第一把"可折叠伞"、第一台"电脑"、第一架"飞机"等。按照传统"道家学派"释义："道"是绝对无偶的，即"一"。"二"指"阳""阴"，即"天"和"地"。"三"指"人"。无论如何解读"道生一，一生二，二生三，三生万物"，最后都可归结为人类的创新发明是最接近老子意图的释义。根据马克思主义哲学原理，人是第一生产力，当人掌握了科学的、先进的思想方法后，对于推动社会经济发展具有不可估量的作用。董仲舒："一元之意，一者万物之所从始也，元者辞之所谓大也。谓一为元者，视大始而欲正本也。"[1]

本段大意是：发明人用"道"（科学技术）发明出的某物为"一"，人类所有的东西都是人类最初来到地球上什么东西（人造物）都没有（无），在这第一个发明出来后，根据实用性、广泛性不断扩散到家家户户使用，即"一生二，二生三，三生万物"。人们在使用发明创造"物"的过程中又生产出了无数东西，如发明出的耕地用的犁、铁锨，民众拿上犁和铁锨生产出了更多的粮食、蔬菜等，更多的粮食、蔬菜可以养活更多的人、畜、家禽等，更多的人可以发明、生产更多的"万物"。

万物负阴而抱阳，中气以为和。

"负"在《说文解字》中释义："恃也。从人守贝，有所恃也。一曰：受贷不偿。"[2]

"阴"在《说文解字注》中释义："闇也。闇者、闭门也。闭门则为

---

[1] 参见（汉）班固撰、（唐）颜师古注《汉书》（全十二册）第八册，中华书局1962年版，第2502页。

[2] 参见（汉）许慎撰、（宋）徐铉等校《说文解字》，上海古籍出版社2007年版，第305页。

幽暗。故以为高明之反。"①

"抱"在《说文解字》中释义："抱与挎［luō］同。"②"挎，引取也。"③

"阳"在《说文解字注》中释义："高明也。"④

"中"在《说文解字注》中释义："内也。俗本和也。……内者、入也，入者、内也，然则中者、别于外之辞也。别于偏之辞也。亦合宜之辞也。作内、则此字。平声去声之义无不贼矣。……从口丨下上通也。"⑤

"气"与"氣"有区别：

"气"在《说文解字注》中释义："气雲气也。"⑥

"氣"在《说文解字注》中释义："氣馈客之刍［chú］米也。聘礼杀曰饔。生曰饩。饩有牛羊豕黍梁稻稷禾薪刍等。不言牛羊豕者、以其字从米也。言刍米不言禾者、举刍米可以该禾也。经典谓生物曰饩。论语。告朔之饩羊。从米。气声。许既切。十五部。今字假气为云气字。而饔饩乃无作气者。春秋传曰。齐人来气诸侯。事见左传桓六年、十年。十年传曰。齐人饩诸侯。许所据作气。左丘明述春秋传以古文。于此可见。氣气或从既。既声也。聘礼记曰。日如其饔饩之数。注云。古文既为饩。中庸篇曰。既禀称事。注云。既读为饩。大戴朝事篇。私觌致饔既。戴先生曰。既即饩字。按三既皆槩之省。饎气或从食。按从食而气为声。葢晚出俗字。在假气为气之后。"⑦

本段中可依照"氣"释义：某一东西自身中存在的对人的作用，即能够产生的"使用价值"。"中氣"可释义为某一人造东西自身包含的"使用价值"。地球上所有人造东西最初都是为了"中氣"（使用价值）

---

① 参见（汉）许慎撰、（清）段玉裁注《说文解字注》，上海古籍出版社1988年版，第731页。

② 参见（汉）许慎撰、（宋）徐铉等校《说文解字》，上海古籍出版社2007年版，第407页。

③ 同上书，第604页。

④ 参见（汉）许慎撰、（清）段玉裁注《说文解字注》，上海古籍出版社1988年版，第731页。

⑤ 同上书，第20页。

⑥ 同上。

⑦ 同上书，第333页。

而引取（制作、创新、发明）的。

"和"在《说文解字注》中释义："相应也。从口。禾声。古唱和字不读去声。"①

本段大意是：地球上存在的各种人造的东西，其物质性最先都包含于地球中（阴），人根据自己的需求引取（制作、创新、发明）于高明的太阳之下。人引取（制作、创新、发明）的东西都自身中存在对人的作用，即具有"使用价值"，所有东西都是人根据自己的（生产力）需求而引取（制作、创新、发明）的。

天下之所恶，唯孤、寡、不穀，而王公以自名也。

"之"在《说文解字注》中释义："出也。……象草过中。过于中也。枝茎渐益大。有所之也。茎渐大、枝亦渐大。势有日新不已者然。一者地也。"②

"所"在《说文解字注》中释义："伐木声也。伐木声乃此字本义。用为处所者假借为处字也。若王所行在所之类是也。用为分别之词者又从处所之义。"③

"恶"在《说文解字注》中释义："过也。人有过曰恶。有过而人憎之亦曰恶。"④

"唯"在《说文解字注》中释义："诺也。此浑言之。玉藻曰。父命呼。唯而不诺。析言之也。"⑤

"穀"意为善，好。"孤、寡、不穀［gǔ］"都是古代侯王的自我谦称。

"而"在《说文解字注》中释义："须也。象形。……引申假借之为语词。或在发端。或在句中。或在句末。或可释为然。或可释为如。或可释为汝。或释为能者、古音能与而同。"⑥ 本段中可释为如。

---

① 参见（汉）许慎撰、（清）段玉裁注《说文解字注》，上海古籍出版社1988年版，第57页。
② 同上书，第272页。
③ 同上书，第717页。
④ 同上书，第511页。
⑤ 同上书，第57页。
⑥ 同上书，第454页。

本段大意是：天下的发明人虽然都花费了如同伐木一样的力量，但是都会有不同程度的过错，制作出的东西不会是十全十美的，如王公们都以"孤""寡""不穀"自我谦称一样。

物：或云之而益，或益之而云。

"或"在《说文解字注》中释义："邦也。邑部曰。邦者、国也。葢或国在周时为古今字。古文只有或字。既乃复制国字。以凡人各有所守。皆得谓之或。各守其守、不能不相疑。故孔子曰。或之者、疑之也。而封建日广。以为凡人所守之或字未足尽之。乃又加口而为国。又加心为惑。以为疑惑当别于或。此孳乳寖多之理也。既有国字。则国训邦、而或但训有。汉人多以有释或。毛公之传诗商颂也。曰域、有也。传大雅也。曰囿、所以域养禽兽也。域即或。考工记梓人注。或、有也。小雅天保笺、郑论语注皆云。或之言有也。高诱注淮南屡言或、有也。毛诗九有、韩诗作九域。纬书作九圉。葢有、古音如以。或、古音同域。"①"或"在本段中可理解为"邦中存在的事物"。

"云"与"雲"有区别，在《说文解字注》中："雲山川气也。天降时雨。山川出云。从雨。云象回转之形。回上各本有云字。今删。古文只作云。小篆加雨于上。遂为半体会意、半体象形之字矣。云象回转形、此释下古文云为象形也。王分切。十三部。凡云之属皆从云。㞢古文省雨。古文上无雨。非省也。二葢上字。象自下回转而上也。正月。昏姻孔云。传曰。云、旋也。此其引申之义也。古多叚云为曰。如诗云即诗曰是也。亦叚员为云。如景员维河笺云员古文作云、昏姻孔云本又作员、聊乐我员本亦作云、尚书云来卫包以前作员来、小篆妘字籀文作嫏是。云员古通用。皆叚借风云字耳。自小篆别为云而二形迥判矣。𠀁亦古文云。此最初古文。象回转之形者。其字引而上行。书之所谓触石而出、肤寸而合也。变之则为云。"②

"员"在《说文解字注》中释义："物数也。本为物数。引申为人数。俗偁官员。汉百官公卿表曰。吏员、自佐史至丞相十二万二百八十

---

① 参见（汉）许慎撰、（清）段玉裁注《说文解字注》，上海古籍出版社1988年版，第631页。

② 同上书，第575页。

五人是也。数木曰枚、曰梃。数竹曰个。数丝曰紽、曰緵。数物曰员。小雅。员于尔辐。毛曰。员、益也。此引申之义也。又假借为云字。如秦誓若弗员来、郑风聊乐我员、商颂景员维河。笺云。员、古文云。从贝。贝、古以为货物之重者也。囗声。王权切。古音云在十三部。囗声在十五部。合韵最近。凡员之属皆从员。"①

依上"云""员"释义，根据本章文意"云"可解读为官员。

"云"在国学中具有深厚的含义，"祥云缭绕""紫气东来""云起龙骧""云游天下""云蒸霞蔚"等，"云"代表吉祥、滋润、众多、美好等。自古以来，"官员"是为大众服务排忧解难的人，因此，古人将"云"象征"官员"具有深厚的科学意义。（若"云"指的是官员，那么传说老子出关时尹喜看到的"云"就是老子，并非传说中天上的"紫气"。）

"而""而"的古体是𠕒。"而"在《说文解字》中释义："颊毛也。"②"而"在《说文解字注》中释义："须也。象形。各本作颊毛也、象毛之形。今正。颊毛者、须部所谓䫇须之类耳。礼运正义引说文曰。而、须也。须谓颐下之毛。象形字也。知唐初本须篆下颐毛也。而篆下云须也。二篆相为转注。其象形、则首画象鼻端。次象人中。次象口上之髭。次象承浆及颐下者。盖而为口上口下之总名。分之则口上为髭。口下为须。须本颐下之专称。髭与承浆与颊䫇皆得偁须。是以而之训曰须也象形。引申假借之为语词。或在发端。或在句中。或在句末。或可释为然。或可释为如。或可释为汝。或释为能者、古音能与而同。叚而为能。亦叚耐为能。"③

"益"在《说文解字注》中释义："饶也。食部曰。饶、饱也。凡有余曰饶。易象传曰。风雷益。君子以见善则迁。有过则改。从水皿。水

---

① 参见（汉）许慎撰、（清）段玉裁注《说文解字注》，上海古籍出版社1988年版，第279页。

② 参见（汉）许慎撰、（宋）徐铉等校《说文解字》，上海古籍出版社2007年版，第468页。

③ 参见（汉）许慎撰、（清）段玉裁注《说文解字注》，上海古籍出版社1988年版，第454页。

皿、此水字今补。益之意也。说会意之恉。"①

本段大意是：国家的工作岗位上，有些岗位适宜经验丰富的年长的官员工作，有些岗位不一定适合年长的官员工作。要老中青结合。

关于"冲气以为和人之所恶唯孤寡不穀而王公以自名也物或损之而益或益之而损"，黑格尔在他的《哲学史讲演录》中讲道："中国的语言是那样的不确定，没有连接词，没有格位的变化，只是一个一个的字并列着。所以中文里面的规定（或概念）停留在无规定（无确定性）之中。""这段话下面说：'温暖之气是由于谐和造成的'；或者'温暖之气使得它们谐和'；或者'温暖之气使它们结合起来，保持它们（事物）间的谐和'，这里就指出了一个第三者，结合者。'人们所畏惧的大都是作孤寡和忍受一切缺陷，而王公反以自称孤寡为荣'，这话是这样注释的，'他我是孤寡由于他们不知道事物的原理和他们自己的原始。因此事物的成长在于牺牲对方'（这又被解释成'世界灵魂'）；较好是这样，'它们增长由于减少，反之它们减少由于增加'，——这也是说得很笨拙的。"②

翻译哲学著作，关键是翻译者要明白被翻译的哲学思想，而不是语言与被翻译语言的对等关系。

人之所教，亦议而教人。

"议"在《说文解字注》中释义："语也。……语、论也。是论议语三字为与人言之称。议者、谊也。谊者、人所宜也。言得其宜之谓议。"③

本段大意是：教育学生，要让学生宜接受、能够接受，也就是我们今天讲的因材施教。

故："强良"者不得死，我将以为学父。

"强良"是中国古代神话传说中的虎首人身，拿两条黄蛇的神。

《山海经》中《大荒北经》记载："大荒之中，有山名曰北极天柜，

---

① 参见（汉）许慎撰、（清）段玉裁注《说文解字注》，上海古籍出版社1988年版，第212页。
② （德）黑格尔著，贺麟、王太庆译：《哲学史讲演录》第1卷，商务印书馆2009年版，第140页。
③ 参见（汉）许慎撰、（清）段玉裁注《说文解字注》，上海古籍出版社1988年版，第92页。

海水北注焉。有神，九首人面鸟身，名曰九凤。又有神，衔蛇操蛇，其状虎首人身，四蹄长肘，名曰强良。"①

"死"在《说文解字注》中释义："澌也。水部曰。澌、水索也。方言。澌、索也。尽也。是澌为凡尽之偁。人尽曰死。死澌异部叠韵。人所离也。形体与魂魄相离。"②

"将"在《说文解字注》中释义："帅也。帅当作䢦。行部曰。䢦、将也。二字互训。仪礼、周礼古文䢦多作率。今文多作帅。毛诗率时农夫。韩诗作帅。说详周礼汉读考。帅者佩巾。汉人假为率字。率亦䢦之假也。许造说文。当是本作将䢦也以自伸其说。"③

"学"在《说文解字注》中释义："觉悟也。"④

"父"在《说文解字注》中释义："巨也。家长率教者。率同䢦，先导也。"⑤

本段大意是："强良"学到的本事是"衔蛇操蛇"的能力，一个人只有将本事学到手，一辈子到死本事也不会离身（不死），教人学本事，就要有所觉悟地教授一些领先的适应时代的本事。

---

① （汉）刘向、刘歆校刊，赵机、其宗编选：《山海经：图文本》，宗教文化出版社2002年版，第341页。

② 参见（汉）许慎撰、（清）段玉裁注《说文解字注》，上海古籍出版社1988年版，第164页。

③ 同上书，第121页。

④ 同上书，第127页。

⑤ 同上书，第115页。

第四十三章

【原文】

帛本（甲）①	帛本（乙）②	传本③
天下之至柔□粤于天下之致坚无有入于无间五是以知无为□□益也不□□教无为之益□下希能及之矣	天下之至□驰骋乎天下□□□□□□□□无间吾是以□□□□□也不□□□□□□□□□□□矣	天下之至柔驰骋天下之至坚无有入無間吾是以知無為之有益不言之教無為之益天下希及之

【点校】

天下之至柔。

驰粤于天下之致坚。

无有入于无间。

吾是以知"无为"之有益也。

"不言"之教，"无为"之益，天下希能及之矣！

【讲堂】

天下之至柔。

"之"在《说文解字注》中释义："出也。……象艸过中。过于中

---

① 参见马王堆汉墓帛书整理小组编《老子》，文物出版社1976年版，第67页。
② 同上。
③ 参见（魏）王弼注、（唐）陆德明音义《老子王弼注》，新兴书局1964年版，第55页。

也。枝茎渐益大。有所之也。茎渐大、枝亦渐大。势有日新不已者然。一者地也。"①

"至"在《说文解字注》中释义:"鸟飞从高下至地也。凡云来至者、皆于此义引申叚借。引申之为懇至、为极至。许云到、至也。臻、至也。假、至也。此本义之引申也。又云亲、至也。……不上去而至下。句。来也。瑞麦之来、为行来之来。"②

"柔"在《说文解字注》中释义:"木曲直也。洪范曰。木曰曲直。凡木曲者可直、直者可曲曰柔。"③ 在《道德经》中"柔"与"水""虚""静""婴儿"等是同一概念,比喻人民、国家、天下达到安定大治的状态。

本段大意是:君主能够下到基层视察工作,把天下民众安置得如同水一样顺从。

驰甹于天下之致坚。

"驰"在《说文解字注》中释义:"大驱也。诗每以驰驱并言。许穆夫人首言载驰载驱。下言驱马悠悠。驰亦驱也。较大而疾耳。"④

"甹 [pīng]"在《说文解字》中释义:"亟词也。从丂,从由。或曰:甹,侠也。三辅谓轻财者为甹。臣铉等曰:'由,用也。任侠用气也。'"⑤

"甹"在《说文解字注》中释义:"亟词也。其意为亟。其言为甹。是曰意内言外。甹亦语词也。……甹、侠也。此谓甹与傿音义同。人部曰。傿、侠也。侠、傿也。汉季布传。为人任侠。音义。或曰任、气力也。侠、甹也。三辅谓轻财者为甹。所谓侠也。今人谓轻生曰甹命。卽此甹字。"⑥

---

① 参见(汉)许慎撰、(清)段玉裁注《说文解字注》,上海古籍出版社1988年版,第272页。
② 同上书,第584页。
③ 同上书,第252页。
④ 同上书,第467页。
⑤ 参见(汉)许慎撰、(宋)徐铉等校《说文解字》,上海古籍出版社2007年版,第229页。
⑥ 参见(汉)许慎撰、(清)段玉裁注《说文解字注》,上海古籍出版社1988年版,第203页。

"致"在《说文解字注》中释义:"送诣也。言部曰。诣、候至也。送诣者、送而必至其处也。引申为召致之致。"①

"坚"在《说文解字注》中释义:"土刚也。引申为凡物之刚。"②

本段大意是:人行走天下,侠义轻财自然会拥有刚强气质。

无有入于无间。

"入"在《说文解字》中释义:"内也。象从上俱下也。"③

"间"在《说文解字》中释义:"隙[xì]也。从门,从月。徐锴曰:'夫门夜闭,闭而见月光,是有闲隙也。'"④

本段大意是:尚未出现的"事物"和已经出现、客观存在的"事物"起初都处于尚未出现(不存在)的状态中。例如,"争""盗""乱"等损害民众家庭社会的坏事尚未发作时的社会状态是"无",这些坏事已经发作时的社会状态即是"有"。无论这"无""有"发作还是不发作,其原始状态都是"无"。今天的高楼大厦、汽车飞机、手机电视等在老子时代是"无",在今天是"有",但是构成高楼大厦、汽车飞机、手机电视等物质材料在老子时代已存在,这种未出现具体"存在"的情形称作"无"。

吾是以知"无为"之有益也。

"是"在《说文解字注》中释义:"直也。直部曰。正见也。从日正。十目烛隐则曰直。以日为正则曰是。从日正会意。天下之物莫正于日也。左传曰。正直为正。正曲为直。"⑤

"益"在《说文解字注》中释义:"饶也。食部曰。饶、饱也。凡有余曰饶。易象传曰。风雷益。君子以见善则迁。有过则改。从水皿。水皿、此水字今补。益之意也。说会意之恉。"⑥

---

① 参见(汉)许慎撰、(清)段玉裁注《说文解字注》,上海古籍出版社1988年版,第232页。

② 同上书,第118页。

③ 参见(汉)许慎撰、(宋)徐铉等校《说文解字》,上海古籍出版社2007年版,第251页。

④ 同上书,第594—595页。

⑤ 参见(汉)许慎撰、(清)段玉裁注《说文解字注》,上海古籍出版社1988年版,第69页。

⑥ 同上书,第212页。

本段大意是：我是个正直的人，我深深地知道从"无"中做出来的"有"能够满足人类的需求。

"不言"之教，"无为"之益，天下希能及之矣！

"'不言'之教"，"'无为'之益"参见第二章相关内容的解读。

"希"在《说文解字注》中释义："望也。西都赋曰。睎秦岭。古多假希（希）为睎。如公孙弘传希（希）世用事、晋虞溥传希（希）颜之徒是也。从目。希（希）声。说文无希（希）篆。而希（希）声字多有。然则希（希）篆夺也。香衣切。十五部。海岱之闲谓眄曰睎。方言。睎、眄也。东齐青徐之闲曰睎。"[①]

"及"在《说文解字注》中释义："逮也。辵部逮、及也。从又人。及前人也。"[②]

"能"在《说文解字注》中释义："熊属。左传、国语皆云晋侯梦黄能入于寝门。韦注曰。能似熊。凡左传、国语能作熊者、皆浅人所改也。……能兽坚中、故偁贤能。"[③]

本段大意是：对人"'不言'之教"的仿效教化方式和对工作"'无为'之益"的工作方式，很多人即使具有才干，也不能主动实践，都只是被当前的纷繁多样的客观事物裹住着双眼被动接受他人作出的成果。

本章"'不言'之教，'无为'之益，天下希能及之矣"句的思想内容近似于第七十章"吾言甚易知也，甚易行也。而人莫之能知也，莫之能行也"句的思想内容。

---

① 参见（汉）许慎撰、（清）段玉裁注《说文解字注》，上海古籍出版社1988年版，第133页。
② 同上书，第115页。
③ 同上书，第479页。

第四十四章

【原文】

帛本（甲）①	帛本（乙）②	简本【甲】③	传本④
名与身孰亲身与货孰多得与亡孰病甚□□□□□亡故知足不辱知止不殆可以长久	名与□□□□□□□□□□□□□□□□□□□□□□□□□□□□□□□□□□	名與身𦣻新身與貨𦣻多竇與盲𦣻疒甚悫必大費匓𦣻必多貟古智足不辱智止不怠可以長舊	名與身孰親身與貨孰多得與亡孰病是故甚愛必大費多藏必厚亡知足不辱知止不殆可以長久

【点校】名与身孰亲？身与货孰多？得与亡孰病？

甚爱必大费，多藏必厚亡。

故：知足不辱，知止不殆，可以长久。

【讲堂】

名与身孰亲？身与货孰多？得与亡孰病？

"名"在《说文解字》中释义："自命也。"⑤ 本段意为一个人的声誉。

---

① 参见马王堆汉墓帛书整理小组编《老子》，文物出版社1976年版，第67—68页。
② 同上。
③ 参见荆门市博物馆编《郭店楚墓竹简·老子甲》，文物出版社2002年版，第35页。
④ 参见（魏）王弼注、（唐）陆德明音义《老子王弼注》，新兴书局1964年版，第55—56页。
⑤ 参见（汉）许慎撰、（宋）徐铉等校《说文解字》，上海古籍出版社2007年版，第59页。

"身"在《说文解字》中释义："躬也。象人之身。"① 指身体、生命。

"货"在《说文解字》中释义："财也。"②

"亡"在《说文解字》中释义："逃也。"③ 本段中可解读为失去。

"病"在《说文解字》中释义："疾加也。"④ 本段中可解读为祸害。

本段大意是：名声与身体相比哪一个更亲？身体与财物相比哪一个更实惠？得到与失去相比哪一个更有害？

上述问题的最佳答案是辩证看待。老子也不会给我们标准答案。

"塞翁失马"：《淮南子·人间训》"近塞上之人，有善术者，马无故亡而入胡。人皆吊之，其父曰：'此何遽不为福乎？'居数月，其马将胡骏马而归。"后人所说，"塞翁失马，安知非福"，本此。比喻虽然暂时受到损失，但也可能因此得到好处，有坏事可以变成好事之意。陆游《长安道》诗："士师分鹿真是梦，塞翁失马犹为福。"⑤

甚爱必大费，多藏必厚亡。

"甚"在《说文解字》中释义："尤安乐也。"⑥

"爱"在《说文解字》中释义："行貌。"⑦

"必"在《说文解字》中释义："分极也。"⑧

"费"在《说文解字》中释义："散财用也。"⑨

"藏"在《说文解字》中释义："匿也。臣铉等案：'《汉书》通用臧字，从艹，后人所加。'"⑩

"厚"在《说文解字》中释义："山陵之厚也。从𠂆，从厂。垕，古文厚，从后、土。"⑪

---

① 参见（汉）许慎撰、（宋）徐铉等校《说文解字》，上海古籍出版社2007年版，第404页。
② 同上书，第304页。
③ 同上书，第639页。
④ 同上书，第363页。
⑤ 《辞海》（1999年版缩印本），上海辞书出版社2000年版，第1246页。
⑥ 参见（汉）许慎撰、（宋）徐铉等校《说文解字》，上海古籍出版社2007年版，第228页。
⑦ 同上书，第260页。
⑧ 同上书，第50页。
⑨ 同上书，第306页。
⑩ 同上书，第47页。
⑪ 同上书，第257页。

本段大意是：对人或事物加爱必然伴随着财物上的更多付出，贮藏多必然伴随着失去多的风险。

"甚爱必大费"的实例：陇西人红白喜事中的打"人情"，关系越是密切的人相互打"人情"越是比一般人打的财物多；在对子女的教育上越是加爱越要付出。

"多藏必厚亡"的实例：若多个人的钱包同时丢失了，谁钱包中的钱多那谁就损失大；对国家而言，一个科学家的离开远比一个普通老百姓的离开重要。

故：知足不辱，知止不殆，可以长久。

"辱"在《说文解字》中释义："耻也。"①

"殆"在《说文解字》中释义："危也。"②

"长"在《说文解字》中释义："久远也。从兀，从匕。兀者，高远意也。久则变化。亾声。厂者，倒亾也。凡长之属皆从长。臣铉等曰：'倒亡，不亡也。长久之义也。'"③

"久"在《说文解字》中释义："以后灸之，象人两胫后有距也。《周礼》曰：'久诸墙以观其桡。'"④"灸，灼也。"⑤"桡，曲木。"⑥

本段大意是：因此，知道收获符合自己的能力就能心安理得、不怕他人的羞辱，明白所干事业已经超出自己能力即刻止步就不会给自己带来危险，一个人能够做到这两方面，就能随时经得起外来的灼桡。经得起灼桡的人，"名""身"才能永远保全。

---

① 参见（汉）许慎撰、（宋）徐铉等校《说文解字》，上海古籍出版社2007年版，第744页。
② 同上书，第192页。
③ 同上书，第467页。
④ 同上书，第265页。
⑤ 同上书，第499页。
⑥ 同上书，第277页。

第四十五章

【原文】

帛本（甲）①	帛本（乙）②	简本【乙】③	传本④
大成若缺亓用不幣大盈若盅亓用不㝮大直如诎大巧如拙大赢如炳趮胜寒靓胜炅请靓可以为天下正	□□□□□□□□盈如冲亓□□□□□□□巧如拙□□□□□绌趮朕寒□□□□□□□□□	大成若夬其甬不幣大涅若中其甬不穷大攷若仳大成若詘大植若屈燥勑蒼青勑然清清為天下定	大成若缺其用不弊大盈若沖其用不窮大直若屈大巧若拙大辯若訥躁勝寒靜勝熱清靜為天下正

【点校】

大成若缺，其用不幣。

大盈若盅，其用不穷。

大直如诎。

大巧如拙。

大赢如炳。

趮胜寒；靓胜炅。请靓，可以为天下正。

---

① 参见马王堆汉墓帛书整理小组编《老子》，文物出版社1976年版，第68页。
② 同上。
③ 参见荆门市博物馆编《郭店楚墓竹简·老子乙、丙》，文物出版社2002年版，第13页。
④ 参见（魏）王弼注、（唐）陆德明音义《老子王弼注》，新兴书局1964年版，第56页。

【讲堂】

大成若缺，其用不弊。

"成"在《说文解字》中释义："就也。……徐锴曰：'戊，中宫，成于中也。'"①

"若"在《说文解字》中释义："择菜也。"②

"缺"在《说文解字》中释义："器破也。"③

"弊"在《说文解字注》中释义："帛也。帛者、缯也。聘礼注曰。弊、人所造成以自覆蔽。作弊者吴谓束帛也。爱之斯欲饮食之。君子之情也。是以享用弊。所以副忠信。"④

本段大意是：人无完人，即使是有大成就的人仍有缺憾的方面，要择出缺憾的方面进行弥补，以"用"弥补"缺"，而不是坐享其"成"；如果坐享其"成"，犹如自己给自己覆盖上了"帛"，虽一时美好，却终究是坐吃山空。例如，一个人研发出来一款手机，已投放市场并畅销，但是，这款手机也不是"十全十美"，在使用中会发现不足的地方，只有弥补不足，手机业才能发展，这就是"用"。一个教师每重复讲一堂课，总是在不断调整讲课的方法以达到最满意的效果，这样的不断调整即为"用"。

大盈若盅，其用不穷。

"盈"在《说文解字》中释义："满器也。"⑤

"盅［chōng］"在《说文解字》中释义："器虚也。"⑥盅内是"无"空虚，始终需要的是"美酒"。"美酒"代表着美好事物，这里比喻国家中具有的清明廉政。"美酒"永远满足不了"盅"，即"用不穷"。

"穷"在《说文解字》中释义："极也。"⑦

本段大意是：即使选择最大的酒盅填满酒也是为了喝，喝完酒酒

---

① 参见（汉）许慎撰、（宋）徐铉等校《说文解字》，上海古籍出版社2007年版，第738页。
② 同上书，第41页。
③ 同上书，第253页。
④ 参见（汉）许慎撰、（清）段玉裁注《说文解字注》，上海古籍出版社1988年版，第358页。
⑤ 参见（汉）许慎撰、（宋）徐铉等校《说文解字》，上海古籍出版社2007年版，第239页。
⑥ 同上书，第240页。
⑦ 同上书，第361页。

盅又空了，又要填上酒才能盈，填酒必须有酒可供使用，因此，只有不断挣得酒，才能不断填酒，这种不断挣得酒的情形即是"'用'不穷"。本段中的"用"就是不断挣酒，也就是说，美好生活需要不断付出努力。

大直如诎。

"直"在《说文解字》中释义："正见也。"①

"如"在《说文解字注》中释义："从随也。从随即随从也，随从必以口，从女者，女子从人者也，幼随父兄，嫁从夫，夫死从子。故白虎通曰：女者，如也，引申之凡相似曰如。凡有所往曰如，皆从随之引申也。"②

"诎［qū］"在《说文解字》中释义："诘诎也。一曰：屈襞。"③"诘，问也。"④

本段大意是：一个能够敏锐发现问题并具有独到正见的人，会随顺对方装糊涂。

大巧如拙。

"拙［zhuō］"在《说文解字》中释义："不巧也。"⑤

本段大意是：一个心灵手巧的人会随顺对方装作拙劣不巧。

大赢如炳。

"赢"在《说文解字》中释义："有余贾利也。"⑥

"炳［nèn］"在《中华大字典》中释义："煖［nuǎn］也。"⑦ "煖，温也。"⑧

---

① 参见（汉）许慎撰、（宋）徐铉等校《说文解字》，上海古籍出版社 2007 年版，第 638 页。
② 参见（汉）许慎撰、（清）段玉裁注《说文解字注》，上海古籍出版社 1988 年版，第 620 页。
③ 参见（汉）许慎撰、（宋）徐铉等校《说文解字》，上海古籍出版社 2007 年版，第 119 页。
④ 同上。
⑤ 同上书，第 611 页。
⑥ 同上书，第 305 页。
⑦ 《中华大字典》，中华书局 1978 年版，第 914 页。
⑧ 参见（汉）许慎撰、（宋）徐铉等校《说文解字》，上海古籍出版社 2007 年版，第 501 页。

本段大意是：事业的成功随从温暖的影响。

趮胜寒；靓胜炅。请靓，可以为天下正。

"趮［zào］"在《说文解字》中释义："疾也。"①

"胜［shēng］"在《说文解字》中释义："任也。"②

"寒"在《说文解字》中释义："冻也。"③

"靓［jìng］"在《说文解字》中释义："召也。"④"靓"在《道德经》出现了两次（第四十五章和第六十一章）。在第六十一章中按照《辞海》中释义："方言。漂亮。如：靓女。"解读，音［liàng］。

"炅"在《说文解字》中释义："见也。"⑤

"请"在《说文解字》中释义："谒也。"⑥"谒，白也。广韵曰。白、告也。按谒者、若后人书刺自言爵里姓名并列所白事。"⑦

"正"在《说文解字》中释义："是也。从止，一以止。徐锴曰：'守一以止也。'"⑧

本段大意是：百姓不能解决自身的疾病，但能够想办法自己解决寒冷，因此疾病给老百姓带来的伤害要比寒冷大。君主下诏邀请官员汇报工作胜过高高在上等待官员主动汇报工作。君主深入基层邀请官员汇报工作，就能够及时得到实情，从而有的放矢地做出良好政策。有了符合百姓的政策，百姓即可安居乐业。

---

① 参见（汉）许慎撰、（宋）徐铉等校《说文解字》，上海古籍出版社2007年版，第69页。

② 同上书，第698页。

③ 同上书，第357页。

④ 同上书，第424页。

⑤ 同上书，第501页。

⑥ 同上书，第106页。

⑦ 参见（汉）许慎撰、（清）段玉裁注《说文解字注》，上海古籍出版社1988年版，第90页。

⑧ 参见（汉）许慎撰、（宋）徐铉等校《说文解字》，上海古籍出版社2007年版，第76页。

第四十六章

【原文】

帛本（甲）①	帛本（乙）②	简本【甲】③	传本④
·天下有道□走马以粪天下无道戎马生于郊·罪莫大于可欲瞃莫大于不知足咎莫憯于欲得□□□□□恒足矣	□□□道却走马□粪无道戎马生于郊罪莫大可欲祸□□□□□□□□□□□足矣	辠莫厚虗甚欲咎莫佥虗谷得化莫大虗不智足智足之为足此互足矣	天下有道却走馬以糞天下無道戎馬生於郊禍莫大於不知足咎莫大于欲得故知足之足常足矣

【点校】

天下有，道，却走马以粪。

天下无，道，戎马生于郊。

罪莫大于可欲。

祸莫大于不知足。

咎莫憯于欲得。

故知足之足，恒足矣！

---

① 参见马王堆汉墓帛书整理小组编《老子》，文物出版社1976年版，第68页。
② 同上。
③ 参见荆门市博物馆编《郭店楚墓竹简·老子甲》，文物出版社2002年版，第5页。
④ 参见（魏）王弼注、（唐）陆德明音义《老子王弼注》，新兴书局1964年版，第57页。

【讲堂】

天下有，道，却走马以粪。

"有"泛指客观存在，本文指战争。"有"，即战争已经出现。要消除"有"，就要多花代价、费周折。"无"，即战争尚未出现，经常处于预防状态，工作就轻松。陇西俗语："补鼻裤。"意为前一任领导虽然把某一事情做完了，但是做得非常"糟糕"，这"糟糕"即"有"，后一任领导要不断地弥补完善前一任做的"糟糕"（即"有"）的方面，工作比较吃力。

"却"在《说文解字注》中释义："卪卻也。各本作节欲也。误。今依玉篇欲为卻。又改节为卪。卪卻者、节制而卻退之也。从卪。谷声。去约切。古音在五部。俗作却。"①

"走"在《说文解字注》中释义："趋也。释名曰。徐行曰步。疾行曰趋。疾趋曰走。此析言之。许浑言不别也。今俗谓走徐、趋疾者、非。……大雅假本奏为奔走。"②

"道"本段中指解决战争的方略。

本段大意是：治理国家，如果等到战争开始才用节制、却退之"道"，就吃力了，特别忙了，忙得连战马都只能奔跑着拉粪。

天下无，道，戎马生于郊。

"道"本段中指维护和平的方略。

"戎"在《说文解字注》中释义："兵也。兵者、械也。月令。乃教于田猎。以习五戎。注。五戎谓五兵。弓矢、殳、矛、戈、戟也。按周礼司兵掌五兵。郑司农云。戈、殳、戟、酋矛、夷矛。后郑云。此车之五兵也。步卒之五兵、则无夷矛而有弓矢。兵之引申为车卒、步卒。故戎之引申亦为卒旅。兵可相助。故引申之义、小雅丞也无戎传曰戎、相也。又引申为戎狄之戎。又民劳传。戎、大也。方言。戎、大也。宋鲁陈卫之闲语。"③ 本段可解读为士兵。

---

① 参见（汉）许慎撰、（清）段玉裁注《说文解字注》，上海古籍出版社1988年版，第431页。

② 同上书，第63页。

③ 同上书，第630页。

"生"在《说文解字》中释义："进也。象艸木生出土上。"①

"郊"在《说文解字》中释义："距国百里为郊。"②

本段大意是：治理国家，在没有战争的时间里，采用和平之"道"，就不吃力、不忙，兵马悠闲地在郊外生活，繁衍后代。

罪莫大于可欲。

"罪"在《说文解字》中释义："捕鱼竹网。从网、非。秦以罪为辠字。"③

"罪"在《说文解字注》中释义："捕鱼竹网。竹字盖衍。小徐无竹网二字。从网。非声。声字旧缺。今补。本形声之字。始皇改为会意字也。徂贿切。十五部。秦㠯为辠字。文字音义云。始皇以辠字似皇。乃改为罪。按经典多出秦后。故皆作罪。罪之本义少见于竹帛。小雅。畏此罪罟。大雅。天降罪罟。亦辠罟也。"④

"欲"在《说文解字注》中释义"贪欲也。欲者衍字。贝部贪下云。欲也。二篆为转注。今贪下作欲物也。亦是浅人增字。凡此书经后人妄窜。盖不可数计。独其义例精密。迄今将二千年。犹可推寻。以复其旧。是以最目云后有达者、理而董之也。感于物而动。性之欲也。欲而当于理。则为天理。欲而不当于理。则为人欲。欲求适可斯已矣。非欲之外有理也。古有欲字、无慾字。后人分别之、制慾字。殊乖古义。论语申枨之欲、克伐怨欲之欲。一从心、一不从心。可征改古者之未能画一矣。欲从欠者、取慕液之意。从谷者、取虚受之意。易曰。君子以征忿窒欲。陆德明曰。欲、孟作谷。晁说之曰。谷古文欲字。晁氏所据释文不误。今本改为孟作浴。非也。"⑤ 在本段中可解读为有理想、有抱负的人。

"可欲"与第一章讲到"可名""可道"语法相似，可解读为具体的欲望，如打鱼的多少、成为一个国家级泥瓦匠、成为全村最有钱的人等。

---

① 参见（汉）许慎撰、（宋）徐铉等校《说文解字》，上海古籍出版社2007年版，第297页。

② 同上书，第308页。

③ 同上书，第371页。

④ 参见（汉）许慎撰、（清）段玉裁注《说文解字注》，上海古籍出版社1988年版，第355页。

⑤ 同上书，第411页。

用现代话讲,就是一个人的理想,"心有多大,舞台就有多大"。

本段大意是:渔网的大小决定不了捕鱼的多少,捕鱼的多少是由人的欲望(理想)决定的。

祸莫大于不知足。

"足"在《说文解字注》中释义:"人之足也。在体下。从口止。依玉篇订。口犹人也。举口以包足已上者也。齿、上止下口。次之以足、上口下止。次之以足、似足者也。次之以品、从三口。今各本从口。非也。"① "知足"可解读为自己了解自己的能力。

"祸"在《说文解字注》中释义:"害也。祸害双声。神不福也。"②

本段大意是:人生中难免会遇到不同大小、不同程度的祸害,但是要明白不知足是最大的祸害。

咎莫憯于欲得。

"咎"在《说文解字》中释义:"灾也。"③ "灾,天火曰灾。"④

"憯[cǎn]"在《说文解字》中释义:"痛也。"⑤

"得"在《说文解字》中释义:"䙷行有所得也。从彳,䙷声。多则切。䙷,古文省彳。"⑥

"得"在《说文解字注》中释义:"䙷行有所䙷也。䙷各本作得误。今正。见部曰。䙷、取也。行而有所取。是曰得也。左传曰。凡获器用曰得。从彳。䙷声。多则切。一部。䙷古文省彳。按此字已见于见部。与得并为小篆。义亦少异。"⑦

"欲得"可解读为不是自己努力奋斗所得,而是通过私欲取得的不正当的收获。

---

① 参见(汉)许慎撰、(清)段玉裁注《说文解字注》,上海古籍出版社1988年版,第81页。
② 同上书,第8页。
③ 参见(汉)许慎撰、(宋)徐铉等校《说文解字》,上海古籍出版社2007年版,第397页。
④ 同上书,第500页。
⑤ 同上书,第530页。
⑥ 同上书,第86页。
⑦ 参见(汉)许慎撰、(清)段玉裁注《说文解字注》,上海古籍出版社1988年版,第77页。

本段大意是：不是自己努力奋斗所得，而是通过不正当途径取得的收获是自己给自己埋下的一个"定时炸弹"。

故知足之足，恒足矣！

"恒"在《说文解字》中释义："常也。常当作长。古长久字只作长。浅人稍稍分别。乃或借下帚之常为之。故至集韵乃有一曰久也之训。而篇、韵皆无之。此俗字之不可不正者也。时之长与尺寸之长、非有二义。从心舟在二之闲上下。上下犹往复也。心曰舟施。恆也。谓往复遥远、而心以舟运旋。历久不变。恒之意也。宙下曰。舟车所极复也。此说会意之恉。"①

本段大意是：因此人只有在明白自己的能力、本事的情况下才能满足，才得以常满足！

---

① 参见（汉）许慎撰、（清）段玉裁注《说文解字注》，上海古籍出版社1988年版，第681页。

第四十七章

【原文】

帛本（甲）①	帛本（乙）②	传本③
不出于户以知天下不规于牖以知天道亓出也弥远亓□□□□□□□□□□□□□为而□	不出于户以知天下不规于□□知天道亓出籆远者亓知籆□□□□□□□□□□□而名弗为而成	不出戶知天下不闚牖見天道其出彌遠其知彌少是以聖人不行而知不見而名不為而成

【点校】

"不出于户，以知天下！""不规于牖，以知天道！""其出弥远，其知弥少！""是以圣人不行而知，不见而名，弗为而成。"

【讲堂】

"不出于户，以知天下！""不规于牖，以知天道！""其出弥远，其知弥少！""是以圣人不行而知，不见而名，弗为而成。"

"规"在《说文解字》中释义："有法度也。"④

---

① 参见马王堆汉墓帛书整理小组编《老子》，文物出版社1976年版，第68页。
② 同上。
③ 参见（魏）王弼注、（唐）陆德明音义《老子王弼注》，新兴书局1964年版，第57—58页。
④ 参见（汉）许慎撰、（宋）徐铉等校《说文解字》，上海古籍出版社2007年版，第516页。

"牖"在《说文解字》中释义:"穿壁以木为交窗也。"① 指窗户。

"弥"在《说文解字》中释义:"久长也。"②

"远"在《说文解字》中释义:"辽也。"③

"弗"在《说文解字注》中释义:"矫也。矫各本作挢。今正。挢者、举手也。引申为高举之用。矫者、揉箭箝也。引申为矫拂之用。今人不能辩者久矣。弗之训矫也。今人矫、弗皆作拂。而用弗为不。其误盖亦久矣。"④ 人做出一件创新发明总是要经过无数次的改进、革新,因此本段中以"矫"释义比较符合文意。这就是说任何一个东西刚刚发明制作出来总是要经过无数次的"矫",才能够不断完善。

"名"在《说文解字注》中释义:"自命也。祭统曰。夫鼎有铭。铭者、自名也。"⑤

"成"在《说文解字注》中释义:"就也。"⑥

本段大意是:人们对"无为"的概念现在有这样三种错误的理解:第一种是"不出门就可以知道天下发生的大事";第二种是"不按照法度只是向窗户外瞭望一下就能明白治国之道";第三种是"如果你出行越远,知道的就会越少"。他们还拿圣人为自己的错误理解进行辩护:"圣人不出行却什么都知道,圣人不去亲眼参观就知道鼎上铭文的内容,矫正(创新发明)客观事物只有圣人才能做成。"

老子在第二章已经讲过"居'无为'之事,行'不言'之教"的治国处世原理,并在第四十三章中说"'不言'之教,'无为'之益,天下希能及之矣",在第七十章中说"吾言甚易知也,甚易行也。而人莫之能知也,莫之能行也",两次感叹天下人把自己讲的"无为"不当一回事。更甚者还存在着错误的理解。

在本章中,老子又批评指出一些人对"无为"的一些错误理解,根

---

① 参见(汉)许慎撰、(宋)徐铉等校《说文解字》,上海古籍出版社2007年版,第336页。

② 同上书,第467页。

③ 同上书,第83页。

④ 参见(汉)许慎撰、(清)段玉裁注《说文解字注》,上海古籍出版社1988年版,第627页。

⑤ 同上书,第56页。

⑥ 同上书,第741页。

据这些信息，二千多年前好多人就存在对"无为"不重视或曲解其本义的现象。作者不由想起当前在一些图书馆能够随便翻阅到的对"无为"的解释，随手摘抄如下诸位学者关于"无为"思想的论述。

"'自然无为'可以认为是老子哲学所要表达的最重要的观念。但如果仔细说来，'自然无为'实包含着'自然'与'无为'两层内容，'自然'是一种观念、态度和价值，也是一种状态和效果，'无为'则是一种行为，是实现'自然'的手段和方法。'自然'与'无为'密不可分，相得益彰：'自然'的观念、态度、状态必然要求'无为'的行为，'无为'的行为必然体现'自然'的观念，必然实现'自然'的价值和效果。""老子所谓的'自然'不是现代人们所谓的'自然界'或'大自然'，而是自己如此、本来如此的意思。在老子看来，宇宙是一个和谐的、平衡的整体，这种和谐、平衡的状态，是通过构成这个宇宙的万事万物自身不受外界强力干扰的存在与发展而达成的维持的。也就是说，万事万物在不受外界强力干扰的情况下，通常都能发挥出自己的最佳状态，都能与周围的其他事物保持着良好的关系，整个宇宙就在万物的最佳状态和良好关系中达到了和谐与平衡，发挥出最大的功能。这就是老子所谓的'自然'。""自然需要无为的保障才能实现。'无为'的含义需要准确地加以把握，我们不能仅从字面上把它们理解为不要任何作为，排斥任何人为。广义的'为'字泛指人的一切行为，而'无为'的'为'字却不是这样的广泛，它的意义要从自然与人为的关系上才能获得正确的理解。自然和人为是一对矛盾，但又不是绝对排斥的，关键在于人为的程度、性质与其导致的结果如何，会不会破坏事物的自然状态。事物本身就具有存在和发展的一切潜在的可能性，无须附加任何外界的意志制约它。但一般来说，人们的作用在一定的范围内和程度上，其性质都是温和的，并不至于对事物的自然状态造成破坏。只要不是勉强的、强力的，不是猛烈的、突然的，不是违反常规的行为，就仍然可以保持事物的自然和谐与平衡。老子所说的'无为'中的'为'字，正是指的这种不必要的、不适当的作为。""'无为'的含义，一是指顺任事物之自然，一是指排除不必要的作为或反对强作妄为。这两方面的含义又是相同而一致的。"①

"一般人常以为老子思想是消沉的、厌世的或出世的。造成这种误解是由于对他的重要观念望文生义所致,例如,无为、不争、谦退、柔弱、虚无、清静等观念都曾被人曲解。其实,'无为'是顺其自然、不强作妄为的意思(这观念主要是针对统治者提出的)。"②

"无为"是:"对于自然不能'有为',要善于观察和等待。""尽量对人民少干涉。"③

"无为"是:"要人消极无为,什么也不做。"④

无为而治:"其实是要恢复闭塞的、落后的奴隶制社会,使社会向后倒退。……要使民无知无欲,安于受剥削和奴役,这就是无为而治的反动实质所在。"⑤

"无为"就是:"不要制造问题。"⑥

"理由有三。首先,君无为,才尊贵。……君主既然要唯我独尊,就不能像群臣那样整天忙忙碌碌;君主既然要当裁判员,那就不能再当运动员。其次,君无为,才明智。道理也很简单:一件事情,有人做,就有人不做。你做了,他就不做。你一个人做了,大家就都不做。然而一个国家,要做的事情也数不清,君主一个人做得完吗?既然做不完,不如一件都不做。相反,君主不做,臣下自然会做;君主闲下事,臣下就忙起来。这就叫'因而任之,使自事之;因而予之,彼将自举之'。那么,是君主一个人忙合算,还是大家去忙合算?是君主一个人忙可行,还是大家去忙可行?不用说吧!第三,君无为,才安全。道理同样简单:君主一旦做事,臣下就会揣摩。事情做得越多,臣下揣摩到的东西就越多。如果君主还表现出来操作具体事务的能力,底牌就会被摸得一清二楚。没有了神秘感,君主还怎么当?所以韩非说:'上有所长,事乃不方;矜而好能,下之所斯。'相反,如果君主永远都一言不发,面无表

---

① 陈鼓应,白奚:《老子评传》,南京大学出版社2011年版,第88—89页。
② 陈鼓应:《老子注释及评介》,中华书局1984年版,第15页。
③ 参见任继愈译《老子今译》,古籍出版社1956年版,第66—70页。
④ 参见任继愈主编《中国哲学史简编》,人民出版社1973年版,第116页。
⑤ 参见杨荣国主编《简明中国哲学史》,人民出版社1976年版,第62页。
⑥ 曾仕强:《曾仕强解读易经全集》,陕西师范大学出版社2014年版,第69页。

情，不置可否，高深莫测，臣下就战战兢兢，既不敢偷奸耍滑，又不敢欺上瞒下，更不敢觊觎政权。"①

"无"就是说："人肚里是空虚的，所以能容纳胎儿，心地必须空虚，方可安容天机。比如房屋没有空余的地方，婆媳难免有所争吵。人也是一样，心地若不空虚，六情自会互相争夺。"②

"关于'无为'，《道德经》里边从头到尾不知说了多少次，每次说的角度都不太一样，比如说在第二章里老子说'圣人处无为之事，行不言之教'，圣人在这里可以设想为指协助当时的君王来管理国家的一批人或一批读书人、一批有学问的人、有本事的人、得道的人。他们要做的事情是'无为之事'，说得相当玄乎，就是要做的事情是'别干'。乍一听没法理解，有一点诚心找别扭的意思。但实际上干某一类事的目的就是表示自己不准备做什么，这样的例子中国很多，例如刘备在寄身曹操手下的时候，表示自己忙于种菜，比如某个高级领导退下来忙于拉胡琴，这都是处无为之事……无产阶级因为'无'所以它不会失去什么东西，无产阶级因为'无'所以它非常欢迎一场蓬勃的历史的暴风雨。无产阶级因为'无'所以它不惧怕社会继续向前发展。"③

"老子所说的'无为'的最重要的内涵，就是不干涉政策。就是不要因统治者个人的意志，干涉民众的自然生活。"④

"对'无为之事'我们可以这么去领会：伸出手，看到五个手指了吧——各有长短，这就好比一个人有优点专长也有缺点不足。'有为'就是相对比较长的手指而言，短的手指就成了'不能为'的地方。现在发挥一下我们的想象：（1）五个指头都没了，长短一般齐了，啥也'不能为'了，就是一种'无为'。（2）五个指头一样长！不也是一种'无为'吗？再假设这五个手指又都比别人的长呢？不就是从'无为'变成'无不能为'了吗？"⑤

---

① 易中天：《百家争鸣》，浙江文艺出版社 2016 年版，第 54—56 页。
② 林语堂：《老子的智慧》，江苏文艺出版社 2009 年版，第 88 页。
③ 王蒙：《老子十八讲》，生活·读书·新知三联书店 2009 年版，第 45—65 页。
④ 曹勇宏：《老子：冷笑着的智慧》，中国发展出版社 2009 年版，第 40—41 页。
⑤ 吴景峰：《人生有道》，人民出版社 2009 年版，第 6 页。

第四十八章

【原文】

帛本（甲）①	帛本（乙）②	简本【乙】③	传本④
为□□□□□□ □□□□□□□ □□□□□□□ □取天下也恒□□ □□□□□□□ □□□□	为学者日益闻道者 日云＝之有云以至 于无□□□□□ □□□取天下恒 无事及亓有事也 □□足以取天□□	學者日益為道者日 員員之或員以至亡 為也亡為而亡不為	為學日益為道日損損之 又損以至於無為無為而 無不為取天下常以無事 及其有事不足以取天下

【点校】

为学者日益，闻道者日云。云之有云，以至于"无为"也。

"无为"而无不为也，取天下也，恒无事。

及其有，事也，不足以取天下。

【讲堂】

为学者日益，闻道者日云。云之有云，以至于"无为"也。

---

① 参见马王堆汉墓帛书整理小组编《老子》，文物出版社1976年版，第68—69页。
② 同上。
③ 参见荆门市博物馆编《郭店楚墓竹简·老子乙、丙》，文物出版社2002年版，第3页。
④ 参见（魏）王弼注、（唐）陆德明音义《老子王弼注》，新兴书局1964年版，第58—59页。

"学"在《说文解字注》中释义："觉悟也。"①

"益"在《说文解字注》中释义："饶也。食部曰。饶、饱也。凡有余曰饶。易象传曰。风雷益。君子以见善则迁。有过则改。从水皿。水皿、此水字今补。益之意也。说会意之恉。"②

"闻"在《说文解字注》中释义："知声也。引申之为令闻广誉。"③

"云"与"雲"有区别，在《说文解字注》中："雲山川气也。天降时雨。山川出云。从雨。云象回转之形。回上各本有云字。今删。古文只作云。小篆加雨于上。遂为半体会意、半体象形之字矣。云象回转形、此释下古文云为象形也。王分切。十三部。凡云之属皆从云。亏古文省雨。古文上无雨。非省也。二盖上字。象自下回转而上也。正月。昏姻孔云。传曰。云、旋也。此其引申之义也。古多叚云为曰。如诗云即诗曰是也。亦叚员为云。如景员维河笺云员古文作云、昏姻孔云本又作员、聊乐我员本亦作云、尚书云来卫包以前作员来、小篆坛字籒文作䵪是。云员古通用。皆叚借风云字耳。自小篆别为云而二形迥判矣。㕛亦古文云。此最初古文。象回转之形者。其字引而上行。书之所谓触石而出、肤寸而合也。变之则为云。"④

"员"在《说文解字注》中释义："物数也。本为物数。引申为人数。俗称官员。汉百官公卿表曰。吏员、自佐史至丞相十二万二百八十五人是也。数木曰枚、曰梃。数竹曰个。数丝曰绐、曰總。数物曰员。小雅。员于尔辐。毛曰。员、益也。此引申之义也。又假借为云字。如秦誓若弗员来、郑风聊乐我员、商颂景员维河。笺云。员、古文云。从贝。贝、古以为货物之重者也。口声。王权切。古音云在十三部。口声在十五部。合韵冣近。凡员之属皆从员。"⑤

依上"云""员"释义，根据本章文意"云"可解读为官员。

"云"在国学中具有深厚的含义，"祥云缭绕""紫气东来""云起龙

---

① 参见（汉）许慎撰、（清）段玉裁注《说文解字注》，上海古籍出版社1988年版，第127页。
② 同上书，第212页。
③ 同上书，第592页。
④ 同上书，第575页。
⑤ 同上书，第279页。

骧""云游天下""云蒸霞蔚"等,"云"代表吉祥、滋润、众多、美好等。自古以来,"官员"是为大众服务排忧解难的人,因此,古人以"云"象征"官员"具有深厚的科学意义。

"有"指客观存在。本段可解读为出类拔萃的优秀官员。

本段大意是:通过我对"无为"的普及讲解,目前对"无为"有所觉悟的人越来越多了,越来越多的官员通过听讲明白了"无为"等治国理政的道理。在众多官员中已经出现了能够活学活用"无为"的优秀者。

"无为"而无不为也,取天下也,恒无事。

"而"的古体是而。"而"在《说文解字》中释义:"颊毛也。"①"而"在《说文解字注》中释义:"须也。象形。各本作颊毛也、象毛之形。今正。颊毛者、须部所谓䯢须之类耳。礼运正义引说文曰。而、须也。须谓颐下之毛。象形字也。知唐初本须篆下颐毛也。而篆下云须也。二篆相为转注。其象形、则首画象鼻端。次象人中。次象口上之髭。次象承浆及颐下者。盖而为口上口下之总名。分之则口上为髭。口下为须。须本颐下之专称。髭与承浆与颊䯢皆得偁须。是以而之训曰须也象形。引申假借之为语词。或在发端。或在句中。或在句末。或可释为然。或可释为如。或可释为汝。或释为能者、古音能与而同。叚而为能。亦叚耐为能。"② 本段中可释义为:"然"。

"'无为'而无不为"举例解读:如官员们将国家治理得不存在"争""盗""乱"等现象,就不必因为消除"争""盗""乱"而工作。

"事"在《说文解字注》中释义:"职也。"③

本段大意是:在国家尚未出现"争""盗""乱"等现象就采用"无为"方法努力工作,将国家治理得不出现"争""盗""乱"等现象,官员们在没有上述现象的环境中轻松工作,这样君王才能保持国家永远太平,才能履行其他职责。

"'无为'而无不为"应用在教育实践中,教育青少年的目的是使其

---

① 参见(汉)许慎撰、(宋)徐铉等校《说文解字》,上海古籍出版社2007年版,第468页。
② 参见(汉)许慎撰、(清)段玉裁注《说文解字注》,上海古籍出版社1988年版,第454页。
③ 同上书,第116—117页。

成年后不必再受教育。这里青少年"走正道（善）"是"无"。"'无为'而无不为"如同《论语·卫灵公》：子曰："有教无类。"①"类"在《说文解字》释义："种类相似，唯犬为甚。"②"有教无类"意思是：人具有"善""恶"种，人在幼时"善""恶"尚未形成，即"无"，在人的幼时（无）教育他们，长大都成为"善"种。

"'无为'而无不为"应用在自身健康中，锻炼身体的目的是不生病，没有病就不需治病。这里人的"病"是"无"。

"'无为'而无不为"应用在班主任工作中，在新组建一年级班级的初始就抓好纪律、卫生、学习、两操等，在学生逐步步入高年级时班主任的工作即可达到"无不为"。

"'无为'而无不为"可谓放之四海而皆准。

及其有，事也，不足以取天下。

本段大意是：如果国家出现了"争""盗""乱"等现象才去治理，就不能够一帆风顺地获取天下了。

---

① （宋）朱熹：《四书集注》上册《论语卷之八》，中华书局1957年版，第7页。
② 参见（汉）许慎撰、（宋）徐铉等校《说文解字》，上海古籍出版社2007年版，第491页。

第四十九章

【原文】

帛本（甲）①	帛本（乙）②	传本③
□□□□□以百□之心为□善者善之不善者亦善□□□□□□□□□□□□□信也□之在天下翕=焉为天下浑心百姓皆属耳目焉圣人皆□□	□人无恒心以百省之心为心善□□□□□□□□□善也信者信之不信者亦信之德信也聑人之在天下也欲=焉□□□□□生皆注亓□□□□□□	聖人無常心以百姓心為心善者吾善之不善者吾亦善之德善信者吾信之不信者吾亦信之德信聖人在天下歙歙為天下渾其心聖人皆孩之

【点校】

圣人：无，恒心，以百省之心为心。

善者，善之，不善者，亦善之，德善也。信者，信之，不信者，亦信之，德信也。

圣人之在天下也，欲欲焉，为天下"浑心"，百姓皆注其耳目焉，圣人皆孩之。

---

① 参见马王堆汉墓帛书整理小组编《老子》，文物出版社1976年版，第69页。
② 同上。
③ 参见（魏）王弼注、（唐）陆德明音义《老子王弼注》，新兴书局1964年版，第59页。

【讲堂】

圣人：无，恒心，以百省之心为心。

"无"即没有发生如"争""盗""乱"等的时期。"心"，即操心、惦记。在没有事情的时候就操心。

"百"在《说文解字注》中释义："十十也。从一白。博陌切。五部。数。句。十十为一百。百白也。白、告白也。此说从白之意。数长于百。可以詈言白人也。各本脱此八字。依韵会补。十百为一贯。贯章也。此类举之。百白叠韵。贯章双声。章、明也。数大于千。盈贯章明也。"①

"省"在《说文解字注》中释义："视也。省者、察也。察者、核也。汉禁中谓之省中。师古曰。言入此中者皆当察视。不可妄也。释诂曰。省、善也。此引申之义。大传曰。大夫有大事省于其君。谓君察之而得其大善也。从眉省。从中。中音彻。木初生也。财见也。从眉者、未形于目也。从中者、察之于微也。凡省必于微。"②

"百省"根据文意，可解读为社会中做事明白、细心入微的能干人、聪明人。

本段大意是：圣人在没有"争""盗""乱"等时期就不断操心着，时刻倾听做事明白、细心入微的能干人、聪明人的意见和建议。

善者，善之，不善者，亦善之，德善也。信者，信之，不信者，亦信之，德信也。

本段大意是：无论老百姓具有善心还是不具有善心，圣人都用自己的善心去感化教育，这就是圣人的德善行为。无论老百姓诚信还是不诚信，圣人都用自己的诚信去感化教育，这就是圣人的德信行为。

圣人之在天下也，欿欿焉，为天下"浑心"，百姓皆注其耳目焉，圣人皆孩之。

"欿[hē]"在《说文解字注》中释义："歠也。欿与吸意相近。与歕为反对。东都赋曰。欿野歕山。"③"欿"在《辞海》中的两个释义：

---

① 参见（汉）许慎撰、（清）段玉裁注《说文解字注》，上海古籍出版社1988年版，第137页。
② 同上书，第136页。
③ 同上书，第413页。

第一个"欱进。《文选·班固〈东都赋〉》：'吐焰生风，欱野歕山。'李善注引《说文》曰：'欱，啜也。'"第二个"合。《太玄·玄告》：'上欱下欱。'范望注：'欱，犹合也。'"① "欱欱"可解读为圣人行于天下广泛吸纳老百姓的建言献策。

"为"的本义是人通过自己的"主观意识"实现"客观现实"。参见第二章相关释义。

"浑"在《说文解字注》中释义："混流声也。混作浑者误。混、乱也。郦善长谓二水合流为浑涛。今人谓水浊为浑。从水。军声。户昆切。十三部。一曰洿下也。洿下曰。一曰窊下也。"②

"浑心"意为心不明事理的人。陇西俗语："浑水！"意思是脑子不清醒，褒贬之意皆有。好朋友见面相互可以用"浑水！"问候，即具有戏言的褒义成分，比如张三遇到朋友李四，便叫道："浑水，干啥去？"李四回复："噢，我要上街买菜去，浑水，你干啥去？"张三又回道："我要……"如果是贬义成分，就是骂人的了，还有骂人俗语："浑瘴！"若将"浑水！""浑瘴！"用于骂人，表达的意思相似，都指对方脑子不清醒、做事不认真、能力差等。

"注"在《说文解字注》中释义："灌也。大雅曰。挹彼注兹。引申为传注、为六书转注。注之云者、引之有所适也。故释经以明其义曰注。交互之而其义相输曰转注。释故、释言、释训皆转注也。"③ 意为老百姓注重的是君主的一言一行。

"耳目"意为百姓关注着圣人行走在天下的一言一行。

"孩"指老百姓。圣人将老百姓视为自己孩子一般。

本段大意是：圣人行走天下广泛吸纳老百姓的建言献策，通过办班集中学习或广泛宣传来教育不明事理的人。老百姓都关注着教育者的一言一行和其所教内容的一致性，圣人将老百姓视如自己孩子一般地倾注教育，也就是"不言"之教（参见第二章相关内容），也就是教育者的一言一行和其所教的内容相一致，不是阳奉阴违。

---

① 《辞海》（1999年版缩印本），上海辞书出版社2000年版，第1849页。
② 参见（汉）许慎撰、（清）段玉裁注《说文解字注》，上海古籍出版社1988年版，第550页。
③ 同上书，第555页。

第五十章

【原文】

帛本（甲）①	帛本（乙）②	传本③
□生□□□□□有□□□徒十有三而民生＝勤皆之死地之十有三夫何故也以亓生＝也盖□□执生者陵行不□矢虎入军不被甲兵矢无所椯亓角虎无所昔亓蚤兵无所容□□□何故也以亓无死地焉	□生入死生之□□□□之徒十又三而民生＝㩜皆之死地之十有三□何故也以亓生＝盖闻善执生者陵行不辟㮯虎入军不被兵革㮯无□□□□□亓蚤兵□□□□□也亓无□□□	出生入死生之徒十有三死之徒十有三人之生動之死地亦十有三夫何故以其生生之厚蓋聞善攝生者陸行不遇兕虎入軍不被甲兵兕無所投其角虎無所措其爪兵無所容其刃夫何故以其無死地

【点校】

出生入死：生之徒十有三，死之徒十有三。

而民生生，勤皆之死地之十有三。

夫何故也？以其生生也？

盖闻善执生者，陵行不辟兕虎，入军不被甲兵。

---

① 参见马王堆汉墓帛书整理小组编《老子》，文物出版社1976年版，第69页。
② 同上。
③ 参见（魏）王弼注、（唐）陆德明音义《老子王弼注》，新兴书局1964年版，第61页。

兕无所揣其角，虎无所措其爪，兵无所容其刃。

夫何故也？以其无死地焉？

【讲堂】

出生入死：生之徒十有三，死之徒十有三。

"徒"在《说文解字注》中释义："步行也。贲初九。舍车而徒。引申为徒搏、徒涉、徒歌、徒击鼓。"① 本段中指每个人从生到死的过程。

本段大意是，在国家范围内人口出生率为：出生后能够成活的人一般十中有三，一出生就死去的一般也是十中有三。

而民生生，勤皆之死地之十有三。

"生生"意为生长过程。

"勤 [tóng]"在《中华大字典》中释义："成人也。"②

本段大意是：民众在生长过程中，成人后一般十人中有三人活不到老就死去。

夫何故也？以其生生也？

本段大意是：上述成人后的人能够一直活到老的原因是什么呢？

盖闻善执生者，陵行不辟兕虎，入军不被甲兵。

"执"在《说文解字注》中释义："捕辠人也。辠各本作罪。今依广韵。手部曰。捕者、取也。引申之为凡持守之称。"③ 意为掌握。"执生"意为能够掌握自己健康的人。

"陵"在《说文解字注》中释义："大皀也。"④ "皀""大陆也。"⑤

"辟"古同"避"，意为躲，设法躲开。

"兕""虎"都是一种猛兽。

"被"在《说文解字》中释义："寝衣，长一身有半。"⑥ "被" [pī]

---

① 参见（汉）许慎撰、（清）段玉裁注《说文解字注》，上海古籍出版社1988年版，第70页。

② 《中华大字典》，中华书局1978年版，第145页。

③ 参见（汉）许慎撰、（清）段玉裁注《说文解字注》，上海古籍出版社1988年版，第496页。

④ 同上书，第731页。

⑤ 同上。

⑥ 参见（汉）许慎撰、（宋）徐铉等校《说文解字》，上海古籍出版社2007年版，第409页。

古同"披"，覆盖。

"革"用于战场上穿的衣服。

本段大意是：听说善于掌握自己健康的人，在深山行走不怕兕和虎，参军上阵不披挂兵革。

兕无所揣其角，虎无所措其爪，兵无所容其刃。

"揣 [duǒ]"在《说文解字》中释义："篝也。从木，尚声。一曰：揣度也。一曰：剟也。"① 本段中可解读为剟，即削。

"措"在《说文解字》中释义："置也。"②

"容"在《说文解字》中释义："盛也。臣铉等曰：'屋与谷皆所以盛受也。'"③

本段的大意是：兕在不与人搏斗的时候并没有把它的锐利的角削掉，虎在不与人搏斗的时候并没有把它的锐利的爪搁置，战士们在没有战争的时候并未把各自的兵刃盛放起来。

夫何故也？以其无死地焉？

本段大意是：为什么这样的人兕虎伤不着，战场上死不掉呢？其原因是什么呢？

老子没有直接讲出结论，其实已经在文中间接告知了我们结论，这就是"无为"的实践意义：在没有（"无"）遇到兕、虎、战场之前，人要懂得养生、要有一技之长，如路遇兕虎不遭伤害的方法、上战场与敌人搏斗伤不到自己的技艺等。当某时遇到兕、虎、战场即可迎难而上，凯旋而归。

"书到用时方恨少""不打无准备之仗""厚积薄发""宜未雨而绸缪，毋临渴而掘井""有备而来"等都是"无为"理论在生活工作中的具体应用。

《黄帝内经》中写道："昔在黄帝，生而神灵，弱而能言，幼而徇齐，长而敦敏，成而登天。廼问于天师曰：余闻上古之人，春秋皆度百岁，

---

① 参见（汉）许慎撰、（宋）徐铉等校《说文解字》，上海古籍出版社2007年版，第286页。

② 同上书，第603页。

③ 同上书，第355页。

而动作不衰；今时之人，年半百而动作皆衰者，时世异耶？人将失之耶？岐伯对曰：上古之人，其知道者，法于阴阳，和于术数，食饮有节，起居有常，不妄作劳，故能形与神俱，而尽终其天年，度百岁乃去。今时之人不然也，以酒为浆，以妄为常，醉以入房，以欲竭其精，以耗散其真，不知持满，不时御神，务快其心，逆于生乐，起居无节，故半百而衰也。……"夫上古圣人之教下也，皆谓之：虚邪贼风，避之有时，恬淡虚无，真气从之，精神内守，病安从来。是以志闲而少欲，心安而不惧，形劳而不倦，气从以顺，各从其欲，皆得所愿。故美其食，任其服，乐其俗，高下不相慕，其民故曰朴。是以嗜欲不能劳其目，淫邪不能惑其心，愚、智、贤、不肖、不惧于物，故合于道。所以能年皆度百岁而动作不衰者，以其德全不危也。①

  人的"健康""长寿"是"无"，要实现这个"无"，必须知养生、懂养生、会养生，这就是养生中的"无为"。

---

① 谢华编著：《黄帝内经》，中医古籍出版社2004年版，第3—7页。

第五十一章

【原文】

帛本（甲）①	帛本（乙）②	传本③
·道生之而德畜之物刑之而器成之是以万物尊道而贵□□之尊德之贵也夫莫之时而恒自然也·道生之畜之长之遂之亭之□之□□□□弗有也为而弗寺也长而勿宰也此之谓玄德	道生之德畜之物刑之而器成之是以万物尊道而贵德道之尊也德之贵也夫莫之爵也而恒自然也道生之畜□□□之亭之毒之养之复□□□□□□□□弗宰是胃玄德	道生之德畜之物形之势成之是以萬物莫不尊道而貴德道之尊德之貴夫莫之命而常自然故道生之德畜之長之育之亭之毒之養之覆之生而不有為而不恃長而不宰是謂元德

【点校】

道生之，而德畜之；物刑之，而器成之。

是以万物尊道而贵德。

道之尊，德之贵也。

夫莫之爵，而恒自然也。

---

① 参见马王堆汉墓帛书整理小组编《老子》，文物出版社1976年版，第70页。
② 同上。
③ 参见（魏）王弼注、（唐）陆德明音义《老子王弼注》，新兴书局1964年版，第62—63页。

道：生之、畜之、长之、遂之、亭之、毒之、养之、复之。

生而弗有也。

为而弗寺也。

长而勿宰也。

此之谓玄德。

【讲堂】

道生之，而德畜之；物刑之，而器成之。

"道"与"德"的关系参见第二十一章"孔德之容，唯道是从"和第二十三章"同于德者，道亦德之。同于失者，道亦失之"的相关内容。人的点滴德行，无不是从道而来。根据本章"道生之，而德畜之，物刑之，而器成之。"原理：无道不器。上道才会出现上好的器。"刑"就是用刀在物体上雕刻，物体经刀雕刻才能成为器具。"刑"的本义特指对犯人的体罚。一个人所做的是"德"事，则肯定是在"道"上的事。无道不器，无道不德。

"畜"在《说文解字注》中释义："田畜也。田畜谓力田之蓄积也。货殖列传曰。富人争奢侈。而任氏独折节为俭。力田畜。田畜人争取贱贾。任氏独取贵善。非田畜所出弗衣食。艹部曰。蓄、积也。畜与蓄义略同。畜从田。其源也。"[①]

"刑"在《说文解字注》中释义："到也。按刑者、五刑也。凡刑罚、典刑、仪刑皆用之。刑者、到颈也。"[②] 如下图51—1所示。

《易·系传》中有句："形而上者谓之道，形而下者谓之器。"[③]

本段大意是："道"产生的同时"德"也存在，"道"与"德"的关系如同用刀在石头上雕刻，雕刻是"道"，雕刻出的器物是"德"。

"道"是形成"事物"的科学方法、手段、原理。石料可以形成砚台，也可以形成项链、石珠、正尺，而做成项链就需要项链之"道"，做成石珠就需要石珠之"道"，做成正尺就需要正尺之"道"。有什么

[①] 参见（汉）许慎撰、（清）段玉裁注《说文解字注》，上海古籍出版社1988年版，第697页。

[②] 同上书，第182页。

[③] 孙振声：《白话易经》，星光出版社1981年版，第511页。

"刑（形）道 器 德

砚台

"道生之而德蓄之，物刑之而器成之。"——《道德经·第五十一章》
"形而上者谓之道，形而下者为之器。"——《周易·系辞》

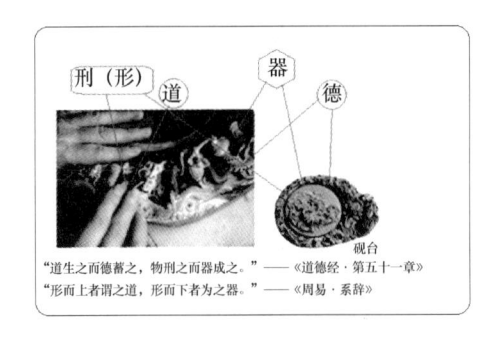

图51—1

"道"就得什么"德"，犹如一个人持的是"瓦工技术'道'"，即可形成"砌墙'德'"；一个人持的是"中学数学教师'道'"，即可形成"教育学生懂得中学数学'德'"等。

教育婴儿也是同样的道理，采用什么样的"道"（科学手段：武术、音乐、绘画、建筑、经商等）就成就什么样的"德"（人才：会武术、会音乐、会绘画、会建筑、会经商等）。

是以万物尊道而贵德。

本段大意是：所以万事万物尊崇"道"、崇尚"德"。

一般情况下，有什么样的"道"就得什么样的"德"。

道之尊，德之贵也。

《庄子》说："盗亦有道。"[①] 这个"道"是全社会正义之人所唾弃的，是正义之人不尊之"道"。按照《庄子》"盗亦有道"的说法，"道"就有"正道"与"黑道"之分，但是，《道德经》对"道"的论述只有总"道"论，也就是说凡事有"道"，尊不尊，是一个人判断能力的问题，如，此"道"我尊他不尊，彼"道"他尊我不尊等。有"道"才有"德"，"德"随"道"的指引而形成，有怎样的"道"就有怎样的"德"，因此无论是怎样的"道"与"德"，尊"道"即可"德"贵。"道""德"是"刑"而上与"刑"而下的关系。

本段大意是：采用尊贵的"道"而收获的就是高尚的"德"。

夫莫之爵，而恒自然也。

---

① 参见里功编著《老子·庄子》，北京燕山出版社2009年版，第134页。

"爵"在《说文解字》中释义："礼器也。象爵之形，中有鬯酒；又，持之也。所以饮器象爵者，取其鸣节节足足也。"①

"然"在《说文解字》中释义："烧也。从火，肰声。臣铉等曰：'今俗别作燃，盖后人增加。'"②"自然"意为人自觉发挥着作用。

本段大意是：礼器只在一定场合用，道德不像礼器，道德时时刻刻促使着每一个人发挥着自觉的作用。

道：生之、畜之、长之、遂之、亭之、毒之、养之、复之。

"长"在《说文解字》中释义："久远也。"③

"遂"在《说文解字》中释义："亡也。"④ 可解读为事情未办成。

"亭"在《说文解字》中释义："民所安定也。"⑤

"毒"在《说文解字》中释义："厚也。害人之艸，往往而生。"⑥ 本段指"道"非常厉害。人们说三伏天的阳光"毒"得很；又说某人目光"毒"，一是目光有神，二是注视力高度集中，仿佛能看穿一切；又说某人说的话非常"毒"等。老子讲"道"毒，就是说"道"非常厉害，用"道"可以解决一切问题。

"养"在《说文解字》中释义："供养也。"⑦

"复"在《说文解字》中释义："行故道也。"⑧

本段大意是："道"能够积聚，一代一代休养生息，发展有后劲，能使自己的事业长久、能够顺从自己意愿、能够使民安定、非常厉害，可以解决一切问题、能够养育自己、可以使人类一代一代生存繁衍。

本段从八个方面讲了道德作用。"道"无处不在，无所不通。治国有"治国之道"，治家有"治家之道"，教育有"教学之道"，经商有"生财之道"，企业有"经营之道"，健康有"卫生之道"，生活有"养生之

---

① 参见（汉）许慎撰、（宋）徐铉等校《说文解字》，上海古籍出版社2007年版，第245页。

② 同上书，第495页。

③ 同上书，第467页。

④ 同上书，第82页。

⑤ 同上书，第255页。

⑥ 同上书，第20页。

⑦ 同上书，第247页。

⑧ 同上书，第260页。

道",做人有"处世之道"。俗话说:"各有各的道。"可见这个"道"与人生关系之密切。人在"道"中生存,好像鱼在水中,到处都有"道"的存在。身为一个人,应当知"道"、明"道"、守"道"、得"道"、用"道",即可"长保"。

生而弗有也。

"而"在《说文解字注》中释义:"须也。象形。各本作颊毛也、象毛之形。今正。颊毛者、须部所谓䰅须之类耳。礼运正义引说文曰。而、须也。须谓颐下之毛。象形字也。知唐初本须篆下颐毛也。而篆下云须也。二篆相为转注。其象形、则首画象鼻端。次象人中。次象口上之䰅。次象承浆及颐下者。葢而为口上口下之总名。分之则口上为䰅。口下为须。须本颐下之专称。䰅与承浆与颊䰅皆得称须。是以而之训曰须也象形。引申假借之为语词。或在发端。或在句中。或在句末。或可释为然。或可释为如。或可释为汝。或释为能者、古音能与而同。叚而为能。亦叚耐为能。"① 本段中可释义为:"能"。

"弗"在《说文解字注》中释义:"矫也。矫各本作挢。今正。挢者、举手也。引申为高举之用。矫者、揉箭箝也。引申为矫拂之用。今人不能辨者久矣。弗之训矫也。今人矫、弗皆作拂。而用弗为不。其误葢亦久矣。"②

本段大意是:人生的意义是能够不断矫正现有的事物。

为而弗寺也。

"寺"在《说文解字》中释义:"廷也。有法度者也。"③ "廷,朝中也。"④ "寺人:掌王之内人及女宫之戒令。相道其出入之事而纠之。若有丧纪、宾客、祭祀之事,则帅女宫而致于有司,佐世妇治礼事,掌内人之禁令。凡内人吊临于外,则帅而往,立于其前而诏相之。"⑤

本段大意是:寺人的工作虽然有规定,要求按法度办事,但是朝廷

---

① 参见(汉)许慎撰、(清)段玉裁注《说文解字注》,上海古籍出版社1988年版,第454页。
② 同上书,第627页。
③ 参见(汉)许慎撰、(宋)徐铉等校《说文解字》,上海古籍出版社2007年版,第145页。
④ 同上书,第87页。
⑤ 参见陈戍国点校《周礼·礼记·礼运》,岳麓书社1989年版,第19页。

中的事务轻重缓急时刻在变化，寺人还需灵活处理，不能生搬硬套。因此矫正现有的事物如同朝廷中的寺人工作，要讲轻重缓急。

长而勿宰也。

"勿"在《说文解字》中释义："州里所建旗。象其柄，有三游。杂帛，幅半异。所以趣民，故遽，称勿勿。"①

"宰"在《说文解字注》中释义："辠人在屋下执事者。此宰之本义也。引申为宰制。"② 本段中意为把落后的、过时的东西（制度）改造为先进的、适时的东西（制度）。

本段大意是：不对一些已经不适应时代的很久未变的法律制度及时矫正，不满朝廷的人就会另起炉灶、另树旗帜，君主就会失去一些领地。

此之谓玄德。

"玄德"引申为一点一点地积累，逐渐博大、深厚。

本段大意是：因此君主能够做到"生而弗有""为而弗寺""长而勿宰"这三条就具备了深厚而长远的德行。

---

① 参见（汉）许慎撰、（宋）徐铉等校《说文解字》，上海古籍出版社2007年版，第467页。
② 参见（汉）许慎撰、（清）段玉裁注《说文解字注》，上海古籍出版社1988年版，第340页。

第五十二章

【原文】

帛本（甲）①	帛本（乙）②	简本【乙】③	传本④
天下有始以为天下母㥯得亓母以知亓□复守亓母没身不殆·塞亓闷闭亓门终身不堇启亓闷济亓事终身□□□小曰□守柔曰强用亓光复归亓明毋道身央是胃袭常	天下有始以为天下母既得亓母以知亓子既○知亓子复守亓母没身不佁塞亓垸闭亓门冬身不堇启亓垸齐亓□□□不棘见小曰明守□□强□□□□□□遗身央是胃□常	閟其門賽其㙛終身不矛啓其㙛賽其事終身迷	天下有始以為天下母既得其母以知其子既知其子復守其母沒身不殆塞其兌閉其門終身不勤開其兌濟其事終身不救見小曰明守柔曰強用其光復歸其明無遺身殃是為習常

【点校】

天下有始，以为天下母。

既得其母，以知其子。

复守其母，没身不殆。

---

① 参见马王堆汉墓帛书整理小组编《老子》，文物出版社1976年版，第70页。
② 同上。
③ 参见荆门市博物馆编《郭店楚墓竹简·老子乙、丙》，文物出版社2002年版，第13页。
④ 参见（魏）王弼注、（唐）陆德明音义《老子王弼注》，新兴书局1964年版，第63—64页。

塞其闷,闭其门,终身不堇。

启其闷,济其事,终身不棘。

见小曰明。

守柔曰强。

用其光,复归其明。

毋道身央,是谓袭常。

【讲堂】

天下有始,以为天下母。

"始"在《说文解字注》中释义:"女之初也。释诂曰。初、始也。此与为互训。初、裁皆衣之始也。"①

"有始"指社会上出现的第一个客观事物,这一"有"具有"好""坏"两个方面。

"以"在《说文解字》中释义:"用也。"②

"为"的本义可解读为:人通过自己的"主观意识"实现"客观现实",参见第二章相关解读。

"母"在《说文解字注》中释义:"牧也。牧者、养牛人也。以譬人之乳子。引申之凡能生之以启后者皆曰母。"③ 本段中意为"有"的"好""坏"两个方面都可以再生繁衍。

本段大意是:天下只要出现第一个事物,无论它是"好"是"坏",都可以再生繁衍。

既得其母,以知其子。

"既"在《说文解字注》中释义:"小食也。此与口部旡音义皆同。玉藻、少仪作穊。假借字也。引申之义为尽也已也。如春秋日有食之既。周本纪东西周皆入于秦。周既不祀。正与小食相反。此如乱训治、徂训存。既者、终也。终则有始。小食则必尽。尽则复生。"④

---

① 参见(汉)许慎撰、(清)段玉裁注《说文解字注》,上海古籍出版社1988年版,第617页。

② 参见(汉)许慎撰、(宋)徐铉等校《说文解字》,上海古籍出版社2007年版,第745页。

③ 参见(汉)许慎撰、(清)段玉裁注《说文解字注》,上海古籍出版社1988年版,第614页。

④ 同上书,第216页。

"其"在《说文解字》中释义："下基也，薦物之其。"① 本段中代指上述"母"（第一个事物）。

"以"在《说文解字》中释义："用也。"②

"子"在《说文解字》中释义："十一月，阳气动，万物滋，人以为称。象形。"③

本段大意是：如果出现第一个事物，就要想到因此事物影响还会产生出同类事物。

复守其母，没身不殆。

"守"在《说文解字注》中释义："守官也。左传曰。守道不如守官。孟子曰。有官守者不得其职则去。从宀。从寸。从宀、寺府之事也。寸部曰。寺、廷也。广部曰。府、文书藏也。从寸、法度也。"④

本段大意是：永远守住因第一个事物影响还会产生同类事物这一关口，就终身不会出现危险的事。即"好"事物要引导，"坏"事物要杜绝。

塞其悶，闭其门，终身不堇。

"塞"在《说文解字》中释义："隔也。"⑤

"其"代指上述"母"（第一个事物）"坏"的方面。

"悶"在现行字典中未查到，依据"門"中"二心"与下面对句"門"中"一心"以及帛本（乙）中的"垧"的释义"墙堕"分析，指坏"母"（坏事物）。

在现实中，凡存在"二心"的人是不受欢迎的。

"闭"在《说文解字》中释义："阖门也。"⑥

"门"在《说文解字》中释义："闻也。"⑦

---

① 参见（汉）许慎撰、（宋）徐铉等校《说文解字》，上海古籍出版社2007年版，第225页。
② 同上书，第745页。
③ 同上书，第740页。
④ 参见（汉）许慎撰、（清）段玉裁注《说文解字注》，上海古籍出版社1988年版，第340页。
⑤ 参见（汉）许慎撰、（宋）徐铉等校《说文解字》，上海古籍出版社2007年版，第688页。
⑥ 同上书，第595页。
⑦ 同上书，第593页。

"堇"在《说文解字》中释义:"黏土也。"① 本段可解读为做事不干散利落,黏黏糊糊的。

本段大意是:阻隔坏"母"(坏事物),堵住给坏"母"(坏事物)的外部信息,努力做到这一点,做事永远干净利落,不会黏黏糊糊。

启其闷,济其事。终身不棘。

"启"在《说文解字》中释义:"教也。论语曰:'不愤不启。'"②

"其"代指上述"母"(第一个事物)"好"的方面。

"闷"在《说文解字注》中释义:"懑也。"③"懑,烦也。烦者、热头痛也。引申之、凡心闷皆为烦。问丧曰。悲哀志懑气盛。古亦叚满为之。"④ 上段"闷"为"门"中"二心","闷"为"门"中"一心",因此本段"闷"可解读为好"母"(好事物,满意的事物)。

"济"在《说文解字》中释义:"水。出常山房子赞皇山,东入泜。"⑤ 即济水。

济水发源于河南省济源市王屋山上的太乙池。源水以地下河向东潜流七十余里,到济渎和龙潭地面涌出,形成珠(济渎)、龙(龙潭)两条河流向东,不出济源市境就交汇成一条河,叫水,至温县西北始名济水。后第二次潜流地下,穿越黄河而不浑,在荥阳再次神奇浮出地面,济水流经原阳时,南济三次伏行至山东定陶,与北济会合形成巨野泽,济水三隐三现,百折入海,却至清远浊。中国古代文人士子们以济水"位尊四渎""三隐三现""百折入海""至清远浊""润泽万物""泽被百世""波澜不惊""温文尔雅"等自然现象为喻,视坚守情操为毕生追求的境界。

著名水利专家陈桥驿说:"济水现在已经不存了,但在《水经注》中占了七、八两卷。《河水》篇中称'江、河、潍、济为四渎',济水是中

---

① 参见(汉)许慎撰、(宋)徐铉等校《说文解字》,上海古籍出版社2007年版,第693页。

② 同上书,第147页。

③ 参见(汉)许慎撰、(清)段玉裁注《说文解字注》,上海古籍出版社1988年版,第512页。

④ 同上。

⑤ 参见(汉)许慎撰、(宋)徐铉等校《说文解字》,上海古籍出版社2007年版,第546页。

国古代的四条大河之一。"① 《水经注·济水》："偃王治国，仁义著闻，欲身行上国，乃通沟陈、蔡之间。"陈桥驿注："札记古代运河：水经注成书于北魏，它所记载的运河当然不及隋唐，而是我国古代一运河。这中间，关于徐偃王开凿运河的故事，恐怕是我国运河史上运河开凿的最早传说。"② 老子在第八章讲："上善治水"，在本章又讲"济其事"，从这些信息中我们可联想到老子时代就倡导济水有"静"的精神。

"事"在《说文解字》中释义："职也。"③

"棘"在《说文解字注》中释义："小枣丛生者。此言小枣则上文谓常枣可知。小枣树丛生。今亦随在有之。未成则为棘而不实。巳成则为枣。魏风。园有棘。其实之食。唐风。肃肃鸨翼。集于苞棘。小雅。有捄棘匕。毛传曰。棘、枣也。此谓统言不别也。邶风。吹彼棘心。吹彼棘薪。左传。除翦其荆棘。此则主谓未成者。古多叚棘为亟字。如棘人栾栾兮、我是用棘、匪棘其欲皆是。棘亟同音。皆谓急也。从并朿。棘庳于枣而朿尤多。故从并朿会意。"④ 本段中可解读为突然降临到眼前且难处理的事情。

本段大意是：开启好"母"（好事物），像济水这样的好"母"（好事物）要广泛宣传并落实到各自具体的职业中，努力做到这一点，就永远不会遇到突然降临至眼前且难于处理的事情。

见小曰明。

"明"在《说文解字注》中释义："照也。传曰：照临四方曰明。凡明之至则曰明明。明明犹昭昭也。"⑤

本段大意是：只要是眼睛看到的事物，不论多么微小，都可以传播、扩散。

毛泽东："星星之火，可以燎原。"⑥

---

① 陈桥驿译注，王东补注：《水经注》，中华书局2016年版，第58页。
② （北魏）郦道元著、陈桥驿校证：《水经注校证》，中华书局2013年版，第208—211页。
③ 参见（汉）许慎撰、（宋）徐铉等校《说文解字》，上海古籍出版社2007年版，第140页。
④ 参见（汉）许慎撰、（清）段玉裁注《说文解字注》，上海古籍出版社1988年版，第318页。
⑤ 同上书，第314页。
⑥ 《毛泽东选集》第1卷，人民出版社1952年版重排本，1966年7月改横排本，第94页。

守柔曰强。

"柔"在《说文解字注》中释义:"木曲直也。洪范曰。木曰曲直。凡木曲者可直、直者可曲曰柔。考工记多言揉。许作煣。云屈申木也。必木有可曲可直之性、而后以火屈之申之。此柔与煣之分别次弟也。诗茌染柔木。则谓生木。柔之引申为凡耎弱之称、凡抚安之称。"① 本段中可解读为老百姓的代称。

"强"在《说文解字注》中释义:"蚚也。下云蚚、强也。二字为转注。释虫曰。强、丑捋。郭曰。以脚自摩捋。段借为彊弱之彊。……籀文强。从蚰。从彊。据此则强者古文。秦刻石文用强。是用古文为小篆也。然以强为彊。是六书之叚借也。"② 本段中可解读为彊。"彊,弓有力也。引申为凡有力之称。"③

本段大意是:君主做的事情老百姓赞同、佩服,同时老百姓拥护、顺从君主的领导,君主能够守住这样的老百姓就等同于守住一个强国。

用其光,复归其明。

"其"代指上述"母"(第一个事物)。

"归"在《说文解字注》中释义:"女嫁也。公羊传、毛传皆云。妇人谓嫁归。此非妇人假归名。乃凡还家者假妇嫁之名也。"④ 本段可释义为"回归"。

本段大意是:上述"母"(第一个事物)可分为"好""坏",国家必须倡导"好"的、采用发光显眼的,因为发光显眼的事物可反复传递光明。

历史上"孔融让梨""孟母三迁""紫荆复活"等"用"经久不衰,可谓"复归其明"。

毋道身央,是谓袭常。

---

① 参见(汉)许慎撰、(清)段玉裁注《说文解字注》,上海古籍出版社1988年版,第252页。
② 同上书,第665页。
③ 同上书,第640页。
④ 同上书,第68页。

"毋"在《说文解字》中释义："止之也。"①

"央"在《说文解字》中释义："中央也。"② 本段中可解读为工作达到最好状态的情形。

"袭"在《说文解字》中释义："ナ［zuǒ］衽袍。"③

"常"在《说文解字》中释义："下帬也。常或从衣。"④

本段大意是：依照上述"既得其母，以知其子。既知其子，复守其母，没身不殆。塞其闷，闭其门，终身不堇。启其闷，济其事，终身不棘。见小曰明。守柔曰强。用其光，复归其明"的原理治理国家，工作即可达到最好状态，要把这些治国原理当作官员上朝穿的衽袍一样，时时不能离身！

---

① 参见（汉）许慎撰、（宋）徐铉等校《说文解字》，上海古籍出版社2007年版，第632页。
② 同上书，第255页。
③ 同上书，第405页。
④ 同上书，第375页。

第五十三章

【原文】

帛本（甲）①	帛本（乙）②	传本③
·使我挈有知也□□大道唯□□□□甚夷民甚好解朝甚除田甚芜仓甚虚服文采带利□□食货□□□□□□□□□	使我介有知行于大道唯他是畏大道甚夷民甚好僻朝甚除田甚芜仓甚虚服文采带利剑猒食而齎财□□□□盗□□非□也	使我介然有知行于大道唯施是畏大道甚夷而民好徑朝甚除田甚蕪倉甚虛服文綵帶利劍厭飲食財貨有餘是為盜夸非道也哉

【点校】

使我挈有知也，行于大道，唯他是畏。

大道甚夷，民甚好解。

朝甚除，田甚芜，仓甚虚。

服文采，带利剑，猒食货而赍财。有余，是为盗夸。非道也！

【讲堂】

使我挈有知也，行于大道，唯他是畏。

---

① 参见马王堆汉墓帛书整理小组编《老子》，文物出版社1976年版，第70—71页。
② 同上。
③ 参见（魏）王弼注、（唐）陆德明音义《老子王弼注》，新兴书局1964年版，第64—65页。

"使"《说文解字注》中释义:"令也。……令者,发号也。……古注使速疾之义也。"①

"擩"在《中华大字典》中释义:"束也。"②

"有"指已存在的客观事物。任何事物具有两方面。

"他"指"有"的另一方面。

本段大意是:我的思想认识有限,从目前存在的社会现象可知,人行走在正确的方向上,最怕的是又误入错误的方向。

大道甚夷,民甚好解。

"甚"在《说文解字注》中释义:"尤安乐也。尤甘也。引申凡殊尤皆曰甚。从甘匹。句。匹各本误甘。依韵会正。常枕切。七部。匹、逗。耦也。说从匹之意。人情所尤安乐者、必在所溺爱也。"③

"夷"在《说文解字注》中释义:"东方之人也。从大。从弓。各本作平也、从大从弓、东方之人也。浅人所改耳。今正。韵会正如是。羊部曰。南方蛮闽从虫。北方狄从犬。东方貉从豸。西方羌从羊。西南僰人、焦侥从人。盖在坤地颇有顺理之性。惟东夷从大。大、人也。夷俗仁。仁者寿。有君子不死之国。按天大、地大、人亦大。大象人形。而夷篆从大。则与夏不殊。夏者、中国之人也。"④

"民"在《说文解字注》中释义:"众萌也。萌古本皆不误。毛本作氓。非。古谓民曰萌。汉人所用不可枚数。今周礼以兴锄利甿。许耒部引以兴锄利萌。愚谓郑本亦作萌。故注云变民言萌、异外内也。萌犹懵懵无知皃也。郑本亦断非甿字。大氐汉人萌字、浅人多改为氓。如周礼音义此节摘致氓是也。继又改氓为甿。则今之周礼是也。说详汉读考、民萌异者、析言之也。以萌释民者、浑言之也。从古文之象。仿佛古文之体少整齐之也。凡许书有从古文之形者四。曰革、曰弟、曰民、曰

---

① 参见(汉)许慎撰、(清)段玉裁注《说文解字注》,上海古籍出版社1988年版,第376页。
② 《中华大字典》,中华书局1978年版,第686页。
③ 参见(汉)许慎撰、(清)段玉裁注《说文解字注》,上海古籍出版社1988年版,第202页。
④ 同上书,第493页。

酉。"①"萌,艸木芽也。"②

"好"在《说文解字注》中释义:"媄也。各本作美也。今正。与上文媄为转注也。好本谓女子。引申为凡美之称。"③

"解"在《说文解字注》中释义:"判也。从刀判牛角。一曰。解廌兽也。"④

本段大意是:国家政策使民众过上了犹如东方民族那样安乐幸福的生活,成长于这样的环境下的民众心地善良,法律制度最容易贯彻落实。

朝甚除,田甚芜,仓甚虚。

"朝"在《说文解字》中释义:"旦也。"⑤

"除"在《说文解字》中释义:"殿陛也。"⑥

"芜"在《说文解字》中释义:"薉也。"⑦"薉,芜也。"⑧

"仓"在《说文解字》中释义:"穀藏也。仓黄取而藏之,故谓之仓。"⑨

"虚"在《说文解字》中释义:"大丘也。昆仑丘谓之崐崘虚。古者九夫为井,四井为邑,四邑为丘,丘谓之虚。"⑩ 本段中意为粮仓空虚。

本段大意是:民众未能过上幸福生活,一些官员天一亮就在宫殿中享乐,致使农田荒芜太多,国库空虚。

服文采,带利剑,猒食货而赍财。有余,是为盗夸。非道也!

"服文采"比喻奢侈的穿戴。

"带利剑"意为佩戴锋利宝剑。佩剑是春秋战国时期男子的普遍外饰

---

① 参见(汉)许慎撰、(清)段玉裁注《说文解字注》,上海古籍出版社1988年版,第627页。
② 同上书,第37页。
③ 同上书,第618页。
④ 同上书,第186页。
⑤ 参见(汉)许慎撰、(宋)徐铉等校《说文解字》,上海古籍出版社2007年版,第327页。
⑥ 同上书,第731页。
⑦ 同上书,第38页。
⑧ 同上。
⑨ 同上书,第251页。
⑩ 同上书,第401页。

装配,"带利剑"和现在用"苹果"牌手机、开"宝马"牌车差不多,具有奢靡之意。

"猒 [yàn]"在《说文解字注》中释义:"饱也。"①

"赍 [jī]"在《说文解字注》中释义:"持遗也。予人以物曰赍。赍为持而予之。"②

"盗"在《说文解字注》中释义:"私利物也。周公曰。窃贿为盗。盗器为奸。"③

"夸"在《说文解字注》中释义:"奢也。"④

"盗夸"即花销着受贿所得。

"夸"在《史记》"贾子曰:'贪夫徇财,烈士徇名,夸者死权,众庶冯生。'"句中释义:"夸者,以权势自夸者。"⑤"夸者死权"在《白话史记》中释义:"夸诞的人为权势而死。"⑥

本段大意是:一些官员无所事事,每天只谋求穿戴整齐,带上宝剑,饱食终日,四处游荡,胡乱花钱。在官员中这些现象已经非常普遍,他们花销的财物大多是受贿所得。上述官员走的不是人间正道。

---

① 参见(汉)许慎撰、(宋)徐铉等校《说文解字》,上海古籍出版社2007年版,第228页。
② 同上书,第303页。
③ 参见(汉)许慎撰、(清)段玉裁注《说文解字注》,上海古籍出版社1988年版,第414页。
④ 同上书,第492页。
⑤ (汉)司马迁:《史记》,大众文艺出版社2008年版,第220页。
⑥ 台湾十四院校六十教授合译:《白话史记》下册,岳麓书社1987年版,第586页。

第五十四章

【原文】

帛本（甲）①	帛本（乙）②	简本【乙】③	传本④
善建□□拔□□□□□子孙以祭祀□□□□□□□□□□□余修之□□□□□□□□□□□□□□以身□身以家观家以乡观乡以邦观邦以天□□观□□□□□□	善建者□□□□□□子孙以祭祀不绝脩之身亓德乃真脩之家亓德有余脩之乡亓德乃长脩之国亓德乃夆脩之天下亓德乃博以身观身以家观□□国以天下观天下吾何□□知天下之然兹以□	善建者不拔善伓者不兑子孙以其祭祀不屯攸之身其惪乃贞攸之豪其惪又舍攸之向其惪乃长攸之邦其惪乃奉攸之天下□□□□□□豪以向觀向以邦觀邦以天下觀天下虐可以智天□□□□□⑤	善建者不拔善抱者不脱子孙以祭祀不輟修之於身其德乃真修之於家其德乃餘修之於鄉其德乃長修之於國其德乃豐修之於天下其德乃普故以身觀身以家觀家以鄉觀鄉以國觀國以天下觀天下吾何以知天下然哉以此

---

① 参见马王堆汉墓帛书整理小组编《老子》，文物出版社1976年版，第71页。
② 同上。
③ 参见荆门市博物馆编《郭店楚墓竹简·老子乙、丙》，文物出版社2002年版，第15页。
④ 参见（魏）王弼注、（唐）陆德明音义《老子王弼注》，新兴书局1964年版，第65—66页。
⑤ 此6个□见荆门市博物馆编《郭店楚墓竹简·老子乙、丙》，文物出版社2002年版，第34页。

【点校】

善建者不拔，善抱者不脱。

子孙以祭祀不绝。

修之身，其德乃真；修之家，其德有余；修之乡，其德乃长；修之邦，其德乃丰；修之天下，其德乃博。

以身观身；以家观家；以乡观乡；以邦观邦；以天下观天下。

吾何以知天下之然？"兹"，以此。

【讲堂】

善建者不拔，善抱者不脱。

"建"在《说文解字》中释义："立朝律也。"①

"拔"在《说文解字》中释义："擢［zhuó］也。"②

"抱"在《说文解字》中释义："褱［huái］也。"③"褱，侠也。"④

"脱"在《说文解字注》中释义："消肉臞［qú］也。消肉之臞、臞之甚者也。今俗语谓瘦太甚者曰脱形。言其形象如解蜕也。此义少有用者。今俗用为分散、遗失之义。分散之义当用挩手部挩下曰。解挩也。遗失之义当用夺奞部曰。夺、手持隹失之也。"⑤

本段大意是：用道树立的朝廷律令周详严密得挑不出毛病，用道武装起来的人外表看不出来，不轻易显露。

子孙以祭祀不绝。

"祭""祭祀也。"⑥

"祀""祭无已也。"⑦

---

① 参见（汉）许慎撰、（宋）徐铉等校《说文解字》，上海古籍出版社2007年版，第87页。

② 同上书，第609页。

③ 同上书，第407页。

④ 同上书，第406页。

⑤ 参见（汉）许慎撰、（清）段玉裁注《说文解字注》，上海古籍出版社1988年版，第171页。

⑥ 参见（汉）许慎撰、（宋）徐铉等校《说文解字》，上海古籍出版社2007年版，第3页。

⑦ 同上。

"绝"在《说文解字》中释义："断丝也。"①

《左传·成公十三年》提到："国之大事，在祀与戎。祀有执膰，戎有受脤，神之大节也。"② 其中的"祀"就是指"祭祀"。可见古代无论国家还是民间"祭祀"活动都是头等大事。

本段大意是：包含着"无为"思想的祭祀的主要目的是缅怀先人和祈求保佑，而祈求保佑是最终目的，如升官、发财、幸福、健康等都是未来的"无"。因此，对升官、发财、幸福、健康等的欲求不断，祭祀就会不断。

修之身，其德乃真；修之家，其德有余；修之乡，其德乃长；修之邦，其德乃丰；修之天下，其德乃博。

"修"在《说文解字》中释义："饰也。"③

"真"在《说文解字》中释义："僊人变形而登天也。"④

"余"在《说文解字》中释义："语之舒也。"⑤

"长"在《说文解字》中释义："久远也。"⑥

"丰"与"豐"有区别：

"丰"在《说文解字》中释义："艸盛丰丰。从生，上下达也。"⑦

"豐"在《说文解字》中释义："豆之豐满者也。从豆，象形。一曰《乡饮酒》有豐侯者。"⑧

本段中"豐"释义"有豐侯者"最适用。

"博"在《说文解字》中释义："大通也。"⑨

本段大意是：用道修饰自身，自身就会得到真正的德行；用道修饰

---

① 参见（汉）许慎撰、（宋）徐铉等校《说文解字》，上海古籍出版社2007年版，第651页。
② 陈戍国撰：《春秋左传校注》，岳麓书社2006年版，第483页。
③ 参见（汉）许慎撰、（宋）徐铉等校《说文解字》，上海古籍出版社2007年版，第439页。
④ 同上书，第399页。
⑤ 同上书，第50页。
⑥ 同上书，第467页。
⑦ 同上书，第297页。
⑧ 同上书，第235页。
⑨ 同上书，第105页。

家庭，家庭就会源源不断出现有德行的人才；用道修饰乡村，乡村的德行就会长久保存；用道修饰国家，国家就会源源不断出现具有德行的官员；用道修饰天下，天下的德行就会博取万物。

以身观身；以家观家；以乡观乡；以邦观邦；以天下观天下。

"以"在《说文解字》中释义："用也。"①

"观"在《说文解字注》中释义："谛视也。宷谛之视也。谷梁传曰。常事曰视。非常曰观。凡以我谛视物曰观。使人得以谛视我亦曰观。犹之以我见人、使人见我皆曰视。一义之转移。本无二音也。而学者强为分别。乃使周易一卦而平去错出。支离殆不可读。不亦固哉。小雅采绿传曰。观、多也。此亦引申之义。物多而后可观。故曰观、多也。"②

本段大意是：从一个人当前的一言一行即可很大程度地观察到这个人从小以来的道德修养；从一个家庭当前的面貌即可很大程度地观察到这个家庭的家风；从一个村庄当前的面貌即可很大程度地观察到这个村庄有史以来的道德风尚；从一个国家当前的面貌即可很大程度地观察到这个国家的历史文化；从当前世界的面貌即可很大程度地观察到这个世界的历史。

吾何以知天下之然？"兹"，以此。

"兹"根据本段文意可解读为守护太阳的太阳神——弆兹。参见第十八章的释义。

本段大意是：我是怎样知道上述"身""家""乡""邦""天下"的历史情况的？这些道理如同弆兹神掌管的太阳，东出西落是其规律。用这一规律判断便知。

---

① 参见（汉）许慎撰、（清）段玉裁注《说文解字注》，上海古籍出版社1988年版，第745页。

② 同上书，第408页。

第五十五章

【原文】

帛本（甲）①	帛本（乙）②	简本【甲】③	传本④
□□之厚□比于赤子逢㘗蝎地弗螫攫鸟猛兽弗搏骨弱筋柔而握固未知牝□□□□□□精□至也终日号而不发和之至也和曰常知和曰明益生曰祥心使气曰强□□即老胃之不=道□□□	含德之厚者比于赤子蜂疠虫蛇弗赫据鸟孟兽弗捕骨筋弱柔而握固未知牝牡之会而朘怒精之至也冬日号而不嚘和□□□□□□常知和曰明益生□祥心使气曰强物□则老胃之不=道=蚤已	𠫓惪之厚者比於赤子蟲蠆它弗蠚鳥獸獸弗扣骨溺堇秾而捉固未知戊之合然蒸精之至也终日虖而不惪和之至也和曰票智和曰明賹生曰羕心叓燹曰勿璗则老是胃不道	含德之厚比於赤子蜂蠆虺蛇不螫猛獸不據攫鳥不搏骨弱筋柔而握固未知牝牡之合而全作精之至也終日號而不嗄和之至也知和曰常知常曰明益生曰祥心使氣曰強物壯則老謂之不道不道早已

【点校】

含德之厚者，比于赤子：逢㘗蝎地弗螫，攫鸟猛兽弗搏。

---

① 参见马王堆汉墓帛书整理小组编《老子》，文物出版社1976年版，第71页。
② 同上。
③ 参见荆门市博物馆编《郭店楚墓竹简·老子甲》，文物出版社2002年版，第33页。
④ 参见（魏）王弼注、（唐）陆德明音义《老子王弼注》，新兴书局1964年版，第66—67页。

骨弱筋柔而握固，未知牝牡之会而朘怒，精之至也。终日号而不嗄，和之至也。

和曰常，知和曰明。益生曰祥。心使气曰强。

物壮即老，谓之不道，不道蚤已。

【讲堂】

含德之厚者，比于赤子：逢俰蜴地弗螫，攫鸟猛兽弗搏。

"赤子"即光着身子的婴儿，暗喻老百姓。

"弗"在《说文解字注》中释义："矫也。矫各本作挢。今正。挢者、举手也。引申为高举之用。矫者、揉箭箝也。引申为矫拂之用。今人不能辩者久矣。弗之训矫也。今人矫、弗皆作拂。而用弗为不。其误盖亦久矣。"①

"螫[shì]"在《说文解字注》中释义："虫行毒也。周颂曰。自求辛螫。古亦叚赦为之。"②

"攫[jú]"在《说文解字注》中释义："爪持也。覆手曰爪。謂覆手持之也。"③

"搏"在《说文解字注》中释义："索持也。索各本作索。今正。入室搜曰索。索持、谓摸索而持之。"④

本段大意是：我以刚刚出生的婴儿比喻一个国家具有的德行：婴儿因为在母亲的怀抱里受母亲的保护，遇到俰蜴母亲把他举得高高的，使俰蜴螫不到，他的小手去抓鸟和猛兽也不会受到伤害，因为母亲在不时保护着他。

"康诰曰。如保赤子。心诚求之。虽不中不远矣。未有学养子。而后家者也。[解]这个孝弟慈的理，并非勉强做的。吾今单拿慈的一项证据来讲，就可明白能齐家，就可治国的理了。书经康诰篇说道、国君爱护人民，好像做父母的人，爱护孩子一般，无微不至。但是孩子心中所要何物，口不会讲，人家从何晓得呢？然而做父母的人，拿自己的诚意来，

---

① 参见（汉）许慎撰、（清）段玉裁注《说文解字注》，上海古籍出版社1988年版，第627页。
② 同上书，第669页。
③ 同上书，第597页。
④ 同上。

揣摩孩童心理，虽不能尽合孩子心中所欲，要亦大致不大相远。这不是用功学习，而后能；毂的，天下古今，岂有先学了养子的方法，再行出嫁么。"①

骨弱筋柔而握固，未知牝牡之会而朘怒，精之至也。终日号而不嗄，和之至也。

"牝"在《说文解字》中释义："畜母也。"②

"牡"在《说文解字》中释义："畜父也。"③

"朘 [zuī]"在《说文解字》中释义："赤子阴也。"④ 即男婴生殖器。

"怒"在《说文解字》中释义："恚也。"⑤ "恚 [huì]，恨也。"⑥ 本段中可解读为男婴生殖器勃起状。

"号"在《说文解字》中释义："痛声也。"⑦

"嗄 [yōu]"在《说文解字》中释义："语未定貌。"⑧

本段大意是：婴儿虽然"骨弱筋柔"，却常常将自己的小手握得紧紧的，不时有生殖器勃起的现象，这些现象只能说明婴儿精神饱满，他不存在"与人争斗""男女性关系"的思想。虽然大人每天不时地对婴儿有痛声嗥号现象，但因大人始终存在着对他的关爱，因此婴儿不会与大人结仇怨，而是更加的和蔼可亲了。老子用婴儿的这种自然状态作比喻，引导执政者只要对百姓如同大人对待自己的孩子。虽然有打骂训斥现象，但又做到无微不至地关怀、尽心周到的保护，全社会民众精力再旺盛，也就不会轻易产生"打架斗殴，男盗女娼"等不良思想行为，社会和谐现象自然就会出现。

和曰常，知和曰明。益生曰祥。心使气曰强。

---

① 《四书白话註解》长春市古籍书店，1983 年影印，第 7—8 页。

② 参见（汉）许慎撰、（宋）徐铉等校《说文解字》，上海古籍出版社 2007 年版，第 52 页。

③ 同上书，第 51 页。

④ 同上书，第 204 页。

⑤ 同上书，第 529 页。

⑥ 同上。

⑦ 同上书，第 231 页。

⑧ 同上书，第 62 页。

"和"在《说文解字注》中释义："相应也。"① 本段中可解读为人与人之间的和谐情形。

"常"在《说文解字注》中释义："下帬也。释名曰。上曰衣。下曰裳。裳、障也。以自障蔽也。士冠礼。爵弁。服纁裳。皮弁。服素积。玄端。玄裳、黄裳、杂裳可也。礼记深衣。续衽钩边。要缝半下。今字裳行而常废矣。从巾。尚声。从巾者、取其方幅也。引伸为经常字。"②

"明"在《说文解字注》中释义："照也。……传曰。照临四方曰明。凡明之至则曰明明。明明犹昭昭也。"③

"益"在《说文解字注》中释义："饶也。食部曰。饶、饱也。凡有余曰饶。易象传曰。风雷益。君子以见善则迁。有过则改。从水皿。水皿、此水字今补。益之意也。说会意之恉。"④

"祥"在《说文解字》中释义："福也。"⑤

"使"《说文解字注》中释义："令也。……令者，发号也。……古注使速疾之义也。"⑥

"气"与"氣"有区别：

"气"在《说文解字注》中释义："气雲气也。"⑦

"氣"在《说文解字注》中释义："氣馈客之刍[chú]米也。聘礼杀曰饔。生曰饩。饩有牛羊豕黍粱稻稷禾薪刍等。不言牛羊豕者、以其字从米也。言刍米不言禾者、举刍米可以该禾也。经典谓生物曰饩。论语。告朔之饩羊。从米。气声。许既切。十五部。今字叚气为云气字。而饔饩乃无作气者。春秋传曰。齐人来气诸侯。事见左传桓六年、十年。十年传曰。齐人饩诸侯。许所据作气。左丘明述春秋传以古文。于此可见。

---

① 参见（汉）许慎撰、（清）段玉裁注《说文解字注》，上海古籍出版社1988年版，第57页。

② 同上书，第358页。

③ 同上书，第314页。

④ 同上书，第212页。

⑤ 参见（汉）许慎撰、（宋）徐铉等校《说文解字》，上海古籍出版社2007年版，第3页。

⑥ 参见（汉）许慎撰、（清）段玉裁注《说文解字注》，上海古籍出版社1988年版，第376页。

⑦ 同上。

鑇气或从氖。氖声也。聘礼记曰。日如其饔饩之数。注云。古文饩为气。中庸篇曰。氖禀称事。注云。氖读为气。大戴朝事篇。私觌致饔饩。戴先生曰。氖即气字。按三氖皆气之省。鑇气或从食。按从食而气为声。葢晚出俗字。在假气为气之后。"①

本段中可依照"氣"释义。

"强"在《说文解字》中释义:"蚚［qí］也。"② "蚚,强也。"③ "蚚"在《辞海》中释义:"米谷中的小黑虫。也叫'强?［yáng］。'《尔雅·释虫》:'强。蚚。'郭璞注:'即强丑扮。'郝懿行义疏:'《说文》强、蚚互训。《玉篇》:强,米中蠹［dù］小虫。是强蚚即上蛄螽,强蛘也。'广东人呼米牛,绍兴人呼米象,并因形以为名。"④ 陇西地区人将小麦中出现的类似于上述"米谷中的小黑虫"叫"麦牛儿"。

本段大意是和谐如同人类穿衣服,需要时时处处体现,只有懂得和谐必须体现于时时处处,君主才具有光彩照人的形象。老百姓衣食不愁各自注重自身的养生才可以说是老百姓的幸福。一个幸福之地令老百姓如同粮食中存在的"麦牛儿"始终不"显露"而供人食用一样,老百姓的心智支配正能量气力生活在国家中,这种心智支配正能量气力与国家形成有机的统一体。(参见第三章"恆使民无知,无欲也"的相关解读)

物壮即老,谓之不道,不道蚤已。

"物"在本段中可解读为官员的代称。

"壮"在《说文解字注》中释义:"大也。方言曰:凡人之大谓之奘或谓之壮。"⑤

"老"在《说文解字注》中释义:"考也。老考以叠韵为训。"⑥"考,

---

① 参见(汉)许慎撰、(清)段玉裁注《说文解字注》,上海古籍出版社1988年版,第333页。
② 参见(汉)许慎撰、(宋)徐铉等校《说文解字》,上海古籍出版社2007年版,第668页。
③ 同上。
④ 《辞海》(1999年版缩印本),上海辞书出版社2000年1月第1版第2246页。
⑤ 参见(汉)许慎撰、(清)段玉裁注《说文解字注》,上海古籍出版社1988年版,第20页。
⑥ 同上书,第398页。

老也。引申之为成也。"①

"不道"在本段中可解读为不称职的官员。

"蚤"在《说文解字注》中释义:"啮人跳虫也。啮[niè]噬[shì]也。跳跃[qú]也。虱[shī]但啮人,蚤则加之善跃。故著之恶之甚也。"②

"已"在《中华大字典》中有多条释义:"止也。[诗风雨]鸡鸣不已。""犹去也。《诗墓门》:'知而不已。'""不许也。"③ 依据本段文义,可解读为"止也"。

本段大意是:国家大,官员多,对官员的考核不能放松。如果考核发现有不依上述之"道"工作的不称职的官员,要立即停止其工作并及时将其清除掉。

---

① 参见(汉)许慎撰、(清)段玉裁注《说文解字注》,上海古籍出版社1988年版,第398页。
② 同上书,第674页。
③ 《中华大字典》,中华书局1978年版,第307—308页。

第五十六章

【原文】

帛本（甲）①	帛本（乙）②	简本【甲】③	传本④
□□弗言＝者弗知塞亓闷闭亓□□其光同亓㙵坐亓阅解亓纷是胃玄同故不可得而亲亦不可得而疏不可得而利亦不可得而害不可□而贵亦不可得而浅故为天下贵	知者弗言＝者弗知塞亓㙵闭亓门和亓光同亓䯼銼亓兑而解亓纷是胃玄同故不可得而亲亦□□得而□□得而○利□□□得而害不可得而贵亦不可得而贱故为天下贵	智之者弗言言之者弗智閟其逸塞其門和其光迵其新䚹劏其䫡解其紛是胃玄古不可得天新亦不可得而疋不可得而害不可得而貴亦不可得而戔古為天下貴	知者不言言者不知塞其兌閉其門挫其銳解其分和其光同其塵是謂元同故不可得而親不可得而疏不可得而利不可得而害不可得而貴不可得而賤故為天下貴

【点校】

知者弗言，言者弗知。

塞其悶，闭其门；和其光，同其尘；坐其阅，解其纷。

是谓"玄同"。故不可得而亲，亦不可得而疏；不可得而利，亦不可

---

① 参见马王堆汉墓帛书整理小组编《老子》，文物出版社1976年版，第72页。
② 同上。
③ 参见荆门市博物馆编《郭店楚墓竹简·老子甲》，文物出版社2002年版，第27页。
④ 参见（魏）王弼注、（唐）陆德明音义《老子王弼注》，新兴书局1964年版，第67—68页。

得而害；不可得而贵，亦不可得而浅。

故为天下贵。

【讲堂】

知者弗言，言者弗知。

"知"在《说文解字注》中释义："词也。白部曰。𧥢、识词也。从白、从亏、从知。按此词也之上亦当有识字。知𧥢义同。故𧥢作知。从口矢。识敏、故出于口者疾如矢也。"①

"弗"在《说文解字注》中释义："矫也。矫各本作拂。今正。挢者、举手也。引申为高举之用。矫者、揉箭箝也。引申为矫拂之用。今人不能辨者久矣。弗之训矫也。今人矫、弗皆作拂。而用弗为不。其误盖亦久矣。"②"拂，过击也。徐锴曰。击而过之也。"③

"言"在《说文解字注》中释义："直言曰言。论难曰语。大雅毛传曰。直言曰言。论难曰语。论、正义作答。郑注大司乐曰。发端曰言。答难曰语。注杂记曰。言、言己事。为人说为语。按三注大略相同。下文语、论也。论、议也。议、语也。则诗传当从定本、集注矣。尔雅、毛传。言、我也。此于双声得之。本方俗语言也。"④

本段大意是：有的人一边说话一边不断地矫正要说出口的话，有的人不加思索乱说一通，说出口以后觉得不恰当又去矫正。

塞其悶，闭其门；和其光，同其尘；坐其阅，解其纷。

本段文字由内容相似的第五十二章、第五十六章相关内容相互结合组成。释义参见第五十二章、第五十六章相关内容。

本段大意是：阻隔坏事物，堵住给坏事物的外部信息；执政者"走下去"，亲自与民众打成一片，与百姓相处得如同白天人们看到的太阳光中的尘埃一样自然、朴素、和谐；在治理国家的过程中，止住一些不合理的乱收费，清理、剔除一些不利于百姓生产发展的法规。

是谓"玄同"。故不可得而亲，亦不可得而疏；不可得而利，亦不可

---

① 参见（汉）许慎撰、（清）段玉裁注《说文解字注》，上海古籍出版社1988年版，第227页。
② 同上书，第627页。
③ 同上书，第609页。
④ 同上书，第89页。

得而害；不可得而贵，亦不可得而浅。

本段大意是：君王能够做到上述即可谓实现"玄同"社会。"玄同"社会的标志是人与人之间不求亲密，也不互相排斥疏远；人与人之间做生意互利互惠没有渔利现象，为了各自利益但不相互伤害；人的理想不是求高贵，而是求得做人做事的厚实。

故为天下贵。

本段大意是：君主将天下治理成"玄同"社会，君主才可自然显为天下尊贵。

第五十七章

【原文】

帛本（甲）①	帛本（乙）②	简本【甲】③	传本④
·以正之邦以畸用兵以无事取天下吾□□□□也戈夫天下□讳而民弥贫民多利器而邦家兹昏 人多知而何物兹□□□□盗贼□□□□□□我无为也而民自化我好静而民自正我无事民□□□□□□□□	以正之国以畸用兵以无事取天下吾何以知亓然也才夫天下多忌讳而民弥贫民多利器□□□昏 □□□□物兹章而盗贼□□是以□人之言曰我无为而民自化我好静而民自正我无事而民自富我欲不欲而民自朴	以正之邦以戠甬兵以亡事取天下虐可以智其肰也夫天多期韋而邦慈昏人多利器而邦慈昏人多智天戱勿慈忌法勿慈章䧹惻多又是以聖人之言曰我無事而民自福我亡為而民自蝨我好青而民自正我谷不谷而民自樸	以正治國以奇用兵以無事取天下吾何以知其然哉以此天下多忌諱而民彌貧民多利器國家滋昏人多伎巧奇物滋起法令滋彰盜賊多有故聖人云我無為而民自化我好靜而民自正我無事而民自富我無欲而民自樸

---

① 参见马王堆汉墓帛书整理小组编《老子》，文物出版社1976年版，第72页。
② 同上。
③ 参见荆门市博物馆编《郭店楚墓竹简·老子甲》，文物出版社2002年版，第29页。
④ 参见（魏）王弼注、（唐）陆德明音义《老子王弼注》，新兴书局1964年版，第68—69页。

【点校】

以正之邦，以畸用兵，以无事取天下。

吾何以知？其然也哉！

夫天下多忌讳，而民弥贫。民多利器，而邦家兹昏。

人多知，而何物兹起。法物兹章，而盗贼多有。

是以圣人之言曰：我"无为"也而民自化；我好静而民自正；我无事而民自富；我欲、不欲，而民自朴。

【讲堂】

以正之邦，以畸用兵，以无事取天下。

"正"在《说文解字》中释义："是也。徐锴曰：'守一以止也。'"① "正"在《说文解字注》中释义："是，直也。直部曰。正见也。从日正。十目烛隐则曰直。以日为正则曰是。从日正会意。天下之物莫正于日也。左传曰。正直为正。正曲为直。"② 本段中可解读为君主正直、正派。《礼记·哀公问第二十七》："公曰：'敢问何谓为政？'孔子对曰：'政者正也。君为正，则百姓从政矣。'"③

"畸[jī]"在《说文解字注》中释义："残田也。残各本作残。今正。残者、贼也。残者、禽兽所食余也。因之凡余谓之残。今则残行而残废矣。残田者、余田不整齐者也。"④

"兵"在《说文解字》中释义："械也。"⑤

"無"与"无"有区别，在第一章中已做了详细说明，马王堆汉墓帛书《道德经》（乙本）原貌中，本章在"以无事取天下"中的"无"书写的是**無**，在"我无事而民自富"中书写的是**无**。**無**按照现代汉语中是"没有"的意思，根据前后文意，阅读本章"以无事取天下"中的"无"用"没有"释义比较文理通顺。

---

① 参见（汉）许慎撰、（宋）徐铉等校《说文解字》，上海古籍出版社2007年版，第76页。
② 参见（汉）许慎撰、（清）段玉裁注《说文解字注》，上海古籍出版社1988年版，第69页。
③ 陈戍国点校《周礼·礼记·礼运》，岳麓书社出版社1989年版，第480页。
④ 参见（汉）许慎撰、（清）段玉裁注《说文解字注》，上海古籍出版社1988年版，第695页。
⑤ 参见（汉）许慎撰、（宋）徐铉等校《说文解字》，上海古籍出版社2007年版，第125页。

"事"在《说文解字注》中释义:"职也。叠韵。职、记微也。古假借为士字。郑风曰。子不我思。岂无他事。毛曰。事、士也。今本依传改经。又依经改传。而此传不可通矣。"①

本章中的前一个"无事"可解读为没有"争""盗""乱"等事务。后一个"无事"意思是把事务做在老百姓产生需求之前,促使他人"利益"尽快实现的一种政治手段,如给老百姓通电、通水、通路可加速老百姓经济致富的步伐。

本段大意是:君主要用正直、正派之风气去影响自己国家的老百姓,要在不伤害老百姓生产建设的"残田"中搁置兵器,由此感化老百姓,老百姓中就不会轻易发起"争""盗""乱"等事端,这样,君主可稳得国家。

吾何以知?其然也哉!

"然"在《说文解字》中释义:"烧也。"②

本段大意是:我凭什么这样说"正之""畸用"这些道理?因为这都是人本性善能地事情。

夫天下多忌讳,而民弥贫。民多利器,而邦家兹昏。

"弥"在《说文解字》中释义:"久长也。"③

"利"即"有之以为利,无之以为用"。(第十一章内容)

"器"在《说文解字》中释义:"皿也。"④"利器"不应理解为凶器,应是益于百姓的"生产力"。

"兹"可解读为掌管太阳落山的夲兹神。参见第十八章的释义。

"昏"在《说文解字》中释义:"日冥也。一曰:民声。"⑤

本段大意是:国家出台的一些禁忌束缚了老百姓的生产力,老百姓就会愈加贫穷;民众拥有适合自己发展的生产力,执政者如同太阳落山

---

① 参见(汉)许慎撰、(清)段玉裁注《说文解字注》,上海古籍出版社1988年版,第116—117页。
② 参见(汉)许慎撰、(宋)徐铉等校《说文解字》,上海古籍出版社2007年版,第495页。
③ 同上书,第467页。
④ 同上书,第101页。
⑤ 同上书,第323页。

有弇兹神守护一样，可以放心。

人多知，而何物兹起。法物兹章，而盗贼多有。

"法"的古体字是"灋"，在《说文解字》中释义："灋，刑也。平之如水。从水；廌，所以触不直者，去之，从去。"①

"物"在《说文解字》中释义："万物也。牛为大物；天地之数，起于牵牛。故从牛。"②

"章"在《说文解字》中释义："乐竟为一章。从音，从十。十，数之终也。"③"竟，乐曲尽为竟。"④

"盗"在《说文解字注》中释义："私利物也。周公曰。窃贿为盗。盗器为奸。"⑤

"贼"在《说文解字注》中释义："败也。败者、毁也。毁者、缺也。左传。周公作誓命曰。毁则为贼。又叔向曰。杀人不忌为贼。"⑥

本段大意是：没有了束缚老百姓的禁忌，老百姓敢说话，能够发挥自己的聪明才智，其创造的新生事物如同弇兹神守护着的太阳每天自然出现，作为执政者就要建立贯彻始终的法律制度管理社会，管理社会制度如同弇兹神掌管的日出日落坚持不懈，象弹奏的一曲音乐一样，始终完美（老百姓始终安居乐业），盗贼只产生于不良客观存在中，因此始终如一的"法物兹章"就不会产生盗贼。

是以圣人之言曰：我"无为"也而民自化；我好静而民自正；我无事而民自富；我欲、不欲，而民自朴。

"化"在《说文解字注》中释义："教行也。教行于上。则化成于下。"⑦

"好"在《说文解字注》中释义："媄也。各本作美也。今正。与上

---

① 参见（汉）许慎撰、（宋）徐铉等校《说文解字》，上海古籍出版社2007年版，第483页。
② 同上书，第54页。
③ 同上书，第122页。
④ 同上书，第123页。
⑤ 参见（汉）许慎撰、（清）段玉裁注《说文解字注》，上海古籍出版社1988年版，第414页。
⑥ 同上书，第630页。
⑦ 同上书，第384页。

文娱为转注也。好，本谓女子。引申为凡美之称。凡物之好恶、引申为人情之好恶。"①

"静"在帛本（甲）第八章、第十六章、第五十七章中均有出现。"静"在《道德经》全文中可解读为：在某事物的作用下产生的新事物，这一新事物不是"昙花一现"，而是能够存留一段时间并影响后世。如某画家笔落纸上出现的字画为"静"，《兰亭序》《清明上河图》等即为"静"；"孟母三迁"的故事即为"静"；大禹治水"三过家门而不入"的故事即为"静"；伯夷、叔齐"耻之，义不食周粟，隐于首阳山，采薇而食之……遂饿死于首阳山"的故事即为"静"等。参见第八章的释义和解读。

"静"具有"好"与"坏"之分。如《兰亭序》《清明上河图》"孟母三迁"、"三过家门而不入"等"静"在历史上一贯被视为"好"。诬陷忠良的秦桧、无耻的隋炀帝杨广、暴桀的商纣王等所做的"静"在历史上一贯被视为"坏"。水治才可有"好静"，水不治产生的"静"有"坏静"。

本段大意是：所以圣人教导执政者说：每一个官员要在社会上尚没有"争""盗""乱"的时候就预防治理，把各种事务做在老百姓需求前才能赢得天下老百姓的支持，官员的正能量行动即可感化百姓，官员即可与执政者一条心；每一个官员美好的"静"即可影响民众自然归正；每一个官员要把事务做在老百姓产生需求之前，可加速老百姓经济致富的步伐；每一个官员要明白"欲"什么、"不欲"什么的问题（参见第一章"欲"的释义），这样即可引导全社会民众自然归朴。

---

① 参见（汉）许慎撰、（清）段玉裁注《说文解字注》，上海古籍出版社1988年版，第618页。

第五十八章

【原文】

帛本（甲）①	帛本（乙）②	传本③
□□□□□□□其正察＝其邦夬＝𦂶福之所倚福祸之所伏□□□□□□□□□□□□□□□□□□□□□□□□□□□□□□□□□□	亓正閯＝亓民屯＝亓正察＝亓□□□福之所伏孰知亓极□无正也正□□□善复为□之悉也亓日固久矣是以方而不割兼而不刺直而不绁光而不眺	其政闷闷其民淳淳其政察察其民缺缺祸兮福之所倚福兮祸之所伏孰知其极其无正正復為奇善復為妖人之迷其日固久是以聖人方而不割廉而不劌直而不肆光而不燿

【点校】

其正閯閯，其民屯屯。

其正察察，其邦夬夬。

祸，福之所倚；福，祸之所伏。

孰知其极？其无正也！

正复为奇。

---

① 参见马王堆汉墓帛书整理小组编《老子》，文物出版社1976年版，第72—73页。
② 同上。
③ 参见（魏）王弼注、（唐）陆德明音义《老子王弼注》，新兴书局1964年版，第70—71页。

善复为妖。

人之迷也，其日固久矣。

是以方而不割；兼而不刺，直而不绁，光而不眺。

【讲堂】

其正閜閜，其民屯屯。

"正"在《说文解字》中释义："是也。徐锴曰：'守一以止也。'"①
"正"在《说文解字注》中释义："是。直也。直部曰。正见也。从日正。十目烛隐则曰直。以日为正则曰是。从日正会意。天下之物莫正于日也。左传曰。正直为正。正曲为直。"② 本段中可解读为君主正直、正派。《礼记·哀公问第二十七》："公曰：'敢问何谓为政？'孔子对曰：'政者正也。君为正，则百姓从政矣。'"③ 本章出现的四个"正"都可解读为统治者出台的"政策"。

"閜"在《中华大字典》中释义："丘帝切音契霁韵。门也。"④ "閜閜"可解读为门道多。

"民"在《说文解字注》中释义："众萌也。萌古本皆不误。毛本作氓。非。古谓民曰萌。汉人所用不可枚数。今周礼以兴锄利甿。许未部引以兴锄利萌。愚谓郑本亦作萌。故注云变民言萌、异外内也。萌犹懵懵无知皃也。郑本亦断非甿字。大氐汉人萌字、浅人多改为氓。如周礼音义此节摘致氓是也。继又改氓为甿。则今之周礼是也。说详汉读考、民萌异者、析言之也。以萌释民者、浑言之也。从古文之象。仿佛古文之体少整齐之也。凡许书有从古文之形者四。曰革、曰弟、曰民、曰酉。说见革下。"⑤

"屯"在《说文解字注》中释义："难也。屯韵会有。象草木之初生。屯然而难。从中贯一屈曲之也。一、地也。此依九经字样、众经音义

---

① 参见（汉）许慎撰、（宋）徐铉等校《说文解字》，上海古籍出版社2007年版，第76页。
② 参见（汉）许慎撰、（清）段玉裁注《说文解字注》，上海古籍出版社1988年版，第69页。
③ 陈戍国点校《周礼·礼记·礼运》，岳麓书社1989年版，第480页。
④ 《中华大字典》，中华书局1978年版，第2572页。
⑤ 参见（汉）许慎撰、（清）段玉裁注《说文解字注》，上海古籍出版社1988年版，第627页。

所引。说文多说一为地。或说为天。象形也。中贯一者、木克土也。屈曲之者、未能申也。乙部曰。春草木冤曲而出。阴气尚彊。其出乙乙。屯字从中而象其形也。陟伦切。十三部。易曰。屯刚柔始交而难生。周易象传文。左传曰。屯固比入。序卦传曰。屯者、盈也。不坚固、不盈满。则不能出。"①

本段大意是：君主政出多门，老百姓就难以理解。

其正察察，其邦夬夬。

"察"在《说文解字》中释义："覆也。臣铉等曰：祭祀必天质明。明，察也。故从祭。"② 本段意为明辨清楚，明察秋毫。

"夬[guài]"在《说文解字注》中释义："分决也。易象传曰。夬、决也。刚决柔也。"③ "决，行流也。从水，从夬。庐江有决水出于大别山。"④ 据《史记》记载：大别山北麓有一条河叫决水，是淮河的主要支流之一，也因大别山区山洪暴发，洪水泛滥成灾，决水流域民不聊生。舜特派禹治决水，"以决九川致四海，浚畎澮致之川"⑤。

本段大意是君主的政策明辨清楚、明察秋毫，国内老百姓就如同大禹治理的决水一样顺从行流。

祸，福之所倚；福，祸之所伏。

"倚"在《说文解字注》中释义："依也。"⑥

"伏"在《说文解字注》中释义："司也。司者、臣司事于外者也。司今之伺字。凡有所司者必专守之。伏伺卽服事也。引申之为俯伏。又引申之为隐伏。"⑦

---

① 参见（汉）许慎撰、（清）段玉裁注《说文解字注》，上海古籍出版社1988年版，第21页。
② 参见（汉）许慎撰、（宋）徐铉等校《说文解字》，上海古籍出版社2007年版，第355页。
③ 参见（汉）许慎撰、（清）段玉裁注《说文解字注》，上海古籍出版社1988年版，第115页。
④ 参见（汉）许慎撰、（宋）徐铉等校《说文解字》，上海古籍出版社2007年版，第557页。
⑤ （汉）司马迁：《史记》，大众文艺出版社2008年版，第5页。
⑥ 参见（汉）许慎撰、（清）段玉裁注《说文解字注》，上海古籍出版社1988年版，第372页。
⑦ 同上书，第381页。

本段大意是任何事物都具有两面性。一件事情表面是"祸",但是它里面倚伏着"福"的方面。一件事情表面是"福",但是它里面隐藏着"祸"的方面。

大禹治理决水前,决水"鸿水滔天,浩浩怀山襄陵,下民皆服于水"①。即有害于民。大禹治理决水"以决九川致四海,浚畎浍致之川"。即有利于民。

孰知其极?其无正也!

"极"与"極"有区别:

"极"在《说文解字》中释义:"驴上负也。"②

"極"在《说文解字》中释义:"栋也。"③

本段中可解读为"驴上负也",即驴背上驮的东西。

"无"是指"福"存在于"祸"中,"福"为"无";"祸"存在于"福"中,"祸"为"无"。

本段大意是谁能够知道"福"背上是"祸"和"祸"背上是"福"的道理呢?当前是"福",就要明白存在着"祸",这"祸"就是"无";当前是"祸",就要明白存在着"福",这"福"就是"无"。我们的所有工作都是从"无"中求得"正",即老百姓满意的好政策。

老子的"其无正也"与毛泽东讲的"实事求是"可谓近似,即"无"中求"正"。

正复为奇。

"复"在《说文解字注》中释义:"行故道也。彳部又有復。復行而复废矣。疑彳部之復乃后增也。"④

"奇"在《说文解字注》中释义:"异也。不羣之谓。一曰不耦。奇耦字当作此。"⑤

---

① (汉)司马迁:《史记》,大众文艺出版社2008年版,第5页。
② 参见(汉)许慎撰、(宋)徐铉等校《说文解字》,上海古籍出版社2007年版,第289页。
③ 同上书,第279页。
④ 参见(汉)许慎撰、(清)段玉裁注《说文解字注》,上海古籍出版社1988年版,第232页。
⑤ 同上书,第204页。

本段大意是本来是正当的事业或好政策,在一些具体操作的人手中多次反复办理就会走样,甚至走向反面。

善复为妖。

"妖"在《说文解字》中释义:"巧也,一曰:女子笑貌。《诗》曰:'桃之妖妖。'"①

本段大意是:认真反复做某一件事情即可熟练、灵巧。

人之迷也,其日固久矣。

"迷"在《说文解字注》中释义:"惑也。见释言。惑、宋本作或。心部曰。惑乱也。"② 本段中意为分辨不清,失去了辨别、判断的能力。

"固"在《说文解字注》中释义:"四塞也。四塞者无罅漏之谓。周礼夏官掌固注云。固、国所依阻者也。国曰固。野曰险。按凡坚牢曰固。又事之已然者曰固、卽故之假借字也。汉官掌故、唐官多作掌固。"③

本段大意是:上述我讲的"其政闷闷,其民屯屯""其政察察,其邦缺缺""祸,福之所倚;福,祸之所伏""正复为奇""善复为妖"这些,好多人对此迷茫、惑乱,更有甚者已经扩散到全国范围内,而且时间很长了。

是以方而不割:兼而不刺,直而不绁,光而不眺。

"方"在《说文解字注》中释义:"并船也。方之舟之。大夫方舟谓并两船也。"④

"割"在《说文解字注》中释义:"剥也。蒙剥之弟二义互训。割谓残破之。释言曰。盖割裂也。尚书多假借割为害。古二字音同也。释言舍人本盖作害。明害与割同也。郑注缁衣曰。割之言盖也。明盖与割同也。从刀。害声。古逹切。十五部。按古字亦从匃声。故宋次道、王仲至家所传古文尚书曰刨申劝宁王之德。"⑤《尚书·尧典》:"汤汤洪水方割,

---

① 参见(汉)许慎撰、(宋)徐铉等校《说文解字》,上海古籍出版社2007年版,第627页。
② 参见(汉)许慎撰、(清)段玉裁注《说文解字注》,上海古籍出版社1988年版,第73页。
③ 同上书,第278页。
④ 同上书,第404页。
⑤ 同上书,第180页。

荡荡怀山襄陵，浩浩滔天。"①

"兼"在《说文解字注》中释义："并也。并相从也。从又持秝。……兼持二禾。秉持一禾。"②

"刺"在《说文解字注》中释义："君杀大夫曰刺。刺、直伤也。"③

"直"在《说文解字注》中释义："正见也。左传曰。正直为正。正曲为直。其引申之义也。见之审则必能矫其枉。故曰正曲为直。"④

"绁"[xiè]在《说文解字注》中释义："犬系也。犬字各本无。今补。少仪。犬则执绁。牛则执纼。马则执靮。注曰。绁、纼、靮皆所以系制之者。"⑤

"光"在《说文解字注》中释义："明也。"⑥

"眺"在《说文解字》中释义："目不正也。"⑦

本段大意是：大船不被水割破，引申为君主不被人民群众推翻；君主就要对于手下大夫们有宽容态度，不可轻易刺杀大夫。对于有正见的人才不能横加束缚。如同光的照明是正直的，不会有偏斜。君主关照用人不能有徇私枉法、偏袒私臣的现象。

---

① 张凤娟编《四书五经》，内蒙古人民出版社2007年版，第215页。
② 参见（汉）许慎撰、（清）段玉裁注《说文解字注》，上海古籍出版社1988年版，第329页。
③ 同上书，第182页。
④ 同上书，第634页。
⑤ 同上书，第658页。
⑥ 同上书，第485页。
⑦ 同上书，第134页。

第五十九章

【原文】

帛本（甲）①	帛本（乙）②	简本【乙】③	传本④
□□□□□□□□□□□□□□□□□□□□□□□□□□可以有=国=之母可以长久是胃深槿固氐长□□□□道也	治人事天莫若嗇夫唯嗇是以蚤=服=是胃重=積□□□□□□□□□莫=知=亓=□□□有=国=之母可□□久是胃□根固氐长生久視之道也	給人事天莫若嗇夫唯嗇是以蚤是以蚤備是胃……不克則莫智其亙莫智其亙可以又郕又郕之母可以长……长生舊視之道也	治人事天莫若嗇夫唯嗇是謂早服早服謂之重積德重積德則無不克無不克則莫知其極莫知其極可以有國有國之母可以長久是謂深根固柢長生久視之道

【点校】

治人事天，莫若嗇。

夫唯嗇，是以蚤服。蚤服，是谓重积德。重积德，则无不克。

---

① 参见马王堆汉墓帛书整理小组编《老子》，文物出版社1976年版，第73页。
② 同上。
③ 参见荆门市博物馆编《郭店楚墓竹简·老子乙、丙》，文物出版社2002年版，第1页。
④ 参见（魏）王弼注、（唐）陆德明音义《老子王弼注》，新兴书局1964年版，第71—72页。

无不克，则莫知其极。莫知其极，可以有国。

有国之母，可以长久。是谓深、槿、固、氐、长生、久视之道也。

【讲堂】

治人事天，莫若啬。

"若"在《说文解字注》中释义："择菜也。……假借为如也、然也、乃也、汝也。又兼及之词。"①

"啬"[sè]在《说文解字注》中释义："爱涩也。啬涩叠韵。广韵引作歰。歰与涩皆不滑也。大雅云。好是家啬。力民代食。笺云。但好任用是居家之吝啬、于聚敛作力之人。令代贤者处位食禄。又云家啬维宝。代食维好。笺云。言王不尚贤。但贵吝啬之人与爱代食者而已。老子曰。治人事天莫若啬。诗序云。其君俭啬褊急。从来亩。来者亩而臧之。故田夫谓之啬夫。说从来亩之意也。啬者、多入而少出。如田夫之务葢藏。故以来亩会意。啬夫见左传所引夏书。汉制十亭一乡。乡有三老、有秩啬夫、游徼、皆少吏之属。许云。田夫谓之啬夫者。若郊特牲先啬、司啬、报啬、啬皆谓农。古啬穑互相假借。如稼穑多作稼啬。左传。小国为蘲。大国省穑而用之。卽省啬也。"②

《孟子》："后稷教民稼穑。树艺五谷。五谷熟。而民人育。人之有道也。"③

本段大意是：君主治理国家、管理民众如同侍奉天，所有工作的头一项就是农事，粮食生产要放在第一位。

夫唯啬，是以蚤服。蚤服，是谓重积德。重积德，则无不克。

"蚤"在《说文解字注》中释义："啮人跳虫也。啮[niè]噬[shì]也。跳跃[qú]也。虱[shī]但啮人。蚤则加之善跃。故著之。恶之甚也。"④

"服"在《说文解字注》中释义："用也。关雎笺曰。服、事也。一

---

① 参见（汉）许慎撰、（清）段玉裁注《说文解字注》，上海古籍出版社1988年版，第43页。
② 同上书，第230—231页。
③ （宋）朱熹：《四书集注》下册，中华书局1957年版，《孟子》第125—126页。
④ 参见（汉）许慎撰、（清）段玉裁注《说文解字注》，上海古籍出版社1988年版，第674页。

曰车右骈所㠯舟旋。骈毛刻作骑。误。马部曰。骈、骖也。帝马也。古者夹辕曰服马。其旁曰骖马。此析言之。许意谓浑言皆得名服马也。独言右骈者、谓将右旋则必策冣右之马先向右。左旋亦同。举右以晐左也。舟当作周。马之周旋如舟之旋。故其字从舟。"① 人们在使用马时，一般都是将性格比较躁烈的、身强体壮的马用于夹辕，即"蚕服"。"蚕服"马控制着车行方向、平衡等工作，要比"骖"马出的力多，责任大。

"蚕服"在本段中可解读为重用或说服教育一些游手好闲的人加入农事工作中去。

"德"在《说文解字注》中释义："升也。升当作登。辵部曰。迁、登也。此当同之。德训登者。公羊传。公曷为远而观鱼。登来之也。何曰。登读言得。得来之者、齐人语。齐人名求得为得来。作登来者、其言大而急。由口授也。唐人诗。千水千山得得来。得即德也。登德双声。一部与六部合韵又冣近。今俗谓用力徙前曰德"② 本段中可解读为"得"。对于"调皮捣蛋"的人要重用他的长处，使其贡献多一点，单位、领导就能"得"的多一点。

"无"在本章中主要指不因缺乏粮食而造成饥荒现象，以及丰衣足食致使朝廷人心所向，社会中不存在"争""盗""乱"。

"克"在《说文解字注》中释义："肩也。周颂传曰。仔肩、克也。人部曰。仔、克也。此曰。克、肩也。然则周颂仔肩絫言之。毛谓二字皆训克也。肩谓任。任事以肩。故任谓之肩。亦谓之克。释诂云。肩、克也。又曰。肩、胜也。郑笺云。仔肩、任也。许云。胜、任也。任、保也。保、当也。凡物压于上谓之克。今苏常俗语如是。释言曰。克、能也。其引申之义。左传曰。凡师得儁曰克。于郑伯克段于鄢曰。如二君。故曰克。即得儁之说也。谷梁曰。克者何。能也。何能也。能杀也。此释言之说也。公羊曰。克之者何。杀之也。此以相胜为义。大雅毛传云。掊克、自伐而好胜人也。俗作克。象屋下刻木之形。上象屋。下象

---

① 参见（汉）许慎撰、（清）段玉裁注《说文解字注》，上海古籍出版社1988年版，第404页。

② 同上书，第76页。

刻木彔彔形。木坚而安居屋下栔刻之。能事之意也。相能之意也。"①

本段大意是：农事是工作的重点，要使游手好闲、不加管教的人都加入委以"蚤服"马一样的重任。农事工作中去，"蚤服"马控制着车行方向、平衡等工作，要比"骖"马出的力多，责任大，而且夹辕克制了它"调皮捣蛋"的暴烈性格。因使用得当，"蚤服"马贡献多，人们获"得"多。全社会的劳动力集聚起来重视农业，"饥荒""争""盗""乱"等这些当前"无"的事物永远不会出现，即"不克"。

"无粮不稳"自古以来就是统治者奉行的一条真理。

无不克，则莫知其极。莫知其极，可以有国。

"极"在《说文解字注》中释义："驴上负也。"②

"有国"可解读为实实在在的国家。

本段大意是：不存在饥荒现象、不存在"争""盗""乱"等现象，丰衣足食使朝廷人心所向，使得敌国不明白这一现象的深层次原因。当敌国不明白这一现象的深层次原因时，君主才可算是真正拥有了一个实实在在的国家。

有国之母，可以长久。是谓深、槿、固、氏、长生、久视之道也。

"有"是"始"，"有"是"母"。参见第五十二章"天下有始，以为天下母。"

"深"在《说文解字注》中释义："深水。出桂阳南平。西入营道。桂阳郡南平、零陵郡营道、二志同。今湖南桂阳州蓝山县县东五里有南平城。水经曰。深水出桂阳卢聚。西北过零陵营道县、营浦县、泉陵县。至燕室。邪入于湘。郦云。桂阳县本繠桂阳郡。后割属始兴县。有卢溪。卢聚山在南平县之南、九疑山之东。玉裁谓卢聚山在南平之南。经举其远源。许举其近源。洭出卢聚。南流入海。深出卢聚。西北流入湘、以入江。是分驰不同也。湘水篇经、注皆不言深水。盖吕忱言深水导源卢溪。西入营水。乱流营波。同注湘津。故湘水篇言营不言深耳。今深营二水源委未闻。汉营道、营浦县皆氏于水。以字林订说文、则当作入营。

---

① 参见（汉）许慎撰、（清）段玉裁注《说文解字注》，上海古籍出版社1988年版，第320页。

② 同上书，第266页。

不必有道字。泉陵县即今湖南永州府零陵县。今潇水合诸水于此入湘。深水、营水在其中也。"①

"槿"在《中华大字典》中释义:"蕣也。"②"蕣"在《辞海》中释义:"木槿花,早开晚落。《本草纲目·木部三》'木槿'李时珍曰:'此花朝开暮落,故名日及。曰槿曰蕣,犹仅荣一瞬之义也。'郭璞《游仙诗》:'蕣荣不终朝。'"③ 在本段中可解读为暗喻国家如同昙花一现,没有发展后劲。

"固"在《说文解字注》中释义:"四塞也。四塞者无罅漏之谓。周礼夏官掌固注云。固、国所依阻者也。国曰固。野曰险。按凡坚牢曰固。又事之已然者曰固、即故之假借字也。汉官掌故、唐官多作掌固。"④ 在本段中可解读为暗喻全面治理国家的道理,无此道理则会分裂崩溃。

"氐"在《说文解字注》中释义:"至也。氐之言抵也。凡言大氐、犹大都也。本也。小徐本有此二字。氐为本。故柢以会意。国语曰。天棍见而水涸。韦曰。天棍、亢氐之闲。从氐下箸一。箸直略切。会意也。许书无低字。㢓、一曰下也。而昏解云。从日、氐省。氐者、下也。是许说氐为高低字也。广韵都奚切。玉篇丁兮切。十五部。大徐丁礼切。一、逗。地也。一之用甚多。故每分别解之。凡氐之属皆从氐。"⑤ 在本段中可解读为暗喻任何事物有它由生到死的规律,一时的繁荣不是"至",也不能"止",要延长生,就得不断努力,奋斗不止。

"久"在《说文解字》中释义:"以后灸之,象人两胫后有距也。《周礼》曰:'久诸墙以观其桡。'"⑥"灸,灼也。"⑦"桡,曲木。"⑧

"视"在《说文解字注》中释义:"瞻也。……瞻、临视也。视不必皆临。则瞻与视小别也亦。……视古示字也。……古作视。汉人作示。

---

① 参见(汉)许慎撰、(清)段玉裁注《说文解字注》,上海古籍出版社1988年版,第529页。
② 《中华大字典》,中华书局1978年版,第1211页。
③ 《辞海》(1999年版缩印本),上海辞书出版社2000年版,第745页。
④ 参见(汉)许慎撰、(清)段玉裁注《说文解字注》,上海古籍出版社1988年版,第278页。
⑤ 同上书,第628页。
⑥ 参见(汉)许慎撰、(宋)徐铉等校《说文解字》,上海古籍出版社2007年版,第265页。
⑦ 同上书,第499页。
⑧ 同上书,第277页。

是为古今字。示下曰。天坐象见吉凶、所以示人也。"①

"久视"在本段中可解读为老百姓对君主的看法、评价或后人对前人的看法、评价。如果君主、前人所做的"静"是经得起历史检验的,即可为"久视"。

本段大意是:在一个实实在在的富强国家影响下的民众是具有高尚情操的民众,如此这样,君王的江山即可长久。但是,君王要明白"深、槿、固、氏、长生、久视"的道理。

---

① 参见(汉)许慎撰、(清)段玉裁注《说文解字注》,上海古籍出版社1988年2月第2版,第407页。

第六十章

【原文】

帛本（甲）①	帛本（乙）②	传本③
□□□□□□□□□天下亓鬼不神非亓鬼不神也亓神不伤人也非亓申不伤人也圣人亦弗伤□□□不相□□德交归焉	治大国若亨小鲜以道立天下亓鬼不神非亓鬼不神也亓神不伤人也非亓神不伤人也□□□弗伤也夫两□相伤故德交归焉	治大國若烹小鮮以道蒞天下其鬼不神非其鬼不神其神不傷人非其神不傷人聖人亦不傷人夫兩不相傷故德交歸焉

【点校】

治大国若亨小鲜！

以道立天下，其鬼不神。非其鬼不神也，其神不伤人也。非其申不伤人也，圣人亦弗伤也。

夫两不相伤，故德交归焉。

【讲堂】

治大国若亨小鲜！

---

① 参见马王堆汉墓帛书整理小组编《老子》，文物出版社1976年版，第73页。
② 同上。
③ 参见（魏）王弼注、（唐）陆德明音义《老子王弼注》，新兴书局1964年版，第72—73页。

"若"在《说文解字注》中释义："择菜也。晋语。秦穆公曰。夫晋国之乱。吾谁使先若夫二公子而立之。以为朝夕之急。此谓使谁先择二公子而立之。若正训择。"①

"亨"在《说文解字注》中释义："䰞献也。下进上之詈也。按周礼用字之例。凡祭䰞用䰞字。凡飨燕用飨字。如大宗伯吉礼下六言䰞先王。嘉礼下言以飨燕之礼亲四方宾客。尤其明证也。礼经十七篇用字之例。聘礼内臣䰞君字作䰞。士虞礼、少牢馈食礼尚飨字作飨。小戴记用字之例。凡祭䰞、飨燕字皆作飨。无作䰞者。左传则皆作䰞。无作飨者。毛诗之例。则献于神曰䰞。神食其所䰞曰飨。如楚茨以䰞以祀。下云神保是飨。周颂我将我䰞。下云既右飨之。鲁颂䰞祀不忒、䰞以骍牺。下云是飨是宜。商颂以假以䰞。下云来假来飨。皆其明证也。鬼神来食曰飨、卽礼经尚飨之例也。献于神曰䰞、卽周礼祭䰞作䰞之例也。各经用字自各有例。周礼之飨燕、左传皆作䰞宴。此等盖本书固尔。非由后人改窜。从高省。献者必高奉之。曲礼曰。执天子之器则上衡。国君则平衡。后世亦以举案齐眉为敬。象孰物形。礼经言馈食者、荐孰也。许两切。十部。䰞象荐孰。因以为饪物之偁。故又读普庚切。䰞之义训荐神。诚意可通于神。故又读许庚切。古音则皆在十部。其形、荐神作亨、亦作享。饪物作亨、亦作烹。易之元亨、则皆作亨。皆今字也。孝经曰。祭则鬼䰞之。孝经孝治章文。凡䰞之属皆从䰞。𠅖篆文䰞。後篆者、上部之例也。據玄应书则䰞者籀文也。小篆作𠅖。故隶书作亨、作享。小篆之变也。"②

"鲜"在《说文解字注》中释义："鲜鱼也。出貊国。"③

本段大意是：要把国家治理成为一个厚德国家，如同给神鬼祭祀、敬献貊国上品小鲜鱼一样，挑选辨认鲜鱼是否产自貊国，不但需要非常细心，还要懂得貊国鲜鱼的特征。

以道立天下，其鬼不神。非其鬼不神也，其神不伤人也。非其申不伤人也，圣人亦弗伤也。

---

① 参见（汉）许慎撰、（清）段玉裁注《说文解字注》，上海古籍出版社1988年版，第43页。
② 同上书，第229页。
③ 同上书，第579页。

"神"在《说文解字》中释义:"天神,引出万物者也。"①

"其鬼不神"意为鬼不装作神。

"申"在《说文解字注》中释义:"神也。神不可通。当是本作申。如巳巳也之例。谓此申酉之篆卽今引申之义也。浅人不得其例。妄改为神。考诸古说无有合者。律书曰。申者、言阴用事。申则万物。故曰申。律历志曰。申坚于申。天文训曰。申者、申之也。皆以申释申。为许所本。而今本淮南改申之作呻之。其可欸一而巳。或曰神当作身。下云阴气成体。释名、晋书乐志、玉篇、广韵皆云。申、身也。许说身字从申省声。皆其证。此说近是。然恐尚非许意。七月佘气成体自申束。韵会无体字。阴气成谓三阴成为否卦也。古屈伸字作詘申。亦叚信。其作伸者俗字。或以屛入许书人部耳。韩子外储说曰。申之束之。今本申讹绅。申者、引长。束者、约结。广韵曰。申、伸也。重也。从臼自持也。臼、又手也。申与晨要同意。当是从丨以象其申。从臼以象其束。疑有夺文。丨卽余制切之厂字也。失人切。十二部。吏㠯铺时听事。申旦政也。铺者、日加申时食也。申旦政者、子产所谓朝以听政。夕以修令。公父文伯之母所谓卿大夫朝考其职。夕序其业。士朝而受业。夕而习复也。凡申之属皆从申。"② 综上释义,"申"在本段中可解读为清明政治。

本段大意是:用"道"治理国家,公正无私,鬼不抢着充当神位。并不是鬼不抢着充当神位,而是在神位上必须公正无私不能伤害老百姓,鬼做不到。并非清明政治不伤害老百姓,而是圣人执掌着清明的政策制度不伤害老百姓。

夫两不相伤,故德交归焉。

"归"在《说文解字注》中释义:"女嫁也。公羊传、毛传皆云。妇人谓嫁归。"③ 本段中指返回出现的清明政治。

本段大意是,清明的政策制度和圣人都不伤害老百姓,因此,清明政治和圣人的德行交汇相得益彰,社会即可出现新气象。

---

① 参见(汉)许慎撰、(宋)徐铉等校《说文解字》,上海古籍出版社2007年版,第3页。

② 参见(汉)许慎撰、(清)段玉裁注《说文解字注》,上海古籍出版社1988年版,第746页。

③ 同上书,第68页。

第六十一章

【原文】

帛本（甲）①	帛本（乙）②	传本③
大邦者下流也天下之牝天下之郊也牝恒以靓胜牡为亓靓□□宜为下大邦□下小□则取小＝邦＝以下大邦则取于大邦故或下以取或下而取□大邦者不过欲兼畜人小邦者不过欲入事人夫皆得亓欲□□□□为下	大国□□□□□□牝也天下之交也牝恒以静朕牡为亓静也故宜为下也故大国以下□国则取小＝国＝以下大国则取于大国故或下□□□下而取故大国者不□欲并畜人小国不□欲入事人夫□□□其欲则大者宜为下	大國者下流天下之交天下之牝牝常以靜勝牡以靜為下故大國以下小國則取小國小國以下大國則取大國故或下以取或下而取大國不過欲兼畜人小國不過欲入事人夫兩者各得所欲大者宜為下

【点校】

大邦者，下流也。

天下之牝，天下之郊也。

牝恒以靓胜牡，为其靓也，故宜为下。

---

① 参见马王堆汉墓帛书整理小组编《老子》，文物出版社1976年版，第73—74页。
② 同上。
③ 参见（魏）王弼注、（唐）陆德明音义《老子王弼注》，新兴书局1964年版，第73—74页。

大邦以下小邦，则取小邦。小邦以下大邦，则取于大邦。

故，或下以取，或下而取。

故，大邦者不过欲兼畜人，小邦者不过欲入事人。

夫皆得其欲，则大者宜为下。

【讲堂】

本章的治国思想与第七十六章的治国思想近似。

大邦者，下流也。

"大邦"不能理解为仅指土地面积大，更要理解为富强德厚国家。

"流"在《说文解字》中释义："水行也。"①

"下流"可解读为一个兴旺富强德厚的国家不欺压凌辱他国，视自己为河流的下游，尊重邻国，时时处处置邻国为上游、上宾。

本段大意是：一个富强德厚国家的风范是，视自己为河流的下游，尊重邻国，时时处处置他国为上游、上宾。

天下之牝，天下之郊也。

"牝"在《说文解字》中释义："畜母也。《易》曰：'畜牝牛吉。'"②

"郊"在《说文解字》中释义："距国百里为郊。"③

本段大意是：自己国家长远的太平吉祥，取决于郊外与邻国的关系。

牝恒以靓胜牡，为其靓也，故宜为下。

"牡"在《说文解字》中释义："畜父也。"④

"靓[liàng]"在《辞海》中释义："方言。漂亮。如：靓女。"⑤

"靓"在第四十五章和第六十一章出现了两次，在第四十五章中按照《说文解字》作"召也"⑥解读，音[jìng]。

"靓[liàng]"在陇西民间至今有这样的问候语："呀！靓[liàng]得很，干啥去？"意思是你打扮得这样漂亮，有什么喜事？一般来说，老百姓参加喜庆一类的事，如孩子满月、老人寿日、年轻人的婚事等都要穿上一

---

① 参见（汉）许慎撰、（宋）徐铉等校《说文解字》，上海古籍出版社2007年版，第570页。
② 同上书，第52页。
③ 同上书，第308页。
④ 同上书，第51页。
⑤ 《辞海》（1999年版缩印本），上海辞书出版社2000年版，第2393页。
⑥ 参见（汉）许慎撰、（宋）徐铉等校《说文解字》，上海古籍出版社2007年版，第424页。

套工整的能够引起他人好感的服装。因此，当看到有"靓"，就判定是好事、喜事。老子在本章用"靓［liàng］"作比喻，顺应人类的本性，非常通俗，又非常深奥，可谓是科学的哲学。有学者认为"靓"是"静"的误笔，并在解读中以"静"解读，这是对老子的误读。"靓［liàng］"比喻大国具有的繁荣富强、为人谦虚等德厚风范容易引起他国的好感。

本段大意是：按照自然现象，雌性越是漂亮好看越是容易引起雄性的追逐交往，雄性追逐雌性如同上流的水追逐下流的水。因此，雌性适宜处在下流。

大邦以下小邦，则取小邦。小邦以下大邦，则取于大邦。

"小邦"主要是指贫弱落后国家。

本段大意是：自然规律是上游流入下游，上游干了，下游盈了，由此比喻大国处在小国下游，就可以吸纳小国，小国处在大国下游，就可以吸纳大国。

故，或下以取，或下而取。

本段大意是：所以，处在下游有可能将上游全部取代，处在下游有可能将上游尽量多地吸取。

故，大邦者不过欲兼畜人，小邦者不过欲入事人。

"过欲"可解读为"治国""造物"可参考他人、他国，不能全部依靠他人、他国。"欲"的释义可参见第一章相关释义。

"兼"在《说文解字》中释义："并也。兼持二禾，秉持一禾。"[1]

本段大意是：由此，大国不要过分地兼并积蓄他人、他国，小国也不要全部依靠他人、他国。

夫皆得其欲，则大者宜为下。

"宜"在《说文解字注》中释义："所安也。周南。宜其室家。传曰。宜以有室家无踰时者。"[2]

本段大意是：大国小国都不想努力奋斗而是想通过掠夺他国来实现自己的欲望，在这种情况下，大国处在下游才是安全的。

---

[1] 参见（汉）许慎撰、（宋）徐铉等校《说文解字》，上海古籍出版社2007年版，第344页。
[2] 参见（汉）许慎撰、（清）段玉裁注《说文解字注》，上海古籍出版社1988年版，第340页。

第六十二章

【原文】

帛本（甲）①	帛本（乙）②	传本③
□者万物之注也善人之瑧也不善人之所瑧也美言可以市尊行可以贺人＝之不善也何弃也□有故立天子三卿虽有共之璧以先四马不善坐而进此古之所以贵此者何也不胃求以□得有罪以免舆故为天下贵	道者万物之注也善人之瑧也不善人之所保也美言可以市奠行可以贺人＝之不善何□□□立天子置三乡虽有□□璧以先四马不若坐而进此古□□□□□□□不胃求以得有罪以免与故为天下贵	道者萬物之奧善人之寶不善人之所保美言可以市尊行可以加人人之不善何棄之有故立天子置三公雖有拱璧以先駟馬不如坐進此道古之所以貴此道者何不曰求以得有罪以免邪故為天下貴

【点校】

道者万物之注也，善人之葆也，不善人之所保也。

美言可以市，尊行可以贺人。

人之不善也，何弃也？有，故立天子、置三卿，虽有，共之璧以先四马，不善坐而进此。

---

① 参见马王堆汉墓帛书整理小组编《老子》，文物出版社1976年版，第74页。
② 同上。
③ 参见（魏）王弼注、（唐）陆德明音义《老子王弼注》，新兴书局1964年版，第75—76页。

古之所以贵此者，何也？不谓求以得有，罪以免舆。故为天下贵。

【讲堂】

道者万物之注也，善人之葆也，不善人之所保也。

"注"在《说文解字》中释义："灌也。"①

"葆"在《说文解字》中释义："草盛貌。"②

"保"在《说文解字》中释义："养也。"③

本段大意是：道灌注于人们所要做的万事万物中。道体现在善人身上既保护了自己又影响了周围的人们，道体现在不善之人身上亦可保养自己。

美言可以市，尊行可以贺人。

"市"在《说文解字》中释义："买卖所之也。"④

"贺"在《说文解字》中释义："以礼相奉庆也。"⑤

本段大意是：美好的言语如同市场上的商品仅供人选择，良好行为如同礼物都是具有针对性的与人实惠。

人之不善也，何弃也？有，故立天子、置三卿，虽有，共之璧以先四马，不善坐而进此。

"有"指客观存在，本章中指形成不善方面的坏毛病。

"三卿"指春秋时期天子以下官位。据《礼记·王制》："天子三公、九卿……。大国三卿，皆命于天子。"⑥

"虽"在《说文解字》中释义："似蜥蜴而大。"⑦

蜥蜴会变温，善于利用环境来调整体温，甚至连卵的雌雄性别都由温度来决定，蜥蜴的天敌极多，不少蜥蜴只好用怪异的行为来吓唬敌人，

---

① 参见（汉）许慎撰、（宋）徐铉等校《说文解字》，上海古籍出版社2007年版，第557页。

② 同上书，第46页。

③ 同上书，第383页。

④ 同上书，第255页。

⑤ 同上书，第304页。

⑥ 陈戍国点校《周礼·礼记·礼运》，岳麓书社1989年版，第329页。

⑦ 参见（汉）许慎撰、（宋）徐铉等校《说文解字》，上海古籍出版社2007年版，第667页。

如有的吐舌头、有的眼角喷血、有的食火焰等，蜥蜴能随机应变的体色更是一绝，本身颜色随时随地变化多端，当它依附在某种物体时，它的颜色便会变成与某种物体的色相同，蜥蜴随着光照的不同，每个时候都能够变色，因此俗称"变色龙"。①古代的先哲圣人们观察到蜥蜴针对不同环境变换不同颜色来保护自己的现象，领悟到变化对人生和事业的重要性。

"共"在《说文解字》中释义："同也。"②

"璧"在《说文解字》中释义："瑞玉圜也。"③

"先"在《说文解字》中释义："前进也。臣铉等曰：'之人上，是先也。'"④

"驷"在《说文解字》中释义："一乘也。"⑤

"坐"在《说文解字》中释义："止也。"⑥

"进"在《说文解字》中释义："登也。"⑦

本段大意是：如何摒弃掉不善之人具有的坏毛病呢？因此推立的君主以及设置的各级官员，每个官员都存在着一定的各种各样的坏毛病，但是他们一起为朝廷效力出行，乘坐驷马相互感染，存在的个别坏毛病如同变色龙难以发现，出入于工作单位都在同样待遇的位置上。

古之所以贵此者，何也？不谓求以得有，罪以免舆。故为天下贵。

"古"在《说文解字》中释义："故也。从十、口。识前言者也。凡古之属皆从古。臣铉等曰：'十口所传是前言也。'"⑧

"求"在《说文解字注》中释义："求古文裘，此本古文裘字，后加

---

① 360百科《蜥蜴》（https：//baike.so.com/doc/1140227-1206321.html）。
② 参见（汉）许慎撰、（宋）徐铉等校《说文解字》，上海古籍出版社2007年版，第126页。
③ 同上书，第10页。
④ 同上书，第422页。
⑤ 同上书，第479页。
⑥ 同上书，第687页。
⑦ 同上书，第78页。
⑧ 同上书，第104页。

衣为裘。而求专为干请之用。"①

"罪"在《说文解字注》中释义："捕鱼竹网。始皇以辠[zuì]字似皇[huáng]乃改为罪。"② 由此可知，老子时代"罪"单纯指"捕鱼竹网"，不存在今天"罪"的含义。

"免"在《说文解字注》中释义："兔逸也。从兔不见足会意。"③

"舆"在《说文解字注》中释义："车舆也。车舆谓车之舆也。考工记。舆人为车。注曰。车、舆也。按不言为舆而言为车者、舆为人所居。可独得车名也。轼较軨軹轛皆舆事也。"④

本段大意是：听说前人就有把存在坏毛病的人放在受人尊敬位置的现象，这是什么缘故呢？提拔干部只求他才华的一面，未发现其坏毛病的一面。选拔人犹如用渔网，有毛病的人也能进入官员队伍坐上四马车位，所有官员一起工作就很难发现有坏毛病的人。所以这就是有个别毛病的人也能登上受人尊敬位置的原因。

---

① 参见（汉）许慎撰、（清）段玉裁注《说文解字注》，上海古籍出版社1988年版，第398页。

② 同上书，第355页。

③ 同上书，第473页。

④ 同上书，第721页。

第六十三章

【原文】

帛本（甲）①	帛本（乙）②	简本【甲】③	传本④
・为无为事无事味无未大小多少报怨以德图难乎□□□□□□□天下之难作于易天下之大作于细是以圣人冬不为大故能□□□□□□□□□□必多难是□□人猷难之故冬于无难	为无为□□□□□□□□□□□□□□乎其细也天下之□□□易天下之大□□□□□□□□□□□夫轻若□□信多易必多难是以耵人□□之故□□□	為亡為事亡事未亡未大少之多惕必多䜌是以聖人猷䜌之古終亡䜌	為無為事無事味無味大小多少報怨以德圖難於其易為大於其細天下難事必作於易天下大事必作於細是以聖人終不為大故能成其大夫輕諾必寡信多易必多難是以聖人猶難之故終無難矣

【点校】

为"无为"，事无事，味无未。

大、小，多、少，报、怨，以德。

---

① 参见马王堆汉墓帛书整理小组编《老子》，文物出版社1976年版，第74—75页。
② 同上。
③ 参见荆门市博物馆编《郭店楚墓竹简·老子甲》，文物出版社2002年版，第14页。
④ 参见（魏）王弼注、（唐）陆德明音义《老子王弼注》，新兴书局1964年版，第76—77页。

图难乎其易，为大乎其细也；天下之难作于易，天下之大作于细。

是以圣人冬不为大，故能成其大。

夫轻诺必寡信，多易必多难。

是以圣人犹难之，故冬于无难。

【讲堂】

为"无为"，事无事，味无未。

"味"在《说文解字注》中释义："滋味也。滋言多也。"①

"未"在《说文解字注》中释义："味也。口部曰。味者滋味也。六月滋味也。韵会引作六月之辰也。律书曰：未者言万物皆成，有滋味也。淮南天文训曰。未者，昧也。律历志曰。昧薆于未。释名曰。未，昧也。日中则昃向幽昧也。广雅释言曰。未、味也。"② 可解读为尝不到味或淡味为"未"。

本段大意是：工作要在无问题的时候做，做事要在需求出现之前做，良好的语言要在没有感染其他恶毒的语言之前才显现良好的效果。

"为'无为'，事无事，味无未"人人都在做，天天都在用，事事离不开。自从人类文明产生以来，人人都在"为'无为'，事无事，味无未"。正如恩格斯在《反杜林论》中③讲的："人们远在知道什么是辩证法以前，就已经辩证的思考了，正像人们远在散文这一名词出现以前，就已经用散文讲话一样。否定的否定这个规律在自然界和历史中起着作用，而在它被认识以前，它也在我们头脑中不自觉地起着作用，它只是被黑格尔第一次明确地表述出来而已。"两千多年前的老子将"为'无为'，事无事，味无未""第一次明确地表述出来"，用文字记载并传承了下来。

大、小，多、少，报、怨，以德。

"报"在《说文解字注》中释义："当辠［zuì（罪）］人也。"④

---

① 参见（汉）许慎撰、（清）段玉裁注《说文解字注》，上海古籍出版社1988年版，第55页。

② 同上书，第746页。

③ 《马克思恩格斯选集》第三卷，人民出版社2012年版，第521页。

④ 参见（汉）许慎撰、（清）段玉裁注《说文解字注》，上海古籍出版社1988年版，第496页。

本段大意是：大事、小事，多事、少事，有罪的人、怨恨我们的人，都要用"德"对待。

图难乎其易，为大乎其细也；天下之难作于易，天下之大作于细。

本段大意是：把事情想得难一些实际做起来就容易，大事情必须从细微处着手；天下做成功的难事其实都是一点一滴由容易事积累起来的，天下做成功的大事都是一点一滴从细微处着手做出来的。

是以圣人冬不为大，故能成其大。

"冬"在《说文解字注》中释义："四时尽也。冬之为言终也。"①

本段大意是：圣人一年四季不是专挑拣"大"事做，所以每天做的事积累起来就构成了大事业。

夫轻诺必寡信，多易必多难。

本段大意是：不能有不摒弃事情能否办成都一概承诺的工作作风，这样会使老百姓不信任；做任何事情都不能轻视，轻视容易带来难以想象的困难。

是以圣人犹难之，故冬于无难。

"犹"在《说文解字》中释义："玃属。从犬，酋声。一曰：陇西谓犬子为猷。"②

"犹"在《说文解字注》中释义："玃属。释兽曰。犹如麂。善登木。许所说谓此也。曲礼曰。使民决嫌疑。定犹豫。正义云。说文。犹、玃属。豫、象属。此二兽皆进退多疑。人多疑惑者似之。故谓之犹豫。按古有以声不以义者。如犹豫双声。亦作犹与。亦作冘豫。皆迟疑之皃。老子。豫兮如冬涉川。犹兮若畏四邻。离骚。心犹豫而狐疑。以犹豫二字皃其狐疑耳。李善注洛神赋乃以犹兽多豫、狐兽多疑对说。王逸注离骚绝不如此。礼记正义则又以犹与豫二兽对说。皆郢书燕说也。如九歌君不行兮夷犹。王逸即以犹豫解之。要亦是双声字。春秋经犹三望、犹朝于庙、犹绎今。谓可已而不已者曰犹。即犹豫、夷犹之意也。释诂曰。

---

① 参见（汉）许慎撰、（清）段玉裁注《说文解字注》，上海古籍出版社 1988 年版，第 571 页。

② 参见（汉）许慎撰、（宋）徐铉等校《说文解字》，上海古籍出版社 2007 年版，第 491 页。

猷、谋也。释言曰。猷、图也。召南传曰。犹、若也。说文。图者、画也。计难也。谋者、虑难也。图谋必酷肖其事而后有济。故图也、谋也、若也为一义。周礼。以犹鬼神示之居。犹者、图画也。是则皆从迟疑郑重之意引申之。魏风毛传。猷、可也。可之义与庶几相近。庶几与今语犹者相近也。释诂又曰。猷、道也。以与由音同。秩秩大猷、汉书作大繇可证。释诂又云。猷、巳也。谓巳然之䛐。亦卽犹三望之类也。从犬。酋声。以周切。三部。今字分猷谋字犬在右。语助字犬在左。经典绝无此例。一曰陇西谓犬子为猶。此别一义。益证从犬之意。"①

"犹"在行动前，要先把四面八方的动静看得一清二楚，思虑周详得知没有危险，才敢有所行动。

本段大意是：正因为圣人把所有要办的事情提前思虑周详、周密布置，（对某一具体要做的事情计划得复杂一点、难一点）所以他在一年四季中实际做起事来始终没有困难。

---

① 参见（汉）许慎撰、（清）段玉裁注《说文解字注》，上海古籍出版社1988年版，第477页。

第六十四章

【原文】

帛本（甲）①	帛本（乙）②	简本【甲】③【甲】④【丙】⑤	传本⑥
·亓安也易持也□□□□易谋□□□□□□□□□□□□□□□□□□□□毫末九成之台作于羸土百仁之高台于足□□□□□□□也□无败□无	□□木作于毫末九成之台作于纂土百千之高始于足下为之者败之执者失之是以耵人无为□□□□	其安也易乘也其未兆也易悔也其毳也易畔也其幾也易後也为之於其亡又也之於其未亂合□□□□□□末九成之臺作□□□□□□□足下	其安易持其未兆易謀其脆泮其微易散為之於未有治之於未亂合抱之木生於毫末九層之台起於累土千里之行始於足下為者敗之執者失之是以聖人無為故無敗無執故無失民之從事常于幾成而敗之慎終如始則無敗事是以聖人欲不欲不貴難得之貨學不學復眾

---

① 参见马王堆汉墓帛书整理小组编《老子》，文物出版社1976年版，第75页。
② 同上。
③ 参见荆门市博物馆编《郭店楚墓竹简·老子甲》，文物出版社2002年版，第25页。
④ 同上书，第10页。
⑤ 参见荆门市博物馆编《郭店楚墓竹简·老子乙、丙》，文物出版社2002年版，第29页。
⑥ 参见（魏）王弼注、（唐）陆德明音义《老子王弼注》，新兴书局1964年版，第77—78页。

续表

帛本（甲）	帛本（乙）	简本【甲】【甲】【丙】	传本
执也故无失也民之从事也恒于亓成事而败之故慎终若始则 □□□□□欲不欲而不贵难得之賏学不学而复众人之所过能辅万物之自□□弗敢为	□□□□民之从事也恒于亓成而败之故曰慎冬若始则无败事矣是以耶人欲不欲而不贵难得之货学不学复众人之所过能辅万物之自然而弗敢为	為之者敗之執之者遠之是以聖人亡為古亡敗亡執古亡遊臨事之紀誓冬女門此亡敗事矣聖人谷不谷不貴難得之貨孪不孪復衆之所辻是古聖人能專萬勿之自狀而弗能為 為之者敗之執之者遊之聖人無為古無敗也無執古□□□斷終若訂則無敗事喜人之敗也亙於其臧成也敗之是以□人欲不欲不貴懸得之貨學不學復衆之所辻是以能補壿勿之自狀而弗敢為	其安易持其未兆易謀其脆易泮其微易散為之於未有治之於未亂合抱之木生於毫末九層之台起於累土千里之行始於足下為者敗之執者失之是以聖人無為故無敗無執故無失民之從事常于幾成而敗之慎終如始則無敗事是以聖人欲不欲不貴難得之貨學不學復眾

【点校】

其安也，易持也；其未兆也，易谋也；其脆也，易泮也；其微也，易散也。

为之于其无有也，治之于其未乱。

合抱之木生于毫末，九成之台作于羸土，百仁之高台于足下。

为之者败之，执之者失之。

是以圣人"无为"也，故无败也；无执也，故无失也。

民之从事也，恒于其成。事而败之。

故：慎终若始，则无败事矣。

是以圣人欲、不欲，而不贵难得之货，学、不学，而复众人之所过，能，辅万物之自然，而弗敢为。

【讲堂】

其安也，易持也；其未兆也，易谋也；其脆也，易泮也；其微也，易散也。

"安"在《说文解字》中释义："静也。"①

"安"在《说文解字注》中释义："竫也。竫各本作静。今正。立部曰。竫者、亭安也。与此为转注。青部静者、审也。非其义。方言曰。安、静也。以许书律之。叚静为竫耳。安亦用为语词。从女在宀中。此与寍同意。"②

本书从许慎和段玉裁两人对"静"和"竫"的运用分析，汉以来对"静"的解读与老子用"静"有相悖之处。依据段玉裁释义，"静"在本书中可解读为人做出的事迹；"竫"在本书中可解读为人安定，不捣乱。

"持"在《说文解字注》中释义："握也。"③

"未"在《说文解字注》中释义："味也。"④ 可解读为尝不到味或淡味为"未"。

"兆"在《说文解字注》中释义："灼龟坼［chè］也。……兆、事先见也。"⑤

"谋"在《说文解字注》中释义："虑难曰谋。"⑥

"脆"在《说文解字注》中释义："小耎易断也。七发曰。甘脆肥脓。魏都赋。禀质遵脆。作脆者、误也。从肉。绝省声。形声包会意也。易断故从绝省。"⑦ 陇西地区至今有"脆"的说法，形容易破的东西或易折断的东西，或形容某人、某集团容易打倒。

---

① 参见（汉）许慎撰、（宋）徐铉等校《说文解字》，上海古籍出版社2007年版，第355页。
② 参见（汉）许慎撰、（清）段玉裁注《说文解字注》，上海古籍出版社1988年版，第339页。
③ 同上书，第596页。
④ 同上书，第746页。
⑤ 同上书，第127—128页。
⑥ 同上书，第91页。
⑦ 同上书，第176页。

"泮"在《说文解字注》中释义:"诸侯飨射之宫。诸侯上当有泮宫二字。飨大徐作乡。今依小徐。飨者、谓乡饮酒也。诗行苇、泮水皆言诸侯乡饮酒之礼。见郑笺。古者养老之礼、卽乡饮酒之礼也。公刘先射而后养老。故曰飨射。廱篆下曰。天子飨饮辟廱。亦谓乡饮酒。不言射者、言飨以关射。五经异义引韩诗说。辟雍所以教天下。春射秋飨。尊事三老五更。鲁颂曰。思乐泮水。又曰。旣作泮宫。毛曰。泮水、泮宫之水也。天子辟廱。诸侯泮宫。王制曰。天子曰辟廱。诸侯曰頖宫。郑云。辟、明也。廱、和也。所以明和天下。頖之言班也。所以班政教也。许书无頖字。葢礼家制頖字、许不取也。小戴三云頖官。西南为水。东北为墙。从水半。鲁颂笺云。辟廱者、筑土雝水之外圆如璧。四方来观者均也。泮之言半也。葢东西门以南通水。北无也。白虎通曰。独南面礼仪之方有水耳。半亦声。普半切。十四部。诗。迨冰未泮。传云。泮、散也。此假泮为判也。隰则有泮。传云。泮、坡也。此假泮为畔也。"①本段中可解读为分清是非。

"微"在《说文解字注》中释义:"隐形也。"②

"散"在《说文解字注》中为"㪔"肉部,释义:"杂肉也。从㪔[sàn]者、会意也。㪔、分离也。引申凡㪔者作散。散行而㪔废矣。"③

本段大意是:国家安定的时候容易掌握、统治;国家在没有"争""盗""乱"等征兆的时候容易谋划治国策略;如果国内发生了"争""盗""乱"等现象,其刚发作尚未形成气候时还很脆弱,容易分辨;如果国内隐藏着"争""盗""乱"等现象,及时发现就容易分离出去。

为之于其无有也,治之于其未乱也。

"无"泛指不存在"争""盗""乱"等现象。

"有"指客观存在"争""盗""乱"等现象。

本段大意是:"无"中包含着"有",执政者的工作在尚无"争""盗""乱"等现象的时候就要视其"存在"而扎实工作,在不存在

---

① 参见(汉)许慎撰、(清)段玉裁注《说文解字注》,上海古籍出版社1988年版,第566页。

② 同上书,第76页。

③ 同上书,第176页。

"争""盗""乱"的时候容易治理国家。

合抱之木生于毫末，九成之台作于蠃土，百仁之高台于足下。

"九成"在《辞海》中释义："乐曲一终为一成。九成，犹乐曲九章。《书·益稷》：'《箫韶》九成。'犹九重。形容极高。《吕氏春秋·音初》：'为之九成之台。'"①

"台"与"臺"有区别：

"台"在《说文解字注》中释义："说也。台说者、今之怡悦字。说文怡训和。无悦字。今文尚书。舜让于德不台。见汉书王莽传、班固典引。而五帝本纪本之作舜让于德不台怿。自序曰。唐尧逊位、虞舜不台。惠之早霣、诸吕不台。皆谓不为百姓所悦也。古文禹贡。祗台德先。郑注。敬悦天子之德既先。从口。㠯声。与之切。一部。按汤誓、高宗肜日、西伯戡黎皆云如台。殷本纪皆作奈何。释诂台予同训我。此皆以双声为用。何予台三字双声也。"②

"臺"在《说文解字注》中释义："观四方而高者也。释名曰。观、观也。于上观望也。观不必四方。其四方独出而高者、则谓之台。大雅。经始灵台。释宫、毛传曰。四方而高曰台。传意高而不四方者则谓之观、谓之阙也。释名。台、持也。筑土坚高能自胜持也。古台读同持。心曰灵台。谓能持物。淮南子。其所居神者、台簬以游大清。注。台、持也。又台无所鉴、谓之狂生。注。台、持也。此皆作台自可通。或作古文握。古文握与台形相似。从至。从高省。与室屋同意。按台不必有屋。李巡注尔雅曰。台上有屋谓之谢。然则无屋者谓之台。筑高而已。云与室屋同意者、室屋篆下皆云从至者所止也。是其意也。"③

本段中以"臺"释义，春秋时期盛行的建筑，以作凌高广瞻、观风望月、宴饮歌乐之用。

"蠃"[léi]在《说文解字》中释义："瘦也。引申为凡瘦之偁。又假借为累字。易。蠃其角、蠃其瓶。或作累。或作虆。其意一也。"④

---

① 《辞海》（1999年版缩印本），上海辞书出版社2000年版，第75页。
② 参见（汉）许慎撰、（清）段玉裁注《说文解字注》，上海古籍出版社1988年版，第58页。
③ 同上书，第585页。
④ 同上书，第146页。

"仁"在《说文解字注》中释义:"亲也。见部曰。亲者、密至也。"①

"百仁"即极大的仁爱之心。

本段大意是两人以上才能够抱住的树木是从幼芽长起来的,宫廷达官贵人宴饮歌乐的高台是在一筐筐不起眼的土石基础上汇集起来的,一个有极大仁爱之心的人是从自身一点一滴汇集、一层一层铺垫而成的。

为之者败之,执之者失之。

"执"在《说文解字注》中释义:"捕辠人也。辠各本作罪。今依广韵。手部曰。捕者、取也。"②对"大象"未"执"位。(参见第三十五章"执大象"释义)

本段大意是:好多想得到天下的人都失败了,好多已得到天下的人又丢失了国家,原因是未能够做到"为之于其未有也,治之于其未乱也"或"合抱之木生于毫末,九成之台作于蠃土,百仁之高台于足下"。

是以圣人"无为"也,故无败也;无执也,故无失也。

"無"与"无"有区别,在第一章中已做了详细说明,荆门市郭店楚墓竹简《道德经》原貌中,本章在"故无败也"和"故无失也"中的"无"书写的是▨。▨按照现代汉语中是"没有"的意思。阅读本章"故无败也"和"故无失也"中的"无"用"没有"释义比较文理通顺。

本段大意是圣人在"争""盗""乱"等尚不存在的时候就谋划治国策略,所以"不存在"失败;在"争""盗""乱"等尚未形成规模或隐藏的时候就将其瓦解分离,所以"不存在"丢失国家的情形。

民之从事也,恒于其成。事而败之。

本段大意是:做民众的工作,使其随从执政者的部署,要有耐心、要坚持不懈才能做成。否则就会以失败而告终。

故:慎终若始,则无败事矣。

本段大意是因此,不管做什么事情,慎始慎终就"不存在"失败的情形。

是以圣人欲、不欲,而不贵难得之货,学、不学,而复众人之所过,

---

① 参见(汉)许慎撰、(清)段玉裁注《说文解字注》,上海古籍出版社1988年版,第365页。

② 同上书,第496页。

能，辅万物之自然，而弗敢为。

"难"在《说文解字注》中释义："難鸟也。今为难易字，而本义隐矣。"①

"复"在《说文解字注》中释义："行故道也。"②

"能"在《说文解字注》中释义："能兽坚中，故称贤能。贤古文作臤，臤，坚也，而强壮，称能杰也。"③

"而"的古体是兂。"而"在《说文解字》中释义："颊毛也。"④ "而"在《说文解字注》中释义："须也。象形。各本作颊毛也、像毛之形。今正。颊毛者、须部所谓䰅须之类耳。礼运正义引说文曰。而、须也。须谓颐下之毛。象形字也。知唐初本须篆下颐毛也。而篆下云须也。二篆相为转注。其象形、则首画象鼻端。次象人中。次象口上之髭。次象承浆及颐下者。葢而为口上口下之总名。分之则口上为髭。口下为须。须本颐下之专称。髭与承浆与颊䰅皆得偁须。是以而之训曰须也象形。引申假借之为语词。或在发端。或在句中。或在句末。或可释为然。或可释为如。或可释为汝。或释为能者、古音能与而同。叚而为能。亦叚耐为能。"⑤ 本段中可释义为："能"。

"弗"在《说文解字》中释义："挢也。臣铉等曰：韦所以束枉戾也。"⑥

"弗"在《说文解字注》中释义："矫也。矫各本作挢。今正。挢者、举手也。引申为高举之用。矫者、揉箭箝也。引申为矫拂之用。今人不能辨者久矣。弗之训矫也。今人矫、弗皆作拂。而用弗为不。其误

---

① 参见（汉）许慎撰、（清）段玉裁注《说文解字注》，上海古籍出版社1988年版，第151页。
② 同上书，第232页。
③ 同上书，第479页。
④ 参见（汉）许慎撰、（宋）徐铉等校《说文解字》，上海古籍出版社2007年版，第468页。
⑤ 参见（汉）许慎撰、（清）段玉裁注《说文解字注》，上海古籍出版社1988年版，第454页。
⑥ 参见（汉）许慎撰、（宋）徐铉等校《说文解字》，上海古籍出版社2007年版，第633页。

盖亦久矣。"① 人做出的一件创新发明总是要经过无数次的改进、革新，因此本段中以"矫"释义比较符合文意。也就是说任何一个东西刚刚发明制作出来总是要经过无数次的"矫"，才能够不断完善。

"敢"在《说文解字》中释义："进取也。"② 在本段中可解读为极"左"行为。

本段大意是圣人明白什么"能欲"、什么"不能欲"（"欲"的释义参见第一章相关释义），不奢求难以实现的东西；圣人学习是有选择的，不是好坏不分，什么都学；能够沿着民众走的道路，及时发现并指正民众所走的错路，用自己的才能辅佐万物，使万物自觉发挥正能量，并矫正其自觉发挥正能量的过程中出现的极"左"现象。

第六十四章的"而弗敢为"与第六十七章的"不敢为天下先"意思近似。"而弗敢为"是说对他人盲目冒进的"左"的行为要敢于及时矫正。"不敢为天下先"是说自己做事不能盲目冒进，要防止犯"左"的错误。

---

① 参见（汉）许慎撰、（清）段玉裁注《说文解字注》，上海古籍出版社1988年版，第627页。

② 参见（汉）许慎撰、（宋）徐铉等校《说文解字》，上海古籍出版社2007年版，第190页。

第六十五章

【原文】

帛本（甲）①	帛本（乙）②	传本③
故曰为道者非以明民也将以愚之也民之难□也以亓知也故以知=邦=之贼也以不知=邦□□德也恒知此两者亦稽式也恒知稽式是胃玄=德=深矣远矣与物□矣乃□□□	古之为道者非以明□□□□之也夫民之难治也以亓知也故以知=国=之贼也以不知=国=之德也恒知此两者亦稽式也恒知稽式是胃玄=德=深矣远矣□物反也乃至大顺	古之善為道者非以明民將以愚之民之難治以其智多故以智治國國之賊不以智治國國之福知此兩者亦稽式常知稽式是謂元德元德深矣遠矣與物反矣然後乃至大順

【点校】

故曰为道者："非以明民也，将以愚之也。民之难治也，以其知也。故以知知邦，邦之贼也。以不知知邦，邦之德也。"恒知此两者，亦稽式也。

恒知稽式，此谓玄德。

玄德深矣、远矣！

---

① 参见马王堆汉墓帛书整理小组编《老子》，文物出版社1976年版，第75—76页。
② 同上。
③ 参见（魏）王弼注、（唐）陆德明音义《老子王弼注》，新兴书局1964年版，第78—79页。

与物反矣，乃至大顺。

【讲堂】

故曰为道者："非以明民也，将以愚之也。民之难治也，以其知也。故以知知邦，邦之贼也。以不知知邦，邦之德也。"恒知此两者，亦稽式也。

"故"在《说文解字注》中释义："使为之也。今俗云原故是也。凡为之必有使之者。使之而为之则成故事矣。引申之为故旧。故曰古、故也。墨子经上曰。故、所得而后成也。许本之。从攴。取使之之意。"①

"稽"在《说文解字注》中释义："留止也。玄应书引留止曰稽。高注战国策曰。留其日、稽留其日也。凡稽留则有审慎求详之意。故为稽考。禹会诸侯于会稽。稽、计也。稽考则求其同异。故说尚书稽古为同天。稽、同也。如流求也之例。"②

"式"在《说文解字注》中释义："法也。广部法作灋。灋、荆也。引申之义为式、用也。按周礼八灋八则九式异其文。注曰。则亦法也。式谓用财之节度。"③

"稽式"可解读为停止不前的法规。

本段大意是：有些执政者的治国之道是这样的："不能叫老百姓读书明白事理，要使老百姓经常处于愚昧状态。如果老百姓读了书，知道的知识多了，就难以统治了。知识多了，知道国家的事情也就多了，这样的人如同国家的盗贼；不要叫老百姓读书知道国家的事情。用这种'愚民'的方法治理国家，就是'国德'。"如果始终坚持"愚民"就是"国德"，成为必然，这就是一种停止不前的法规。

恒知稽式，此谓玄德。

"玄德"在本章和第十章、第五十一章中都有讲到。引申为一点一点、不间断积累的深厚德行。

本段大意是：谁如果明白了"'愚民'就是'国德'"是一种停止不前的法规，便可谓具备了深厚德行。

---

① 参见（汉）许慎撰、（清）段玉裁注《说文解字注》，上海古籍出版社 1988 年版，第 123 页。
② 同上书，第 275 页。
③ 同上书，第 201 页。

玄德深矣、远矣!

本段大意是：具有深厚德行的人看问题能够深谋远虑呀！

与物反矣，乃至大顺。

"舆"和"与"有区别：

"舆"在《说文解字注》中释义："舆，党舆也。党当作挡。挡、朋群也。舆当作与。与、赐予也。从异与。会意。共举而与之也。"①

"与"在《说文解字注》中释义："与，赐予也。赐、予也。予、推予肴人也。一勺为与。下从勺。一者、推而予之。余吕切。五部。此与予同意。大徐作此与、舆同。小徐作此即舆同。惟小徐祛妄内作舆予皆同。近是。今正。以一推勺、犹以丨推⊠也。故曰同意。舆、挡舆也。从异。义取共举。不同与也。今俗以舆代与。舆行而与废矣。"②

本段中应解读为："党舆也。党当作挡。挡、朋群也。"

"物"指"故曰为道者：'非以明民也，将以愚之也。民之难治也，以其知也。故以知知邦，邦之贼也。以不知知邦，邦之德也。'"

"反"在《说文解字注》中释义："覆也。覆、墨［fěng］之也。"③

"顺"在《说文解字注》中释义："理也。理者、治玉也。玉得其治之方谓之理。凡物得其治之方皆谓之理。理之而后天理见焉。条理形焉。非谓空中有理。非谓性卽理也。顺者、理也。顺之所以理之。未有不顺民情而能理者。凡训诂家曰从、顺也。曰愻、顺也。曰驯、顺也。此六书之转注。曰训、顺也。此六书之假借。凡顺慎互用者、字之讹。从頁川。人自顶以至于踵、顺之至也。川之流、顺之至也。"④

本段大意是：今天我们主张的治国理念是否定传统的治国理念，倡导全民读书，这才是应放在工作第一位的治国道理。

---

① 参见（汉）许慎撰、（清）段玉裁注《说文解字注》，上海古籍出版社1988年版，第105页。
② 同上书，第715页。
③ 同上书，第116页。
④ 同上书，第418—419页。

第六十六章

【原文】

帛本（甲）①	帛本（乙）②	简本【甲】③	传本④
□海之所以能为百浴王者以亓善下之是以能为百浴王是以圣人之欲上民也必以亓言下之亓欲先□□必以亓身后之故居前而民弗害也居上而民弗重也天下乐隼而弗猒也非以亓无诤与故□□□□□诤	江海所以能为百浴□□□亓□下之也是以能为百浴王是以聖人之欲上民也必以亓言下之亓欲先民也必以亓身后之故居上而民弗重也居前而民弗害天下皆乐谁而弗猒也不□亓无争与故天下莫能与争	江淯所以为百浴王以其能为百浴下是以能为百浴王聖人之才民前也以身後之其才民上也言下之其才民上也民弗害也天下樂進而弗詀以其不静也古天下莫能與之静	江海所以能為百谷王者以其善下之故能為百谷王是以欲上民必以言下之欲先民必以身後之是以聖人處上而民不重處前而民不害是以天下樂推而不厭以其不爭故天下莫能與之爭

---

① 参见马王堆汉墓帛书整理小组编《老子》，文物出版社1976年版，第76页。
② 同上。
③ 参见荆门市博物馆编《郭店楚墓竹简·老子甲》，文物出版社2002年版，第2页。
④ 参见（魏）王弼注、（唐）陆德明音义《老子王弼注》，新兴书局1964年版，第79—80页。

【点校】

江海所以能为百浴王者，以其善下之，是以能为百浴王。

是以圣人之欲上民也，必以其言下之；其欲先民也，必以其身后之。

故居前而民弗害也，居上而民弗重也。

天下皆乐隼而弗，猒也，非以其无诤与，故天下莫能与诤！

【讲堂】

江海所以能为百浴王者，以其善下之，是以能为百浴王。

"能"意为才能、能力。

"浴"在《说文解字》中释义："洒身也。"① "浴"在《中华大字典》中释义："以德自清曰浴德。［礼记儒行］儒有澡身而浴德。［疏］谓沐浴于德以德自清也。"② "浴"在《道德经》中出现过七次，分别是第六章、第十五章、第二十八章、第三十二章、第三十九章、第四十一章和第六十六章，比喻人的"洒身"或大地的"洒身"，含义都基本相同。老子以"浴"暗喻执政者在思想上、行为上要经常做到"浴"，时刻提高自己的思想品德以及执政水平。

"百"在《说文解字注》中释义："十十也。从一白。博陌切。五部。数。句。十十为一百。百白也。白、告白也。此说从白之意。数长于百。可以詈言白人也。各本脱此八字。依韵会补。十百为一贯。贯章也。此类举之。百白叠韵。贯章双声。章、明也。数大于千。盈贯章明也。"③ 本段中可解读为天下"浴"的数量多。

"王"在《说文解字》中释义："天下所归往也。董仲舒曰：'古之造文者，三画而连其中谓之王。三者，天、地、人也，而参通之者王也。'孔子曰：'一贯三为王。'"④

本段大意是：大江大海的能力是将人们洗浴的污水归往自己，是因

---

① 参见（汉）许慎撰、（宋）徐铉等校《说文解字》，上海古籍出版社2007年版，第566页。
② 《中华大字典》，中华书局1978年版，第1003页。
③ 参见（汉）许慎撰、（清）段玉裁注《说文解字注》，上海古籍出版社1988年版，第137页。
④ 参见（汉）许慎撰、（宋）徐铉等校《说文解字》，上海古籍出版社2007年版，第7页。

为它善于处在下游，它有能力化解人们洗浴的污水。

是以圣人之欲上民也，必以其言下之；其欲先民也，必以其身后之。

"欲上"可解读为圣人"治人""造物"都是以民众利益出发。

"欲先"可解读为圣人"治人""造物"都是在民众需求出现前就开始。

"欲"的解读参见第一章相关内容。

"身"可解读为统治者。

"后"可解读为民众。有"后"才能够显示出"头"，无"后"就不会存在"头"，比如今天我们俗话说的"光杆子司令"，没有了"兵"，那"司令"领导谁？因此，老子讲统治者要使自己成为民众的领导者、头目，就必须顾及好自己的"后"，即民众。

本段大意是：圣人"治人""造物"都是从民众利益出发，自己说话民众才愿意接受；圣人"治人""造物"都是在民众需求出现前就开始，圣人明白要想当民众的头目就必须顾及好自己的"身后"（民众），没有了民众这个"身后"，做"头"还有什么意义？

故居前而民弗害也，居上而民弗重也。

"弗"在《说文解字注》中释义："矫也。矫各本作拂。今正。挢者、举手也。引申为高举之用。矫者、揉箭箝也。引申为矫拂之用。今人不能辩者久矣。弗之训矫也。今人矫、弗皆作拂。而用弗为不。其误葢亦久矣。"[①]

"重"在《说文解字》中释义："厚也。从壬，东声。凡重之属皆从重。徐锴曰：'壬者，人在土上，故为厚也。'"[②]

"害"在《说文解字》中释义："伤也。"[③]

本段大意是：君主行走在民众间受伤害的程度掌握在民众的手中，君主的厚重程度同样掌握在民众的手中。

天下乐隼而弗，猒也，非以其无诤与，故天下莫能与诤！

"乐"在《说文解字注》中释义："五声八音总名。乐记曰。感于物

[①] 参见（汉）许慎撰、（清）段玉裁注《说文解字注》，上海古籍出版社1988年版，第627页。

[②] 参见（汉）许慎撰、（宋）徐铉等校《说文解字》，上海古籍出版社2007年版，第403页。

[③] 同上书，第357页。

而动。故形于声。声相应。故生变。变成方。谓之音。比音而乐之。及干戚羽旄谓之乐。音下曰。宫商角征羽、声也。丝竹金石匏土革木、音也。乐之引申为哀乐之乐。"①

"隼"在《说文解字注》中释义:"鵻祝鸠也。小雅。翩翩者鵻。释鸟。鵻其鳺鴀。毛传曰。鵻、夫不也。南有嘉鱼传曰。鵻、壹宿之鸟。左传。祝鸠氏司徒也。杜曰。祝鸠、鵻鸠也。鵻鸠孝故为司徒。主教民。樊光注尔雅亦云。孝故为司徒。郭云。今鶌鸠也。按鶌鸠今俗呼为勃姑。鶌勃语之转。鶌即尔雅之夫不也。从鸟。隹声。诗释文。鵻音佳。本又作隹。按释鸟直作隹。职追切。𩾚鵻或从隹一。从一者、谓壹宿之鸟也。笺云。壹宿者、壹意于其所宿之木也。毛诗、尔雅音义云。鵻本作隹。葢是本作隼。转写讹之耳。广韵及大徐鵻思允切。未为非也。一曰鹑字。按此鹑字即鷻字。转写混之。诗四月鹑、陆德明释文云字或作鷻。可证。毛诗两言隼俱无传。四月。匪匪鸢。传曰。鷻、雕也。葢隼人所习知。故不详其名物。隼与鷻当是同物。而异字异音。隼当在十五部。鷻当在十三部也。祝鸠与鷻异物而同字同音。岂因鸠鹰互化而谓为一物与。依郑则鸤化布谷。非雕祝鸠也。〇按阳湖庄氏述祖依韵会作一曰鷙子。证之以两京赋薛解云。隼、小鹰也。余始从其说。继思作一曰鷙字为是。异字同义谓之转注。异义同字谓之假借。隼与鷙同音同字。是亦假借也。谓隼亦即鷙字也。此外虫部蠁下一曰蝗字。谓蠁亦即蝗字。大部奰下或曰拳勇字。谓奰亦即拳字也。此三条一例。今本鸟部或作鷙子、虫部作蝗子者、失之。"②

《易经·解卦》:"上六:公用射隼,于高墉之上,获之,无不利。"孙振声先生解读:"'隼'是恶鸟,象征小人……在他飞上来的时候,就像站在高墙上射隼般,将其射落,以解决叛乱。这一爻,说明对邪恶应采取断然手段。"③

"勃姑 [bó gū]":在春季二十四节气的谷雨前后,陇西地区就出现"勃姑鸟"。

---

① 参见(汉)许慎撰、(清)段玉裁注《说文解字注》,上海古籍出版社1988年版,第265页。
② 同上书,第149页。
③ 孙振声:《白话易经》,星光出版社1981年版,第314页。

"勃姑鸟"的叫声"gu gu deng"恰似"姑姑等",陇西人依据其叫声将"勃姑鸟"俗称为"姑姑等"。陇西地区尚有"姑姑等"的民间故事,相传姑姑与侄儿在各自的田地里种田,姑姑的任务完成时,侄儿的任务尚未完成,因此就有侄儿叫姑姑等自己完成一起回家的故事……"姑姑等"的叫声千古不变。

"弗"在《说文解字注》中释义:"矫也。矫各本作拂。今正。拂者、举手也。引申为高举之用。矫者、揉箭箝也。引申为矫拂之用。今人不能辩者久矣。弗之训矫也。今人矫、弗皆作拂。而用弗为不。其误葢亦久矣。"①

"猒"在《说文解字注》中释义:"猒饱也。足也。足也二字依韵会增。浅人多改猒为厌。厌专行而猒废矣。猒与厌音同而义异。雒诰万年猒于乃德。此古字当存者也。按饱足则人意倦矣。故引伸为猒倦、猒憎。释诂曰。豫射猒也是也。豫者、古以为舒字。安也。亦缓也。洪范曰。豫曰急。豫犹怠也。猒厌古今字。猒饜正俗字。从甘肰。肰、犬肉也。此会意。猒猒或从以。以、用也。用之犹甘之也。"② 本段中可解读为"姑姑等"的叫声千古不变,声声如此,人们习以为常了。

"非"在《说文解字注》中释义:"韦也。韦各本作违。今正。违者、离也。韦者、相背也。自违行韦废。尽改韦为违。此其一也。非以相背为义。不以离为义。从飞下翄。谓从飞省而下其翄。取其相背也。翄垂则有相背之象。故曰非、韦也。"③

"诤"与"争"有区别:

"诤"在《说文解字》中释义:"止也。"④

"诤"在《说文解字注》中释义:"止也。经传通作争。"⑤

"争"在《说文解字注》中释义:"引也。凡言争者,皆谓引之使归

---

① 参见(汉)许慎撰、(清)段玉裁注《说文解字注》,上海古籍出版社1988年版,第627页。
② 同上书,第202页。
③ 同上书,第583页。
④ 参见(汉)许慎撰、(宋)徐铉等校《说文解字》,上海古籍出版社2007年版,第112页。
⑤ 参见(汉)许慎撰、(清)段玉裁注《说文解字注》,上海古籍出版社1988年版,第95页。

于己。"①

从此看出两千年来,"诤"通作"争"是错误的。以"争"取代"诤"是对老子思想的误读。

"與"和"与"有区别:

"與"在《说文解字注》中释义:"党與也。党当作挡。挡、朋群也。與当作与。与、赐予也。从舁与。会意。共举而与之也。"②

"与"在《说文解字注》中释义:"赐予也。赐、予也。予、推予前人也。一勺为与。下从勺。一者、推而予之。余吕切。五部。此與予同意。大徐作此与、與同。小徐作此即與同。惟小徐祛妄内作與予皆同。近是。今正。以一推勺、犹以丨推⊠也。故曰同意。與、挡與也。从舁。义取共举。不同与也。今俗以與代与。與行而与废矣。"③

本段中应解读为"与,赐予也。"

"莫"在《说文解字注》中释义:"日且冥也。且冥者、将冥也。木部曰。杳者、冥也。夕部曰。夕、莫也。引申之义为有无之无。"④ 本段中可解读为一个人到了暮年。

"能"指人的能力、特长。

本段大意是:天下"姑姑等"的凄凉叫声如果不矫正改变,声声如此,人们就习以为常了。有些人(官员)不想办法改变"姑姑等"现状,看不到在"无"中做事的重要性,永远处于停顿状态,等待别人恩赐。因此事情要趁早去做,等到暮年,即使有再大的本事也不中用了。用现代话讲,即自身"不给力"了。

因此,孙振声先生对《易经·解卦》中"上六:公用射隼,于高墉之上,获之,无不利"的解读是:"'隼'是恶鸟,象征小人……在他飞上来的时候,就像站在高墙上射隼般,将其射落,以解决叛乱。这一爻,说明对邪恶应采取断然手段。"再联系本段的解读,"射隼"不妨解读为改变"姑姑等"的老套,变换手段、改变思维即可获得新生。

---

① 参见(汉)许慎撰、(清)段玉裁注《说文解字注》,上海古籍出版社1988年版,第160页。
② 同上书,第105页。
③ 同上书,第715页。
④ 同上书,第48页。

第六十七章

【原文】

帛本（甲）①	帛本（乙）②	传本③
□□□□□□夫唯□故不宵若宵细久矣我恒有三葆之一曰兹二曰检□□□□□□□□□□□□故能广不敢为天下先故能为成事长今舍亓兹且勇舍亓后且先则必死矣夫兹□□则胜以守则固天将建之女以兹垣之	天下□胃我大＝而不宵夫唯不宵故能大若宵久矣亓细也夫我恒有三珤市而珤之一曰兹二曰检三曰不敢为天下先夫兹故能勇检敢能广不敢为天下先故能为成器长□舍亓兹且勇亓检且广舍亓后且先则死矣夫兹以单则朕以守则固天将建之如以兹垣之	天下皆謂我道大似不肖夫唯大故似不肖若肖久矣其細也夫我有三寶持而保之一曰慈二曰儉三曰不敢為天下先慈故能勇儉故能廣不敢為天下先故能成器長今舍慈且勇舍儉且廣舍後且先死矣夫慈以戰則勝以守則固天將救之以慈衛之

【点校】

天下皆谓我大，大而不宵。

夫唯不宵，故能大。

---

① 参见马王堆汉墓帛书整理小组编《老子》，文物出版社1976年版，第77页。
② 同上。
③ 参见（魏）王弼注、（唐）陆德明音义《老子王弼注》，新兴书局1964年版，第80—81页。

若宵，细久矣。

我恒有三葆之：一曰兹，二曰检，三曰不敢为天下先。

夫兹，故能勇；检，故能广；不敢为天下先，故能为成事长。

今舍其兹且勇，舍其检且广，舍其后且先，则必死矣。

夫兹，以单则胜，以守则固。

天将建之，女以兹，恒之。

【讲堂】

天下皆谓我大，大而不宵。

"我"在《说文解字》中释义："施身自谓也。或说：我，顷顿也。从戈，从禾。禾，或说古垂字。一曰：古杀字。凡我之属皆从我。徐锴曰：'从戈者取戈自持也。'"① 在《道德经》出现的"我"可解读为指每一个官员。

"大"在《说文解字》中释义："天大，地大，人亦大。故大象人形。"② 本章可解读为第一人。

"宵"在《说文解字》中释义："夜也。"③

本段大意是：天下民众都认为我们官员是人中之人，我们每个官员就不要把民众往黑夜里引导。（即误导）

夫唯不宵，故能大。

"能"指才能。

本段大意是：一个人不要将他人往黑夜中引导，反而应将他人引到有发展前途的光明大道，具有这种才能的人才称得上人中之人、人中第一人。

若宵，细久矣。

"若"在《说文解字》中释义："择菜也。"④

"细"在《说文解字》中释义："微也。"⑤

---

① 参见（汉）许慎撰、（宋）徐铉等校《说文解字》，上海古籍出版社2007年版，第637页。

② 同上书，第508页。

③ 同上书，第356页。

④ 同上书，第41页。

⑤ 同上书，第652页。

"久"在《说文解字》中释义:"以后灸之,象人两胫后有距也。《周礼》曰:'久诸墙以观其桡。'"① 参见第四十四章相关释义。

本段大意是:将他人往"黑夜"中引导的人在各地或多或少都存在,即使微不足道的一点点"宵"也有可能影响他人很长时间甚至一辈子。

我恒有三葆之:一曰兹,二曰检,三曰不敢为天下先。

"有"泛指客观存在,本章指"兹""检""不敢为天下先"这三葆。

"葆"在《说文解字注》中释义:"艹盛皃。汉书武五子传曰。当此之时。头如蓬葆。师古曰。草丛生曰葆。引申为羽葆幢之葆。史记以为宝字。"②

"兹"可理解为掌管太阳落山的弇兹神,弇兹神的精神就是坚守自己的职责,永恒不变。参见第十八章的释义。

"检"在《说文解字注》中释义:"书署也。书署谓表署书函也。后汉祭祀志曰。尚书令奉玉牒检。皇帝曰二分玺亲封之讫。太常命人发坛上石。尚书令藏玉牒已。复石覆讫。尚书令以五寸印封石检。按上云玉牒检者、玉牒之玉函也。所谓玉检也。下云石检者、上文云石覆讫是也。检以盛之。又加以玺印。周礼注曰。玺节、印章。如今斗检封矣。广韵云。书检者、印窠封题也。则通谓印封为检矣。公孙瓒传曰。袁绍矫刻金玉曰为印玺。每有所下。辄皁囊施检。章怀曰。检今俗谓之排。排如今言幖签耳。从木。佥声。居奄切。七部。引申为凡检制、检柽之偁。"③

"敢"在《说文解字》中释义:"进取也。"④ 在本段中可解读为极"左"行为。

"先"在《说文解字》中释义:"前进也。从儿,从之。凡先之属皆从先。臣铉等曰:'之人上,是先也。'"⑤

本段大意是:我身上永远存在具有生机活力的三种信念:第一种信

---

① 参见(汉)许慎撰、(宋)徐铉等校《说文解字》,上海古籍出版社2007年版,第265页。

② 参见(汉)许慎撰、(清)段玉裁注《说文解字注》,上海古籍出版社1988年版,第47页。

③ 同上书,第265页。

④ 参见(汉)许慎撰、(宋)徐铉等校《说文解字》,上海古籍出版社2007年版,第190页。

⑤ 同上书,第422页。

念叫拿兹一样的坚守创新精神，第二种信念叫排检万事万物的工作方法，第三种信念叫不敢贸然当先的做事态度。

第六十七章的"不敢为天下先"与第六十四章的"而弗敢为"意思近似，"不敢为天下先"是说做事不能盲目冒进、防止犯"左"的错误。"而弗敢为"是说对他人盲目冒进的"左"的行为要敢于及时矫正。

夫兹，故能勇；检，故能广；不敢为天下先，故能为成事长。

"能"在《说文解字注》中释义："能兽坚中、故称贤能。贤古文作臤。臤、坚也。而强壮、称能杰也。"① 本段中可解读为才智、才能。

"勇"在《说文解字注》中释义："气也。气、云气也。引申为人充体之气之称。力者、筋也。勇者、气也。气之所至。力亦至焉。心之所至。气乃至焉。故古文勇从心。"②

"广"与"廣"有区别：

"广"在《说文解字注》中释义："因厂为屋也。厂各本作广。误。今正。厂者、山石之厓岩。因之为屋、是曰广。广韵玟俨二韵及昌黎集注皆作因岩、可证。因岩卽因厂也。从厂。各本无此二字。今补。象对刺高屋之形。刺各本作剌。今正。读七亦切。谓对面高屋森耸上刺也。首画象岩上有屋。凡广之属皆从广。读若俨然之俨。"③

"廣"在《说文解字注》中释义："殿之大屋也。土部曰。堂、殿也。仓颉篇曰。殿、大堂也。广雅曰。堂埠、合殿也。殿谓堂无四壁。汉书胡建传注无四壁曰堂皇是也。覆乎上者曰屋。无四壁而上有大覆盖。其所通者宏远矣。是曰广。引申之为凡大之偁。诗六月、雒传皆曰。广、大也。"④

本段中"广"释义与"廣"释义兼有，可解读为高大俨然。

"长"在《说文解字》中释义："久远也。从兀，从匕。兀者，高远意也。久则变化。亾声。斤者，倒亾也。凡长之属皆从长。臣铉等曰：

---

① 参见（汉）许慎撰、（清）段玉裁注《说文解字注》，上海古籍出版社1988年版，第479页。
② 同上书，第701页。
③ 同上书，第442页。
④ 同上书，第444页。

'倒亡，不亡也。长久之义也。'"①

本段大意是：每个人具备了拿兹神的坚守创新的精神，才能在社会中有底气，更好地在社会中显示出正能量；具备了排检万事万物的工作方法，能在纷繁多样的物质世界中做出创新，使自己的才能显示出高屋之形，庄重严肃；明白了不敢贸然当先的做事态度，就能通过"查新"等各种手段明白自己的能力水平，明白"人外有人，天外有天"，自己的事业就会做得更好，更有发展前途。

今舍其兹且勇，舍其检且广，舍其后且先，则必死矣。

"舍"在《说文解字注》中释义："市居曰舍。食部曰。馆、客舍也。客舍者何也。谓市居也。市居者何也。周礼遗人曰。凡国野之道。十里有庐。庐有饮食。三十里有宿。宿有路室。路室有委。五十里有市。市有候馆。候馆有积。郑云。一市之闲。有三庐一宿。候馆及庐、宿皆所谓市居曰舍也。此市字非买卖所之。谓宾客所之也。舍可止。引申之为凡止之偁。释诂曰。废税赦舍也。凡止于是曰舍。止而不为亦曰舍。其义异而同也。犹置之而不用曰废。置而用之亦曰废也。论语。不舍昼夜。谓不放过昼夜也。不放过昼夜、即是不停止于某一昼一夜。"②

"且"在《说文解字注》中释义："所以荐也。……古言表德之字谓之且字。"③ 即"兹"是"勇"的道，"勇"是"兹"的德；"检"是"广"的道，"广"是"检"的德；"后"是"先"的道，"先"是"后"的德。

"后"可解读为泛指自己身后的事物。

本段大意是：如果没有"兹"的坚守、持之以恒的创新精神，所谓的"勇"只是浮夸吹嘘；不用"检"的工作方法，所谓的"广"只是摆弄高屋之形的官架子；不了解、关顾"后"，一味地想当第一，不明白"人外有人，天外有天"的哲理，这样的人必定会走向灭亡。

夫兹，以单则胜，以守则固。

---

① 参见（汉）许慎撰、（宋）徐铉等校《说文解字》，上海古籍出版社2007年版，第467页。

② 参见（汉）许慎撰、（清）段玉裁注《说文解字注》，上海古籍出版社1988年版，第223页。

③ 同上书，第716页。

"单"在《说文解字》中释义："大也。"①

"胜"与"勝"有区别：

"胜"在《说文解字注》中释义："犬膏臭也。庖人、内则。秋行犊麛膳膏腥。杜子春云。膏腥、豕膏也。后郑云。膏腥、鸡膏也。许云犬膏。盖本贾侍中。从肉。生声。桑经切。十一部。一曰不孰也。上文云生肉酱。字当作胜。论语。君赐腥。必孰而荐之。字当作胜。今经典膏胜、胜肉字通用腥为之而胜废矣。而腥之本义废矣。"②

"勝"在《说文解字注》中释义："任也。任者、保也。保者、当也。凡能举之、能克之皆曰勝。"③

本段中可取"勝"释义。

"守"在《说文解字注》中释义："守官也。左传曰：守道不如守官。孟子曰：有官守者不得其职则去。从宀从寸，从宀，寺府之事也。寸部曰：寺，廷也。广部曰：府，文书藏也。从寸，法度也。"④

"固"在《说文解字注》中释义："四塞也。四塞者无罅漏之谓。周礼夏官掌固注云。固、国所依阻者也。国曰固。野曰险。按凡坚牢曰固。又事之已然者曰固、卽故之假借字也。汉官掌故、唐官多作掌固。"⑤

本段大意是：发扬弇兹神的精神，把事情做大做强才叫胜任，管好自己手下的官员，国家四塞才可掌握在自己手中。

天将建之，女以兹，恒之。

"建"在《说文解字注》中释义："立朝律也。今谓凡竖立为建。"⑥

"女"在《说文解字注》中释义："妇人也。"⑦

本段大意是：顺应天理建立朝廷律令，妇女恪守妇道如同弇兹神恪尽职守一样持之以恒。

---

① 参见（汉）许慎撰、（宋）徐铉等校《说文解字》，上海古籍出版社2007年版，第68页。

② 参见（汉）许慎撰、（清）段玉裁注《说文解字注》，上海古籍出版社1988年版，第175页。

③ 同上书，第700页。

④ 同上书，第340页。

⑤ 同上书，第278页。

⑥ 同上书，第77页。

⑦ 同上书，第612页。

第六十八章

【原文】

帛本（甲）①	帛本（乙）②	传本③
善为士者不武善战者不怒善胜敌者弗□善用人者为之下□胃不谇之德是胃用人是胃天古之极也	故善为士者不武善单者不怒善朕敌者弗与善用人者为之下是胃不争□德是胃用人是胃肥天古之极也	善為士者不武善戰者不怒善勝敵者不與善用人者為之下是謂不爭之德是謂用人之力是謂配天古之極

【点校】

善为士者不武，善战者不怒，善胜敌者弗與。

善用人者为之下，是谓不净之德，是谓用人，是谓天古之极也。

【讲堂】

善为士者不武，善战者不怒，善胜敌者弗與。

"弗"在《说文解字注》中释义："矫也。矫各本作挢。今正。挢者、举手也。引申为高举之用。矫者、揉箭箝也。引申为矫拂之用。今

---

① 参见马王堆汉墓帛书整理小组编《老子》，文物出版社1976年版，第77页。
② 同上。
③ 参见（魏）王弼注、（唐）陆德明音义《老子王弼注》，新兴书局1964年版，第81—82页。

人不能辩者久矣。弗之训矫也。今人矫、弗皆作拂。而用弗为不。其误盖亦久矣。"①

"舆"在《说文解字注》中释义："党舆也。党当作挡。挡、朋群也。舆当作与。与、赐予也。从舁与。会意。共举而与之也。"②

本段大意是：一个有学识水平、有道德的官员做事从来不武断；一个能征善战的人不轻易生气；善于战胜敌方的人是用智慧去瓦解敌人的朋党。

善用人者为之下，是谓不诤之德，是谓用人，是谓天古之极也。

"诤"在《说文解字》中释义："止也。"③

"用"，即用"无"，尚未产生的事物。如领导用手下，是"用"手下未来的业绩；教育学生，是"用"学生未来对社会的贡献；养猪仔，是"用"未来长出来的肉；编织渔网，是"用"渔网围成的"空间"未来捕鱼；修建房子，是"用"其"空间"未来住人；买来的茶杯，是"用"其"空间"未来喝茶等等。

"古"在《说文解字》中释义："故也。从十、口。识前言者也。凡古之属皆从古。臣铉等曰：'十口所传是前言也。'"④

"极"与"極"有区别：

"极"在《说文解字注》中释义："驴上负也。当云驴上所以负也。浅人删之耳。广韵云。驴上负版。盖若今驮鞍。或云负笈字当用此。非也。风土记曰。笈谓学士所以负书箱。如冠箱而卑者也。谢承后汉书曰。负笈随师。然则笈者书箱。人所负以徒步者。不得合为一也。"⑤

"極"在《说文解字注》中释义："栋也。李奇注五行志、薛综注西京赋皆曰。三辅名梁为极。按此正名栋为极耳。今俗语皆呼栋为梁也。搜神记。汉蔡茂梦坐大殿。极上有禾三穗。主簿郭贺曰。极而有禾。人

---

① 参见（汉）许慎撰、（清）段玉裁注《说文解字注》，上海古籍出版社1988年版，第627页。

② 同上书，第105页。

③ 参见（汉）许慎撰、（宋）徐铉等校《说文解字》，上海古籍出版社2007年版，第112页。

④ 同上书，第104页。

⑤ 参见（汉）许慎撰、（清）段玉裁注《说文解字注》，上海古籍出版社1988年版，第266页。

臣之上禄也。此则似谓梁。按丧大纪注曰。危、栋上也。引申之义、凡至高至远皆谓之极。"①

本段中以"極"释义比较符合文义。

本段大意是：一个善于使"用"人才的执政者，始终谋求人才以后能够做出的成绩，而不是看准已经做出的成绩，这就叫作不吃老本，再立新功，这才叫"用"人，这是自开天辟地以来已经实践无数次的至高至远的用人之道。

---

① 参见（汉）许慎撰、（清）段玉裁注《说文解字注》，上海古籍出版社1988年版，第253页。

第六十九章

【原文】

帛本（甲）①	帛本（乙）②	传本③
·用兵有言曰吾不敢为主而为客吾不进寸而芮尺是胃行无行襄无臂执无兵乃无敌矣㕠莫于于无＝适＝斤亡吾葆矣故称兵相若则哀者胜矣	用兵又言曰吾不敢为主而为客不敢进寸而退尺是胃行无行攘无臂执无兵乃无敌祸莫大于无＝敌＝近○亡吾㻌矣故抗兵相若而依者朕□	用兵有言吾不敢為主而為客不敢進寸而退尺是謂無行攘無臂扔無敵執無兵禍莫大於輕敵輕敵幾喪吾寶故抗兵相加哀者勝矣

【点校】

《用兵》有言曰："吾不敢为主，而为客；不敢进寸，而芮尺。"

是谓行无行；襄无臂；执无兵。乃无敌矣。

祸莫大于无适。无适，斤亡。吾葆矣。

故称兵相若，则哀者胜矣。

【讲堂】

《用兵》有言曰："吾不敢为主，而为客；不敢进寸，而芮尺。"

---

① 参见马王堆汉墓帛书整理小组编《老子》，文物出版社1976年版，第78页。
② 同上。
③ 参见（魏）王弼注、（唐）陆德明音义《老子王弼注》，新兴书局1964年版，第82页。

"有"泛指存在，本段中指《用兵》书中记载的话。

"敢"在《说文解字》中释义："进取也。"①

"芮"在《说文解字》中释义："芮芮，艸生貌。"②

本段大意是：《用兵》书上记载着这样的话："我做事情不冒昧前行，经常把自己放置于客位，先聆听大家的意见或建议；宁肯考虑周详、慢慢地进一尺，也不冒昧前进一寸。"

是谓行无行；襄无臂；执无兵。乃无敌矣。

"无"泛指不存在。本段中指"行""臂""敌人"。

"襄"在《说文解字》中释义："汉令：解衣耕谓之襄。"③

本段大意是，要在敌人尚未行动的时候准备好自己的行动；在未耕种之前就做好土地的整修、肥料的备用、籽种的选育等工作；在没有战争的时候就要训练好自己的军队。做到这三条，就不存在敌对势力了。

祸莫大于无适。无适，斤亡。吾葆矣。

"無"与"无"有区别，在本书第一章中已做了详细说明，马王堆汉墓帛书《道德经》（乙本）原貌中，在"祸莫大于无适。无适，斤亡。吾葆矣。"段中书写的"无"是雖。雖按照现代汉语中是"没有"的意思。阅读本章"祸莫大于无适。无适，斤亡。吾葆矣。"句中的"无"用"没有"释义比较文理通顺。

"适"在《说文解字注》中释义："之也。释诂。适之往也。方言。逝徂适往也。适、宋鲁语也。按此不曰往而曰之。许意葢以之与往稍别。逝、徂、往自发动言之。适自所到言之。故变卦曰之卦。女子嫁曰适人。从辵。啻声。施只切。十六部。适、宋鲁语。"④ 比喻人在社会中各自有适合自己干的事情。《黄帝四经》有："地广人众兵强，天下无适。"⑤

---

① 参见（汉）许慎撰、（宋）徐铉等校《说文解字》，上海古籍出版社2007年版，第190页。

② 同上书，第37页。

③ 同上书，第409页。

④ 参见（汉）许慎撰、（清）段玉裁注《说文解字注》，上海古籍出版社1988年版，第71页。

⑤ 谷斌、郑开注译《黄帝四经今译·道德经今译》，中国社会科学出版社1996年版，第53页。

"适者，天度也。信者，天之期也。"① "姓生已定，而适者生。"② "一度不变，能适规（榘）侥（蛲）。"③《文子》中也有多处关于"适"的论述，如《文子·道德》："一也者，无适之道也，万物之本也。"④《文子·下德》："夫一者，至贵无适于天下。圣王托于无适，故为天下令。"⑤（参见第二十七章"适"的释义）

"斤"在《说文解字》中释义："斫木也。象形。"⑥

"亡"在《说文解字》中释义："逃也。"⑦

"葆"在《说文解字》中释义："草盛貌。"⑧

本段大意是：人生的祸端莫大于没有适合自己干的事情。一个人如果在社会中找不到适合自己干的事情，这个人就如同木匠用斧斫木剩出的无用木屑一样。因此，对于找不到适合自己的事情干的人，我们的官员或教育工作者就要想办法帮助他找到自己的特长，引导他们找到适合自己干的事情。

故称兵相若，则哀者胜矣。

"称"在《说文解字注》中释义："铨也。铨者、衡也。声类曰：铨所以称物也。称俗作秤。按尔、并举也。"⑨

"若"在《说文解字注》中释义："择菜也。晋语。秦穆公曰。夫晋国之乱。吾谁使先若夫二公子而立之。以为朝夕之急。此谓使谁先择二公子而立之。若正训择。"⑩

"哀"在《说文解字注》中释义："闵也。闵、吊者在门也。引申之

---

① 谷斌、郑开注译《黄帝四经今译·道德经今译》，中国社会科学出版社1996年版，第61页。

② 同上书，第76页。

③ 同上书，第117页。

④ 吴枫等编《中华道学通典》，海南出版公司1994年版，第64—65页。

⑤ 同上书，第88页。

⑥ 参见（汉）许慎撰、（宋）徐铉等校《说文解字》，上海古籍出版社2007年版，第715页。

⑦ 同上书，第639页。

⑧ 同上书，第46页。

⑨ 参见（汉）许慎撰、（清）段玉裁注《说文解字注》，上海古籍出版社1988年版，第327页。

⑩ 同上书，第43页。

凡哀皆曰闵。"① "吊，问终也。谓有死丧而问之也。"②

本段大意是：两军并举的情况下，选择哪一方为胜，有深仇大恨的士兵构成的一方必胜。

---

① 参见（汉）许慎撰、（清）段玉裁注《说文解字注》，上海古籍出版社1988年版，第61页。
② 同上书，第383页。

第七十章

【原文】

帛本（甲）①	帛本（乙）②	传本③
吾言甚易知也甚易行也而人莫之能知也而莫之能行也言有君事有宗元唯无知也是以不□□□□□□我贵矣是以圣人被褐而裹玉	吾言易知也易行也而天下莫之能知也莫之能行也夫言又宗事又君夫唯无知也是以不我知＝者希则我贵矣是以耵人被褐而裹玉	吾言甚易知甚易行天下莫能知莫能行言有宗事有君夫唯無知是以不我知知我者希则我者貴是以聖人被褐懷玉

【点校】

吾言甚易知也，甚易行也。而人莫之能知也，莫之能行也。

言有君，事有宗，其唯无知也。是以不我知。

知我者希，则我贵矣，是以圣人被褐而裹玉。

【讲堂】

吾言甚易知也，甚易行也。而人莫之能知也，莫之能行也。

"甚"在《说文解字注》中释义："尤安乐也。尤甘也。引申凡殊尤

---

① 参见马王堆汉墓帛书整理小组编《老子》，文物出版社1976年版，第78页。
② 同上。
③ 参见（魏）王弼注、（唐）陆德明音义《老子王弼注》，新兴书局1964年版，第83页。

皆曰甚。……人情所尤安乐者、必在所溺爱也。"① "尤"在《说文解字》中释义："异也。徐锴曰：'乙欲出而见阏，见阏则显其尤异也。'"② "异，举也。……隶作异不合。疑篆隶皆从己而误也。虞书曰。虞书当作唐书。岳曰异哉。尧典文。释文曰。郑音异。于其音求其义。谓四岳闻尧言惊愕而曰异哉也。谓异为異之假借也。"③ 在本段中"尤"可解读为老子对自己所讲《道德经》的评判。

本段大意是：我讲的《道德经》容易明白，容易做，但是天下好多人有才能智慧却不去领会、明白，不去依照它做事。

本章"吾言甚易知也，甚易行也。而人莫之能知也，莫之能行也"句的思想内容近似于第四十三章"'不言'之教'无为'之益，天下希能及之矣"句的思想内容。两章可联系起来理解。

言有君，事有宗，其唯无知也。是以不我知。

"君"在《说文解字》中释义："尊也。从尹，发号，故从口。"④

"宗"在《说文解字》中释义："尊祖庙也。"⑤ 本段中可解读为事物的渊源。

本段大意是：人们尊敬某人讲的话是因为这些话已经"客观存在"并能够号召人们做事；人们崇尚某人做出的事是因为这些事已经"客观存在"并能够作为榜样引领人们做事；我讲的"不存在"的"事物"，其实是我们尚不见的"潜在事物"。例如，教师准备上一节课，这节课未上之前，虽然教师有足够的准备，但上的"结果"成功与否在未上完课前还是"不我知"；某领导组织开一个会议，但会议未开完前会议的"效果"还是"不我知"；农民在一块地里种庄稼，在庄稼未收仓前还是"不我知"；将军指挥一场战争，战争未结束前还是"不我知"……

---

① 参见（汉）许慎撰、（清）段玉裁注《说文解字注》，上海古籍出版社1988年版，第202页。

② 参见（汉）许慎撰、（宋）徐铉等校《说文解字》，上海古籍出版社2007年版，第737页。

③ 参见（汉）许慎撰、（清）段玉裁注《说文解字注》，上海古籍出版社1988年版，第104页。

④ 参见（汉）许慎撰、（宋）徐铉等校《说文解字》，上海古籍出版社2007年版，第59页。

⑤ 同上书，第358页。

知我者希，则我贵矣，是以圣人被褐而裛玉。

"贵"在《说文解字》中释义："物不贱也。"① 本段中可解读为值得重视。

"被"在《说文解字》中释义："寝衣，长一身有半。"②

"褐"在《说文解字注》中释义："编枲袜。取未绩之麻编之为足衣。如今艹鞬之类。一曰粗衣。文选藉田赋注作麤衣。广韵及孟子正义作短衣。误也。赵注孟子曰。褐以毳织之。若今马衣者也。或曰枲衣也。一曰粗布衣。按赵云以毳。与邠风郑笺云毛布合。马衣卽左传定八年之马褐也。枲衣、亦谓编枲为衣。褐、贱者之服也。"③

"裛［huái］"在《说文解字注》中释义："侠也。俗谓蔽人俾夹是也。腋有所持裛藏之义也。在衣曰裛，在手曰持。今人用怀、挟字，古作裛夹。"④

本段大意是：明白我所讲《道德经》中的"有""无"理念的人非常少，我对"有""无"理念非常看重呀，如同圣人穿着粗布衣服但怀揣着宝玉一样。

---

① 参见（汉）许慎撰、（宋）徐铉等校《说文解字》，上海古籍出版社 2007 年版，第 307 页。

② 同上书，第 409 页。

③ 参见（汉）许慎撰、（清）段玉裁注《说文解字注》，上海古籍出版社 1988 年版，第 397 页。

④ 同上书，第 392 页。

第七十一章

【原文】

帛本（甲）①	帛本（乙）②	传本③
知不知尚矣不＝知＝病矣是以圣人之不病以亓□□□□□	知不知尚矣不知＝病矣是以耶人之不□也以亓病＝也以不病	知不知上不知知病夫唯病病是以不病圣人不病以其病病是以不病

【点校】

知不知，尚矣。不知知，病矣。

是以圣人之不病也，以其病病也，是以不病。

【讲堂】

知不知，尚矣。不知知，病矣。

"知"在《说文解字注》中释义："词也。白部曰。䚮、识词也。从白、从亏、从知。按此词也之上亦当有识字。知䚮义同。故䚮作知。从口矢。识敏、故出于口者疾如矢也。"④ 本段可解读为知识、道理。

---

① 参见马王堆汉墓帛书整理小组编《老子》，文物出版社1976年版，第78页。
② 同上。
③ 参见（魏）王弼注、（唐）陆德明音义《老子王弼注》，新兴书局1964年版，第84页。
④ 参见（汉）许慎撰、（清）段玉裁注《说文解字注》，上海古籍出版社1988年版，第227页。

"尚"意为推崇。

"尚"在《说文解字》中释义:"曾也。庶几也。"① "曾,词之舒也。曰部曰。朁、曾也。诗朁不畏明、胡朁莫惩。毛、郑皆曰。朁、曾也。按曾之言乃也。诗曾是不意、曾是在位、曾是在服、曾是莫听、论语曾是以为孝乎、曾谓泰山不如林放乎、孟子尔何曾比予于管仲、皆训为乃则合语气。赵注孟子曰。何曾犹何乃也。是也。是以朁训为曾。朁不畏明者、乃不畏明也。皇侃论语疏曰。曾犹尝也。尝是以为孝乎。绝非语气。葢曾字古训乃。子登切。后世用为曾经之义。读才登切。此今义今音。非古义古音也。至如曾祖、曾孙、取增益层絫之意。则曾层皆可读矣。"②

"病"在《说文解字注》中释义:"疾加也。"③ 意为缺点,错误。陇西有此俗语:"那个人有病呢!"意思是某人思想或行为有悖于常理。

本段大意是:明白知识、道理的人装作不明白,在一定程度上讲,是一种"真人不露面,露面不真人"的涵养;不明白知识的来龙去脉,只是知道一点点皮毛就到处乱用,还大讲特讲自己所谓的"知识",这如同有病的人又加重了病情。

是以圣人之不病也,以其病病也,是以不病。

"聖"与"圣"有区别:

"聖"在《说文解字注》中释义:"通也。邶风。母氏聖善。传云。聖、叡也。小雅。或聖或不。传云。人有通聖者。有不能者。周礼。六德教万民。智仁聖义忠和。注云。聖通而先识。洪范曰。睿作聖。凡一事精通、亦得谓之聖。从耳。聖从耳者、谓其耳顺。风俗通曰。聖者、声也。言闻声知情。按声聖字古相叚借。呈声。"④

"圣"在《说文解字注》中释义:"汝颍之闲谓致力于地曰圣。此方俗殊语也。致力必以手。故其字从又土会意。从又土。"⑤

---

① 参见(汉)许慎撰、(宋)徐铉等校《说文解字》,上海古籍出版社2007年版,第50页。
② 参见(汉)许慎撰、(清)段玉裁注《说文解字注》,上海古籍出版社1988年版,第49页。
③ 同上书,第348页。
④ 同上书,第592页。
⑤ 同上书,第689页。

本段大意是：所以圣人不会把自己不明白的"'不言'之教""'无为'之益"等知识告诉他人，圣人知道把自己不明白的知识告诉他人就会使他人错上加错，所以圣人不会把自己不明白的"'不言'之教""'无为'之益"等知识告诉他人，就不会将人们引入歧途。

第七十二章

【原文】

帛本（甲）①	帛本（乙）②	传本③
□□□畏＝则□□□矣·毋闸亓所居毋猒亓所生夫唯弗猒是□□□□□□□□□□□□而不自贵也故去被取此	民之不畏＝则大畏将至矣毋伸亓所居毋猒亓所生夫唯弗猒是以不猒是以耵人自知而不自见也自爱而不自贵也故去罢而取此	民不畏威则大威至无狎其所居无厌其所生夫唯不厌是以不厌是以圣人自知不自见自爱不自贵故去彼取此

【点校】

民之不畏，畏则大畏将至矣。

毋闸其所居，毋厌其所生。

夫唯弗厌，是以不厌。

是以圣人自知而不自见也，自爱而不自贵也。

故去被取此。

---

① 参见马王堆汉墓帛书整理小组编《老子》，文物出版社1976年版，第79页。
② 同上。
③ 参见（魏）王弼注、（唐）陆德明音义《老子王弼注》，新兴书局1964年版，第84—85页。

【讲堂】

民之不畏，畏则大畏将至矣。

"畏"在《说文解字注》中释义："恶也。从甶、虎省。虎上体省而儿不省。儿者、似人足而有爪也。于贵切。十五部。鬼头而虎爪。可畏也。说会意。"[1]

本段大意是：一般情况下民众是不可恶的，但是如果出现可恶的苗头，更大的可恶就会接着到来。

毋闸其所居，毋厌其所生。

"毋"在《说文解字注》中释义："止之词也。词依礼记释文补。词者、意内而言外也。其意禁止、其言曰毋也。古通用无。诗书皆用无。士昏礼。夙夜毋违命。注曰。古文毋为无。是古文礼作无、今文礼作毋也。汉人多用毋。故小戴礼记、今文尚书皆用毋。史记则竟用毋为有无字。○又按诗毋教猱升木。字作毋。郑笺。毋、禁辞。从女一。会意。武扶切。五部。女有奸之者。一禁止之。令勿奸也。各本但有从女有奸之者六字。今补十字。禁止之令勿奸。此说从一之意。毋与乍同意。乍下云。止也、从亡一、一有所碍之也。然则毋下亦当从女一、一有所碍之。其义可互证。曲礼释文、大禹谟正义皆引说文云其字从女。内有一画。象有奸之形。禁止之勿令奸。古人云毋、犹今人言莫也。此以己意增改而失许意。葢许以禁止令勿奸、说从一。陆孔以有奸之者、说从一。不知女有奸之者五字为从一以禁止张本。唐人之增改。今本之夺落。皆缪。而唐本可摘以正今本。"[2]

"闸"在《说文解字注》中释义："开闭门也。谓枢转轧轧有声。"[3]

"厌"在《说文解字注》中释义："笮也。竹部曰。笮者、迫也。此义今人字作压。乃古今字之殊。土部压训坏也、**寒**也。无笮义。凡丧服言尊之所厌、皆笮义。丧冠谓之厌冠。谓冠出武下也。周礼巾车。王后厌翟。注云。次其羽使相迫也。礼经。推手曰揖。引手曰厌。厌即尚书

---

[1] 参见（汉）许慎撰、（清）段玉裁注《说文解字注》，上海古籍出版社1988年版，第436页。

[2] 同上书，第626页。

[3] 同上书，第588页。

大传、家语之叶拱。家语注云。两手薄其心。古文礼揖、厌分别。今文礼厌皆为揖。郑不之从。而礼经有厌讹作擪者。周礼大祝疏竟作引手曰擪。断不可从。擪为跪而举头下手、与厌为立而引手箸胷不相涉也。檀弓。死而不吊者厌。注。行止危险之下。已上皆笮之义。其音于辄切。从厂。猒声。于辄切。又一剡切。八部。按厌之本义笮也、合也。与压义尚近。于猒饱也义则远。而各书皆假厌为猒足、猒憎字。猒足猒憎失其正字、而厌之本义罕知之矣。一曰合也。周语。克厌天心。韦注。厌、合也。韦注汉书叙传亦同。按仓颉篇云。伏合人心曰厌。字苑云。厌、眠内不祥也。此合义之一端。寐下云寐而厌也是也。俗字作魇。徐铉用为新附字。误矣。山海经。服之使人不厌。郭云。不厌、不厌梦也。此厌字之最古者也。"① 本段中可解读为憎恶、嫌弃、厌弃、厌世、厌恶等。

本段大意是：民众不巩固自己的势力范围而是休闲居住，民众需要自由生活，不需要强迫做事。

夫唯弗厌，是以不厌。

"唯"在《说文解字注》中释义："诺也。此浑言之。玉藻曰。父命呼。唯而不诺。析言之也。"② "诺" "譍也。譍者、应之俗字。说解中有此字。或偶尔从俗。或后人妄改。疑不能明也。大徐于此部增譍字。误矣。口部曰。唯、诺也。唯诺有急缓之别。统言之则皆应也。"③

"弗"在《说文解字注》中释义："矫也。矫各本作挢。今正。挢者、举手也。引申为高举之用。矫者、揉箭箝也。引申为矫拂之用。今人不能辩者久矣。弗之训矫也。今人矫、弗皆作拂。而用弗为不。其误盖亦久矣。"④

本段大意是：只有将承诺给民众干的事情不断调整想办法干好，民众才能对迫于做的事情（上级交与的任务）轻松愉快的完成。

是以圣人自知而不自见也，自爱而不自贵也。

---

① 参见（汉）许慎撰、（清）段玉裁注《说文解字注》，上海古籍出版社1988年版，第448页。
② 同上书，第505页。
③ 同上书，第90页。
④ 同上书，第627页。

"见"在《说文解字注》中释义:"视也。视与见、闻与听一也。"①本段中可解读为出现、显露、自我表现。参见第二十二章"不自见故章"、第二十四章"自见者不明"。

本段大意是:所以圣人知道自己的长短处、优缺点,从不自我表现,爱护自己的身体、珍惜自己的名誉,从不看重自己。

故去被取此。

"被"在《说文解字》中释义:"寝衣,长一身有半。"② 第三十八章有"去皮取此"句,"皮"在《说文解字》中释义:"剥取兽革者谓之皮。""被"与"皮"所表达的意思相近。

本段大意是:因此,每个执政者应该去除披在身上的"自见""自贵"的外衣,大力弘扬"自知""自爱"的精神。

---

① 参见(汉)许慎撰、(清)段玉裁注《说文解字注》,上海古籍出版社1988年版,第407页。
② 参见(汉)许慎撰、(宋)徐铉等校《说文解字》,上海古籍出版社2007年版,第409页。

第七十三章

【原文】

帛本（甲）①	帛本（乙）②	传本③
·勇于敢者□□□于不敢者则桰□□□□□□□□□□□□□□□□□□不言而善应不召而自来弹而善谋□□□□□□	勇于敢则杀勇于不敢则桰□两者或利或害天之所亚孰知亓故天之道不单而善朕不言而善应弗召而自来单而善谋天网𦊆=疏而不失	勇於敢則殺勇於不敢則活此兩者或利或害天之所惡孰知其故是以聖人猶難之天之道不爭而善勝不言而善應不召而自來繟然而善謀天網恢恢疏而不失

【点校】

勇于敢者则杀，勇于不敢则桰。

两者或利或害，天之所恶，孰知其故？

是以圣人犹难之。

天之道：不弹而善胜；不言而善应；不召而自来；弹而善谋。

天网恢恢，疏而不失。

---

① 参见马王堆汉墓帛书整理小组编《老子》，文物出版社1976年版，第79页。
② 同上。
③ 参见（魏）王弼注、（唐）陆德明音义《老子王弼注》，新兴书局1964年版，第85—86页。

【讲堂】

勇于敢者则杀，勇于不敢则栝。

"勇"在《说文解字注》中释义："气也。气、云气也。引申为人充体之气之称。力者、筋也。勇者、气也。气之所至。力亦至焉。心之所至。气乃至焉。故古文勇从心。"①

"栝"[tiǎn]在《说文解字注》中释义："炊灶木。"②

"栝"在《辞海》中释义："捵[tiàn]火棒，拨动灶中柴火用的。"③陇西农村人称之为"火棍儿"。

本段大意是：凭借强壮筋力且冒昧行事者多被敌方杀戮，筋力强壮且凭借脑筋思考的人则如同"栝"不会"烧尽"而只会"烧伤"。"栝"注入了人的思想，虽然在大火中，但随着人会思想的波动，有可能"烧伤"，但不会"烧尽"。

两者或利或害，天之所恶，孰知其故？

"恶"在《说文解字注》中释义："过也。人有过曰恶。有过而人憎之亦曰恶。"④

本段大意是：上述这两种人各自得到的是利益还是伤害，我不能下结论，但是这两种情况都是上天所憎恶的，谁能够知道这又是什么原故呢？

是以圣人犹难之。

本段大意是：上述"或利或害"，圣人都难以确定。

从本段内容以及第六十三章"夫轻诺必寡信，多易必多难。是以圣人犹难之，故冬于无难"内容，我们不难看出老子是不信仰绝对权威的，老子是实事求是的科学的哲学家。

天之道：不弹而善胜；不言而善应；不召而自来；弹而善谋。

"天之道"意指最好的治国手段。

"弹"在《说文解字注》中释义："禪行丸也。左传。晋灵公从台上

---

① 参见（汉）许慎撰、（清）段玉裁注《说文解字注》，上海古籍出版社1988年版，第701页。
② 参见（汉）许慎撰、（宋）徐铉等校《说文解字》，上海古籍出版社2007年版，第288页。
③ 《辞海》（缩印本），上海辞书出版社2000年版，第1566页。
④ 参见（汉）许慎撰、（清）段玉裁注《说文解字注》，上海古籍出版社1988年版，第511页。

弹人。而观其避丸也。引申为凡抨弹、纠弹之偁。……弓或说弹从弓持丸如此。各本篆形作弓。今正。汗简云。弓、弹字也。出说文。又佩觿、集韵皆有弓字。盖古本说文从弓而象丸形。与玉部朽玉字同意。"①

"应"在《说文解字》中释义："当也。"②

"谋"在《说文解字》中释义："虑难曰谋。"③

本段大意是：最好的治国手段是这样的：准备好需要发射的武器但不发射，以震慑取胜；不需要说教而主动担当；不需要召唤而自己主动报到。准备好需要发射的武器是发射还是不发射，一定要考虑好其所带来的"困难"（"困难"就是"无"）。

天网恢恢，疏而不失。

"网"在《说文解字》中释义："庖牺所结绳以渔。"④

庖牺氏又称伏羲氏，远古先民，勤劳勇敢，结罟网、造弓箭、养六畜、种五谷等。先秦《列子·黄帝篇》记载："庖牺氏、女娲氏、神农氏、夏后氏，蛇身人面，牛首虎鼻：此有非人之状，而有大圣之德。"⑤后人常常将他们放在一起说成是人类的始祖。

"恢"在《说文解字》中释义："大也。"⑥

"疏"在《说文解字》中释义："通也。"⑦

"失"在《说文解字》中释义："纵也。"⑧ "纵，緎 [yuè] 属。"⑨ "緎，采彰也。一曰车马饰。"⑩

本段大意是：一个人的谋略宽广无边，如同战马恒通而不放纵，一切都在掌控之中。

---

① 参见（汉）许慎撰、（清）段玉裁注《说文解字注》，上海古籍出版社1988年版，第641页。

② 参见（汉）许慎撰、（宋）徐铉等校《说文解字》，上海古籍出版社2007年版，第519页。

③ 同上书，第108页。

④ 同上书，第371页。

⑤ 杨伯峻撰《列子集释》，中华书局2012年版，第80页。

⑥ 参见（汉）许慎撰、（宋）徐铉等校《说文解字》，上海古籍出版社2007年版，第521页。

⑦ 同上书，第743页。

⑧ 同上书，第608页。

⑨ 同上书，第658页。

⑩ 同上。

第七十四章

【原文】

帛本（甲）①	帛本（乙）②	传本③
□□□□□□奈何以杀愳之也若民恒是死则而为者吾将得而杀之夫孰敢矣若民□□必畏死则恒有司杀者夫伐司杀者杀是伐大匠斲也夫伐大匠斲者则□不伤亓手矣	若民恒且○不畏死若何以杀瞿之也使民恒且畏死而为畸者□得而杀之夫孰敢矣若民恒且必畏死则恒又司杀者夫代司杀者杀是伐大匠斲夫代大匠斲则希不伤亓手	民不畏死奈何以死懼之若使民常畏死而為奇者吾得執而殺之孰敢常有司殺者殺夫代司殺者殺是謂代大匠斲夫代大匠斲者希有不傷其手矣

【点校】

若民恒且不畏死，奈何以杀惧之也？

若民恒是死，则而为者，吾将得而杀之，夫孰敢矣？

若民恒且必畏死，则恒有司杀者。

夫代司杀者杀，是代大匠斲也。

夫代大匠斲者，则希不伤其手矣。

---

① 参见马王堆汉墓帛书整理小组编《老子》，文物出版社1976年版，第79页。
② 同上。
③ 参见（魏）王弼注、（唐）陆德明音义《老子王弼注》，新兴书局1964年版，第86页。

【讲堂】

若民恒且不畏死，奈何以杀惧之也？

"畏"在《说文解字》中释义："恶也。从甶，虎省。鬼头而虎爪，可畏也。"①

"惧"在《说文解字》中释义："恐也。"②

本段大意是：有些民众选择做某事已经习惯了，他宁肯豁出生命也要去做，对付这种人怎么能用杀的手段震慑呢？

若民恒是死，则而为者，吾将得而杀之，夫孰敢矣？

本段大意是：有些民众做着不怕死的事，我得到他们之后杀掉，那天下还有谁冒昧犯法呀？

若民恒且必畏死，则恒有司杀者。

"司杀者"指刽子手或司法机构。

本段大意是：有些民众一贯怕死，所以，就要设立长久的执行死刑的刽子手（司法机构）。

夫代司杀者杀，是代大匠斲也。

"代"在《说文解字》中释义："更也。从人弋声。臣铉等曰：'弋非声。《说文》忒字与此义训同，疑兼有忒音。'"③

"匠"在《说文解字》中释义："木工也。从匚，从斤。斤所以作器也。"④

"大匠"意为手艺高明的木匠。《孟子·尽心章句上》："大匠不为拙工改废绳墨，羿不为拙射变其彀率。君子引而不发，跃如也。中道而立，能者从之。"⑤

"斲[zhuó]"在《说文解字》中释义："斫也。从斤、𠁁。臣铉等曰：𠁁，器也。斤以斲之。"⑥

---

① 参见（汉）许慎撰、（宋）徐铉等校《说文解字》，上海古籍出版社2007年版，第450页。
② 同上书，第523页。
③ 同上书，第391页。
④ 同上书，第640页。
⑤ （宋）朱熹：《四书集注》下册，中华书局1957年版，《孟子》第325页。
⑥ 参见（汉）许慎撰、（宋）徐铉等校《说文解字》，上海古籍出版社2007年版，第716页。

本段大意是：代替刽子手（司法机构）去杀罪犯，如同代替木匠去砍伐木材一样。

夫代大匠斲者，则希不伤其手矣。

"希"在《说文解字》中释义："望也。从目，稀省声。海岱之闲谓眄曰睎。"①

"伤其手"至少可从三个方面来理解：第一，因为不专业，可能会不小心自伤；第二，古人忌讳较多，杀人不是自己的专业，杀了人后又要做其他事情，别人就有忌讳，因别人的忌讳就难以工作，挣不了钱；第三，其家庭的安全、自己的安全无法确保。

本段大意是：代替木匠去砍伐木材，则看不见不伤着自己"手"的事（无）。

本章可视为老子提出的司法独立的一个萌芽。

---

① 参见（汉）许慎撰、（宋）徐铉等校《说文解字》，上海古籍出版社2007年版，第160页。

第七十五章

【原文】

帛本（甲）①	帛本（乙）②	传本③
·人之饥也以亓取食迒之多也是以饥百姓之不治也以亓上有以为□是以不治·民之巠死以亓求生之厚也是以巠死夫唯无以生为者是贤贵生	人之饥也以亓取食跷之多是以饥百生之不治也以亓上之有为也□以不治民之轻死也以亓求生之厚也是以轻死夫唯无生为者是贤贵生	民之饑以其上食稅之多是以饑民之難治以其上之有為是以難治民之輕死以其上求生之厚是以輕死夫唯無以生為者是賢於貴生

【点校】

人之饥也，以其取食税之多也，是以饥。

百姓之不治也，以其上有以为也，是以不治。

民之巠死，以其求生之厚也，是以巠死。

夫唯无以生为者，是贤贵生。

【讲堂】

人之饥也，以其取食税之多也，是以饥。

---

① 参见马王堆汉墓帛书整理小组编《老子》，文物出版社1976年版，第80页。
② 同上。
③ 参见（魏）王弼注、（唐）陆德明音义《老子王弼注》，新兴书局1964年版，第87页。

"饥"与"饿"有区别：

"饥"在《说文解字》中释义："饿也。"①

"饿"在《说文解字》中释义："谷不孰为饿。"②

本段中"饥"与"饿"释义皆具有，古代老百姓时遇到"青黄不接"的现象，为了填饱肚子，人们只好将尚未成熟的谷子用于充饥。

"税"在《说文解字》中释义："租也。"③

本段大意是：老百姓吃不饱、饿肚子，与缴纳的税收太多有直接关系，所以才吃不饱、饿肚子。

百姓之不治也，以其上有以为也，是以不治。

"上"指上级、君主。

"有"指客观存在，本段中是指君主的税收制度是在老百姓丰收后根据收入多少定的。

本段大意是：老百姓治不住的根本原因就是君主的税收制度是在老百姓丰收后根据收入多少定的，所以统治不了老百姓。

民之巠死，以其求生之厚也，是以巠死。

"巠"在《说文解字》中释义："水脉也。从川在一下，一，地也；壬省声。一曰：水冥巠也。"④水脉自然流走，没有轰轰烈烈的事迹，这里是说人都有追求，不会向"水脉"一样。

《礼记·檀弓下》中记载："孔子过泰山侧。有妇人哭于墓者而哀，夫子式而听之。使子（路）［贡］问之，曰：'子之哭也，壹似重有忧者。'而曰：'然。昔者吾舅死于虎，吾夫又死焉，今吾子又死焉。'夫子曰：'何为不去也？'曰：'无苛政。'夫子曰：'小子识之：苛政猛于虎也！'"⑤

本段大意是：凡人都有追求，当苛捐杂税使得老百姓对美好生活绝望的时候，就会出现"巠死"现象。

---

① 参见（汉）许慎撰、（宋）徐铉等校《说文解字》，上海古籍出版社2007年版，第249页。
② 同上。
③ 同上书，第343页。
④ 同上书，第571页。
⑤ 陈成国点校《周礼·礼记·礼运》，岳麓书社1989年版，第323页。

夫唯无以生为者，是贤贵生。

"贤"在《说文解字》中释义："多才也。"①

"贤"在《说文解字注》中释义："多财也。财各本作才。今正。贤本多财之称。引申之凡多皆曰贤。人称贤能因习其引申之义而废其本义矣。小雅。大夫不均我从事独贤。传曰。贤、劳也。谓事多而劳也。故孟子说之曰。我独贤劳。戴先生曰。投壶某贤于某若干纯。贤多也。"②

"贵"在《说文解字注》中释义："物不贱也。"③

本段大意是：于是，只有君主的税收政策在老百姓生产之前就根据其基本生活需求制定，老百姓才可以各显其能、发财致富，追求美好生活。

---

① 参见（汉）许慎撰、（宋）徐铉等校《说文解字》，上海古籍出版社2007年版，第304页。

② 参见（汉）许慎撰、（清）段玉裁注《说文解字注》，上海古籍出版社1988年版，第279页。

③ 同上书，第282页。

第七十六章

【原文】

帛本（甲）①	帛本（乙）②	传本③
·人之生也柔弱其死也堇仞贤强万物草木之生也柔脆亓死也桦槀故曰坚强者死之徒也柔弱微细生之徒也兵强则不胜木强则恒强大居下柔弱微细居上	人之生也柔弱亓死也脂信坚强万□□木之生也柔椊亓死也桦槀故曰坚强死之徒也柔弱生之徒也□以兵强则不朕木强则兢故强大居下柔弱居上	人之生也柔弱其死也坚强萬物草木之生也柔脆其死也枯槀故堅強者死之徒柔弱者生之徒是以兵強則不勝木強則兵強大處下柔弱處上

【点校】

人之生也柔弱，其死也筋朋坚强。万物草木之生也柔脆，其死也枯槀。

故曰：坚强者死之徒也；柔弱微细生之徒也。

兵强则不胜，木强则恒。

强大居下，柔弱微细居上。

---

① 参见马王堆汉墓帛书整理小组编《老子》，文物出版社1976年版，第80页。
② 同上。
③ 参见（魏）王弼注、（唐）陆德明音义《老子王弼注》，新兴书局1964年版，第87—88页。

【讲堂】

本章的治国思想与第六十一章的治国思想近似。

人之生也柔弱，其死也筋肕坚强。万物草木之生也柔脆，其死也枯槁。

"肕"在《辞海》中释义："坚肉。见《玉篇》。同'韧'。坚柔也。见《广韵·二十一震》。《管子·心术下》：'人能正静者，筋肕而骨强。'"①

"脆"在《说文解字》中释义："耎易破也。"②

"枯槁"[kū gǎo]意为草木干枯，枯萎。

本段大意是：活着的人是柔弱的，死亡后的人是僵硬的。同样，万物草木活着的时候是柔脆的，死后就都干枯了。

故曰：坚强者死之徒也；柔弱微细生之徒也。

"徒"在《说文解字》中释义："步行也。"③

本段大意是：由此可得：坚强的东西是往死路上走；柔弱微细的东西是往生路上走。

兵强则不胜，木强则恒。

"胜"在《说文解字》中释义："任也。"④

本段大意是：根据以上原理可知，拥有坚强的兵不一定就能够胜任某项工作，因为兵强不同于木强，木无思想，选定的木材可以任意放到各处持久发挥其作用，兵有思想，虽强，可千变万化。

强大居下，柔弱微细居上。

老子以木强对比兵强，修建房子"强木"在下，"弱木"在上。同理，兵的实力经常暴露在外，任何人都知道你的军事设施及军事人才，那敌方就可以想办法制胜。

本段大意是：兵是国家的武力，不能暴露在外，应该隐蔽在下，表面上对敌人示以"柔弱"。特别是军事人才更不能轻易外露。

这就是老子的"强大居下，柔弱微细居上"的科学哲理。

---

① 《辞海》（缩印本），上海辞书出版社2000年版，第1816页。
② 参见（汉）许慎撰、（宋）徐铉等校《说文解字》，上海古籍出版社2007年版，第203页。
③ 同上书，第77页。
④ 同上书，第698页。

第七十七章

【原文】

帛本（甲）①	帛本（乙）②	传本③
天下□□□□者也高者印之下者举之有余者敗之不足者补之故天之道敗有□□□□□□□不然敗□□奉有余孰能有余而有以取奉于天者乎□□□□□□□□□□□见贤也	天之道酉张弓也高者印之下者举之有余者云之不足者□□□□□云有余而益不足人之道云不足而奉又余夫孰能又余而□□奉于天者唯又道者乎是以耶人为而弗又成功而弗居也若此亓不欲见贤也	天之道其猶張弓與高者抑之下者舉之有餘者損之不足者補之天之道損有餘而補不足人之道則不然損不足以奉有餘孰能有餘以奉天下唯有道者是以聖人為而不恃功成而不處其不欲見賢

【点校】

天下之道：酉。——张弓者也，高者抑之，下者举之。有余者云之，不足者补之。故天之道：云，有余，而益不足。

人之道则不：然。——云，不足而奉有余。

孰能有余？而有以取奉于天者乎？唯有道者乎！

---

① 参见马王堆汉墓帛书整理小组编《老子》，文物出版社 1976 年版，第 80—81 页。
② 同上。
③ 参见（魏）王弼注、（唐）陆德明音义《老子王弼注》，新兴书局 1964 年版，第 88 页。

是以圣人为而弗有，成功而弗居也。

若此，其不欲，见贤也！

【讲堂】

本章与第四十八章关键词"云"以及第七十五章关键词"税"的解读联系起来理解较为适宜。

天下之道：酉。——张弓者也，高者抑之，下者举之。有余者云之，不足者补之。故天之道：云，有余，而益不足。

"酉"在《说文解字》中释义："就也。八月，黍成可为酎酒。象古文酉之形。凡酉之属皆从酉。丣，古文酉。从卯。卯为春门，万物已出；酉为秋门，万物已入。一，闭门象也。"①

"酉"在《说文解字注》中释义："酉就也。就、高也。律书曰。酉者、万物之老也。律历志曰。留孰于酉。天文训曰。酉者、饱也。释名曰。酉、秀也。秀者、物皆成也。八月黍成。可为酎酒。此举一物以言就。黍以大暑而种。至八月而成。犹禾之八月而孰也。不言禾者、为酒多用黍也。酎者、三重酒也。必言酒者、古酒可用酉为之。故其义同曰就也。凡从酒之字当别酒部。解曰从酒省。许合之。疏矣。象古文酉之形也。古文酉谓丣也。仿佛丣字之形而制酉篆。此与弟从古文弟之形、民从古文民之形、革从古文革之形为一例。周伯琦乃谓不可解矣。与久切。三部。凡酉之属皆从酉。丣古文酉。从卯。从卯、一以閇之。卯为春门。万物已出。丣为秋门。万物已入。一閇门象也。管子幼官篇。春三卯同事。秋三卯同事。惠氏士奇云。春当作三丣。秋当作三丣。取许书为说也。虞翻别传曰。翻奏郑玄解尚书违失云。古大篆丣字、读当为桺。古桺丣同字。而以为昧。甚违不知葢阙之义。玉裁按壁中古文尚书作昧谷。郑注尚书依之。今文尚书作桺谷。郑注周礼缝人取之。今文古文本有斷难合一者也。郑本不误。而仲翔谓其改丣为昧。其他三事亦皆仲翔误会。说详古文尚书撰异。凡留桺聊刘字从丣。"②

---

① 参见（汉）许慎撰、（宋）徐铉等校《说文解字》，上海古籍出版社2007年版，第746页。

② 参见（汉）许慎撰、（清）段玉裁注《说文解字注》，上海古籍出版社1988年版，第747页。

"酉"在本段中可解读为有成就、美好的、百姓安居乐业的国家。

"张弓"意为弦拉紧的弓。

"抑"在《说文解字》中释义:"按也。"①

"有"在本章中都可解读为"富人""达人"。《孟子·尽心章句上》:"穷则独善其身。达则兼善天下。"②

"云"与"雲"有区别,在《说文解字注》中:"雲山川气也。天降时雨。山川出云。从雨。云象回转之形。回上各本有云字。今删。古文只作云。小篆加雨于上。遂为半体会意、半体象形之字矣。云象回转形、此释下古文云为象形也。王分切。十三部。凡云之属皆从云。亏古文省雨。古文上无雨。非省也。二盖上字。象自下回转而上也。正月。昏姻孔云。传曰。云、旋也。此其引申之义也。古多叚云为曰。如诗云即诗曰是也。亦叚员为云。如景员维河笺云员古文作云、昏姻孔云本又作员、聊乐我员本亦作云、尚书云来卫包以前作员来、小篆妘字籀文作䢵是。云员古通用。皆叚借风云字耳。自小篆别为云而二形迥判矣。ଡ亦古文云。此最初古文。象回转之形者。其字引而上行。书之所谓触石而出、肤寸而合也。变之则为云。"③

"员"在《说文解字注》中释义:"物数也。本为物数。引申为人数。俗偶官员。汉百官公卿表曰。吏员、自佐史至丞相十二万二百八十五人是也。数木曰枚、曰梃。数竹曰个。数丝曰紽、曰総。数物曰员。小雅。员于尔辐。毛曰。员、益也。此引申之义也。又假借为云字。如秦誓若弗员来、郑风聊乐我员、商颂景员维河。笺云。员、古文云。从贝。贝、古以为货物之重者也。口声。王权切。古音云在十三部。口声在十五部。合韵最近。凡员之属皆从员。"④

依上"云""员"释义,根据本章文意"云"可解读为官员。

"云"在国学中具有深厚的含义,"祥云缭绕""紫气东来""云起龙

---

① 参见(汉)许慎撰、(宋)徐铉等校《说文解字》,上海古籍出版社2007年版,第446页。
② (宋)朱熹:《四书集注》下册,中华书局1957年版,《孟子》第305—306页。
③ 参见(汉)许慎撰、(清)段玉裁注《说文解字注》,上海古籍出版社1988年版,第575页。
④ 同上书,第279页。

骧""云游天下""云蒸霞蔚","云"代表吉祥、滋润、众多、美好等等。自古以来,"官员"是为大众服务排忧解难的人,因此,古人以"云"象征"官员"具有深厚的科学意义。

"补"在《说文解字注》中释义:"完衣也。既袒则宜补之。故次之以补。引申为凡相益之偁。"①

"益"在《说文解字注》中释义:"饶也。食部曰。饶、饱也。凡有余曰饶。易象传曰。风雷益。君子以见善则迁。有过则改。从水皿。水皿、此水字今补。益之意也。说会意之恉。"②

"天之道"意为治理国家的自然规律。

本段大意是:治理国家的根本目的是使国家有成就、美好、百姓安居乐业。解决贫富差距的道理如同张弓射箭:为了准确无误地射到目标,若箭头抬高了就要往低按,若箭头低了就要往高举。这一法则启示我们,官员们要通过税收等手段对收入多的"有余"进行调节,通过一定的政策弥补给穷人。因此,按照治理国家的自然规律讲,官员的工作能力,就是要表现在调节好"有余",使全社会的弱势群体也能饱足。

人之道则不:然。——云,不足而奉有余。

"人之道"意为按照人们的行为常理。

"然"在《说文解字》中释义:"烧也。从火,肰声。臣铉等曰:'今俗别作燃,盖后人增加。'䕼,或从艹、难。臣铉等案:'艹部有䕼。注云艹也。此重出。'"③

"然"在《说文解字注》中释义:"然烧也。通叚为语词。训为如此。尔之转语也。从火。肰声。如延切。十四部。俗作燃。非是。䕼或从艹难。徐铉等曰。艹部有此字。此重出。与火部无涉也。按篆当作䕼。或古本作䕼。转写夺火耳。汉五行志。巢䕼堕地。广韵引陆佐公石阙铭。荆酷䕼炭。"④

---

① 参见(汉)许慎撰、(清)段玉裁注《说文解字注》,上海古籍出版社1988年版,第396页。
② 同上书,第212页。
③ 参见(汉)许慎撰、(宋)徐铉等校《说文解字》,上海古籍出版社2007年版,第495页。
④ 参见(汉)许慎撰、(清)段玉裁注《说文解字注》,上海古籍出版社1988年版,第480页。

"然"在本段中根据上述释义和文意以及第十七章"我自然"、第二十三章"希言自然"、第五十一章"恒自然"以及本书作者半生体验,可解读为人人都有矫正客观事物、出人头地、发财致富、为己利益等欲望。例如,写字时笔尖折歪了,自己及时折正;因饥荒想不被饿死会主动想办法自我保护;哪里能够得到极大的好处先要让自己的亲人获利等。这一切都与上述"治国之道"有悖。

"奉"在《说文解字》中释义:"承也。"[①]

本段大意是:民众秉持的道与治国之道不同,民众自身有矫正客观事物、出人头地、发财致富、为己利益等欲望。作为官员要认识到,不能自我满足的民众会承袭、模仿、学习富有人的致富方式。"承袭"具有正反两方面,如甲贩卖毒品"富"了,乙有可能承袭甲人的方式去贩卖毒品,这是反的方面;丙拜师学艺刻苦钻研,学得了一门木工手艺,丁有可能承袭丙的方式去拜师学艺,这是正的方面。

孰能有余?而有以取奉于天者乎?唯有道者乎!

"孰"在《说文解字注》中释义:"食饪也。饪、大孰也。可食之物大孰、则丮持食之。从丮𦎫。高部曰。𦎫、孰也。此会意。各本衍声字。非也。殊六切。三部。孰与谁双声。故一曰谁也。后人乃分别塾为生塾、孰为谁孰矣。曹宪曰。顾野王玉篇始有塾字。易曰孰饪。鼎象传曰。以木巽火、亯饪也。许所据作孰饪。"[②]

"唯"在《说文解字注》中释义:"诺也。此浑言之。玉藻曰。父命呼。唯而不诺。析言之也。"[③]

本段大意是:谁的能力能够将富人的财富转变为税收、将取得的税收济于天下呢?只有每个官员掌握了治国之道("高者抑之,下者举之")才能完成如此重任!

《中庸章句·序》讲:"中庸何为而作也?子思子忧道学之失其传而

---

① 参见(汉)许慎撰、(宋)徐铉等校《说文解字》,上海古籍出版社2007年版,第124页。

② 参见(汉)许慎撰、(清)段玉裁注《说文解字注》,上海古籍出版社1988年版,第113页。

③ 同上书,第57页。

作也。"①《中庸朱熹章句》开门见山释义"中庸"即"中者,不偏不倚、无过不及之名。庸,平常也。"②

是以圣人为而弗有,成功而弗居也。

"弗"在《说文解字注》中释义:"矫也。矫各本作挢。今正。挢者、举手也。引申为高举之用。矫者、揉箭箝也。引申为矫拂之用。今人不能辩者久矣。弗之训矫也。今人矫、弗皆作拂。而用弗为不。其误盖亦久矣。"③ 如任何一个东西刚刚发明制作出来总是要经过无数次的"矫",才能够不断完善。

本段大意是:根据上述原理可知,圣人将客观存在的东西不断矫正,即使所矫正的客观事物达到了自己的目标、成就了自己的事业,但也不会躺在功劳簿上,还是不断矫正。

若此,其不欲,见贤也!

"若"在《说文解字注》中释义:"择菜也。……假借为如也、然也、乃也、汝也。又兼及之词。"④

"不欲"可解读为所有人都明白了什么"能欲"什么"不能欲"的道理。

"贤"在《说文解字》中释义:"多才也。"⑤

"贤"在《说文解字注》中释义:"多财也。财各本作才。今正。贤本多财之称。引申之凡多皆曰贤。人称贤能因习其引申之义而废其本义矣。小雅。大夫不均我从事独贤。传曰。贤、劳也。谓事多而劳也。故孟子说之曰。我独贤劳。戴先生曰。投壶某贤于某若干纯。贤多也。"⑥

本段大意是:百官选择依上述去做,所有人都明白了什么"能欲"、什么"不能欲"的道理,全社会显现出的才是真正的富足。

---

① (宋)朱熹:《四书集注》上册,中华书局1957年版,《中庸》第7页。
② 同上书,《中庸朱熹章句》第1页。
③ 参见(汉)许慎撰、(清)段玉裁注《说文解字注》,上海古籍出版社1988年版,第627页。
④ 同上书,第43页。
⑤ 参见(汉)许慎撰、(宋)徐铉等校《说文解字》,上海古籍出版社2007年版,第304页。
⑥ 参见(汉)许慎撰、(清)段玉裁注《说文解字注》,上海古籍出版社1988年版,第279页。

第七十八章

【原文】

帛本（甲）①	帛本（乙）②	传本③
天下莫柔□□□□坚强者莫之能□也以㮣无□易□□□□□□胜强天□□□□□□行也故圣人之言云曰受邦之询是胃社稷之主受邦之不祥是胃天下之王□□若反	天下莫柔弱于水□□□□□□□□以㮣无以易之也水之朕刚也弱之朕强也天下莫弗知也而□□□□也是故耶人之言云曰受国之询是胃社稷之主受国之不祥是胃天下之王正言若反	天下莫柔弱於水而攻坚强者莫之能勝以其無以易之弱之勝強柔之勝剛天下莫不知莫能行是以聖人云受國之垢是謂社稷主受國不祥是為天下王正言若反

【点校】

天下莫柔弱于水，而攻，坚强者莫之能胜也。

以其无以易之也，水之胜刚也，弱之胜强。天下莫弗知也，而莫之能行也。

故圣人之言，云曰："受邦之询，是谓社稷之主。受邦之不祥，是谓天下之王。"正言若反。

---

① 参见马王堆汉墓帛书整理小组编《老子》，文物出版社1976年版，第81页。
② 同上。
③ 参见（魏）王弼注、（唐）陆德明音义《老子王弼注》，新兴书局1964年版，第89页。

下篇　德经

【讲堂】

天下莫柔弱于水，而攻，坚强者莫之能胜也。

"天下"可解读为天下民众。

本段大意是：天下的民众表面上似乎柔弱得如水一般，但是想要攻克某一民众群体，就算坚强的武装力量也不一定能够胜任。

以其无以易之也，水之胜刚也，弱之胜强。天下莫弗知也，而莫之能行也。

本段大意是：所以在没有"争""盗""乱"的"无"中工作是最容易的，犹如柔弱的水能胜过刚强的东西一样。这些道理天下没有人想把它们变成自己的知识，即使知道的人也没有发挥自己的才能去实践。

故圣人之言，云曰："受邦之询，是谓社稷之主。受邦之不祥，是谓天下之王。"正言若反。

"雲"与"云"有区别，在《说文解字注》中："雲山川气也。天降时雨。山川出云。从雨。云象回转之形。回上各本有云字。今删。古文只作云。小篆加雨于上。遂为半体会意、半体象形之字矣。云象回转形、此释下古文云为象形也。王分切。十三部。凡云之属皆从云。亏古文省雨。古文上无雨。非省也。二盖上字。象自下回转而上也。正月。昏姻孔云。传曰。云、旋也。此其引申之义也。古多叚云为曰。如诗云即诗曰是也。亦叚员为云。如景员维河笺云员古文作云、昏姻孔云本又作员、聊乐我员本亦作云、尚书云来卫包以前作员来、小篆妘字籀文作娟是。云员古通用。皆叚借风云字耳。自小篆别为云而二形迥判矣。 亦古文云。此最初古文。象回转之形者。其字引而上行。书之所谓触石而出、肤寸而合也。变之则为云。"[①]

"员"在《说文解字注》中释义："物数也。本为物数。引申为人数。俗俱官员。汉百官公卿表曰。吏员、自佐史至丞相十二万二百八十五人是也。数木曰枚、曰挺。数竹曰个。数丝曰纯、曰緫。数物曰员。小雅。员于尔辐。毛曰。员、益也。此引申之义也。又假借为云字。如秦誓若弗员来、郑风聊乐我员、商颂景员维河。笺云。员、古文云。从

---

① 参见（汉）许慎撰、（清）段玉裁注《说文解字注》，上海古籍出版社1988年版，第575页。

贝。贝、古以为货物之重者也。口声。王权切。古音云在十三部。口声在十五部。合韵最近。凡员之属皆从员。"①

依上"云"、"员"释义，根据本章文意"云"可解读为官员。

"受"在《说文解字》中释义："相付也。"②

"询"在《说文解字》中释义："谋也。"③

"祥"在《说文解字》中释义："福也。"④

"王"在《说文解字》中释义："天下所归往也。"⑤

"正"在《说文解字》中释义："是也。从止，一以止。凡正之属皆从正。徐锴曰：'守一以止也。'"⑥

"言"在《说文解字》中释义："直言曰言。论难曰语。大雅毛传曰。直言曰言。论难曰语。论、正义作答。郑注大司乐曰。发端曰言。答难曰语。注杂记曰。言、言己事。为人说为语。按三注大略相同。下文语、论也。论、议也。议、语也。则诗传当从定本、集注矣。尔雅、毛传。言、我也。此于双声得之。本方俗语言也。"⑦

"若"在《说文解字注》中释义："择菜也。晋语。秦穆公曰。夫晋国之乱。吾谁使先若夫二公子而立之。以为朝夕之急。此谓使谁先择二公子而立之。若正训择。"⑧

"反"在《说文解字》中释义："覆也。"⑨

本段大意是：所以圣人的旨意传达给官员，官员代表圣人向民众做

---

① 参见（汉）许慎撰、（清）段玉裁注《说文解字注》，上海古籍出版社1988年版，第279页。

② 参见（汉）许慎撰、（宋）徐铉等校《说文解字》，上海古籍出版社2007年版，第189页。

③ 同上书，第121页。

④ 同上书，第3页。

⑤ 同上书，第7页。

⑥ 参见（汉）许慎撰、（宋）徐铉等校《说文解字》，上海古籍出版社2007年版，第76页。

⑦ 参见（汉）许慎撰、（清）段玉裁注《说文解字注》，上海古籍出版社1988年版，第89页。

⑧ 同上书，第43页。

⑨ 参见（汉）许慎撰、（宋）徐铉等校《说文解字》，上海古籍出版社2007年版，第139页。

宣传："我领着国家的工资就要为国家出谋划策，我就代表着国家的利益。我领着国家的工资不是享福，而是要治理国家民众归往君主。"官员选择这样的话直截了当地讲给老百姓听，君主也喜欢，但是我认为这是对"'不言'之教""'无为'之益"的否定。即"正确的废话""心灵鸡汤"。

第七十九章

【原文】

帛本（甲）①	帛本（乙）②	传本③
和大怨必有余怨焉可以为善是以圣右介而不以责于人故有德司介□德司彻夫天道无亲恒与善人	禾大□□□□□□□□为善是以聇人执左芥而不以责于人故又德司芥无德司彻□□□□□□德三千卌一	和大怨必有餘怨安可以為善是以聖人執左契而不責於人有德司契無德司徹天道無親常與善人

【点校】

和大怨，必有余怨，焉可以为善？

是以圣人执左介而不以责于人。

故有德司介，无德司彻。

夫天道无亲，恒与善人。

【讲堂】

和大怨，必有余怨，焉可以为善？

---

① 参见马王堆汉墓帛书整理小组编《老子》，文物出版社1976年版，第81页。
② 同上。
③ 参见（魏）王弼注、（唐）陆德明音义《老子王弼注》，新兴书局1964年版，第89—90页。

"和大怨"可解读为判官司。

本段大意是：即使调和了具有深仇大恨的两家，但在两家的心灵上或多或少存在一些抹不去的怨恨，如何让两家彻底和好呢？

是以圣人执左介而不以责于人。

"左"：根据第三十一章"君子居则贵左"可知，古人作红事"尚左"，作白事"尚右"。也就是说"左"对应的是做与活人相关的事，"右"对应的是做与死人相关的事。

"介"在《说文解字注》中释义："画也。……画、畍［jiè］也。按畍也当是本作介也。介与画互训。田部畍字盖后人增之耳。介畍古今字。分介则必有閒。故介有训閒。礼擯介。左传介人之宠皆其引申之义也。一则云介特。两则云閒介。从人从八。人各守其所分也。"①

"执左介"意为处理人与人的纠纷时站在两者中间，不偏袒任何人。用现代的话讲，就是以事实为依据，以法律为准绳，公道正派。

"责"在《说文解字注》中释义："求也。引申为诛责。"②

本段大意是：圣人处理人与人的纠纷时站在两者中间，不偏袒任何人，被告或原告都不会受到无端的冤枉鞭责。

故有德司介，无德司彻。

"司"在《说文解字注》中释义："臣司事于外者。外对君而言。君在内也。臣宣力四方在外。故从反后。郑风。邦之司直。传曰。司、主也。凡主其事必伺察恐后。故古别无伺字。司即伺字。见部曰。瞁、司也。馈、司人也。人部曰。伏、司也。俟司望也。页部曰。頬、司人也。犾部曰。類、司也。豸下曰。欲有所司杀。皆即今之伺字。周礼师氏、媒氏、禁杀戮之注皆云。司犹察也。俗又作覗。凡司其事者皆得曰有司。从反后。惟反后乃乡后矣。"③

"彻［chè］"在《说文解字注》中释义："发也。发者、躲发也。引申为凡发去之偁。彻与彻义别。彻者、通也。彻谓除去。若礼之有司彻、

---

① 参见（汉）许慎撰、（清）段玉裁注《说文解字注》，上海古籍出版社 1988 年版，第 49 页。
② 同上书，第 281 页。
③ 同上书，第 429 页。

客彻重席、诗之彻我墙屋、其字皆当作劈。不训通也。或作撤、乃劈之俗也。从力彻。会意。谓以力通之也。"①

"乱劈蛋"至今是陇西地区的民间用语，意思是办事的人凭借主观臆断做事或作出结论。"司劈"用现代话讲就是司法界的"刑讯逼供""屈打成招"现象。

本段大意是：因此有德行的司法工作者在办案时以事实为依据，以法律为准绳，公道正派；没有德行的司法工作者在办案时凭借主观臆断，任意使用自己手中的权力拷打、逼问，犯人直至屈打成招。

夫天道无亲，恒与善人。

"天道无亲"意为国法不认亲，法律面前人人平等。

本段大意是：真正的国法是不认亲的，法律面前人人平等，国法永远是除恶扬善的。

"德"是最高"行动价值"。"人脑"与"客观事物""相碰撞"就产生了"意识"，在"意识"促使下就会产生"新有"，这个"新有"可能具有"正能量"，也可能具有"负能量"，而老子讲的"道"绝对是指"正能量"。因此，本书中的"无为"绝对是指"正能量"的"德"行。因此，人只有具备了"德"才能够做到"司介"。

---

① 参见（汉）许慎撰、（清）段玉裁注《说文解字注》，上海古籍出版社1988年版，第700页。

第八十章

【原文】

帛本（甲）①	帛本（乙）②	传本③
·小邦寡民使十百人之器毋用使民重死而远送有车周无所乘之有甲兵无所陈□□□□□□用之甘亓食美亓服乐亓俗安亓居瓢邦相壂鸡狗之声相闻民□□□□□	小国寡民使有十百人器而勿用使民重死而远徙又周车无所乘之有甲兵无所陈之使民复结绳而用之甘亓食美亓服乐亓俗安亓居㗊国相望鸡犬之□□闻民至老死不相往来	小國寡民使有什伯之器而不用使民重死而不遠徙雖有舟輿無所乘之雖有甲兵無所陳之使人復結繩而用之甘其食美其服安其居樂其俗鄰國相望雞犬之聲相聞民至老死不相往來

【点校】

小国寡民。

使有十百人之器，毋用。

使民重死而不远送。

有周车，无所乘之。有甲兵，无所陈之。

---

① 参见马王堆汉墓帛书整理小组编《老子》，文物出版社1976年版，第76页。
② 同上。
③ 参见（魏）王弼注、（唐）陆德明音义《老子王弼注》，新兴书局1964年版，第90—91页。

使民复"结绳"而用之——甘其食、美其服、乐其俗、安其居。

邻国相望,鸡狗之声相闻,民至老死不相,往来。

【讲堂】

小国寡民。

"小"在《说文解字注》中释义:"物之微也。凡㮯〔hún〕物分之则小。"①

"寡"在《说文解字注》中释义:"少也。引申之凡倮〔luǒ〕然、单独皆曰寡。据小徐本订。宀分者、合于上而分于下也。故始多而终少。"②

本段大意是:我们的国家小,人口少,做好如下几方面的工作,才能保证国家安全。

使有十百人之器,毋用。

"使"在《说文解字注》中释义:"令也。……令者、发号也。……古注使速疾之义也。"③

"有"泛指客观存在,本段指国家的秘密武器、军队。"用"在"无"中,即没有战争时。

"毋"在《说文解字注》中释义:"止之词也。词依礼记释文补。词者、意内而言外也。其意禁止、其言曰毋也。古通用无。诗书皆用无。士昏礼。夙夜毋违命。注曰。古文毋为无。是古文礼作无、今文礼作毋也。汉人多用毋。故小戴礼记、今文尚书皆用毋。史记则竟用毋为有无字。"④

"用"在《道德经》全文中是指:"有"是人造的,但人"用"的是"有"的"无"(空、虚)的方面。如人们住房子,"用"的是房子的"空""虚";结的渔网,打鱼人"用"的是渔网的"空""虚";人们拿杯喝水,"用"的是杯子的"空""虚",等等。房子的用途多种多样,渔网打鱼多种多样,杯子喝水多种多样。"用"需要"辩证"的理解。如杯子喝"白开水""咖啡""糖水""茶水"等,一个人饮"用"皆需要

---

① 参见(汉)许慎撰、(清)段玉裁注《说文解字注》,上海古籍出版社1988年版,第48页。

② 同上书,第341页。

③ 同上书,第376页。

④ 同上书,第626页。

"辩证"。"用"参见第四章、第六章、第十一章、第三十一章、第四十章、第四十五章、第六十八章、第八十章等相关内容。

本段大意是：在国家内必须存有"十百人"的上好武器，这只是加强战备，"人不犯我，我不犯人"，绝对不能先使用武器。"用"在"无"中，即没有战争时（"无"）要准备好随时应战。

使民重死而不远送。

"送"在《说文解字注》中释义："遣也。"①

本段大意是：号召民众重视生命、珍惜生命，热爱家乡、建设家乡，不能轻易迁移、远离家乡。

有周车，无所乘之。有甲兵，无所陈之。

"有"泛指客观存在，本段指周车。"周车"泛指战车。据有关资料记载周车为奚仲发明。"奚仲对人类最大的贡献就是发明了中华大地上的第一辆马车，因而被后人称为车祖、车圣、车神。"②

"无"泛指不存在，本段指没有战争的时期。

"乘"在《说文解字注》中释义："覆也。加其上曰乘。人乘车、是其一端也。从入桀。入者、覆之意也。食陵切。六部。桀、黠也。说从桀之意。方言。黠、慧也。自关而东赵魏之闲谓之黠。史记云。桀黠奴。凡黠者必强。故桀训黠。入桀者、谓笼罩桀黠。军法入桀曰乘。各本夺入桀二字、则不可通。今依韵会补。此偶军法说字形会意。犹引易艹木丽于地说蘲、引丰其屋说寷也。云军法者、葢出汉志兵书四种内。入桀者、以弱胜强。书序云。周人乘黎。左传。车驰卒奔。乘晋军。乘之证也。桼古文乘、从几。凭几者亦覆其上。故从几。然则桼亦可以为依凭字。"③

"甲兵"泛指军队。

"陈"在《说文解字注》中释义："宛丘也。韵会有也。舜后妫满之所封。毛传诗曰。陈者、大皞虑戏氏之墟。帝舜之冑。有虞阏父者、为周武王陶正。武王赖其利器用。与其神明之后。封其子妫满于陈。都于

---

① 参见（汉）许慎撰、（清）段玉裁注《说文解字注》，上海古籍出版社1988年版，第72页。
② 沙雪斌总主编：《奚仲文化研究》，山东友谊出版社2010年7月第1版，第2页。
③ 参见（汉）许慎撰、（清）段玉裁注《说文解字注》，上海古籍出版社1988年版，第237页。

宛丘之侧。是曰陈胡公。按今河南陈州府治是其地。许必言宛丘者、为其字从臼也。毛传曰。四方高中央下曰宛丘。即释丘之宛中曰宛丘也。陈本大皞之虚正字。俗叚为敶列之敶。陈行而敶废矣。"①"敶[chén]，列也。韩诗。信彼南山。惟禹敶之。尔雅。郊外谓之田。李巡云。田、敶也。谓敶；列种穀之处。敶者敶之省。素问注云。敶古陈字。是也。此本敶列字。后人假借陈为之。陈行而敶废矣。亦本军敶字。門下云。读若军敶之敶是也。后人别制无理之阵字。阵行而敶又废矣。"②

本段大意是：国家必须要有战车，没有战争的时候搁置好。国家必须要有强兵强将，在没有战争的时候就要训练好战阵行列。

使民复"结绳"而用之——甘其食、美其服、乐其俗、安其居。

"复"在《说文解字注》中释义："行故道也。彳部又有復。復行而复废矣。疑彳部之復乃后增也。"③ 本段中比喻不间断、时时、世世。

"结"在《说文解字注》中释义："缔也。"④ "缔" "结不解也。解者、判也。下文曰。纽结而可解也。故结而不可解者曰缔。"⑤

"结绳"比喻人们团结的状态。《易·系辞下》："古者包牺氏之王天下也，仰则观象于天，俯则观法于地，观鸟兽之文与地之宜，近取诸身，远取诸物，于是始作八卦，以通神明之德，以类万物之情。作结绳而为网罟，以佃以渔，盖取诸离。"⑥ "上古结绳而治，后世圣人，易之以书契，百官以治，万民以察，盖取诸夬。"⑦

《道德经》第十一章讲："有之以为利，无之以为用。" "结绳"成"网"，"网"是"利"，而打鱼装鱼的"空"才是"用"。全国老百姓团结起来形成牢不可破的"网"，执政者才可以在这"网"形成的"空"体内"用"（做事、做成事）。

本段大意是：号召民众团结的工作要一代接一代搞下去，人与人之

---

① 参见（汉）许慎撰、（清）段玉裁注《说文解字注》，上海古籍出版社1988年版，第735页。

② 同上书，第124页。

③ 同上书，第232页。

④ 同上书，第647页。

⑤ 同上。

⑥ 孙振声：《白话易经》，星光出版社1981年版，第518页。

⑦ 同上书，第523页。

间始终如同绳索一般团结，执政者才可以在这民众大团结中做事、做成事——吃得香、穿的美、自乐于本民族的风俗习惯，安稳地居住在自己的家乡。

邻邦相望，鸡狗之声相闻，民至老死不相，往来。

"相"在《说文解字注》中释义："省视也。释诂、毛传皆云相视也。此别之云省视。谓察视也。从目木。会意。息良切。十部。按目接物曰相。故凡彼此交接皆曰相。其交接而扶助者、则为相瞽之相。古无平去之别也。旱麓、桑柔毛传云。相、质也。质谓物之质与物相接者也。此亦引申之义。易曰。地可观者。莫可观于木。此引易说从目木之意也。目所视多矣。而从木者、地上可观者莫如木也。五行志曰。说曰。木、东方也。于易、地上之木为观。颜云。坤下巽上、观。巽为木。故云地上之木。许葢引易观卦说也。此引经说字形之例。诗曰。相鼠有皮。"①

本段大意是：邻国观察我们，想要得到治理国家的秘密，他们得到的仅仅是我们的鸡犬叫声，因为我们如同结网般团结，民众之间仅仅是一种生活上的往来，他们直至离开也得不到一点我们治理国家的秘密。

---

① 参见（汉）许慎撰、（清）段玉裁注《说文解字注》，上海古籍出版社1988年版，第133页。

第八十一章

【原文】

帛本（甲）①	帛本（乙）②	传本③
□□□□□不□□者不博□者不知善□□□者不善·圣人无□□以为□□□□□□□□□□□□□□□□□□□□□□	信言不美＝言不信知者不博＝者不知善者不多＝者不善耵人无积既以为人已俞有既以予人矣已俞多故天之道利而不害人之道为而弗争	信言不美美言不信善者不辯辯者不善知者不博博者不知聖人不積既以為人己愈有既以與人己愈多天之道利而不害聖人之道為而不爭

【点校】

信言不美，美言不信。

知者不博，博者不知。

善者不多，多者不善。

圣人无积，既以为人，己俞有，既以予人矣，己俞多。

故天之道：利而不害；人之道：为而弗诤。

---

① 参见马王堆汉墓帛书整理小组编《老子》，文物出版社1976年版，第77页。
② 同上。
③ 参见（魏）王弼注、（唐）陆德明音义《老子王弼注》，新兴书局1964年版，第91页。

【讲堂】

信言不美，美言不信。

"信"在《说文解字》中释义："诚也。"①

"美"在《说文解字》中释义："甘也。从羊，从大。羊在六畜主给膳也。美与善同意。臣铉等曰：'羊大则美，故从大。'"②

本段大意是：一个讲信誉的人说的话并不一定很好听，而说话很好听的人并不一定是讲信誉的。

知者不博，博者不知。

"知"在《说文解字注》中释义："词也。白部曰。𧪰、识词也。从白、从亏、从知。按此词也之上亦当有识字。知𧪰义同。故𧪰作知。从口矢。识敏、故出于口者疾如矢也。"③

"博"在《说文解字注》中释义："大通也。凡取于人易为力曰博。"④

本段大意是：一个明白"'不言'之教""'无为'之益"等我讲的知识的人并不一定博览群书，而一个博览群书的人并不一定明白"'不言'之教""'无为'之益"等我讲的知识。

善者不多，多者不善。

"善"在《说文解字注》中释义："譱吉也。口部曰。吉、譱也。从誩羊。此与义美同意。我部曰。义与善同意。羊部曰。美与善同意。按羊、祥也。故此三字从羊。善篆文从言。据此则譱为古文可知矣。此亦上部之例。先古后篆也。譱字今惟见于周礼。他皆作善。"⑤

"多"在《说文解字注》中释义："多緟也。緟者、增益也。故为多。多者胜少者。故引申为胜之偁。战功曰多。言胜于人也。从緟夕。会意。得何切。十七部。夕者、相绎也。故为多。相绎者、相引于无穷也。抽

---

① 参见（汉）许慎撰、（宋）徐铉等校《说文解字》，上海古籍出版社 2007 年版，第 108 页。
② 同上书，第 175 页。
③ 参见（汉）许慎撰、（清）段玉裁注《说文解字注》，上海古籍出版社 1988 年版，第 227 页。
④ 同上书，第 89 页。
⑤ 同上书，第 102 页。

丝曰绎。夕绎叠韵。说从重夕之意。緟夕为多。緟日为叠。凡多之属皆从多。𡖇古文。并夕。有并与重别者、如棘枣是也。有并与重不别者、夗多是也。"①

本段大意是：同类事物中，能区分出的最好的才叫善（义、美），若无区别，分辨不出最好的，就没有善（义、美），因此，善（义、美）者是个别，是特殊，是少数，不善（义、美）者是一般，是普遍，是多数，由此可得：善（义、美）者不多，多者不善（义、美）。

圣人无积，既以为人，己俞有，既以予人矣，己俞多。

"无"本段可解读为泛指某事物尚未发作、尚未出现的时候。

"积"在《说文解字》中释义："聚也。"② 荀子《劝学》："积土成山，风雨兴焉；积水成渊，蛟龙生焉；积善成德，而神明自得，圣心备焉。故不积跬步，无以至千里；不积小流，无以成江海。"③ 荀子的这段话中，"山""风雨""渊""蛟龙""德""神明"等在"积"前都是"无"。

"俞"在《说文解字注》中释义："空中木为舟也。淮南氾论训。古者为窬 [yú] 木方版以为舟航。高曰。窬，空也。方并也。舟相连为航也。按窬同俞。空中木者、舟之始。并板者、航之始。如推轮为大路之始。其始见本空之木用为舟。其后因刳 [kū] 木以为舟。凡穿窬廁 [cè] 牏 [yú] 皆取义于俞。中孚传曰。利涉大川。乘木舟虚也。"④

"有"泛指客观存在。本段中比喻装进"俞"中的东西。

"予"在《说文解字注》中释义："推予也。予与古今字。释诂曰。台朕赉畀卜阳予也。按推予之予。假借为予我之予。其为予字一也。故台朕阳与赉畀卜皆为予也尔雅有此例。广雅尚多用此例。予我之予仪礼古

---

① 参见（汉）许慎撰、（清）段玉裁注《说文解字注》，上海古籍出版社1988年版，第316页。

② 参见（汉）许慎撰、（宋）徐铉等校《说文解字》，上海古籍出版社2007年版，第341页。

③ 梁启雄：《荀子简释》，古籍出版社1956年版，第4页。

④ 参见（汉）许慎撰、（清）段玉裁注《说文解字注》，上海古籍出版社1988年版，第403页。

文、左氏传皆作余。郑曰。余予古今字。象相予之形。象以手推物付之。"① 如当今推广的科学种田、科学知识、科学的教学方法等，但是，也有不乏推广歪理邪说的。圣人的"予"一定是正能量的"予"。

本段大意是：圣人看准社会上缺乏什么、需要什么就积极创造、积聚什么。一个人为他人做事，自己的"俞"中要装进做这件事的本事，一个人的本事只有给予人，自己的"俞"才能增益。如一个人要为他人焊接器具，自己就要学习焊接技术；电焊工只有给他人焊接器具，手艺才能增强。由此可成为荀子讲的"积土成山，风雨兴焉；积水成渊，蛟龙生焉；积善成德，而神明自得，圣心备焉。故不积跬步，无以至千里；不积小流，无以成江海"。

故天之道：利而不害；人之道：为而弗诤。

"天之道"可解读为治国之道。

"利"在《说文解字》中释义："铦也。从刀。和然后利，从和省。《易》曰：'利者，义之和也。'"②

"利"：老子在《道德经》第十一章中就明确指出："有之以为利"，也就是说，君主领导民众制定的政策、生产（创新发明）出来的东西（"有"）都是有"利"于社会进步的、是正能量的，不伤害民众，即"利而不害"。

"害"在《说文解字》中释义："伤也。"③

"弗"在《说文解字》中释义："挢也。臣铉等曰：韦所以束枉戾也。"④

"弗"在《说文解字注》中释义："挢也。挢各本作挢。今正。挢者、举手也。引申为高举之用。挢者、揉箭箝也。引申为矫拂之用。今人不能辩者久矣。弗之训矫也。今人矫、弗皆作拂。而用弗为不。其误

---

① 参见（汉）许慎撰、（清）段玉裁注《说文解字注》，上海古籍出版社1988年版，第159页。
② 参见（汉）许慎撰、（宋）徐铉等校《说文解字》，上海古籍出版社2007年版，第205页。
③ 同上书，第357页。
④ 同上书，第633页。

盖亦久矣。"①

"弗"可解读为人做出的事物（政策、创新发明等）总是要经过无数次的矫正才能够不断完善，因而将这种"矫正"称作"弗"。

"诤"在《说文解字》中释义："止也。"②"止，下基也。象艸木出有址，故以止为是。"③ 本段中可解读为制定的政策、制造的创新发明等在实践中应用。"政策""创新发明"的应用过程也就是"制定政策""制造创新发明"的"止"的阶段。"止"又是孕育新的开始。本章末段用"诤"字的特别说明：帛本中第八十一章内容处在第六十六章与第六十八章内容之间，而帛本（甲）第六十六章至第六十八章所涉及内容是"诤"方面的内容，同时第六十六章与第六十八章出现的是"诤"，根据前后文义，即【点校】第八十一章末段为"天之道：利而不害；人之道：为而弗诤。"

"人之道"可解读为人具有的最大的"行动价值"（参见第一章相关论述）。

本段大意是：综上所述，治国之道就是：制定的政策、生产（创新发明）出来的东西（"有"）都是有"利"于社会进步的、是正能量的，不伤害民众，即"利而不害"；人具有的最大的"行动价值"就是：将所做出的事物在实践中不断调整、矫正。活到老，矫到老。调整、矫正不是"朝令夕改"，是实践中的除弊。每一次的除弊蕴藏着新的开始。

---

① 参见（汉）许慎撰、（清）段玉裁注《说文解字注》，上海古籍出版社1988年版，第627页。
② 参见（汉）许慎撰、（宋）徐铉等校《说文解字》，上海古籍出版社2007年版，第112页。
③ 同上书，第73页。

后 序

"道冲，而用之，有弗盈也。""道，汎呵，其可左右也。"作者作为一名基层教育工作者，在创新发明教育的道路上可谓一路"躬行实践"①，二十多年来，授教学生过万人次，通过多种方式申报专利100多项②，特别在2016年集中申报了30项，在2017年集中申报了31项，虽然自认为申报的每项"质量"不高、促使商家开发的"前途"不大，但是面对客观"无为"是实实在在的、是具体的，可以说在一定程度上还是揭示了客观中存在的"潜在"的"有"的"发展趋势"，也是对学生"无为"理念有效的现身说法。1995年以来，在创新发明教育的道路上不时感染了一大批有志于创新发明的同仁，诸如教育界的权骞老师、张卫东老师，医疗卫生界的焦国荣大夫、牛晓滨大夫，企业界的王熙平师傅、王仕文师傅，行政领域的蔺军同志，等等，他们拥有的专利成果我深感欣慰。特别是在实践过程中迸发了撰著《道德经讲堂》的志趣。2016年《道德经讲堂》驻笔后在寻求出版过程中得到了中国社会科学出版社马克思主义理论出版中心的主任田文先生、马哲专家博士后徐沐熙先生的理解和大力支持，特别是徐沐熙先生对本书贴金般的修改，总编、编审、终审、校对、质检等的严格把关，在此为《道德经讲堂》出版付出努力的出版社团队诸位先生深表诚挚的感谢。

人不应为了读书而读书，读书的目的是要使我们的人生远离各种不

---

① 甘肃省陇西师范校训："诚洁勤敏，躬行实践"。
② 中国及多国专利审查信息查询（http://cpquery.sipo.gov.cn/txnPantentInfoList）。

必要的困扰。列宁有感慨："半世纪以来，没有一个马克思主义者是理解马克思的!!"① 同样，黑格尔在他的《哲学史讲演录》中讲中国哲学的《道德经》时感慨道："中国的语言是那样的不确定，没有连接词，没有格位的变化，只是一个一个的字并列着。所以中文里面的规定（或概念）停留在无规定（无确定性）之中。"② 二千多年来，无数的中外学者在不断地点校、句读、释义着《道德经》，这与黑格尔讲的"中国的语言是那样的不确定"、"一个一个的字并列着"不无关系。但是无论如何解读，"无为"理念犹如马克思主义哲学中的"客观"理念一般是始终如一的，是永远不会变的；人类因人与人之间的"结绳"活动才拥有福祉；每个人甘愿做水"静"的理想，世界将不仅仅是"百年育人"，更会是"千年育人"、"万年育人"、"万万年育人"……！

《道德经》中如下（图后序—1）所示，"道无始而有应"③ 这一程式不但是科学的治国思想，更是对有志于创新发明人的科学指路明灯。

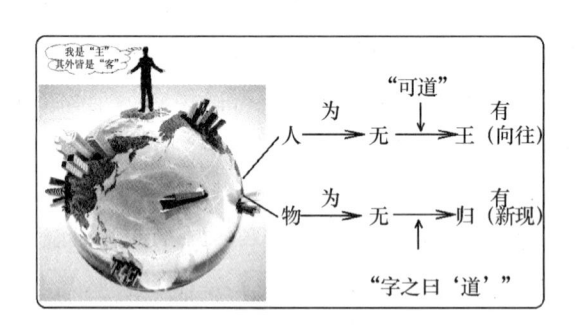

图后序—1

《易经·系辞》："子曰：'书不尽言，言不尽意。然则圣人之意，其不可见乎？'……圣人有以见天下之动，而观其会通，以行其典礼，系辞焉，以断其吉凶，是故谓之爻。极天下之赜者，存乎卦；鼓天下之动者，存乎辞；化而裁之，存乎变；推而行之，存乎通；神而明之，存乎其人；

---

① 《列宁全集》第38卷，人民出版社1959年版，第191页。
② 德·黑格尔〈Hegel，G. W.〉著；贺麟，王太庆译：《哲学史讲演录》第一卷，商务印书馆2009年8月第1版，第140页。
③ 参见马王堆汉墓帛书整理小组编《经法》，文物出版社1976年版，第89页。

默而成之，不言而信，存乎德行。"① 马克思主义哲学讲物质的根本属性和存在方式是运动，地球上的人造物"有"都是一代一代人做的结果，地球上人的客观皆因人对其的努力运动而运动（改变），只有人对自己的客观具有积极的科学的运动（改变）才能变化、发展，使人类生活更美好！"天之道：利而不害；人之道：为而弗诤。"

尼采在他的《漂泊者及其影子》中说："思考和观察应放在体验之后，这样才能生出智慧。"② 虽然作者曾有20多年的创新发明以及教学实践活动历程，冒昧做了《道德经讲堂》，但因与老子时代相距甚远，两个时代的好多文字意义区别悬殊，加之古代抄写者和当今文字学家在翻译诸如 ᚠ 丰 佥 等字上存在着差别，曲解老子原意的现象不可避免，特别是用马克思的哲学解读《道德经》仅仅为抛砖引玉才是寻求本书出版的最大"智慧"，是盼！

田文

公元二〇一八年农历六月初十于陇西紫荆堂

E-mail：tianwen0610@163.com

QQ：541186581

---

① 孙振声：《白话易经》，星光出版社1981年9月初版，第510页。
② （德）尼采著；庄立编译《尼采的哲学》，时事出版社2016年2月第1版，第190页。